宜宾市博物院『宜宾文化遗产研究丛书』

王朝卫 著

中国李庄学术史

四川人民出版社

图书在版编目（CIP）数据

中国李庄学术史 / 王朝卫著. -- 成都：四川人民
出版社, 2024.7. -- ISBN 978-7-220-13767-9

Ⅰ. C092

中国国家版本馆CIP数据核字第2024BY4577号

ZHONGGUO LIZHUANG XUESHUSHI

中国李庄学术史

王朝卫　著

出 版 人	黄立新
责任编辑	母芹碧
版式设计	四川悟阅文化传播有限公司
封面设计	四川悟阅文化传播有限公司
责任校对	北京圈圈点点文化发展有限公司
出版发行	四川人民出版社（成都市三色路238号）
网　　址	http://www.scpph.com
E-mail	scrmcbs@sina.com
新浪微博	@四川人民出版社
微信公众号	四川人民出版社
发行部业务电话	（028）86361653　86361656
防盗版举报电话	（028）86361661
照　　排	四川悟阅文化传播有限公司
印　　刷	成都市兴雅致印务有限责任公司
成品尺寸	170mm×240mm
印　　张	21.5
字　　数	360千
版　　次	2025年1月第1版
印　　次	2025年1月第1次印刷
书　　号	ISBN 978-7-220-13767-9
定　　价	89.00元

本书为：

四川省文物局 2022 年文物博物馆领域科研课题重点项目（项目编号：SCWW2022A01）最终成果。

作者简介：

王朝卫，宜宾市博物院副研究馆员。毕业于吉林大学考古学系，主要研究领域有博物馆的陈列展览、文物建筑的保护利用、宜宾地方史等。参与编著《宜宾酒史》《遂宁市广德寺古建筑群探微》《我住长江头》。发表《四川宜宾真武山发现一座东汉崖墓》《四川宜宾市大观楼》《珙县僰人悬棺葬的维修保护》等学术论文。

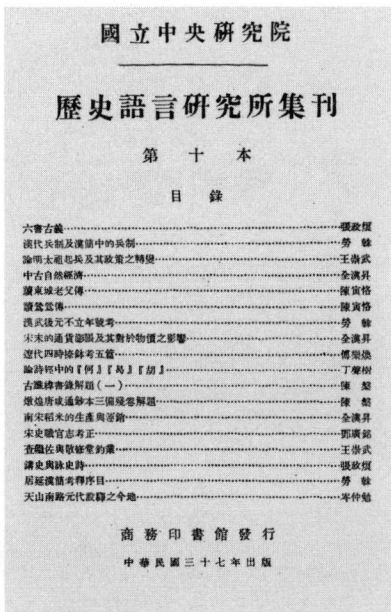

《历史语言研究所集刊》第 10 本，1942 年重庆出版，1948 年再版。

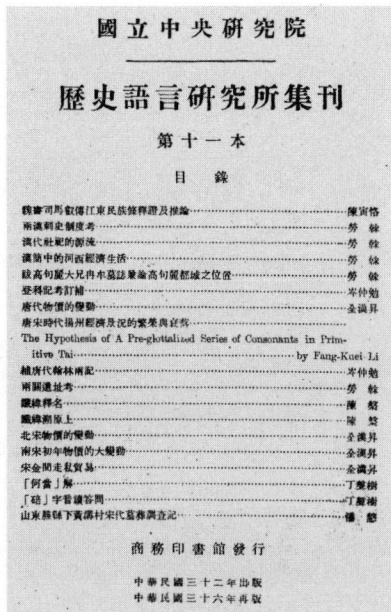

《历史语言研究所集刊》第 11 本，1943 年重庆出版，1947 年再版。

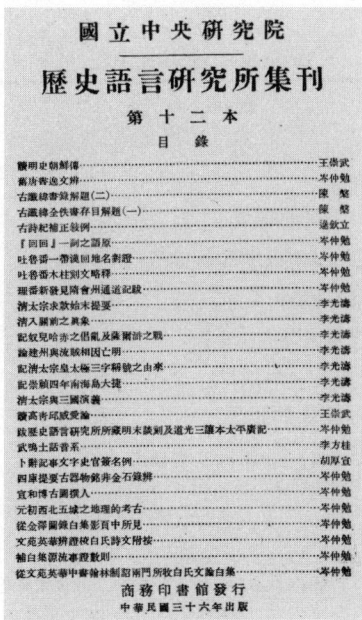

《历史语言研究所集刊》第 12 本，1945 年重庆出版，1947 年再版。

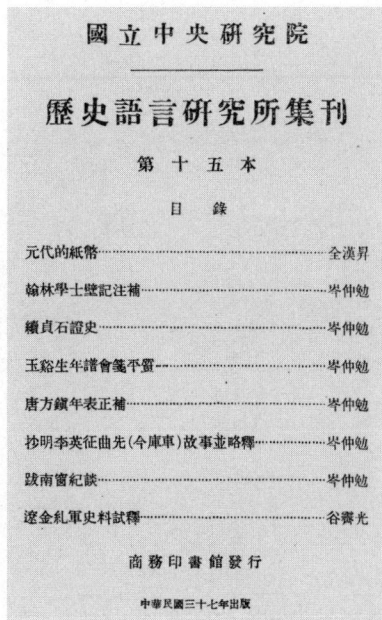

《历史语言研究所集刊》第 15 本，系 1945 年史语所在重庆出版的《史料与史学》的再版。

《六同别录》（上），1945年李庄石印出版。

《六同别录》（中），1945年李庄石印出版。

《六同别录》（下），1946年李庄石印出版。

《中国营造学社汇刊》第七卷第一期，1944年李庄石印出版。

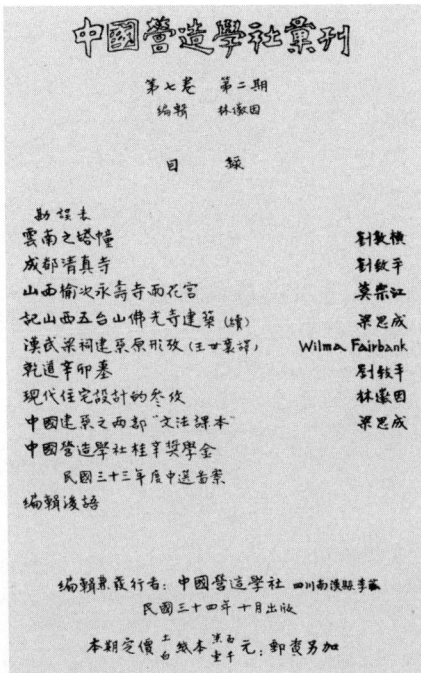

《中国营造学社汇刊》第七卷第二期，1945年李庄石印出版。

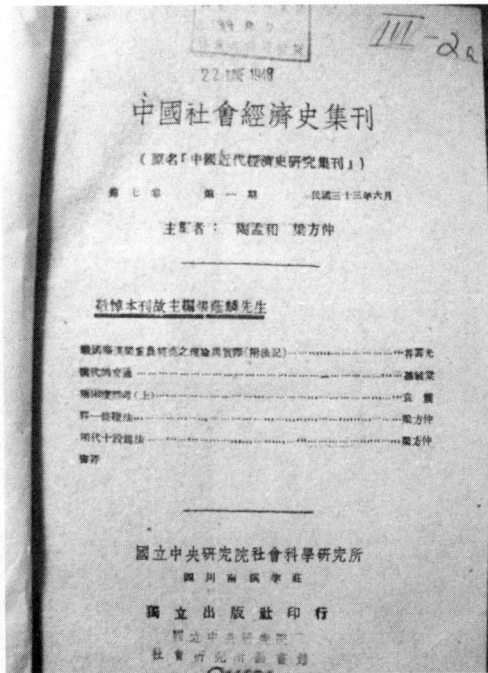

《中国社会经济史集刊》第七卷第一期，1944年重庆出版。

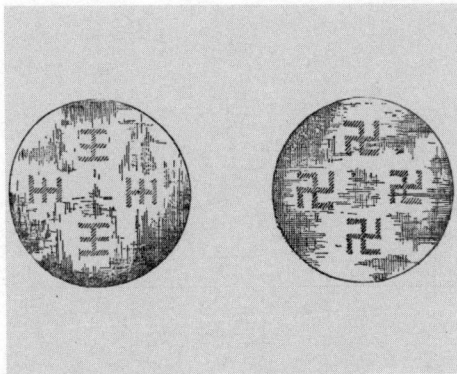

1946年历史语言研究所僰人悬棺调查发现"王"和"卍"字图案。

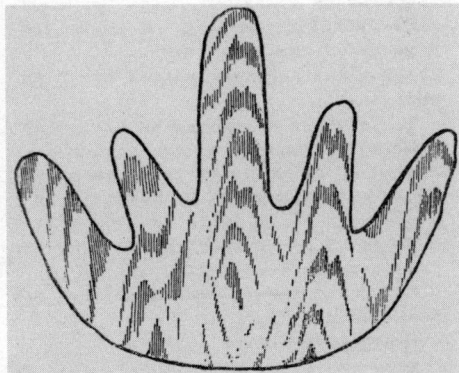

1946年历史语言研究所僰人悬棺调查发现手掌形木雕板。

芮逸夫《川南苗族调查日记1942——43》，台北历史语言研究所，2010年。

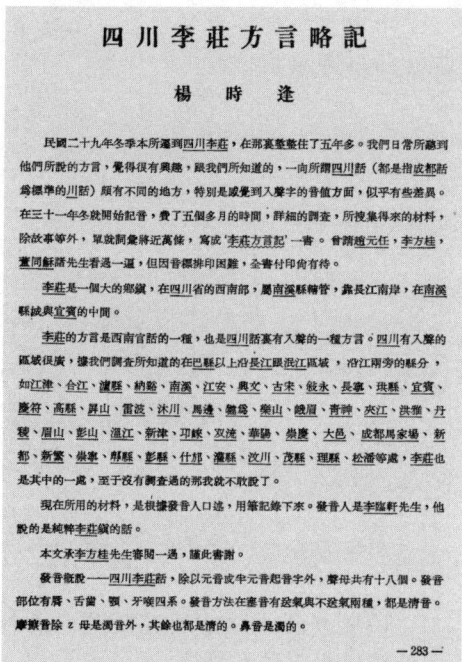

杨时逢《四川李庄方言略记》，载台北《历史语言研究所集刊》第28本（上），1956年。

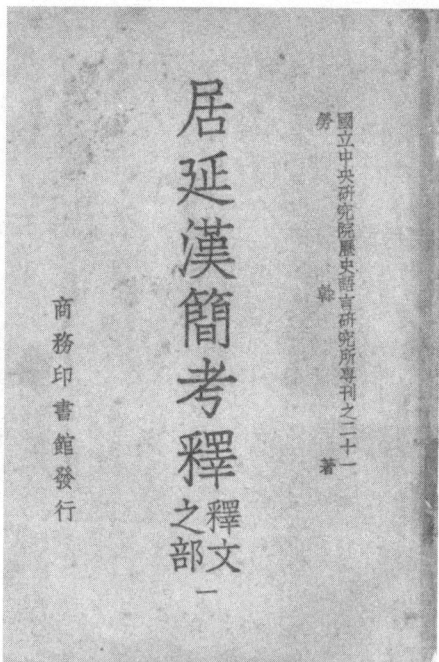

劳榦《居延汉简考释·释文之部》，1943年李庄石印出版，1949年商务印书馆再版。

國立中央研究院
社會科學研究所

叢刊
第二十四種

中國對日戰事損失之估計
（1937—1943）

韓啓桐編著

中華書局印行

國立中央研究院
社會科學研究所

叢刊
第十九種

中國棉業之發展

嚴中平著

商務印書館印行

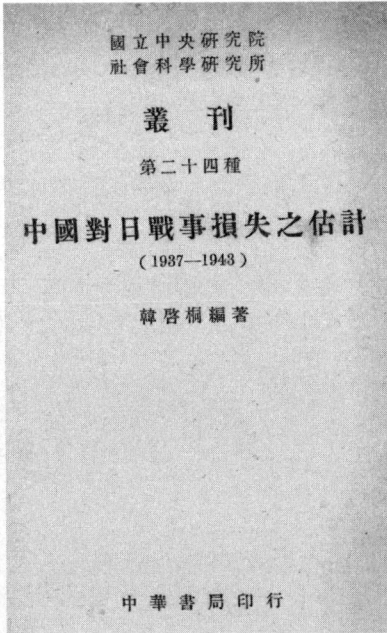

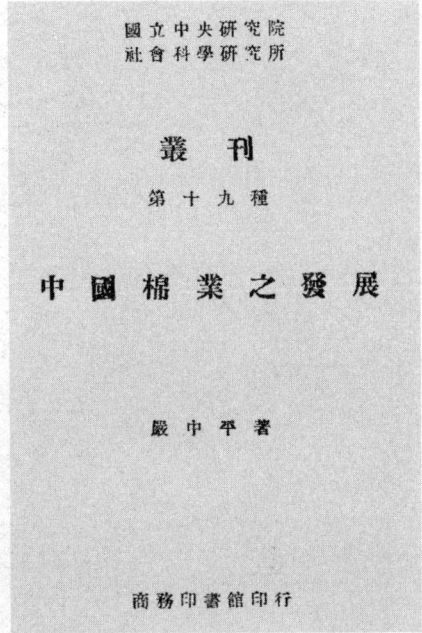

韩启桐《中国对日战事损失之估计（1937—1943）》，中华书局，1946年。

严中平《中国棉业之发展》，商务印书馆，1943年。

中華民國三十三年十一月重慶初版
中華民國三十五年十月上海初版

＊＊＊＊＊＊＊＊
有所權版
究必印翻
＊＊＊＊＊＊＊＊

國立中央研究院
史語言研究所專刊
唐宋帝國與運河一冊

定價國幣貳元肆角
印刷地點外另加運費

著作者　全　漢　昇
發行人　朱　經　農
　　　　上海河南中路
印刷所　商務印書館
發行所　商務印書館各地分館

全汉昇《唐宋帝国与运河》，1944年重庆出版，1946年上海商务印书馆再版。

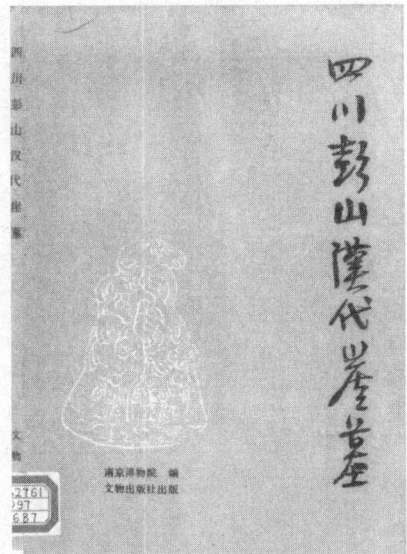

四川彭山漢代崖墓

南京博物院　編
文物出版社出版

南京博物院编《四川彭山汉代崖墓》，文物出版社，1991年。

董同龢《上古音韵表稿》，1944
年李庄石印出版。

王振铎《东汉车制复原研究》，
科学出版社，1997年。

李霖灿《麽些研究论文集》，台北
故宫博物院，1984年。

序

刘　火

　　这是一部厚重且扎实的书。这是一部充实"李庄学"的书。

　　李庄，长江经宜宾到泸州右岸的一个小镇，其历史可以上溯到隋唐，但如果不是抗日战争全面爆发之后的 1940～1946 年间，国民政府的学术研究机构、国立大学和一些著名的民间学术社团迁至李庄并一住六年的历史，那么在抗战时期凡在信封上写有"中国李庄"就能寄到的文化抗战重镇——李庄，便不会那般著名和闻名。后来，李庄沉寂了若干年，直到改革开放，直到宜宾市委市政府的重视，直到岱峻《发现李庄》的出版印行和风靡，一个文化抗战、大师云集、中华文化薪火相传弦歌相续的小镇，才真正地、隆重地展示于世界的面前。

　　继岱峻之后，全国知名的作家、学者、新闻媒体人和本土文史学者，以其各自的角度和热情，一次又一次地状写李庄的这段传奇。宜宾市博物院王朝卫所著的《中国李庄学术史》（下文简称《学术史》），从纯学术的角度，重现了李庄这一曾经的中国学术高地的传奇。

　　《学术史》主要以国民政府中央研究院的史语所和社会所、国立同济大学与民办公助的中国营造学社等在李庄六年的学术成就为对象，第一次系统地为读者和后世作了一个全景且立体的陈述。今天我们已经知道，在李庄的史语所、社会所、营造学社等，几乎集中了当时中国最顶尖的文、史、哲、社的著名学者。《学术史》以干净且有力的文字，撰写出一部与之前所有关于李庄的书写都不一样的著述。

在史语所。李庄的李济、梁思永、董作宾是中国 20 世纪前半期最著名的考古学者，如《学术史》所述的董作宾在李庄石印出版的《殷历谱》，是甲骨学与历史学结合的扛鼎之作。向达在李庄分别于 1942 年和 1944 年两次以西北考察团历史考古组组长的身份考察敦煌，为敦煌学和西域文明提供了新的证据。劳榦的《居延汉简考释》对新出土的居延汉简所涉话题提出了令人信服的理由与依据。史语所的岑仲勉、陈槃在当时就是一等一的历史学家。而身不在李庄心却在李庄的三百年一遇的史学大师陈寅恪，除了信函往来指导代理组长陈槃外，还把最新的研究成果寄到李庄史语所发表。语言学，是史语所出成果最多的学术领域之一，老一代如李方桂的非汉语研究、丁声树的现代汉语研究，新一辈如李霖灿、马学良的西南少数民族语言调查与研究，都算得上是这些学科筚路蓝缕的成果。芮逸夫阐述中华民族的"多元同流"论，定位了"中华民族"有别于其他民族的特别意义，并解开了于此的历史纠结；而调查僰人悬棺，让一个失去的民族，重新回到公众视野。此两者皆是同一学科最早建构的学术成就。

在社会所。罗尔纲的太平天国研究，虽然不是最早的，但为中国革命提供了重要的史料和研究理念。在所长陶孟和的带领下，有关明清以来的产业、财政、税赋等一系列关乎国计民生的课题，社会所在李庄都有不同凡响的研究成果。

中国营造学社，一个原来纯属民间学术社团的组织，因史语所、因傅斯年等来到李庄而大欢喜，却又"艰难困苦玉汝于成"。除得到公助之外，还由于来了新人如王世襄，招了新工如罗哲文（无论王世襄还是罗哲文在后来的岁月里都是那一领域数一数二的学术领军人才），营造学社在李庄壮大了起来。最重要的是，梁思成和林徽因在李庄完成了中国建筑史上两部开天辟地的著作：一部是中文的《中国建筑史》，一部是英文的《图像中国建筑史》。更为庆幸的是，当代中国建筑界最牛的"北清（华）南同（济）"都直接与李庄相关。1946 年，梁思成携营造学社汇入清华大学，创办清华大学建筑系并首任系主任。1940 年至 1946 年迁至李庄的国立同济大学，东归上海后的建筑系成就今天高校建筑教育"北清南同"的格局与佳话。

我在前文提到一个词"李庄学"，此词在此之前不知有没有人提到过？如果没有，那何谓"李庄学"呢？李庄，是中国一个古老的乡镇，具有 1400 多年的历史，千百年来紧依长江，生生不息，不曾有过名字的变动，而在 1940 年底至 1946 年初，这里驻有国立同济大学、中央研究院史语所和社会所、中央博物院筹备处、中国营造学社、中国地理研究所大地测量组和北京大学文科研究所。这里曾是大师云集的地方，据不完全统计，从这些研究机构和大学走出的院士高达 30 位！六年的岁月，大师的学术和围绕大师的李庄乡绅与百姓，以及此后与此相关的社会、人伦和学术，难道不可以堂堂正正地建构一门新学科"李庄学"吗？

"李庄学"如果成立，王朝卫的《中国李庄学术史》，便是这一学科最新的一匹砖、一根柱、一根梁！即便没有"李庄学"，《中国李庄学术史》也足以成为这一领域的奠基之作。

2023年8月5日于叙州田坝八米居

前　言

　　长江边上的偏僻小镇李庄，能够从一座"消失的学术城"成为大众熟知的"文化脊梁"，"发现李庄"的岱峻先生功不可没。近年来，包括李庄抗战文化的历史史实、人文精神和爱国主义情怀等方面的基础性研究已经非常全面，但学界将研究目光主要聚焦于机构和学者，反而忽视了学术研究本身。如果从学术史的角度观察，我们就会发现，当年在李庄这片学术净土上完成的开山之作，不仅保存和延续了中国的学术火种，更为重要的是发展了多个学科的学术理论，奠定了它们的现代科学基础或现代架构体系，这些贡献在学术发展史上都是前所未有的。因此，系统梳理和研究抗战时期的李庄学术史，对于理解李庄的文化抗战具有重要意义。

　　以往关注的李庄学术成果，主要局限于《殷历谱》（董作宾）、《居延汉简考释》（劳榦）、《上古音韵表稿》（董同龢），以及《六同别录》（历史语言研究所）、《中国营造学社汇刊》（第七卷）等在李庄石印出版的专著和专刊。但我们仅以历史语言研究所为例，《历史语言研究所集刊》的第10至15本，都可视作其在李庄时期的学术成果。1947年和1948年出版的《集刊》第10、第11和第12本，是1942年至1945年在重庆中央文化驿站和商务印书馆首刊后的再版。第13和第14本，是原李庄石印出版的《六同别录》的重刊。第15本是1945年在重庆独立出版社刊印的历史语言研究所集刊外编《史料与史学》的再版。此外，李庄时期的部分学术成果，由于研究时间跨度长而往往被人忽略。如石璋如1996年编著出版的《莫高窟形》，是他和劳榦在1942年参加西北史地考察调查敦煌莫高窟时的研究成果。据不完全统计，仅本书涉及的学者在李庄开始撰写或完成的学术论文就达533篇，学术著作 59 本。其中，最多产的是岑仲勉，有 45 篇论文和 4 本著作。这些学术成就为后世学者探寻前辈的学术发展历程提供了窗口，如果忽视这些学术史实，就不能全面、准确地评价李庄的文化抗战。

因此，研究李庄学术史，首先是充分利用已有的研究成果，借助文献资料，对李庄学术成果进行全面系统的收集和整理，以还原李庄学术史的全貌。更为重要的是，应从学科发展史的角度，陈述学者们在李庄期间的学术史实，分析其在学科发展史上的贡献、地位及作用。比如夏鼐先生，他在李庄时期的学术成果，对构建有中国特色、中国风格、中国气派的考古学基本方法和基础理论就做出了巨大贡献。向达与石璋如两位先生，在敦煌学的研究范式上拓宽了学科视野，为中国石窟寺考古的形成和发展起到了重要的推动作用。中国营造学社在李庄开展的建筑考古学实践，经过众多学者的学术传承与协力推动，如今已经发展成为考古学与建筑史学的一门重要分支学科。1946 年 11 月 1 日，刘致平调查的宜宾西城角"蔡宅"民居，成为中国营造学社实地调查的最后一座古代建筑。曾昭燏在李庄出版的《博物馆》一书中，提出的诸多专业性指导意见，直到今天依然被我们大多数的博物馆践行或借鉴。邓广铭在李庄开启宋史研究，陈寅恪借此提出了"新宋学"的概念，并从探讨中国学术复兴的角度指出："华夏民族之文化，历数千载之演进，造极于赵宋之世。后渐衰微，终必复振。"他所表达的学术理念振奋人心，广为流传。

人们常常感慨抗战时期的李庄，大师之多，学问之好，就如同林语堂心目中的理想大学。他们在学术上对后辈的指引，不仅影响一个人，还可能成就一门新的学科。比如王世襄先生，1944 年 1 月，他以燕京大学文学硕士的身份加入中国营造学社，这是他人生中的第一份工作。他在李庄与营造学社先生们的朝夕相处中，顿悟艺术中各学科都是密切联系的，明白了做学问需要积岁月之功而始能有所收获。这一顿悟指引了王先生一生广博的研究方向，在学术研究的道路上，他坚持要用十年、二十年或三十年默默地干出成就。他关于明式家具和中国古代漆器的研究，代表着这门学科最高最权威的成就。甚至有人感慨，如果没有王世襄，一部分中国文化，还会处在被埋没的状态。可以说李庄时期的营造学社为王世襄先生重新开启了一道新的学术大门，通过这扇门，王先生为中国学术领域开辟了新的天地。

当然，李庄时期的学术成果并不总是完美的。比如李济在李庄首创的"序数"分类法，作为中国早期考古类型学的两大传统之一，最后被苏秉琦的类型学理论所取代，而王振铎在李庄复原的司南模型在学术上还有较大争议。但从学术史的角度看，任何学术上的进步，先行者必定有疏漏，甚至有错误。能够在学术上提出某种思想和思维模式来影响大家，惠泽今天的后学者，他们就是那个时代的大师。

本书以李庄时期的学术研究成果为主线，采取多学科结合的研究方式，以期还原李庄学术史的发展脉络和历史影响。但抗战时期迁居李庄的学者众多，研究领域广泛，专业性强，主要涉及考古学、博物馆学、民族学、语言学、历史学、社会经济学、教育学和中国建筑史学等现代学科，而且受战时条件影响，部分学术成果并未及时公布，甚至遗失，或者相关学术研究受时代影响存在争议或有疏漏，急需学界同人对各学科进行更为精细化的深入挖掘和研究。最后还需特别说明的是，本书所述前辈，理应尊称先生，为行文简便，一律直呼其名，临文不讳，恕晚辈不恭。

王朝卫

2023年7月

内容简介

　　本书从学术史的角度，全面系统地梳理了 1940 年至 1946 年间寓居李庄的数十位学者的学术史实和学术成果，并结合当时的学科背景进行横向与纵向的比较研究，从考古学、博物馆学、民族学、语言学、历史学、社会经济学、教育学和中国建筑史学等学科发展的角度，研究分析了他们在各自学科发展史上的历史贡献、地位和引领作用，为李庄抗战文化的保护利用提供了普学皆宜的基础性资料。

目　录

第一章　考古学

　　我国北宋以来的金石学被视为中国考古学的前身，但直到 20 世纪 20 年代，源于欧洲并以田野调查发掘工作为基础的近现代考古学才在中国出现。1921 年 10 月，受聘于北洋政府农商部的瑞典地质学家安特生，与中国地质学家袁复礼等人，在河南三门峡市渑池县仰韶村的考古发掘中，发现了距今 5000～7000 年以磨制石器和彩陶为特征的中国新石器时代文化——"仰韶文化"。仰韶文化是中国现代考古学史上命名的第一个考古学文化，标志着中国现代考古学的诞生。

　　仰韶文化的发现推翻了中国无石器时代文化的认知，震惊了国际学术界。李济因此评价说："安特生实际上是第一个通过自己的成就在中国古文物调查中示范田野方法的西方科学家。"[①]1923 年，安特生发表《中华远古之文化》，首次提出仰韶文化是来自较早的中亚文化，经我国新疆传入甘肃和青海，再传播到河南的假说，即当时流行于西方学术界的"中国文化西来说"。

　　"中国文化西来说"极大地刺激了中国学术界。为了探索仰韶文化的来源，1926 年 10 月，李济主持发掘了山西夏县西阴村遗址，这是中国学者首次独立开展的考古发掘。此次发掘不仅发现了彩陶，而且李济"经研究，知道这些彩陶都是中国有史以前的东西，也是殷商以前的东西"[②]。发掘时他还创造了"探方法"（挖 8 个 2 米见方的方坑发掘）、"三点记载法"（记录三维坐

　　①李济：《安阳》，商务印书馆，2019 年，第 42 页。
　　②李济：《我与中国考古工作》，载《李济文集》（卷一），上海人民出版社，2006 年，第 3 页。

标）和"层叠法"（记录人工层位），这些趋于科学化的发掘方法仍为当今考古所遵循。

显然，李济在西阴村的发掘具有很强的目的性和严谨的学术态度，他的考古报告也完全突破了传统金石学的范畴，但李济坦言，这次发掘只是"实验这科学的考古一个机会"。真正奠定中国现代考古学基础的，实为傅斯年领导的国立中央研究院历史语言研究所（以下简称史语所）主持的河南安阳殷墟考古发掘。殷墟考古从1928年到1937年间，累计发掘15次，参与者众多（表1），发现了大片宫殿、宗庙建筑基址，出土了大批刻辞甲骨、青铜器、玉石器、陶器、漆器等珍贵文物，"这些史料都是我国3000年来历史的真实面目，这面目就连孔夫子也未看到过"[①]。殷墟考古不仅引起了我国史学界的一场大变革，揭开了中国考古学及其相关学科研究的序幕，而且在世界考古学史上也是为数不多的重大考古发现之一，被国际学术界公认为是可与19世纪的希腊特洛伊古城发掘，以及20世纪初的克里特岛诸萨斯青铜文化遗址发掘相媲美的重大考古发现。

史语所是中国第一个设立考古部门专门从事田野发掘及室内研究的学术机构。史学见解深受考古学影响的傅斯年，是中国新史学和考古学的规划者，在1928年10月史语所成立之初，他就号召大家"上穷碧落下黄泉，动手动脚找东西"。李济则是傅斯年学术思想在考古学上的实践者，他们在殷墟大规模考古发掘中展现出了卓越的组织能力和颇有远见的科学发掘理念。傅斯年的贡献在于建立了中国考古学的基本框架，如果没有他创立的史语所，中国考古学恐怕不会在1949年以前诞生。

1937年，抗日战争全面爆发，殷墟发掘被迫中断。经历十年殷墟考古发掘的史语所，已经获得了世界级的学术声誉。1940年冬，史语所与中央研究院社会科学研究所（以下简称社会所）、国立中央博物院筹备处（以下简称中博院筹备处）、国立同济大学以及中国营造学社等学术研究和教育机构（表2），由昆明迁至被傅斯年称为"在地图上找不到的地方"——中国李庄。这个位于长江边上的小村庄，一时间汇聚了"中国考古学之父"李济、"甲骨四堂"之一的董作宾、"后冈三叠层"的发现者梁思永、"田野考古第一人"吴金鼎、"新中国考古学奠基人"夏鼐等一批中国考古学史上里程碑式的人物。

---

①李济：《我与中国考古工作》，载《李济文集》（卷一），上海人民出版社，2006年，第3页。

在此六年间，李济开始编撰殷墟陶器研究的专著；董作宾石印出版重建商代历法的创新之作《殷历谱》；吴金鼎主持完成西南地区划时代的三次考古调查与发掘；劳榦的《居延汉简考释》代表着当时中国简牍研究的最高水平；夏鼐的西北考古调查成果，彻底否定了"中国文化西来说"……这些中国现代考古学的先驱者，在李庄这片安静的学术天地取得的开创性学术成就，至今仍被奉为经典。

第一节　李济开始编《殷墟器物甲编：陶器（上辑）》

李济（1896～1979），中国第一位人类学博士，1923 年毕业于哈佛大学，29 岁成为清华国学研究院讲师。32 岁接受傅斯年邀请担任史语所考古组主任，并主持安阳殷墟考古发掘，培养了中国第一代科学考古学人才，在中国现代考古学的诞生和发展方面做出了历史性的贡献，被尊称为"中国现代考古学之父"。

在李庄，李济虽经历丧女之痛，并且身兼史语所考古组和中博院筹备处主任之职，但"到李庄后，我（李济）又一次专心研究安阳大量陶器的重要典型标本和整套田野记录。在这个新所址里，我决定完成一本陶器收集品的汇集"①。这本陶器汇集便是《殷墟器物甲编：陶器（上辑）》一书。李济在这部专著中首创的"序数"分类法，成为中国早期考古类型学研究的两大传统方法之一。

考古类型学与考古地层学构成了中国考古学的两大理论支柱，在 20 世纪初传入中国。考古类型学是得到生物学的启示而产生的，是为了科学分析考古材料并对其加以分类的方法。考古地层学是从地质学中引进的，是科学取得考古材料的方法。李济最主要的贡献，是将西方考古的地层学、类型学方法引入中国。

李济很早就意识到类型学、地层学和古生物学是科学考古的三个基本方法。1926 年 4 月，他在清华大学的一次讲演中首次介绍了类型学。器物分类是考古类型学研究的前提，李济在类型学上的主要贡献就是探讨器物的分类。他尝试用形态或特征来命名当时殷墟出土的各种陶器，如罍、尊、釜、壶、

①李济：《安阳》，商务印书馆，2019 年，第 141 页。

洗、簋、罐、爵等，这些器物名称一直沿用至今。这是中国考古类型学实践真正的开端，同时成为中国陶器分类，尤其是先秦时期陶器分类的基础。1927年，李济在考古报告《西阴村史前的遗存》中，开始对陶片进行分类，并与安特生收集的河南、甘肃等地的彩陶进行比较，开创了陶器分类研究的先河。

李济认为，陶器研究在现代考古学中有其重要地位。因为陶器属于人类日常使用最广泛且容易破碎的器类，在不断更新的生产中，陶器的器形变化速度相对较快。依据多变的器形变化，考古学家就可从中获得更为精确的历史演变规律。在殷墟15次的发掘过程中，共出土了近25万片陶片和1500件可复原的陶器标本。李济认为这批陶器材料在中国上古史的研究中，"其重要的程度决不低于研究任何其他区域由新石器到青铜时代及文字开始时代的文化所包括的陶器"。因为通过陶器研究，"可以看出殷商时代与史前文化的若干关系；我们并可以看出不见于文字记录的，殷商文化中的若干新成分"[1]。鉴于此，李济不同于以往的研究者主要关注甲骨文，而是把更多的精力放在了殷墟陶器的分类研究上。

受战时条件的限制，李济暂时放弃了此前的陶土成分化学分析计划，在李庄开始整理统计表、调整田野号、安排图录以及编制序数等工作，重点是对陶器的形态进行研究，即陶器的类型学研究。他最初以英国考古学家皮特里的《史前埃及》作为研究参考，但很快发现，皮特里的陶器分类标准不适合殷墟出土的陶器。他不得不另辟蹊径，仅就研究体例的编制问题就进行了长时间讨论，"与董作宾的甲骨文一起成为当时在李庄进行专业谈话的主要内容之一"[2]。在吴金鼎、潘慤及李连春等人的帮助下，李济全面考察各种标本，仔细研究它们的质地、形制和纹饰，并用1/4比例绘制陶器标本的剖面图与立面图，以及拍照记录完整的标本。

陶器研究首先涉及陶器的分类及如何编排这本图谱。通过比较，李济确立了两个基本思想。一是把殷墟小屯和侯家庄两地发掘的所有陶器都涵盖在内。因为他在研究殷墟发掘记录，并初步分析全部出土器物后，发现出土的陶片和容器，在时代分期上只有史前、早商以及殷商三个时期，而它们又是连续发展的。二是放弃皮特里的编写架构及分类思想，通过编制"序数"进行分类。李济的"序数"分类法，是首先将全部陶器分成十大类，在此基础上，再以每件

①《李济文集》（卷三），上海人民出版社，2006年，第51、55页。

②李济：《安阳》，商务印书馆，2019年，第142页。

容器底部的形状特征作为分类标准分成六组，并用阿拉伯数字代表不同的形状特征：1代表圜底，2代表平底，3代表圈足，4代表三足，5代表四足，10代表器盖，6～9为预留的新类型序号。同时用中间加上英文字母的方法来表示器物的其他个性特征，并且在数字及英文字母中间均预留位置，以便将来安插新的器形。

李济在李庄创立并编制完成的"序数"分类法，是以陶容器的底部形态作为类别区分的标准，而且每一名称都有一个图样加以说明。最后再把不同形制的陶器编排成一套图录，共计143式359型。按照李济的这种方法，只要看见序数的号码，就可以知道器物的基本形态。而且各种器物及其不同的形态，又可以用一个序数来记录和表达。这是一种全新的分类法，非常适合殷墟出土的1500多件完整或可复原的陶器标本的类型学研究。李济回忆说："这样的陶器分类一经绘成16张图纸印出后，就清楚地显示出自然顺序，使考古组的全体成员感到惊异。"①这项研究成果就是后来编入《殷墟器物甲编：陶器（上辑）》中的"殷墟陶器图录"，这是当时史语所在陶器研究方面最为重要的成果。

但李济在创立"序数"分类法之初，就已觉察到不足。因此他认为："这样分目排列的办法只具有一个极简单的目的：便于检查。至于由这个排列的秩序是否可以看出形态上的关系，却是另外的问题；不过这个排列的秩序，显然可以供给讨论这一问题的不少的方便。"②可以看出，李济在李庄时期的类型学思想尚处于讨论阶段，因为他的分类方法明显是从体质人类学中借鉴的，而且他把分类和类型学研究割裂成前后两个不同的阶段。李济也认为自己在李庄的陶器研究只是分类，是为下一阶段的器物演变研究而做的基础性工作。

李济的殷墟陶器研究成果，主要体现在他从李庄开始编著的《殷墟器物甲编：陶器（上辑）》（1956年出版）一书中。李济原计划把殷墟陶器的研究分为上下两辑，但由于殷墟出土的陶器数量庞大，再加上战乱影响，他最后只完成了上辑。上辑是殷墟陶器的研究分析报告，包括殷墟陶器导论、陶器质料之初步鉴定、序数的编制及图录说明、颜色与形制、制造痕迹、文饰符号与文字、报告材料本身的性质，共七章。可见李济的陶器研究除考古类型学上的形

①李济：《安阳》，商务印书馆，2019年，第144页。

②《李济文集》（卷三），上海人民出版社，2006年，第472页。

态描述外，还拓展到了制陶业的民族考古调查与陶器制作工艺研究，包括各种施纹方法、流程与制造工具所产生的痕迹差异，以及对陶器的物理化学分析等多方面的研究，这些带有文化人类学因素和科技考古性质的研究，显示出李济力图全面复原商代社会的学术思想。1944年，他在李庄发表探讨殷商文化来源的学术论文《小屯地面下的先殷文化层》①。该文以小屯殷墟发现的地下灰坑、墓葬和建筑遗址为例，通过地层学和类型学方法，对出土的多种器物进行比较研究。李济认为，殷商文化与史语所当时在山东发现的龙山文化不是简单的先后继承关系，它们应该各有渊源。

李济的"序数"分类法作为中国早期考古类型学的两大传统之一，一直沿用到20世纪50年代初期，后因该方法烦琐、不便于把握等原因而被苏秉琦的类型学理论所取代。而苏秉琦的理论也是经过四十多年的探索，才在20世纪80年代成型的。据苏秉琦之子苏恺之回忆，1939年苏秉琦在昆明结识李济，1941年他将其首部类型学研究专著《陕西省宝鸡县斗鸡台发掘所得瓦鬲的研究》邮寄到李庄，请李济和梁思成给予指导，并遵照他们的指导意见作了修改。后来李济还把他的《小屯地面下的先殷文化层》一文的手稿回赠苏秉琦，被苏恺之珍藏至今。因而学术界普遍认为，中国现代考古类型学方法，主要还是李济在长期不断的实践中逐渐建立起来的，这些实践就包括他在李庄尝试的"序数"分类法。

尽管人们对李济当初在西阴村发掘中采用的考古地层学方法，以及在李庄设计的类型学模式，都提出过极为中肯的批评，但历史不应抹杀李济对探索和创立中国考古学研究方法所做出的重要贡献，因为他的学术思想和思维模式惠泽了广大的后世学者。著名人类学与考古学家张光直就认为，李济的"序数"编制法是世界考古学上的一大革新，它的优点明显，即不含混，便于分类，便于检查，便于征引。因此可以说："自1929年以来作为中国考古学的两种主要的研究方法，即地层学与器物类型学，其发展的基础还是李济先生用锄头在小屯最先奠立下来的。"②这是张光直对李济一生的学术成就进行的生动而客观的总结。

---

①本书凡各章节提及的李庄时期的学术成果见各节附表，均不再另行备注。

②张光直等编：《李济考古学论文选集》，文物出版社，1990年，第987页。

表1：安阳殷墟十五次发掘情况

发掘次数	发掘时间	领导者	主要参与人员	主要成果
1	1928.10.13～10.31	董作宾	王湘、赵芝庭李春昱、郭宝钧张锡晋	专刊《安阳发掘报告》
2	1929.3.7～5.10	李济	董作宾、董光忠王湘、王庆昌裴文中	李济《小屯地面下情形分析初步》《殷商陶器初论》
3	1929.10.7～12.12	李济	董作宾、董光忠张蔚然、王湘	①李济《民国二十八年秋季发掘殷墟之经过及其重要发现》②董作宾《获白麟解》《大龟四版考释》《殷墟沿革考》③张蔚然《殷墟地层研究》
4	1931.3.21～5.11	李济	董作宾、梁思永吴金鼎、郭宝钧李光宇、刘屿霞王湘、石璋如刘耀、周英学	专刊《安阳发掘报告》第四期
5	1931.11.7～12.19	董作宾	郭宝钧、石璋如刘屿霞、王湘梁思永、刘耀	梁思永《小屯、龙山与仰韶》
6	1932.4.1～5.31	李济	董作宾、吴金鼎刘屿霞、王湘周英学、李光宇	吴金鼎《小屯迤西之三处小发掘》
7	1932.10.19～12.15	董作宾	石璋如、李光宇	石璋如《第七次殷墟发掘：E区工作报告》
8	1933.10.20～12.25	郭宝钧	李景聃、李光宇刘耀、石璋如	

续表

发掘 次数	发掘 时间	领导者	主要参与人员	主要成果
9	1934.3.9～4.1	董作宾	李景聃、石璋如 祁延霈、尹焕章 刘 耀	
10	1934.10.3～ 1935.1.1	梁思永	石璋如、刘 耀 祁延霈、胡厚宣 尹焕章	
11	1935.3.15～6.15	梁思永	石璋如、刘 耀 祁延霈、李光宇 胡厚宣、尹焕章 王 湘、夏 鼐	梁思永遗稿，高去寻辑补 《侯家庄》
12	1935.9.5～12.16	梁思永	石璋如、刘 耀 李景聃、祁延霈 李光宇、高去寻 尹焕章、潘 悫 董培宪、王建勋	
13	1936.3.18～6.24	郭宝钧	石璋如、李景聃 王 湘、祁延霈 高去寻、尹焕章 潘 悫	
14	1936.9.20～12.31	梁思永	石璋如、王 湘 高去寻、尹焕章 王建勋、魏鸿纯 李永淦、石 伟	

续表

发掘次数	发掘时间	领导者	主要参与人员	主要成果
15	1937.3.16～6.19	石璋如	王　湘、高去寻 尹焕章、潘　悫 王建勋、石　伟 魏鸿纯、李永淦	

1940年后迁居李庄人员：傅斯年、李济、董作宾、梁思永、吴金鼎、夏鼐、高去寻、石璋如、郭宝钧、李光宇、潘悫、李景聃、尹焕章（常驻乐山看护筹备处南迁文物）

来源：胡厚宣：《殷墟发掘》，学习生活出版社，1955年；张光直等编：《李济考古学论文选集》，文物出版社，1990年。

表2：抗战期间迁驻李庄的重要科研教育机构简表

单位名称	主要居住点	主要负责人	迁入时间	离开时间
国立中央研究院历史语言研究所	板栗坳张家六套大院：茶花院、戏院楼、牌坊头、柴门口、田边上、桂花坳	傅斯年	1940年11月	1946年10月
北京大学文科研究所	板栗坳田边（堋）上	傅斯年	1940年11月	1946年10月
国立中央研究院社会科学研究所	门官田、石崖湾	陶孟和	1940年11月	1946年10月
国立中央研究院体质人类学研究所筹备处	板栗坳田边（堋）上	吴定良	1943年成立	1946年7月撤销
中央博物院筹备处	月亮田张家大院，后迁张家祠堂	李济	1940年11月	1946年11月
中国营造学社	月亮田张家大院	梁思成	1940年11月	1946年11月
中国地理研究所大地测量组	文昌宫	夏坚白方俊	1941年	1946年6月

续表

单位名称	主要居住点	主要负责人	迁入时间	离开时间
国立同济大学	禹王宫、南华宫、东岳庙、祖师殿、王爷庙、慧光寺、曾家院子、官山等	周均时 丁文渊 徐诵明	1940年10月	1946年6月

来源：四川省宜宾市翠屏区李庄镇志编纂委员会编：《李庄镇志》，方志出版社，2016年；蒋德均等：《李庄古建筑》，四川民族出版社，2020年。

表3：李济李庄时期主要学术成果

序号	名称	首发刊物	时间	备注
1	《民族学发展之前途与比较法应用之限制》	《社会科学学报》第1卷第1期	1941年	收录于《李济文集》（卷一），上海人民出版社，2006年
2	《远古石器浅说》	李庄内部刊印，1998年整理发表于《古今论衡》	1943年	收录于《李济文集》（卷二），上海人民出版社，2006年
3	《古物》	《中央日报》（重庆版）	1943年	全国美展特约论文
4	《小屯地面下的先殷文化层》	《学术汇刊》第1卷第2期	1944年	收录于《李济文集》（卷二），上海人民出版社，2006年
5	《博物馆与科学教育》	李济在重庆电台的讲演词	1944年	后作为索予明著《故宫文物浅说》的序（1959年）。收录于《李济文集》（卷五），上海人民出版社，2006年
6	《麽些象形文字字典序》	李霖灿《麽些象形文字字典》李庄石印本	1944年	收录于《李济文集》（卷五），上海人民出版社，2006年

续表

序号	名称	首发刊物	时间	备注
7	《研究中国古玉问题的新资料》	李庄石印出版历史语言研究所集刊外编第三种《六同别录》（中）	1945年	收录于《李济文集》（卷三），上海人民出版社，2006年
8	《殷墟器物甲编：陶器（上辑）》	台北历史语言研究所《中国考古报告集之二·小屯》（第三本）	1956年	李庄编著图谱

来源：李济：《安阳》，商务印书馆，2019年；《李济文集》（卷五），上海人民出版社，2006年。

第二节　董作宾石印出版《殷历谱》

安阳殷墟甲骨文、居延汉简、敦煌写经和明清内阁大库档案，被学术界视为中国近代史料的"四大发现"，为中国传统学术转向近现代学术奠定了坚实的史料基础，对中国学术界产生了巨大而深远的影响。殷墟甲骨文发现以前，我们只能从少量文献记载中略知商王朝，而系统讲述商史的《史记·殷本纪》被疑为神话传说，以至于胡适当时主张："现在先把古史缩短二三千年，从诗三百篇做起。"[①]

甲骨学，主要以安阳殷墟出土的商代王室贵族占卜记事所用的刻有文字的龟甲和兽骨为研究对象，包括文字释读、卜法文例、分期断代、文字内容和社会历史考证等，为考古学分支学科之一。甲骨文自1899年被古文字学家王懿荣首先在所谓的"龙骨"中发现以来，120余年间发现、刊布的甲骨数量已逾

---

① 胡适：《自述古史观书》，载顾颉刚编：《古史辨》（第1册），上海古籍出版社，1982年，第22页。

16 万片，已经确认的甲骨文单字有 4500 多个。经过海内外几代学者的不懈研究，目前已考释出甲骨文字 1600 个左右[①]，基本厘清了甲骨文涉及的商代阶级和国家、社会生产、思想文化和其他等 4 大类共 21 项内容。[②]甲骨文的发现不仅证实了中国商王朝的存在，而且也确认了《殷本纪》的史料价值，增强了《史记》等中国历史文献的可信度。同时，甲骨文展示了三千多年前我国最早的汉字形态，与古埃及的纸草文、古巴比伦的楔形文字以及古印度的印章文成为世界上最早的四大文字。

在近代，对甲骨文研究贡献最大者无疑是有"甲骨四堂"之称的罗振玉（号雪堂）、王国维（号观堂）、郭沫若（字鼎堂）和董作宾（字彦堂）。文字学家唐兰概括了"四堂"在甲骨文研究方面的主要成就：罗振玉是"导夫先路"，他第一个考证出甲骨出土地点在安阳小屯村，而且共释译甲骨文字 561 个，是迄今为止考释甲骨文最多的学者，推动了甲骨学的"识文字、断句读"。王国维是"继以考史"，他把甲骨学推进到研究商代的历史，并且首次证实《史记·殷本纪》所载商王世系的可靠程度，从而使商史成为信史。郭沫若"发其辞例"，是指他运用马克思主义的观点和方法，科学论证出殷商时代是奴隶制社会。而"区其时代"的董作宾，在甲骨学上的最重要贡献，是建立起了殷墟甲骨文的断代学说。

董作宾（1895～1963），1925 年毕业于北京大学研究所国学门（北大文科研究所前身）。1928 年，他加入刚刚成立的史语所，立即受命赴河南安阳小屯村调查甲骨埋藏情况。在实地调查后，董作宾推翻了罗振玉等人"甲骨已挖尽"的结论，认为"甲骨挖掘之确犹未尽"。他随即拟订出发掘计划，从而促成了史语所对殷墟遗址的大规模考古发掘，并主持了殷墟的第一次发掘工作。董作宾曾先后八次主持或参加殷墟考古，是"甲骨四堂"中唯一参与殷墟发掘的学者。1928 年冬，董作宾与李济首次见面即达成共识：继续殷墟发掘；由董作宾研究甲骨文字，李济负责其他所有遗物，两人各展所长。至此，董作宾一生专事殷墟甲骨文字研究，成为我国甲骨学和考古学的主要奠基者之一。

1929 年，董作宾提出应该系统研究殷墟出土甲骨。1931 年，他研究发现

---

①甲骨文考释是指知道形是什么意思，音怎么读，意思怎么用，且被公认。另一说已考释出甲骨文字 2000 个左右。

②夏鼐主编：《中国大百科全书·考古学》，中国大百科全书出版社，1986 年，第 642 页。

很多卜辞开头一句的"卜"与"贞"两个字中间的一个字，是"卜问命龟者之人"，他将其称为"贞人"，而这些"贞人"是可以区分甲骨时代的，这是甲骨学上极为重大的发现。1933年，董作宾发表《甲骨文断代研究例》，全面论证了他的断代学说，即可以根据甲骨卜辞中出现的对先王的称谓等线索，来确定各类卜辞的时代，每片甲骨文都可考证出它属于哪一位王在何年何月何日所卜。董作宾由此创造性地提出甲骨文断代的"十项标准"，即世系、称谓、贞人、坑位、方国、人物、事类、文法、字形与书体，并且将商代末期273年的甲骨分为五个不同时期，从而把在金石学范畴的甲骨学研究引入考古学领域。董作宾的断代学说大大提高了甲骨文的历史和语言价值，他的分期方法大部分仍为当今学者所沿用。1940年冬随迁李庄后，除代傅斯年悉心管理史语所大小事务外，他把全都精力都投入编撰《甲骨丛编》（第一集）以及《殷历谱》和《殷墟文字乙编》中。特别是1945年在李庄完成并石印出版的《殷历谱》，再一次将甲骨学研究推向了一个全新领域。

一、未刊印出版的《甲骨丛编》

1937年，著名古文字学家陈梦家与时任北平图书馆馆长袁同礼，共同策划出版"国立北平图书馆考古学丛刊"，旨在收集并出版中国考古学家的战时研究成果。这套丛刊就包括在李庄完成的董作宾的《甲骨丛编》（第一集）、郭宝钧的《中国古器物学大纲——铜器篇》（又名《中国古铜器学大纲》）以及石璋如的《古墓发现与发掘》，可惜三部书稿都因故未能出版，手稿现藏于国家图书馆，该馆胡辉平和曹菁菁有专文介绍。

董作宾的《甲骨丛编》原本计划分十集出版，其目标是收录当时所有存世的私藏甲骨材料，全部著成略有200万字，堪称鸿篇巨制。但董作宾只编著完成第一集，总共收录甲骨摹本1005片，其中个别片是由多个残片缀合而成的。根据董作宾1941年3月1日在李庄写的"自序"可知，他编著该书的最主要目的，是运用他的甲骨文断代"十项标准"和五个分期，对那些缺乏地层关系的甲骨刻辞进行分组对比和断代研究。他还在书中用实例来证明和示范以"十项标准"研究那些非科学发掘的甲骨材料是可行的，也进一步检验了他的分期和断代标准。由此可见，董作宾的《甲骨丛编》（第一集），是利用科学的甲骨学研究方法编著而成的。

《甲骨丛编》（第一集）共分四册，其中一、二册为甲骨文摹写图版，三、四册为释文及考释。董作宾在考释部分呈现出多项开创性成果，如利用新材料推算探讨殷代历法，并且首次提及殷代祀典中的翌、祭、酒、劦、彡五种祭奠最具系统性和组织性。这便是董作宾新发现的周祭制度，即殷人以五种祭奠对祖先周而复始地进行祭祀的制度。后来董作宾在《殷历谱》中对周祭制度进行了完整系统的阐释。商代地理对研究商代社会历史和文化至关重要，董作宾在《甲骨丛编》（第一集）中，对殷墟卜辞中出现的地名格外关注。他将八处有关武丁日谱的史料，先进行殷历朔闰推算，再按事项分组分析，进而推算出路程。后来，董作宾还对黄组卜辞中征伐"人方"所及的地理进行系统整理，将地名先排比，再按干支系统考释其地望，最后绘出路线图，董作宾也因此成为20世纪40年代研究商代地理的代表性学者。虽然董作宾的十集《甲骨丛编》没能全部成稿，但在李庄写就的第一集完全可独立成书。他对甲骨学诸多新问题的讨论，至今仍值得我们研究。

与董作宾的《甲骨丛编》（第一集）一样，郭宝钧和石璋如在李庄写成的专著也未能出版。郭宝钧在史语所（后转到中博院筹备处）是一个很特殊的人物。1928年，他以河南地方当局代表的身份首次参加殷墟考古发掘，1930年，董作宾推荐其加入史语所开始从事考古发掘工作，并且一直主持河南古迹研究会的考古活动，成效显著。但郭宝钧的主要精力在田野考古发掘方面，研究成果相对较少，主要涉及玉器、漆器和铜器。尤其在铜器研究方面，他用力最多，收获也最大。1942年2月，他在李庄撰著的《中国古器物学大纲——铜器篇》，对我国古代青铜器作了较为系统的梳理研究，是他这一时期的代表作。

二、重建商代历法的《殷历谱》

夏、商、周三代是我国文明国家的形成时期，但此前并无确切纪年，出现了"五千年文明，三千年历史"的不正常现象。在世界文明古国中，唯有古代中国是在经历夏、商两个文明社会后才有确切的历史纪年，即西周共和元年（前841年）。傅斯年曾言："今日谈中国古史，而共和以前全付之冥冥之境。"[1]历史是以年代为序来记叙的，年代学是历史学的基本骨架，如果没有准确的历史年表，历史学就无法建立起来。

最早记载中国早期历法的是《汉书·律历志》中的古六历，即上古至三代有黄帝历、颛顼历、夏历、商历、周历和鲁历六种历法。但古六历已经被南北

---

①董作宾：《殷历谱·傅序》，历史语言研究所专刊，1945年。

朝时期的数学家与天文学家祖冲之考证为周末汉初行用的一种历法。

随着众多甲骨文的出土，关于殷商历史发展的时间次序越来越清晰，从而为殷商历史的重建提供了可能，学者们开始从甲骨文中探索殷商历法。1914年，罗振玉在《殷虚书契考释》中，首先考释出殷墟卜辞中的"十三月"是"有闰之年则称其末月曰十三月"。但就殷历总体而言，民国学术界形成了两大派：一是以原青岛观象台研究员刘朝阳为代表，认为殷商历法是一种"纯粹的政治历"，这种历法月和年的长度都与天象无关，都是人为规定的。另一派以董作宾为代表，认为殷商历法是由推步方法①制定出的合天的阴阳历。

董作宾从 20 世纪 30 年代初开始，就把主要精力放在殷代历法的研究上。他先后发表了《卜辞中所见之殷历》（1931）、《殷历中几个重要问题》（1934）和《殷商疑年》（1936）等有关中国古代年代学的阶段性研究成果，为他编撰《殷历谱》奠定了基础。董作宾的《殷历谱》，是他充分利用殷墟出土的上万片甲骨卜辞中记载的日、旬、月、年资料，通过排谱编纂，并依卜辞中有关天文天象的记录来计算殷商的历法。全书涉及世系、礼制、征战、气象、交通、社会习俗、宗教信仰，以及商王武丁时期的占卜、狩猎、战争等内容。董作宾在《殷历谱》中提出的阴阳合历与大小月、干支记日从殷商至今从未间断、年终置闰等观点，以及殷人的"五祀统"（即周祭制度），至今仍为大多数研究者认同。但董作宾却谦虚地写道："《殷历谱》这部书，虽然我曾下过十年研究功夫，在四川李庄，手写了一年又八个月，印成了四大本，连图表共占有 70 万字的篇幅。在我看这算不得一回事，这只是甲骨学里研究方法进一步的一个小小的尝试。"②

在殷商历法研究的百年历程中，董作宾积十多年之功而撰的《殷历谱》是最具代表性的巨著。他在自序中谈道："此书虽名为《殷历谱》，实则应用'断代研究'更进一步之方法，试作甲骨文字分期、分类、分派研究之书也。余之目的一为藉卜辞中有关天文历法之记录，以解决殷周年代之问题，一为揭示用新法研究甲骨文字之果。"这表达出董作宾对殷商历法的基本认识，即《殷历谱》虽然是以历法为名，但绝不仅仅是一部历法研究著作，实则是通过重建殷商历法来达到重建殷商历史的目的。

---

①推步历指根据日月星辰等自然现象的运行规律推算制定的历法。

②董作宾：《殷历谱的自我检讨》，载刘梦溪主编：《中国现代学术经典·董作宾卷》，河北教育出版社，1996 年，第 391 页。

《殷历谱》共十四卷，分上下两编。上编为综合性论文，分四卷。首卷"殷历谱鸟瞰"，论述断代研究法与分派问题，并详述了殷历沿革。第二卷"历谱之编制"，论述殷代朔闰的推求以及各谱的编制经过。第三卷"祀与年"，论述殷代的纪年法，考释祀典以及各祀谱的编排。第四卷"殷商之年代"，由殷而及周，以现代天文历法结合古籍，考订殷的周年数。下编共计十卷，分十谱。十谱之中以"年历谱"为总纲，其下再分九谱。"年历谱"为历谱，只涉及天文计算而不关卜辞。九谱则是以卜辞材料为基础，包括"祀谱""交食谱""日至谱""闰谱""朔谱""月谱""旬谱""日谱"和"夕谱"。

董作宾写作《殷历谱》时，参阅了《左传》《史记》《通鉴外纪》《太平御览》《皇极经世》《通志》《帝王世纪》《大衍历议》等大量古籍文献。他首先提出了研究古代史和年代学的三个原则，即"线、点、段"。"线"是指古往今来合于"天行之历"的一条时间纵线；"点"是指根据真实史料在时间纵线上确定的据点；"段"则是由据点推出形成一个历史年代。"段之构成在点，点之寄托在线"，以此来推证历史年代，这种依据史料确定年代的研究方法，至今仍有启示意义。董作宾殷商历法的主要观点有：在殷墟建都的十二位商王分别是盘庚、小辛、小乙、武丁、祖庚、祖甲、廪辛、康丁、武乙、文丁（卜辞称文武丁）、帝乙和帝辛。殷商总年为629年，盘庚到帝辛共8代287年。盘庚是在继位15年即公元前1383年迁殷的，除去在原都的14年，迁殷后的总年是273年。殷墟发现的甲骨是武丁到帝辛的卜辞，其中武丁时期的甲骨最多。殷高宗武丁在位长达59年，国力强盛，有"天下之盛君"之称。武王伐纣是在公元前1046年。周代总年为790年。董作宾的研究推定，为甲骨文创立了更为精确的时间标尺，为研究殷商历史提供了一条重要途径。

董作宾认为，殷代历法是当时世界上较为先进的一种阴阳合历。殷人"息之时即月出之时……由缺而圆，圆而复缺，经验既久，乃有一月为二十九或三十日之认识，历法即由是而产生"。以太阴（月亮）圆缺一次为一个月，并且以朔日为月首（有研究认为应该是以新月为首）。月有大小之分，大月30日，小月29日，大小月相间，也有连续两个月为大月的"频大月"。把太阳的温凉寒暑更替一次视为一年，一年为365.25天，用闰月调整阴阳差，即3年一闰，19年而7闰。殷人1天24小时的各时间段都有专门称呼，叫时称，董作宾最早指出甲骨文有12个时称（目前研究发现甲骨文白天时称多达25个）。他同时指出，殷人"日出而作，日入而息"，故其对于时的区分，重在昼,不在夜。通常称昼为"日",称夜为"夕",这种观念影响至今。

学术界认为,《殷历谱》最重要的研究成果当属"祀谱"。殷商祭祀文化发达,占卜频繁,而且无所不包。董作宾利用破碎而分散的卜辞重建了殷人的祭祀体系,不仅发现了商代独特有序的周祭制度,而且还对祖甲、帝乙、帝辛三王的周祭祀典进行了初步复原。

董作宾此前就发现殷人占卜有两种完全不同的风格。他在《殷历谱》中进一步提出了分派学说,作为他早期分期学说的补充。董作宾根据甲骨卜辞反映的礼制情况,把祖庚以前诸王与之后的武乙、文丁划入旧派,祖甲、廪辛、康丁和帝乙、帝辛划入新派。他认为武乙、文丁卜辞,尤其是文丁卜辞具有复古倾向。商王祖甲改进历法,修订祀典,厘定了卜辞及文字。祖甲及以后诸王均沿其礼制,属于革新派,其卜辞即为新派卜辞。与此相对,武丁、祖庚、武乙、文丁诸王属于守旧派,其卜辞为旧派卜辞。旧派如武丁、祖庚时期,殷人在年终置闰,称"十三月"。新派如祖甲,开始变为年中置闰,即置闰于当闰之月,并改称一月为正月。

董作宾的研究涉及大量天文学资料,他依托当时的专业研究平台,对其不熟悉的领域进行集众式的突破。如其"自序"所言:"李鸣钟、陈遵妫助我推算历法,交食;高去寻君助我编算年历。"又如他从甲骨卜辞中发现了许多当时日食、月食和新星爆发等天文现象的记录。为此,董作宾利用西方现代天文学方法开展对比研究,并专门委托美国汉学家德效骞验算《殷历谱》中记录的公元前1311年11月24日的月食现象,德效骞验算后回函称:"此次推算结果完全切合,可见其历谱体系有坚实的基础。"[1]董作宾还特意写信向气象学家竺可桢请教殷历的置闰问题,并在《殷历谱》中采纳了竺可桢的意见。

三、李庄石印出版《殷历谱》

1945年4月,董作宾在李庄以手写石印的方式出版两百部《殷历谱》,部部有编号,足见其珍贵。1945年8月15日,董作宾致信傅斯年请示:"《殷历谱》自序文登出,其效力胜于广告,近来函购者络绎不绝,除保留之五十部外,业已售罄。"[2]《殷历谱》石印出版不久,英国著名科技史学家李

---

①《董作宾先生全集》(乙编第2册),台北艺文印书馆,1977年,第770页。

②苏晓涵:《学术与人事:〈殷历谱〉成书及传播相关问题考论》,载《廊坊师范学院学报》,2021年第37卷第3期,第71页。

约瑟就提出将《殷历谱》译成英文出版。1945 年 8 月 18 日，董作宾回信表示同意，并就李约瑟提出的翻译方式提出了个人意见，随信还附寄他摹写的一幅天文星辰甲骨文。

《殷历谱》的学术价值，一直备受关注与争议。董作宾在《殷历谱·自序》中写道："历者，古史年代学之基石也……（但）殷周年代，异说孔多……夫推殷年者，必基于周。周年之异，在共和以前；共和以前年代之推求，固学者所望而却步者也。然前人之考定古史年代，辄不敢超越六历三统之范围。"他不仅强调了年代学的重要性，也指出前人论述，各自成说，因为研究年代学必须同时具备历史与天文历法知识，但天文历法知识艰涩难懂，不易掌握。傅斯年就颇有先见之明："必评衡此书之全，则有先决之条件：一其人必通习甲骨如彦堂，二其人必默识历法如彦堂，三其人必下几年功夫，然此绝无之事也。"[1]朱自清却致信董作宾，称赞《殷历谱》不但是写给专家看的，也是给素人看的。读者既可从中获得许多殷商历史知识，也能学到许多历法知识。而陈寅恪更是把《殷历谱》称为"（全民族）抗战八年学术界的第一部书"。李济的评价很客观："《殷历谱》汇集的材料源于原始的写本，因此，尽管董的分类很重要，但仅能被少数专家所理解。"[2]

随着研究的不断深入，董作宾的殷历学说不断被学者们修正。有学者研究指出，《殷历谱》中的殷历并非董作宾所说的是由推步方法推算出的比较严密的"合天历谱"，因为如果将董作宾所论定的殷历与甲骨文中有关天象的卜辞比对，就会出现"冬雷震霆"的异常现象[3]，这也说明《殷历谱》论定的殷历确实存在缺陷。究其原因，很可能是殷人当时还没有精密的计算能力来制定推步历，所以殷历只是一部依据天象调整的历法。而且有关月日记载的甲骨刻辞虽然为数众多，但都不连贯，是很难拟定某个朝代具体的历法内容的。但在1981 年，经中国天文史学家集体计算考证，肯定了董作宾的殷历为阴阳合历、年中置闰、大小月及干支纪日从殷代至今未间断的研究结论，但否定了他的年

---

①董作宾：《殷历谱·傅序》，历史语言研究所专刊，1945 年。

②李济：《安阳》，商务印书馆，2019 年，第 140 页。

③常正光：《殷历考辨》，载《古文字研究》第 6 辑，中华书局，1981 年，第 93 页。

终置闰的可能性。①

《殷历谱》的最大争议是董作宾提出的分派之学，即殷代王室有新旧两派之分，并在武丁时代开始全面复古。但据现代学者研究，董作宾的复古之说并不成立，进而主张以甲骨文的字体为标准进行分组整理，以殷墟甲骨的“两系”说来取代董作宾的新旧说。但董作宾在《殷历谱》中大量使用甲骨卜辞，并按占卜日期排列起来进行综合研究的排谱方法，揭示出商王按照严格规定的日程，逐个祭祀先王和先妣的五种祀典制度，对甲骨文的断代和礼制研究起到了巨大的推进作用。

董作宾的《殷历谱》深受傅斯年倡导的“新史学”理念影响，澄清了商朝继位顺序，考订出殷商的实际统治年数以及周灭商的确切年代。陈梦家评价《殷历谱》说：“董作宾汇集了很丰富的甲骨材料，建筑在有限的殷代历法基础之上，他所作的《殷历谱》是工程浩大的著作……它的内容，实际上涉及历法本身的并不多，大部分讨论了天象（日月食）、年代（殷周的年数）、祀周（即他所谓祀典和祀谱）……他对于某些有关甲骨的整理与联属，如贞人方和祭祀系统，则有很大的贡献。”②劳榦也认为，《殷历谱》涉及的年代学是一门自然科学，而不是哲学，虽然不成功也有其自身的价值。因为从学术史的角度看，任何学术上的进步，先行者必定有疏漏，甚至于错误。但论证方法是否科学应高于结论的对错，故不能以单纯的对错来评价《殷历谱》。傅斯年总结甲骨学有四部里程碑式的著作，其中就包括董作宾的《甲骨文断代研究例》和《殷历谱》。《殷历谱》与其他甲骨学著作的主要区别就在于，董作宾是在掌握新的考古材料的基础上，开创了新的甲骨学研究领域。

四、李庄拓印编撰《殷墟文字乙编》

无论是甲骨文的释文，还是它的分类和断代研究，都离不开各种甲骨文著录书籍，而科学完整的图版是甲骨文著录书籍的基础。甲骨文的著录应该尽可能为读者提供丰富的甲骨信息，但著录难度之大董作宾深有体会：“每片甲骨，登记、整理、上胶要费时间；传拓、剪贴、编排要费工夫；照像、制版、印刷要费手续；从采掘出来的一堆甲骨，到印成一本书，决不是可以咄嗟立就

---

① 中国天文学史整理研究小组：《中国天文学史》，科学出版社，1981年，第15页。

② 陈梦家：《殷墟卜辞综述》，中华书局，1988年，第223页。

的。"①早期甲骨文著录受传统金石学的影响较深，多以拓片为主，少数作摹本。拓片可以忠实地展现字形，摹本对字形的表现就更为直观。对一些填涂朱砂的"涂朱刻辞"，以及一些用毛笔写在甲骨表面的"朱书""墨书"，传统拓片就难以表现，一般采用当时还算先进的"玻璃版印刷"技术来记录。我国第一部甲骨文著录书籍是《铁云藏龟》，刊印于1903年，编著者是《老残游记》的作者刘鹗。早期有名的甲骨文著录还有罗振玉的《殷虚书契》（1911），郭沫若的《卜辞通纂》（1933）和《殷契粹编》（1937）。这些著录所收集的甲骨多为盗掘所得，因而缺乏明确的出土地点和共存关系，其文字和史料价值显著降低。

董作宾对殷墟出土的包括甲骨文在内的文字材料的编著和研究，有一整体构想：分甲乙丙三编分期编印；每一编分图版和考释两部分；先出图版后出考释。关于书名，董作宾计划把殷墟出土的有文字的器物全部收录，不仅包括甲骨文字，还有铜器、陶器、石器等，因此傅斯年认为书名不应用"甲骨文字"来概括，而用"殷墟文字"比较适合。从1935年开始，董作宾对殷墟十五次考古发掘所得的甲骨文材料进行了全面整理，既研究甲骨文例，又缀合甲骨材料，先后编撰《殷墟文字甲编》和《殷墟文字乙编》两部甲骨文著录图版书籍。他在书中首次明确记录了甲骨出土的坑位与共存遗物，开创了甲骨学与考古学相结合的著录新体例。两书内容丰富，涉及殷代政治、经济、文化、社会生活的各个方面，是研究甲骨文和殷商史极为珍贵的原始资料。

《殷墟文字甲编》收录了殷墟第1至9次发掘所得甲骨共计3942片，《殷墟文字乙编》收录殷墟第13至15次发掘所获甲骨共9105片。甲乙两编共收录甲骨13047片，包含了殷墟发掘出土的全部重要甲骨，而且每片甲骨均附有发掘次数和原登记号。《殷墟文字甲编》的出版历时十余年，1936年在上海本已完成编辑排版，却毁于日军轰炸。1940年在香港再次编辑出版时，又毁于战火，直到1948年才顺利出版。

董作宾在李庄开始编撰的《殷墟文字乙编》，著录体例更加完善，每片甲骨不仅有发掘次数和原登记号，还新增了坑位号，能够更好地体现考古发掘优势。所以董作宾认为："乙编所收材料，超过甲编约四倍以上；出土的坑位简单明晰；内容新颖而且丰富；研究的价值，也远在甲编之上。"②但《殷墟文字

①《董作宾先生全集》（甲编第3册），台北艺文印书馆，1977年，第1134页。

②《董作宾先生全集》（甲编第3册），台北艺文印书馆，1977年，第1151页。

乙编》的编著也颇为艰难，难在殷墟 H127 发现的 1.7 万多片龟板的清理。由于这批甲骨量大，出土时是连泥带甲骨整体装箱运抵南京的。虽然清理了三个月，并且每一片都有绘图、具体位置和方向，但还未上胶编号，便一路南迁。1940 年冬运抵李庄时，原本拼对好的龟板已经四分五裂，只能重新拼粘排列。在李庄拓印时，董作宾在编著《殷历谱》，"所以粘对，剪贴，排列，督促传拓等工作，都请屈万里君担任，后来李孝定、张秉权两君继之"①。董作宾在整理《殷墟文字乙编》中刻划卜兆的龟版时，发现并归纳出七种特征，其中有四种仅见于武丁时代。《殷墟文字乙编》分上中下三辑，在 1949 年和 1953 年分两次出版。虽然《殷墟文字乙编》仍然未能复原到南京整理时的原貌，但有字的残片都尽收其中，缺失的也只是无字的甲骨，这为以后的进一步著录提供了有利条件。董作宾当年在李庄的主要助手张秉权，后将《殷墟文字乙编》所刊甲骨重新拼对复原，并进行详细考证，在 1972 年编著出版《殷墟文字丙编》。

董作宾的《殷墟文字甲编》和《殷墟文字乙编》所录甲骨都是殷墟科学发掘所得，它们与之前的甲骨文著录最大的区别就在于，为了保持科学发掘的原真性，董作宾对每一片龟甲或兽骨的拓本，不仅著录号是依照它们出土时的先后次序来排列，而且除了拓本自身编号外，还附有原出土登记编号，并以大小字来区分。出土登记编号的第一位数字代表发掘次数，第二位数字代表种类：0 指有字龟甲，1 是无字龟甲，2 是有字骨版，3 指无字骨版，最后的数字就是出土时的编号。这就使得每一个拓本的发掘次数、是龟是骨以及出土层位一目了然。如果需要研究甲骨当时的出土情形，或与其他遗物的伴生关系，通过查找登记号便可知晓。而且每一片甲骨上的编号如同它的"身份证号码"，真伪一查便知。董作宾对此也颇为满意："如果从考古学的眼光看法，就和以前的甲骨文字书籍大大的不相同了。它们每一片都有它们的出土小史，它们的环境和一切情形都是很清楚的。"②从而进一步提高了甲骨文的学术研究价值。

五、李庄传播甲骨文书法

甲骨文已经具备了中国书法的笔法、结构与章法三要素。最早把甲骨文字引入书法创作的是"甲骨四堂"之一的雪堂罗振玉，他"取殷契文字可识者，集为偶语"，在 1925 年刊布《集殷墟文字楹联》一书，该书是历史上最早的

---

① 《董作宾先生全集》（甲编第 3 册），台北艺文印书馆，1977 年，第 1152 页。
② 《董作宾先生全集》（甲编第 3 册），台北艺文印书馆，1977 年，第 1136 页。

一部甲骨文书法集。但甲骨文深奥难懂，不易流传，如果没有宣传推广，只有少数人能欣赏。在 20 世纪初期，经罗振玉、董作宾、郭沫若、胡小石、徐悲鸿等学者名人的宣传，甲骨文书法在民国时期就已得到普遍承认。但把甲骨文作为书法研究的，则始于董作宾。在他的甲骨文断代标准中，"书体"就是十项标准之一，所谓"书体"是指甲骨文的书写风格。董作宾将商代甲骨文的风格演变划分为五期：第一期雄伟，第二期谨饬，第三期颓靡，第四期劲峭，第五期严整。董作宾的五期划分，对甲骨文书法而言具有划时代的意义。

董作宾书写甲骨文对联始于 20 世纪 30 年代，但书写不多。在昆明时他常借写甲骨文对联自娱。迁至李庄后，出于编著《殷历谱》和《殷墟文字乙编》的需要，他开始长期摹写甲骨文。石璋如回忆说："董先生觉得对着原版甲骨摹写一遍，才会有更深一层的认识，董先生能精于甲骨文书法，这个摹写的工作的确又给他一个训练的机会。"①正是这种长期的临摹实践，使董作宾更能保证甲骨文字的构形和布局的准确性。作为接触甲骨文实物和摹写甲骨文最多的学者，他的甲骨文书法最能体现甲骨文的形似与神似，是独一无二的书法作品。劳榦就认为，董作宾的写法有深邃的功力，一般人是学不到的。

就甲骨文书法的创作与传播的影响力而言，当推董作宾为第一人。李庄期间，凡有求其书法者，董作宾有求必应，甚至不求也送，主动赠给朋友和学生，这一时期也是董作宾甲骨文书法创作的高峰时期。他曾说："起初最喜欢用玻璃纸摹写借来的拓本，摹写日久，写出来能够得其形似，因此朋友们要我写字，我也乐得借他人的纸，作自己的练习。"②为了美观，他书写的甲骨文，总是先用朱墨书写原文，再用毛笔注释原文，如牡丹配绿叶，恰到好处。而且董作宾用朱砂写的甲骨文永不褪色，红色又符合中国人的文化习俗，因此大受欢迎。他的甲骨书法，为各大博物馆和收藏名家收藏，宜宾市博物院就收藏有董作宾 1944 年赠予宜宾士绅朱大文的甲骨七言联。

在李庄时，董作宾还借各种展览机会推广甲骨文书法。1942 年，在重庆第三次全国美术展览会上，董作宾为了使观众"知道商代文字的应用已很普遍，知道一点殷代早期龟甲上书契卜辞的具体实例，精心临摹了殷商不同时期

---

① 董玉京：《我的父亲与甲骨文书法》，载《甲骨文书法艺术》，大象出版社，1999 年，第 3 页。

② 董作宾：《"万像"甲骨文诗画集》，台北伟灵企业有限公司，2012 年，第 131 页。

的十片龟甲，成四幅作品，命名为'武丁十甲'参加展览，引起了文化界人士对于甲骨文的关注与兴趣"①。1944 年春，董作宾在李庄板栗坳牌坊头的 50 岁寿宴上，还即兴举办了个人作品展，其中就有多幅甲骨文书法作品。1947 年，应邀到美国芝加哥大学任教时，董作宾秉承在李庄传播甲骨文书法的一贯作风，竭力想把甲骨文字通俗化，向世界推广。胡适就曾说："从太平洋走到大西洋，几乎没有一家中国朋友或美国的中国学者家中没有董作宾的甲骨文。"②董作宾既是学有建树的甲骨学家，又是出色的甲骨文书家，他将学术与艺术集于一身，为甲骨文书法进入现代书法格局做出了特殊贡献。

表4：董作宾、郭宝钧李庄时期主要学术成果

序号	名称	首发刊物	时间	备注
1	董作宾《从高宗谅阴说到武丁父子的健康》	《中国青年》	1941年	
2	董作宾《麽些字典甲种序》	《中国文化研究所辑刊》	1941年	
3	董作宾《甲骨丛编》（第一集）	未刊稿	1941年	手稿现藏国家图书馆
4	董作宾《棋三百有六旬有六日新考》	《中国文化研究所辑刊》第1卷第1期	1942年	
5	董作宾《栗峰山的历史语言研究所》	《读者通讯》第58期	1942年	收录于《董作宾先生全集》（乙编第4册），台北艺文印书馆，1977年
6	董作宾《天历发微》	《读者通讯》第41、42期	1942年	收录于《董作宾先生全集》（乙编第3册：平庐文存卷2），台北艺文印书馆，1977年

① 董作宾：《一个理想的书法展览》，载台北《新生报》，1952-7-2。

② 李雪山编：《董作宾与甲骨学研究续编》，中国社会科学出版社，2007年，第 219 页。

续表

序号	名称	首发刊物	时间	备注
7	董作宾《关于太平天国历法之讨论答罗尔纲书》	《读者通讯》第59期	1942年	收录于《董作宾先生全集》（乙编第3册），台北艺文印书馆，1977年
8	董作宾《敦煌写本唐大顺元年残历考》	《中央图书馆月刊》第3卷第1期	1943年	收录于《董作宾先生全集》（乙编第3册），台北艺文印书馆，1977年
9	董作宾《魏特夫商代卜辞中的气象纪录》	《中国文化研究所辑刊》第3册	1943年	收录于《董作宾先生全集》（乙编第3册），台北艺文印书馆，1977年
10	董作宾《殷文丁时一旬间之气象纪录》	《气象学报》第17卷第1~4期	1943年	
11	董作宾《"四分一月"说辩正》	《中国文化研究所辑刊》	1943年	收录于《董作宾先生全集》（甲编第1册），台北艺文印书馆，1977年
12	董作宾《中康日食》	《古史传时说代》第4章	1943年	收录于《董作宾先生全集》（甲编第1册），台北艺文印书馆，1977年
13	董作宾《敦煌纪年》	《说文月刊》第3卷第10期	1943年	收录于《董作宾先生全集》（乙编第3册），台北艺文印书馆，1977年
14	董作宾《春秋经传史日丛考》	《说文月刊》第3卷第11期	1943年	收录于《董作宾先生全集》（乙编第3册），台北艺文印书馆，1977年
15	董作宾《殷代之羌与蜀》	《说文月刊》第3卷第12期	1943年	
16	董作宾《王若曰古义》	《说文月刊》第4卷合刊	1944年	
17	董作宾《殷墟甲骨文字》	《读书通讯》第69期	1944年	收录于《董作宾先生全集》（乙编第3册），台北艺文印书馆，1977年

续表

序号	名称	首发刊物	时间	备注
18	董作宾《麽些象形文字字典序》	《说文月刊》第5卷第3、4期合刊	1945年	收录于《董作宾先生全集》（甲编第3册），台北艺文印书馆，1977年
19	董作宾《平庐景谱》	李庄50岁寿宴上展览	1944年	
20	董作宾《殷历谱》	历史语言研究所专刊	1945年	李庄石印200部
21	董作宾《殷历谱后记》	李庄石印出版历史语言研究所集刊外编第三种《六同别录》（中）	1945年	收录于《董作宾先生全集》（甲编第1册），台北艺文印书馆，1977年
22	董作宾《再谈殷代气候》	《中国文化研究所辑刊》第5册	1946年	收录于《董作宾先生全集》（乙编第3册），台北艺文印书馆，1977年
23	董作宾《殷墟文字乙编》	李庄时期拓印编辑		台北历史语言研究所1949年和1953年出版（共3册）
24	郭宝钧《中国古器物学大纲——铜器篇》	未刊稿	1942年	手稿现藏国家图书馆
25	郭宝钧《教育部交管长沙古物之检讨》	《高等教育季刊》第2卷第2期	1942年	
26	郭宝钧《由铜器所见到之古代艺术》	《文史杂志》第3卷第3、4期合刊	1944年	
27	郭宝钧《宫闱燕居图彩奁素描》	《社会教育季刊》第2卷	1944年	
28	郭宝钧《薛氏款识齐侯钟铭读法考》	《说文月刊》第4卷	1944年	

来源：《董作宾先生全集》（乙编第7册），台北艺文印书馆，1977年。

第三节 吴金鼎三次主持西南考古调查与发掘

南迁西南后，中博院筹备处与史语所合作，多次在西南和西北等地开展考古调查和发掘。1938 年在昆明合作成立"苍洱古迹考察团"，在云南大理及洱海一带开展考古调查与发掘，并在李庄整理出版了考古报告。1941 年，史语所、中博院筹备处和中国营造学社组建"川康古迹考察团"，对彭山汉代崖墓进行大规模调查发掘。1942 年春，史语所、中博院筹备处与中国地理研究所组成"西北史地考察团"，远赴西北的敦煌、黑水流域及宁夏部分区域进行考古调查。1943 年春，史语所、中博院筹备处、中国营造学社与四川省立博物馆组建"琴台整理工作团"，发掘整理成都王建墓（永陵）。1944 年，史语所、中博院筹备处、北京大学文科研究所与中国地理研究所成立"西北科学考察团"，在甘肃、新疆等地开展调查发掘，取得重大收获。在李庄时期开展的这些考古活动中，由于有从欧洲考古学专业学成归来的吴金鼎与夏鼐的主持和参与，工作人员在以考古地层学为核心的发掘方法上，取得了明显的进步。

在西南地区开展的三次考古调查与发掘，都是由吴金鼎主持完成的。吴金鼎（1901～1948），1926 年考入清华国学研究院，师从李济，研读人类学与考古学。吴金鼎两次参加殷墟考古发掘，六次考察山东章丘龙山遗址，是中国考古学史上有着划时代意义的龙山文化的发现者。1933 年，吴金鼎赴英国伦敦大学修读博士学位，是曾昭燏和夏鼐的同门师兄。1938 年回国后入职中博院筹备处，是中国早期为数不多的一流考古学家。梁思永就认为："像吴禹铭（吴金鼎字禹铭）先生才算是田野考古学的正统派，着重田野考古而轻视故纸堆的研究。"[①] 史语所老人石璋如还尊称吴金鼎为"田野考古第一人"。

一、"苍洱古迹考察团"与《云南苍洱境考古报告》

在 1938 年 11 月至 1940 年 6 月间，以吴金鼎为团长、曾昭燏和吴金鼎夫人王介忱为团员的"苍洱古迹考察团"，在云南大理和洱海一带，共调查发现 32 处遗址和 17 座古墓葬，其中史前遗址就有 21 处。考察团运用现代考古发掘技术，对大理的马龙、清碧、佛顶甲、佛顶乙、中和中、龙泉、白云甲七

---

① 夏鼐：《追悼考古学家吴禹铭先生》，载《夏鼐文集》（第 4 册），社会科学文献出版社，2017 年，第 206 页。

处遗址进行了考古发掘。吴金鼎根据调查发现的史前文化和南诏时期的文化遗存，提出了"苍洱文化"的考古学概念，奠定了我国西南地区史前考古的基础。

调查发掘结束后，吴金鼎、曾昭燏在昆明整理编写了《云南苍洱境考古报告》（以下简称《报告》），《报告》原文近10万字，并附有地图7张、插图63张、表格58张、拓片140多张、照片37张。但时值中博院筹备处和史语所由滇迁川，故未能付印。1942年，曾昭燏在李庄按照李济的要求重新编写《报告》，并请夏鼐修订后，以中央博物院专刊乙种之一的名义出版。因经费和技术限制，曾昭燏删除了原稿的全部照片，只保留极少数地图、表格和拓片，文字内容也大幅删减。尽管如此，删减后的《报告》仍有5章，文字67页，英文提要8页，采用木版雕刻印刷的拓片图版11页。《报告》将苍洱地区发现的考古材料划分为四个时期，从而建立了云贵高原第一个历史自然地理单元的文化序列，具有划时代的意义。《报告》还附有曾昭燏独立撰写的《点苍山下所出古代有字残瓦》一文，全文分5章，有文字的瓦片摹本63页。该文是对1938年曾昭燏、吴金鼎与中国营造学社刘敦桢等人，在调查大理古城时采集到的一批有字瓦片进行的考证，曾昭燏认为，这批有字瓦片的文化属性与南诏有关。

吴金鼎、曾昭燏在《报告》中预言："苍洱地域古代遗留甚为丰富，料隐藏者尚多。后之从事西南考古者，再来此处工作，必尚有较大之收获也。"[1]自20世纪50年代开始，云南考古工作者就多次在大理地区开展考古调查和发掘，并且证实了当年吴金鼎等人认为应进行详尽发掘的地区，正是唐代云南地方政权南诏国的一处都城——太和城遗址。该遗址在1961年被国务院公布为第一批全国重点文物保护单位。机缘巧合的是，青年画家李霖灿，在大理发掘现场有幸结识了吴金鼎和曾昭燏，从此与他们亦师亦友，并在李庄成就了学术巨著《麽些象形文字字典》。

二、"川康古迹考察团"与彭山崖墓

云南苍洱考古取得的成果，使李济、吴金鼎等人深信，川滇相交，古代文化必有关系，理应在川康两地扩大考古调查范围，以整体揭示西南地区的古代

---

①吴金鼎、曾昭燏等：《云南苍洱境考古报告》，中央博物院筹备处，1942年，第4页。

历史。1941 年初，在李庄成立"川康古迹考察团"，由吴金鼎任团长，成员有高去寻、曾昭燏、王介忱、赵青芳、夏鼐和陈明达等人。吴金鼎制订了详细的调查计划，将四川划分为六个工作区：南溪和宜宾城区为第一区；成都大平原（包括彭山、金堂和灌县在内）为第二区；绵阳和剑阁为第三区；岷江流域各县为第四区；涪江、嘉陵江和渠江下游三角地带为第五区；长江流域（以泸县至奉节段为限）为第六区。吴金鼎首先调查第一区，在宜宾城郊九家村发现汉代崖墓，在三江口和旧州坝发现古代城址，在李庄勘查了 36 座崖墓，在南溪城郊发现 20 座古代墓葬。在宜宾附近的初步调查发现，使吴金鼎认定调查发掘四川崖墓意义更大。而同在李庄的刘敦桢，根据他稍早调查川康古代建筑时的发现，也力荐吴金鼎首先发掘彭山崖墓。

1. 四川崖墓的首次科学调查与发掘

1941 年 4 月，吴金鼎、曾昭燏和王介忱等人先期到达彭山，在县城附近岷江河岸 6 千米的范围内发现千余座崖墓，但多数被盗掘或人为扰乱破坏。他们先采集陶片分类比较，对墓门大开的崖墓进行清理。在寨子山，他们重点清理了有"永元十四年"（102）题记的残墓，并以此作为崖墓的断代依据。根据前期的摸底了解，吴金鼎把彭山崖墓划分为三个区域：一是寨子山区，墓道长，墓制规模大，雕刻少；二是李家沟区，墓道短小，墓制有大有小，有简单雕刻；三是豆芽坊沟区，墓制小但雕刻丰富。

随着夏鼐和高去寻等人的加入，考察团开始扩大调查发掘范围，收获颇多。在豆芽坊沟，他们共发掘崖墓 25 座，其中 7 座墓门有雕刻，并且有 3 座崖墓的雕刻完整地保存了下来，雕刻有斗拱、瑞兽、吹箫人、双羊双鱼等精美图像。在寨子山共发掘崖墓 41 座，最重要的是吴金鼎在 M550 发现的"秘戏图"，以及高去寻在 M900 发现的题有"蓝田令杨子舆所处内" 9 字铭文的崖墓。在寨子山附近的陈家堖，他们在一崖墓中发现"持蛇神人"石刻，在砖室墓中发现极为丰富的汉砖图案，有几何纹、龙凤纹、狩猎、炊饮、车马、西王母、宫殿、圆形盘龙砖柱等。在李家沟发掘崖墓 10 座，他们根据在崖墓附近平台遗址发现的水沟和绳纹瓦片判断，彭山大型崖墓旁原来应该建有守护崖墓的建筑。在结束彭山崖墓发掘后，吴金鼎又移师成都双流牧马山，发掘了 7 座土坑墓，弄清了四川土坑墓的基本结构和做法。

发掘间隙，吴金鼎还与时任四川省立博物馆馆长的冯汉骥一道，特意考察了广汉三星堆。吴金鼎沿鸭子河调查史前遗址，在河岸一断层发现文化层，上层出汉代永元墓砖，下层有史前陶片，因此计划对三星堆进行深入调查与发掘，后因吴金鼎离职而未能实施。1942 年 12 月，考察团返回李庄。在中博院筹备处的月会上，吴金鼎汇报了彭山崖墓调查发掘的主要成果，讨论了牧马山的古代墓葬，他认为牧马山墓葬的年代有可能早至战国时期。

"川康古迹考察团"对彭山崖墓的调查发掘历时近两年，在豆芽坊沟、李家沟、王家沱、寨子山等 8 处地点共发掘清理汉代崖墓 77 座、砖室墓 2 座。完整清理了其中的 55 座崖墓，另外 22 座因破损严重，只清理墓道和墓门。发现彭山崖墓多用木棺、瓦棺和石棺，崖墓出土器物以陶器居多，他们将其分为生活用品、陶俑、房舍和田园模型四大类。

由于有留学英伦的考古学"海龟"吴金鼎、夏鼐和曾昭燏的参与，在本次发掘过程中，考察团完全按照当时先进的田野发掘技术进行操作，如按发掘先后次序编定墓号，详细记录每一座墓葬的勘测发掘情况，并绘制完整的图纸。在发掘的同时，考察团还对彭山崖墓的出土物进行初步整理，除基本的绘图记录外，他们还运用考古类型学方法对出土器物进行分期断代。即以"永元十四年"和"永元十五年"的出土物为标准，分别判断出另外 3 座同属于"永元十四年"的崖墓和 5 座年代相似于"永元十五年"的墓葬。这是中国近现代考古史上，运用考古类型学方法进行分期断代的最早实践之一。

此外，吴金鼎发现的"秘戏图"雕刻，表现的是人类的男女欢爱，向世人"提供了与历来正统观念相悖的题材，这就需要今人对汉代的意识形态观念重新加以估计"[1]。吴金鼎当时就意识到了它的历史和艺术价值，所以力排众议，果断决定将包括朱雀和"秘戏图"在内的 12 块石刻图像完整切割下来，运回李庄保管，从而留存至今，体现出吴金鼎精准专业的判断力和超前的文物保护意识。

彭山崖墓发掘，是历史上首次对四川崖墓开展的科学调查与发掘。按照后期整理计划，由吴金鼎、曾昭燏、高去寻及陈明达四人，根据崖墓出土器物分别研究撰写汉代人种、生活习俗、建筑图案等方面的专题研究报告。高去寻主要关注"秘戏图"的功能和作用，曾昭燏重点研究崖墓出土的陶俑，陈明达则研究测绘崖墓建筑。

2. 高去寻对彭山崖墓的研究发现

高去寻（1910～1991），1935 年北京大学史学系毕业后被其论文指导老师傅斯年招入史语所。他曾四次参加殷墟考古发掘，尤其是跟随梁思永发掘安

---

① 南京博物院编：《四川彭山汉代崖墓》，文物出版社，1991 年，第 100 页。

阳侯家庄西北冈的殷代王陵，决定了他一生的学术道路。高去寻学识渊博，有"通才考古学家"之称。在彭山崖墓的发掘和研究过程中，就充分展现出他博雅多识的一面。他对 M900 崖墓墓门上的篆字铭文"蓝田令杨子舆所处内"的考证尤为经典。该墓的主人虽然明确，但"内"字的含义却不得其解。高去寻通过考证先秦两汉文献中关于建房造室的"内"字，研究认为 M900 的"内"为汉代"一堂二内"的"内"，其含义同"室"。高去寻的考证结果不仅获得考察团成员的一致认可，而且为营造学社陈明达的崖墓建筑研究提供了可靠的考古材料。

高去寻在李庄史语所学术讲论会上曾作四次报告。彭山崖墓发掘完成后，高去寻作了题为《崖墓中所见汉代的一种巫术》的报告。他综合崖墓的考古发现和历史文献记载的"秘戏图"，考证它们各自的功能和作用。他认为"秘戏图"石刻，其用途是保护墓葬或死者的尸体及灵魂，属古人辟邪厌胜的一种巫术。高去寻在发掘崖墓时，留意到当地"口内含银子，子孙有钱使"的民间习俗，进而联想到殷墟发掘时发现的含贝和握贝葬俗。他在讲论会上再作《殷礼的含贝握贝》的报告，认为殷人握贝含贝属于广义上的"饭含"礼仪，是祈愿给逝者以生命力，并非西方学者所言的防逝者灵魂出窍或祈求复生。1944 年，高去寻在李庄分两次报告了《匈奴的宗教》，他结合彭山崖墓发掘所获，考证了《汉书》记载的匈奴所奉之神——"径路神"，指出汉宣帝时官方之所以祭祀径路神，其目的是展示朝廷对来降匈奴的怀柔政策。

高去寻在李庄时期的主要工作，是在梁思永的指导下研究整理安阳侯家庄西北冈的考古发掘报告。梁思永（1904～1954），中国近现代考古学的主要开拓者之一。1932 年，他在主持安阳后冈发掘时，发现了仰韶、龙山和小屯的三叠层，这一历史性的发现成为中国考古地层学确立的标志。在李庄，梁思永最关注的还是他未完成的侯家庄西北冈殷代王陵考古报告，他研究出土玉石器、拼对器物、绘制器物图、整理卡片、记录要点，对考古报告的内容组织已有了大致轮廓，但不幸于 1942 年初夏开始患病不起。后经高去寻的整理和补辑，最终根据梁思永的遗稿完成七部巨著《侯家庄大墓》，使这批宝贵资料流传于世。

3. 曾昭燏对彭山崖墓出土陶俑服饰的研究

曾昭燏特别关注彭山的三座纪年崖墓，尤其是寨子山 M550 的"永元十四年三月廿六日"纪年题刻。1945 年，她在李庄完成《永元残墓清理报告》，专门考证该墓。曾昭燏的研究重点是彭山崖墓出土陶俑的服饰，因为崖墓出土的各式各样的人物俑，对研究汉代头饰和服饰具有重要价值。但当时研究资料匮乏，甚至许多陶俑所着服饰都难以定名，因而她"不得不翻检图籍，参考斟酌"。曾昭燏的研究方法非常专业，她从考古类型学理论出发，坚持以文献与实物相互比证的方式来研究。她首先对陶俑的服饰进行分类，再分别加以详细描述，研讨了中国汉代男子的头饰、女子的发髻、男女衣裳、小儿袍和农夫服等，并于 1946 年在李庄著成《从彭山陶俑中所见的汉代服饰》一文，这是中国学者首次根据考古材料对汉代服饰开展的系统性研究。作为中国第一位留学海外的女考古学家，曾昭燏对彭山崖墓的发掘和研究表明，她当时已经掌握了科学的考古方法和类型学理论。

早在南宋时期的文献中就有四川崖墓的记载。从 1906 年开始，部分欧美学者和传教士开始考察研究四川崖墓，而且确定崖墓为汉代墓葬。但他们却按照当时盛行的"中国文化西来说"观点，主观臆断四川汉代崖墓的建筑形制来源于古代波斯。但"川康古迹考察团"的考古发掘证明，四川汉代崖墓就是本土文化的产物，与古波斯无关，从而增强了民族文化自信，在抗战大背景下，其重要意义显而易见。

彭山崖墓作为吴金鼎在西南地区主持的第二次考古发掘，其发掘计划之全面，工作之缜密，都是前所未有的，堪称西南墓葬考古的典范。除崖墓的各项专题研究外，吴金鼎本计划编著一部彭山崖墓调查发掘的总报告。但在历经多次人员变动后，除高去寻、曾昭燏的研究成果，以及陈明达的崖墓建筑研究外，彭山汉代崖墓完整的发掘报告并未按计划完成。1987 年，当年彭山崖墓发掘的参与者之一，今南京博物院的赵青芳，根据保存下来的发掘记录，重新核对整理，编著出版《四川彭山汉代崖墓》一书。当我们今天在感慨战争年代学术研究之难时，也由衷地敬佩"川康古迹考察团"参与者们严谨的治学理念和持之以恒的坚守。

三、"琴台整理工作团"与科学发掘王建墓

成都老西门外的前蜀高祖王建墓，史称永陵，但王建墓曾长期被误传为西汉辞赋家司马相如的抚琴台。1937 年，冯汉骥首次踏勘时，即确信抚琴台是一座早于唐代的大墓。1940 年，在此修建防空洞时意外发现砖墙，冯汉骥随即试掘，最终确认琴台实为一座大型古墓葬，便立即封存保护。冯汉骥（1899～1977），1936 年获宾夕法尼亚大学人类学与哲学博士双学位，1941年任四川省立博物馆首任馆长，是西南地区考古学奠基人之一。在 1942 年 9

月至 12 月间，冯汉骥主持完成了王建墓第一阶段的发掘，根据出土的石像、玉册、谥宝等文物，确定该墓系前蜀开国皇帝王建的陵墓。但因情况特殊，此次发掘采取了破墙而入的挖掘方式。

正是由于第一阶段"盗墓式"的发掘方式频遭非议，冯汉骥决意聘请田野考古经验丰富的吴金鼎再次发掘。吴金鼎和李济在勘察现场后，也肯定了王建墓的考古价值。1943 年 1 月，"琴台整理工作团"成立，由吴金鼎主持王建墓第二阶段的发掘工作。工作团成员除四川省立博物馆人员外，还有中博院筹备处的王振铎、中国营造学社的莫宗江和卢绳等人。吴金鼎还抽调参加过殷墟和彭山崖墓发掘的熟练考古技工参与，并采取史语所在殷墟发掘时使用的全面揭露的方式来清理王建墓。从发掘人员的配置就可以看出，吴金鼎当时决心以多学科合作的方式来发掘这座大型帝王寝陵。

王建墓第二阶段的发掘从 1943 年 3 月开始，至 12 月结束。吴金鼎把发掘人员分为两组，一组在墓葬南侧层层掘其封土，目的是揭露墓门。墓门暴露后，他又在墓顶、墓前挖排水沟、筑土垄，防止雨水灌入墓室。另一组则在第一阶段的发掘地点，从后室开始向前清挖墓内淤土。为了科学记录发掘情况，吴金鼎将 14 道石券构成的墓室内部空间划分为 14 段，自南向北以 A 至 N 来编号记录。第二次发掘总共拍摄照片 2964 张，记录卡片 2496 张。不仅发现了王建墓的墓道和地宫结构，还出土了包括玉大带、银猪、银罐、铁猪、铁牛等668 件珍贵文物。

1943 年 8 月，在发掘尚未结束时，吴金鼎等人就开创了中国公共考古的第一课。他们向公众开放发掘现场，介绍发掘收获，并且首创"体验式参观"模式，邀请来宾用显微镜观察土样，寻找水银及布、漆的痕迹。11 月，莫宗江与卢绳开始调查测绘王建墓，包括墓室建筑、雕塑及部分出土物，同时勘察记录了墓室建筑的残损状况。莫宗江返回李庄后撰成《王建墓调查报告》，可惜未及出版即佚失。

有学者在对比王建墓前后两次的发掘方式时说："从田野发掘的角度而言，第二次的关注视野显然比第一次的宽泛而缜密，科学性也有显著增加。"[①]但王建墓发掘报告的编写却充满曲折。早在 1943 年 10 月，吴金鼎、王振铎等人即开始着手编写发掘报告。1944 年 3 月，吴金鼎在完成《王建墓发掘报告

①徐坚：《暗流：1949 年之前安阳之外的中国考古学传统》，科学出版社，2012年，第 89 页。

初稿大纲》后离开李庄从军，正式报告的编写工作被迫中断。吴金鼎的《王建墓发掘报告初稿大纲》共约6万字，包括发掘经过、墓的地位及形制、墓葬出土物和初步结论，并附照片300多张，绘图60多张。吴金鼎认为，王建墓的建筑结构、棺椁和石刻艺术的价值巨大，特别是墓葬的艺术雕刻，完全可与敦煌艺术作比较研究。他还探讨了王建墓是否由汉代抚琴台改建而来的问题，对一些重要发现如三重门、壁画、棺座、铁链、烛台等都有详细的描述分析，甚至还对墓内淤泥的形成和盗墓的过程进行了合理推论。

冯汉骥总结王建墓有六大价值：第一，玉台及石刻可供研究五代艺术之参考，如服装乐品等，可与史载互证；第二，从玉带可知当时制度；第三，壁画之价值不亚于敦煌石窟；第四，墓内刻牡丹甚多，益证明唐人爱牡丹之说；第五，由墓内之建筑，可以考证当时工程建筑之进步；第六，证明五代时雕刻艺术极为发达。1964年，由冯汉骥撰写的《前蜀王建墓发掘报告》出版，成为我国田野考古报告的又一经典之作。但令人遗憾的是，由于吴金鼎未参与后续的整理和研究，他当年所写的《王建墓发掘报告初稿大纲》只能作为冯汉骥的参考。吴金鼎当年发掘王建墓的更多细节和他的报告体例与具体内容，都已不可辨识。而当年由莫宗江、卢绳所作的测绘图，直至2002年《前蜀王建墓发掘报告》再版时，才部分收录于书中。

吴金鼎虽然英年早逝，但他在西南地区主持的三次考古调查与发掘，不仅是抗战时期我国最大规模的考古活动，也是中国西南考古的首创之举，有开创之功。

表5：吴金鼎主持完成的西南地区三次考古调查发掘及其学术成果

序号	名称	团队组成	时间	调查发掘概况	学术成果
1	苍洱古迹考察团	由中博院筹备处与史语所组成，吴金鼎为团长，团员有王介忱和曾昭燏	1938.11～1940.6	在大理一带发掘马龙、清碧、佛顶甲、佛顶乙、中和中、龙泉、白云甲等7处遗址，首次提出"苍洱文化"概念	①吴金鼎、曾昭燏、王介忱合著，曾昭燏缩编《云南苍洱境考古报告》，中央博物院专刊乙种之一，1942年 ②曾昭燏著《云南苍洱境考古报告乙编·点苍山下所处古代有字残瓦》，中央博物院专刊乙种之一，1942年

续表

序号	名称	团队组成	时间	调查发掘概况	学术成果
2	川康古迹考察团	由史语所、中博院筹备处和中国营造学社组成，吴金鼎任团长，高去寻、曾昭燏、王介忱、赵青芳、夏鼐、陈明达为团员	1941.1~1942.12	调查宜宾、新津、彭山、温江、成都、郫县。重点发掘彭山崖墓77座，牧马山汉墓7座	①南京博物院编《四川彭山汉代崖墓》，文物出版社，1991年 ②曾昭燏著《永元残墓清理报告》，收录于南京博物院编《曾昭燏文集·考古卷》，文物出版社，2009年 ③曾昭燏著《从彭山陶俑中所见的服饰》，收录于南京博物院编《曾昭燏文集·考古卷》，文物出版社，2009年 ④陈明达著《崖墓建筑：彭山发掘报告之一》，载张复合主编《建筑史论文集》第17、18辑，清华大学出版社，2003年 ⑤高去寻著《崖墓中所见汉代的一种巫术》，1943年 ⑥高去寻著《径路神祠》，1944年 ⑦高去寻著《评汉以前的古镜之研究并论淮式之时代问题》，载李庄石印出版历史语言研究所集刊外编第三种《六同别录》（中），1945年

续表

序号	名称	团队组成	时间	调查发掘概况	学术成果
3	琴台整理工作团	由史语所、中博院筹备处、中国营造学社和四川省立博物馆组成，吴金鼎主持，参加成员先后有刘绍和、卿光鸿、苏毅程、王振铎、王文林、莫宗江、卢绳等	1943.3～1943.12	中国第一次科学发掘大型古代帝王陵墓。发现了王建墓的墓道及地宫结构，出土文物包括玉大带、银猪、银罐、铁猪、铁牛等共计668件	①吴金鼎初稿，冯汉骥编撰《前蜀王建墓发掘报告》，文物出版社，1964年 ②冯汉骥著《永陵——王建墓的发现及发掘》（英文），载《图书季刊》，1944年 ③莫宗江著《王建墓调查报告》，初稿佚失，绘图手稿收录于梁思成等著《未完成的测绘图》，清华大学出版社，2007年

第四节　向达两次主持西北历史考察

由于我国西北地区在地理学及中西文化交往中的重要性，近代西方人在我国西北内陆开展科学考察或探险活动日益频繁。他们从最初的地质地理和生物学的考察，逐渐扩大到历史、考古、民族宗教、中西交往等领域，并且发表了大量考察报告、游记、专著和图册。这些发现与研究在学术上有其积极的意义，但部分非法考察对中国主权的侵害和文物的破坏却是无法弥补的，如以英国人斯坦因为首的西方考察者对敦煌经卷的大肆盗掘，导致敦煌文物大量流散海外。史学大师陈寅恪就曾哀叹："敦煌者，吾国学术之伤心史也。"抗日战争全面爆发后，西北地区成为抗战大后方，开发建设大西北的观念深入人心。重庆的中央研究院先后组建了"西北史地考察团"和"西北科学考察团"，其中考察团的历史调查和考古发掘工作，都是在李庄史语所和中博院筹备处主导下完成的，而且两次考察均由北京大学教授向达主持。

一、"西北史地考察团"与"西北科学考察团"

1942 年 4 月组建的"西北史地考察团",分地理组、动植物组和历史组。中国地理研究所所长李承三兼任地理组主任,迁居李庄的同济大学教师吴静婵任动植物组主任,北大教授向达担任历史组主任。历史组的主要任务是以甘肃为中心,重点调查史前文化以及中西方文化交流,成员有史语所的石璋如与劳榦,石璋如除协助劳榦考察汉简外,还负责调查发掘史前遗址。他们两人于 1942 年 4 月 1 日从李庄出发,经重庆、兰州,在 6 月中旬抵达敦煌开始考察。在劳榦完成汉简考察任务先行返回李庄后,石璋如从 1943 年 1 月开始,只身一人到陕西关中地区开展调查。而向达从 1942 年 9 月至 1943 年 7 月,都是独自一人在敦煌考察。此次历史组的考察虽有收获,但他们三人多数时间都是单独行动,难以达到预期效果。

本次考察还未结束,傅斯年就开始筹划第二次西北考察。针对第一次考察暴露出的问题,傅斯年提出了第二次西北考察的具体计划:在兰州建中央研究院西北工作站;由李庄的曾昭燏具体负责考察团的相关事务;向达仍然担任历史组主任,他人应听其调度;考察人员应事先制订考察计划,并在考察途中实时汇报工作进展;考察结束后编写学术成果报告。在傅斯年等人的努力下,第二次西北考察团即"西北科学考察团"于 1943 年 4 月成立,分地理地质组与历史考古组。历史考古组仍由向达负责,成员有史语所夏鼐和向达指导的北大文科研究所研究生阎文儒,夏鼐具体负责考古发掘工作。"西北科学考察团"原定 9 月出发,但临行前因夏鼐生病而推迟半年。从 1944 年 3 月开始,向达、夏鼐、阎文儒等陆续抵达兰州,历史考古组的工作全面展开。根据事前的工作安排,向达在 1944 年 10 月完成考察任务后返回李庄,阎文儒在 1945 年 10 月离开,夏鼐在 1945 年 11 月结束考古发掘后启程返回重庆,第二次西北考察就此顺利结束。

这两次西北考察的重点都是敦煌石窟、玉门关和汉长城遗址。其中第一次的"西北史地考察团"完成了遗址调查、敦煌石窟的测绘及壁画题记的记录、敦煌文书的誊抄等考察任务。第二次的"西北科学考察团",同样完成了遗址调查和石窟寺考察,特别是夏鼐在甘肃洮河流域的史前调查和考古发掘都取得了重大突破。总体而言,第一次在历史调查方面有所收获,第二次则是在考古发掘中所获较多。由于第二次考察的前期准备工作更加充分,成员分工配合更加默契,因而考察成果更为突出。

二、向达两次敦煌考察成果

向达（1900～1966），以研究敦煌学和中西交通史而闻名的历史学家，我国第二代敦煌学研究的杰出代表。敦煌学是一门以其地名而命名的学科，罗振玉、陈寅恪、刘半农等学者是敦煌学的开创者。经过百余年的研究发展，敦煌学已经由最初的"绝学"发展成为现代国际显学，研究范围已经扩大到藏经洞文献、敦煌石窟建筑和壁画、雕塑以及敦煌历史文化等方面。

早在 20 世纪 20 年代，向达就开始研究敦煌通俗文学。1935 年至 1937 年间，他被任职的北平图书馆派往英德法三国交流工作，开始调查收集流散在欧洲的敦煌文献、西北壁画和太平天国文献。1939 年，向达被傅斯年聘请为北京大学文科研究所专职导师，并兼西南联大历史系教授。傅斯年对向达的学识评价很高："此君乃当今学术界之权威，其研究中外交通，遍观各国所藏的敦煌遗物，尤称独步。"[1]因此史语所在李庄时，曾两次委任向达主持西北地区的历史考察。向达回忆说："一九四一年（实为 1942 年），那时候的中央研究院组织了西北史地考察团，在额济纳河和敦煌一带进行考古工作，要我参加。我因把家搬到四川南溪县李庄镇的中央研究院历史语言研究所，我自己从重庆经兰州到敦煌。一九四二年（实为 1943 年）夏回到李庄，一九四三年（实为 1944 年）春又同历史语言研究所的人从四川出发，再到敦煌进行发掘工作，当年冬我一个人先回四川。"[2]向达的这两次敦煌之行，是我国敦煌学者首次参与敦煌考察。他调查了敦煌的石窟、关隘、古城遗址，撰写了一系列调查研究论著，推动了敦煌石窟的保护工作。

1. 推动敦煌莫高窟的国有化保护管理

1942 年 10 月，向达开始了他的首次敦煌考察，当时同在敦煌考察的还有王子云任团长的民国教育部西北艺术文物考察团和国画大师张大千。向达的考察目的，是保护敦煌的文献和学术资源。王子云的考察目的，是保护艺术文物。张大千的主要目的，则是临摹壁画。张大千一行人在 1942 年 3 月至 1943 年 6 月，先后对敦煌莫高窟和安西榆林窟开展考察，并编号记录和临摹壁画。

---

① 荣新江：《惊沙撼大漠——向达的敦煌考察及其学术意义》，载沙知编：《向达学记》，生活·读书·新知三联书店，2010 年，第 106 页。

② 向达：《向达自传》，载沙知编：《向达学记》，生活·读书·新知三联书店，2010 年，第 2 页。

张大千敦煌之行的最大争议就在于他的临摹手法，他不是临摹壁画的现状，而是想剥离敦煌现存壁画，临摹底层的早期壁画。

向达在考察完莫高窟三分之一的洞窟后，有感于张大千一行随意勾勒、剥离敦煌壁画的行为，在 1942 年 11 月 5 日致信李济和傅斯年，详述了张大千揭剥壁画的问题。同日向达又致信曾昭燏说："唯近日在此耳目闻见，深觉目前千佛洞最急迫之事，为收归国有，正式在此设立管理机关，此实为刻不容缓之举"①，并以三日之功，写成《论敦煌千佛洞的管理研究以及其他连带的几个问题》一文在重庆《大公报》上公开发表。向达在文中首先分析了洞窟毁坏的自然因素和人为损坏的具体表现，其中就包括张大千对敦煌壁画的剥离行为。向达还就敦煌石窟的保护管理问题提出了具体建议：莫高窟收归国有，设立管理所，交由学术机关管理；对敦煌艺术进行比较研究；在没有技术保障的前提下，不可轻易剥离壁画。他甚至还提出了非常细致的日常管理办法，如每天清扫洞窟，安排常驻警卫，不准窟内烧香，等等。

向达在第一次敦煌考察中，先后与人通信 30 余封，其中就有 29 封是写给李庄曾昭燏的。从这些信札可以看出，向达对张大千的激烈指责，其实质还是学术观念之争。针对敦煌石窟艺术的保护研究，当时就有诸多不同观点，张大千也是最早呼吁保护莫高窟的学者名人之一。向达作为第一个从考古学意义上提出科学保护莫高窟的敦煌学者，反对张大千的临摹方式，这是特定历史条件下文物保护理念的差异。

自藏经洞发现以来，敦煌莫高窟一直处于民间管理状态，许多有识之士多次呼吁成立专门机构科学保护敦煌艺术，但收效甚微。向达的《论敦煌千佛洞的管理研究以及其他连带的几个问题》一文，在傅斯年、李济和曾昭燏等人的积极推动下得以公开发表，立刻引起了学术界对敦煌保护的关注。敦煌守护者常书鸿就曾说，自己能扎根敦煌工作五十多年，向达当时那篇文章起了重要作用。他回忆道："曾记得该文发表的时候，陪都正汇集了全国艺术界人士……在那篇文章中，向先生对于当时千佛洞现状的不满，曾引起全国文化界的无限同情。这种同情，正如作者在文首所希望一般，后来真个'逐渐化成舆论'了。"②在学界同人的积极努力下，1944 年 1 月 1 日，由常书鸿任所长的国立敦煌艺术研究所正式成立，从此彻底结束了敦煌莫高窟的无序管理。可以说正

①荣新江编：《向达先生敦煌遗墨》，中华书局，2010 年，第 380 页。

②敦煌研究院编：《常书鸿文集》，甘肃民族出版社，2004 年，第 253 页。

是向达的直言不讳，才直接推动了敦煌的国有化管理进程。而向达当初的几条保护建议，也成为敦煌艺术研究所创立初期开展工作的指导思想，即便是今天的敦煌研究院，也一直遵循着向达当年提出的保护原则，可见其影响深远。

2. 开创了敦煌学研究的新视野和新方法

1942 年向达考察敦煌时，着重于敦煌石窟的壁画及周边历史地理的调查，包括调查敦煌附近的古墓群、玉门关和阳关遗址。1944 年第二次敦煌考察时，向达除协助夏鼐发掘他第一次考察发现的佛爷庙古墓群外，主要围绕敦煌艺术研究所新发现的六朝残经展开了一系列的考证研究。

向达一生治学严谨，追求极致，生前一直都在审慎整理他的敦煌考察成果。除 1948 年 12 月的"北京大学五十周年纪念敦煌考古工作展览"，展出过他两次考察收集到的石碑拓本、写经档案，以及抄录的敦煌写本外，学术界对其考察研究成果知之甚少。向达曾自谦他两次敦煌考察的主要学术成果只有四篇论著："一九四二年至一九四四年两次到敦煌。回来以后，打算根据所看到的材料，写一本《瓜沙谈往》小册子，内中包括：一、《两关考》，二、《莫高、榆林二窟杂考》，三、《罗叔言〈补唐书张议潮传〉补正》，四、《瓜沙曹氏史事攘逸》，一共四篇。前三篇都写好了，只第四篇始终未有成稿。"①"敦煌女儿"樊锦诗曾高度评价向达："在《罗叔言〈补唐书张议潮传〉补正》一文中，他根据考察所校录的敦煌石窟供养人题记和新发现的敦煌文书材料，对罗振玉的原文作了极其重要的补充和修正，这是研究方法上的创新"，"特别是《莫高、榆林二窟杂考》一文，可以说是用考古与文献结合的方法研究敦煌石窟遗书的开拓文章"。②2010 年，北大教授荣新江把向达两次敦煌考察的著作、遗稿与信件等整理成《向达先生敦煌遗墨》一书，由中华书局出版，向达的西北考察成果才得以完整展现。

《西征小记》是向达对河西走廊古代遗址和当地敦煌写本的调查记录。他简要记述了阳关和玉门两关遗址、敦煌附近的古城古墓以及西千佛洞、莫高窟和榆林窟，同时记叙考察所见的地方人文历史。向达在考察莫高窟和榆林窟的题识年代后，提出了考证壁画的科学方法："研究敦煌壁画，年号当然唯一之尺度，此外尚应就各窟之构造形式，供养人像之服饰，绘画之色调技术作风诸

---

①向达：《唐代长安与西域文明》，商务印书馆，2017 年，第 343 页。

②樊锦诗等编：《纪念向达先生诞辰 110 周年国际学术研讨会论文集》，中华书局，2011 年，第 4 页。

项，参伍比互，使能明其大较，所谓年号不过尺度之一种而已。"①这为后继者的相关研究提供了更多的思考和借鉴。

玉门关和阳关是汉唐时期丝绸之路上的两座重要关址，但史学界对两关确切位置一直未有定论，王国维就认为汉武帝太初二年（前103）以前，玉门关在敦煌东面。向达在《两关杂考》一文中，结合自身的考察经历，以及对汉简和敦煌文书的综合考证，反驳了王国维的说法，指出汉代玉门关从未发生过迁移，他的观点影响至今。

向达在《莫高、榆林二窟杂考》中，通过洞窟形制和壁画风格的对比，推翻了斯坦因"榆林窟创于9至10世纪、题名皆为元代"的观点。在研究敦煌佛教艺术与西域的关系时，向达通过中西文化交流的史迹来论述敦煌艺术的源流。他认为，敦煌的佛教艺术无论是技术还是理论都受印度影响，有关敦煌佛教艺术出自汉代之说更是臆测。向达进而详细探讨了画壁制度、粉本比例、凹凸画法、绘画空间观念、曹氏归义军的画院等问题，涉及敦煌石窟与壁画研究诸多新的领域。虽然敦煌学界有不少学者比较强调中原文化的影响，但向达在该文中指出的种种问题，越来越多地被学者们所重视。②他的这种开放式思维模式，至今仍是敦煌学研究的科学方法。

唐朝名将张议潮统领的归义军，是河西走廊一支主要由汉族组建的沙州（敦煌）地方政权武装。归义军统治时期在敦煌历史中占有重要地位，但正史记载不多，敦煌遗书中有关归义军的史料，就为深入研究归义军提供了宝贵线索。向达的《罗叔言〈补唐书张议潮传〉补正》一文，是其根据考察校录的敦煌石窟供养人题记，以及此前新发现的敦煌文书，针对罗振玉的《补唐书张议潮传》一文所作的重要订正和补充，如归义军领袖张淮深的历史事迹，沙州陷蕃和张议潮收复沙州时间的考证等，该文被视为研究归义军史的阶段性成果。

向达在敦煌期间，细心访查当地文人家中秘藏的敦煌写本，并把有价值的写本全部抄录。他严格依照原卷的写作特点进行誊抄，就连卷中的图画也进行摹画，甚至卷中不同颜色的文字，向达也同样用不同颜色抄写，完全保留原卷特点，这些都是十分重要的典籍，有些还是迄今所知敦煌卷子中的孤本。向达还对所录卷子进行校订考释和研究，有的写有跋语，有的略加考证。他原本计划"辑成一册，署曰《敦煌余录》"，但生前只有《记敦煌石室出

①向达：《唐代长安与西域文明》，商务印书馆，2017年，第369页。

②荣新江编：《向达先生敦煌遗墨》，中华书局，2010年，第19页。

晋天福十年写本〈寿昌县地境〉》一文整理成篇，已成勘定敦煌地理概况的
重要史料依据。

1943 年 4 月 26 日，向达在抄录出自莫高窟藏经洞的《占云气书》残卷
时，还照原样、原色描绘了云图。该残卷附录在《唐代地志》背面，向达考证
出《唐代地志》是 8 世纪中叶前后成书的唐代地名辞典。他将其带回李庄后，
史语所陈槃又借其抄本重录一份。1979 年，陈槃据此抄本撰成《影钞敦煌写
本占云气书残卷解题》一文。陈槃在文中通过与《太公占》《晋书·天文志》
《隋书·天文志》等对比考释，指出《占云气书》的主要用途是通过记录气象
与云层变化，为古代军队的进退提供吉凶占卜，而且该卷还是历代书目都没有
著录的孤卷。

1943 年 5 月，向达在考察甘肃榆林窟时，记录了十万余字的《安西榆林
窟记录》，可惜留存下来的仅有东崖诸窟三天的考察记录。向达不仅逐日记录
了第 1 至 12 窟（张大千当时的编号）的壁画、画记、雕塑、供养人题记等，
还绘制了壁画位置图，是榆林窟当时最为详细的调查记录。尤其是向达抄录的
壁画题记，甚至包括张大千当时所作题记，学术价值极高。向达还特别重视运
用洞窟中的壁画题记研究历史，他认为这些壁画题记的年代虽然与具体历史事
实无关，但可以从中看出历代政治势力在河西的进退消长。向达还利用莫高窟
供养人题名中的有关记载，研究出南诏的大虫皮制度是沿袭了吐蕃制度。向达
把洞窟壁画题记作为研究史料，将典籍与石窟实物相结合进行研究的新方法，
是我国石窟寺考古的早期实践，成为敦煌学研究新的范例。

樊锦诗认为"向达先生（20 世纪）40 年代初的两次西北考察，创造了将
文献研究与实地考古调查相结合的研究方法，不只使他的敦煌学研究建立在更
为坚实的实物资料的基础之上，从而能够正前人所谬，发前人所未发，而且也
为推动敦煌学研究提供了新的科学方法"[1]。

---

①樊锦诗等编：《纪念向达先生诞辰 110 周年国际学术研讨会论文集》，中华书
局，2011 年，第 3 页。

表6：向达、阎文儒李庄时期两次西北考察主要学术成果

序号	名称	首发刊物	时间	备注
1	向达《论敦煌千佛洞的管理研究以及其他连带的几个问题》	重庆《大公报》	1942年	收录于《唐代长安与西域文明》，商务印书馆，2017年
2	向达《两关杂考》	《真理杂志》第1卷第4期（笔名"方回"，标题《玉门关阳关杂考》）	1944年	收录于《唐代长安与西域文明》，商务印书馆，2017年
3	向达《国立敦煌艺术研究所发现六朝残经》	《图书季刊》新第5卷第4期（笔名"方回"）	1944年	收录于阎文儒、陈玉龙编《向达先生纪念论文集》，新疆人民出版社，1986年
4	向达《记敦煌石室出晋天福十年写本〈寿昌县地境〉》	《图书季刊》新第5卷第4期	1944年	收录于《唐代长安与西域文明》，商务印书馆，2017年
5	向达《敦煌佛教艺术之渊源及其在中国艺术上之地位》	《民国日报》	1944年	收录于荣新江编《向达先生敦煌遗墨》，中华书局，2010年
6	向达《罗叔言〈补唐书张议潮传〉补正》	《辽海引年集》	1947年	收录于《唐代长安与西域文明》，商务印书馆，2017年

续表

序号	名称	首发刊物	时间	备注
7	向达《西征小记》	《国学季刊》第7卷第1期	1950年	收录于荣新江编《向达先生敦煌遗墨》，中华书局，2010年
8	向达《莫高、榆林二窟杂考》	《文物参考数据》第2卷第5期	1951年	收录于《唐代长安与西域文明》，商务印书馆，2017年
9	向达《记第二次从敦煌归来》	北京学习书店《敦煌》	1951年	收录于荣新江编《向达先生敦煌遗墨》，中华书局，2010年
10	向达《记敦煌出六朝婆罗谜字因缘经经幢残石》	《现代佛学》第1期（笔名"觉明"）	1963年	收录于阎文儒、陈玉龙编《向达先生纪念论文集》，新疆人民出版社，1986年
11	向达《安西榆林窟记录》	北京大学考古系编《考古学研究》（一）	1992年	收录于荣新江编《向达先生敦煌遗墨》，中华书局，2010年
12	向达《敦煌余录》	原稿保存于北大图书馆	2010年	收录于荣新江编《向达先生敦煌遗墨》，中华书局，2010年
13	阎文儒《敦煌史地杂考》	《文物》1951年第5期	1951年	1944年敦煌考察成果
14	阎文儒《河西考古杂记》（上）	《社会科学战线》1986年第4期	1986年	1944年敦煌考察成果

续表

序号	名称	首发刊物	时间	备注
15	阎文儒《河西考古杂记》（下）	《社会科学战线》1987年第1期	1987年	1944年敦煌考察成果

来源：荣新江：《向达先生敦煌遗墨》，中华书局，2010年；向达：《唐代长安与西域文明》，商务印书馆，2017年。

第五节　石璋如在李庄时期的"整"和"调"

石璋如（1902～2006），中国第一代著名考古学家，从1931年以河南大学学生身份参与殷墟考古开始，前后参加殷墟发掘十二次。石璋如因殷墟与史语所结缘，"一生唯一念"，终生都在史语所从事考古调查与发掘。他曾将自己一生的学术经历概述为："挖""整""调""接""教""告"和"研"。其中的"挖"主要指殷墟发掘，"接"是指抗战胜利后代表史语所从李庄北上南京接收资产，"整"和"调"是指包括在李庄时期的考古材料整理和参加"西北史地考察团"。

一、整理编著《古墓发现与发掘》

整理考古发掘出土的各种标本和记录，是考古学家最基本最繁重的研究工作。抗战时期，中国考古学家的工作重心被迫转入室内整理和研究。在李庄时，参加安阳殷墟考古发掘的李济、董作宾、梁思永、石璋如、高去寻等人，分别重点整理了殷墟出土的陶器与甲骨，以及小屯、西北冈等地的出土材料。1941年，石璋如在李庄升任史语所副研究员，开始参与《历史语言研究所集刊》的编辑工作。但他的主要工作是整理他参加过的五处殷墟遗址的发掘资料，包括每个遗址的图表、遗物和发掘图。1945年，石璋如在李庄石印出版的《六同别录》（上）上发表三篇考古简报：《小屯后五次发掘的重要发现》《小屯的文化层》及《河南安阳后冈的殷墓》，概述了自1935年殷墟第11次发掘以来的主要收获，并讨论了小屯的地层关系。

1939年，石璋如应邀为北平图书馆编著一本有关战时中国考古学研究成果的专著。他开始对全民族抗战以前包括史语所在内的中国考古机构的考古发掘情况进行系统整理，于 1941 年 8 月在李庄著成《古墓发现与发掘》一书。这是我国第一部总结全民族抗战以前中国重大考古发现的专著，与董作宾和郭宝钧的著作一同纳入了"国立北平图书馆考古学丛刊"的出版计划，但最终未能付印。书稿原名"考古春秋"，后又改为"中国已发现的铜器时代的葬地"，最后才定名为《古墓发现与发掘》。从其反复斟改书名便知石璋如的治学严谨，由于他着眼于先秦墓葬的历次考古发掘及发现，从专业性来讲，由学术机构主持的科学考古发掘，与盗墓者或当地人的意外发现是应该严格区分的，因为后者的出土文物并非科学发掘所得。

《古墓发现与发掘》记载了 1937 年以前中国 7 省 12 处重要古墓葬的发现与发掘，书末附录的"地点不甚确定的葬地"，则列出了石璋如当时了解到的 5 省 33 处墓葬。他按照史地的背景、神话的传说、墓地的范围、关于盗掘、科学的发掘、墓葬的种类、遗物的种类以及参考书等 8 个要点，重点介绍这 12 处墓葬。

石璋如在"墓地的范围"部分，不仅详细描绘了各墓地周边环境和地貌特征，还手绘了大部分的墓葬地形图，表明经过殷墟现代考古训练的石璋如，开始关注出土器物以外的研究信息。在"关于盗掘"部分，石璋如不仅记录了盗墓者盗掘留下的痕迹，还详细记载了丢失文物的类别和数量，以及它们收藏和流散的大致方向，为研究或追索流散文物留下了宝贵线索。在"科学的发掘"部分，石璋如以大纲的形式记录了当时各先秦墓葬的发掘过程和重大发现，并尝试利用类型学方法，对这些墓葬的分布地点进行类比研究，以期找出我国青铜时代各种文化的墓地选择规律。该书的资料来源主要是史语所的各种考古简报和相关记录，因而在中国考古学史上意义重大。史语所经过殷墟大规模的发掘后，有大量出土材料尚待整理研究，其间他们多以内部简报的形式发布阶段性成果。而石璋如收集到的，正是如今已难以见到的中国早期重大考古发现的原始材料。即使是今天，石璋如记录的这 12 处古代墓葬，也仅有 5 处发表了正式的考古报告，其余的只有考古简报或散见材料。从石璋如的记载来看，史语所当时已经普遍运用考古地层学和类型学方法开展考古工作。

二、西北史地调查

史语所在昆明时，梁思永和石璋如等人参照营造学社成立了天工学社，重点调查了昆明的制铜业和华宁的窑业。因为梁思永认为要了解古人如何制作器物，最好的方式是从现存民间手工艺入手开展调查研究。迁到李庄后，石璋如在工作之余对宜宾的民间手工艺展开了广泛调查，并以他自己是否见过为调查标准，可见调查范围之广。石璋如首先关注到了宜宾银楼"前店后厂"式的制作和售卖方式，考察了宜宾铜丝的拉制过程，并将其与昆明制铜业进行比较研究。他对宜宾的油伞制作技巧和分工合作模式尤为赞叹，还重点调查了宜宾临港挂弓山的制陶业，探寻陶器拉坯方式的源流，并深入窑场内部观察火窑结构。石璋如调查后认为，宜宾有不少独特的手工业，其制作过程值得深入研究。不过，石璋如在李庄时期最重要的学术成果，当属1942年的西北考古调查。

1. 西北史地调查与《莫高窟形》

1942年6月，参加西北史地考察的石璋如和劳榦先期到达敦煌，开始逐洞考察莫高窟的结构、塑像、彩画和题记，调查内容有文字记录、测绘、拍照和收集洞内残片，并根据题记、层次、艺术风格综合判断各窟的年代。石璋如负责石窟的测量与绘图，包括洞内洞外的结构、佛龛、佛窟、神位和藻井，劳榦则记录壁画、题记和石窟的保存现状。1996年，经石璋如整理编著的《莫高窟形》以台北历史语言研究所田野工作报告之三的名义出版，公布了他们50多年前的敦煌调查成果。但遗憾的是，劳榦当年的调查记录已经丢失，所以石璋如在"编辑说明"中称："本编不是艺术论著，也不是研究报告，而是自1942年的6月至9月以窟型为主的实象记录。"①《莫高窟形》分文字记录、窟图暨附录和图版三册，共调查测绘了莫高窟的456座窟，其中主洞窟309座，附洞窟147座。

第一册是"文字记录"，是石璋如根据他当年现场测绘时的工作笔记整理而成的，详细记录了洞窟形制的尺寸和洞窟内部的分布情况。包括测期（测绘时间）、座向、时代（初步断代，分六期），以及有关洞窟的窟室、龛坛、画题、附洞和窟积（面积）等基本情况。第二册是"窟图暨附录"，每窟皆有平、剖面测绘图，后附"莫高窟各家洞号及分期表"与"敦煌千佛洞考古记"。这是目前已知的早期敦煌石窟最详细、最全面的洞窟实测图。第三册是"图版"，刊印了石璋如和劳榦当年拍摄的黑白照片437张，保存了早期莫高窟的珍贵影像。

石璋如的《莫高窟形》，完整记录了敦煌莫高窟早期大量的原始资料，对后世研究莫高窟有着无可替代的价值。石璋如和劳榦运用考古学方法调查记录敦煌石窟，并尝试运用考古类型学方法对石窟进行断代研究，是中国学者首次

①石璋如：《莫高窟形》（一），台北历史语言研究所，1996年。

利用考古学方法科学研究敦煌石窟。中国现代考古学家徐苹芳就认为，早期中国石窟寺的研究，基本上都是从美术史的角度开展的，而现代中国石窟寺研究科学与否的唯一标准，就是石窟寺是否被纳入了考古学的研究范畴。樊锦诗坚守敦煌半个世纪，就运用考古类型学方法，完成了敦煌莫高窟北朝、隋朝及唐代前期的分期断代研究，成为学术界公认的敦煌石窟分期成果。经过几代人的努力，目前已经形成了中国考古学的一个分支——中国石窟寺考古学。

2. 西北史地调查与《关中考古调查报告》

考察完敦煌莫高窟后，石璋如和劳榦重点调查玉门关和阳关，以及黑水流域的遗址，并对部分墓葬、遗址进行试掘。在劳榦完成汉代遗址考察任务返程后，石璋如原本准备按计划考察安特生的"史前六期"遗址，但由于气候及交通原因，他不得不改在关中地区进行调查。

1943 年 2～9 月，石璋如独自一人调查了关中地区的泾河、渭水及雍水流域，发现了大量周代遗址。这些发现促使石璋如开始思考周代的都邑问题。返回李庄后，石璋如在史语所讲论会上报告了关中调查情况。1956 年，石璋如发表《关中考古调查报告》，详细介绍了他在关中地区调查发现的 66 处遗址，包括地形的分类研究和出土器物特征。他还拟定了以陶片色泽为主的 13 项标准，对他调查发现的遗址进行考古分期。石璋如当年调查发现的多处遗址，在此后的考古发掘工作中都有重要发现。

针对学术界重视殷都而忽视周都研究的情况，石璋如根据他当年的关中调查所得，在 1949 年撰成《传说中周都的实地考察》一文。石璋如认为，西周不是"六都"，而是文献所载的郘、豳、岐、丰和镐五都，因而他根据文献记载对西周五都进行实地调查，力图发现这些都邑的具体位置。返回李庄后，石璋如还专门请教李济和夏鼐，尝试把他在五地调查采集到的彩陶和拍纹陶进行分类研究，试图找出它们与周都的联系。虽然石璋如的关中调查颇具偶然性，但却是带着明确的学术目的开展的考古调查，因而成为民国时期周代考古调查工作的典范。

表7：石璋如李庄时期主要学术成果

序号	名称	首发刊物	时间	备注
1	《古墓发现与发掘》	手稿	1941年	现藏国家图书馆

续表

序号	名称	首发刊物	时间	备注
2	《两担石跳神子》	《说文月刊》第3卷第12期	1943年	
3	《小屯后五次发掘的重要发现》	李庄石印出版历史语言研究所集刊外编第三种《六同别录》（上）	1945年	
4	《小屯的文化层》	李庄石印出版历史语言研究所集刊外编第三种《六同别录》（上）	1945年	
5	《河南安阳后冈的殷墓》	李庄石印出版历史语言研究所集刊外编第三种《六同别录》（上）	1945年	
6	《传说中周都的实地考察》	《历史语言研究所集刊》第20本（下）	1949年	1943年关中考察成果
7	《酒泉的制玉工业》	《技与玉》第1卷第4期	1952年	1942年敦煌考察成果
8	《关中考古调查报告》	台北《历史语言研究所集刊》第27本	1956年	1943年关中考察成果
9	《敦煌千佛洞遗碑及其相关石窟考》	台北《历史语言研究所集刊》第34本（上）	1962年	1942年敦煌考察成果
10	《关于藏经洞的几个问题》	《大陆杂志》（特刊）第2期	1962年	1942年敦煌考察成果
11	《敦煌千佛洞遗碑存佚考》	《中国民族学报》第3期	1963年	1942年敦煌考察成果
12	《敦煌莫高窟晚唐窟的分析与研究》	《汉学杂志》第11卷第2期	1993年	1942年敦煌考察成果
13	《莫高窟形》	台北历史语言研究所田野工作报告之三	1996年	1942年敦煌考察成果

来源：陈存恭等：《石璋如先生口述历史》，九州出版社，2013年。

第六节 劳榦研究居延汉简

劳榦（1907～2003），汉简研究的集大成者，著名秦汉史学家。1931年劳榦毕业于北京大学历史系，1932年作为傅斯年的研究生加入史语所，1934年开始参与整理居延汉简。1942年的西北史地考察，劳榦不仅调查了敦煌玉门关、阳关等遗址，还查勘了额济纳河沿线汉代烽燧的保存现状。这次考察对劳榦的汉简研究影响深远，他不仅在李庄研究出版了《居延汉简考释》，还将汉简考释与汉代历史研究相结合，开始对汉代的政治、经济、军事及地理等方面展开了一系列研究，开启了中国两汉史研究的先河。劳榦在李庄时期的研究成果，影响所及，直至今日。

简牍好比今天的纸张，主要流行于东周至魏晋时期。早期以制作材料的不同区分为竹简和木牍，后来将简牍简称为"简"，把比"两行"还宽的"简"称为"牍"。用丝绳编联成册的简牍称"简册"，简册文字多用墨笔书写。我国最早有关简牍的文献记载，是战国《尚书·多士》中的："惟殷先人，有册有典。"历史上曾经有过两次重要的简牍发现，第一次是西汉时期在孔子旧宅中发现的"孔壁中经"，第二次是西晋发现的"汲冢竹书"，但简牍实物都未能保存下来。

20世纪初，我国西北地区陆续发现楼兰汉晋简和敦煌汉简。1930年，"中瑞西北科学考察团"在我国额济纳河（又称黑河）流域调查汉代烽燧遗址时，在大约30个地点发掘采集了1.1万多简的汉代简牍，因额济纳河流域在古代泛称居延，故称"居延汉简"，这是20世纪中国史学界的"四大发现"之一。在1944年的第二次西北考察中，夏鼐在敦煌小方盘城遗址附近获得49简敦煌简牍，学术研究价值极大。1972年至1976年间，我国考古工作者又在居延地区发掘出土了近两万简的汉简，其中有纪年的汉简就达1222简，为历次出土之最。学术界通常把20世纪30年代出土的居延汉简称为"旧简"，将20世纪70年代出土的简称为"新简"。从20世纪30年代开始，随着劳榦等人对居延汉简有计划、有组织的整理研究，简牍学始成专门之学。

一、劳榦石印出版《居延汉简考释》

古代简牍的内容十分广泛，包括官方各种文书档案、私人信件，各种书籍抄件、历谱，以及专为随葬用的遣册，等等，有很高的史料价值，也是很珍贵的书法墨迹。简牍的发现和研究，是近代学术界的重要成果之一。1914年，罗振玉与王国维合著《流沙坠简》，被视为考释汉简的开山之作，他们的研究方法和观点，对居延汉简的研究产生了深刻的影响。

1931年5月，居延汉简运抵北平图书馆，由北大教授马衡主持汉简的考释研究。1934年7月，史语所助理研究员劳榦与北大助教余逊加入汉简整理，这是劳榦首次接触汉简。1936年，劳榦和余逊分别完成各自负责的汉简释文，并用晒蓝图纸晒印成册，世称"晒蓝本"，是居延汉简最早的释文本。"晒蓝本"有简文3055简，分上下两卷，封面有劳榦毛笔楷书"汉简释文"四字。上卷由劳榦完成，下卷由余逊释订，其中劳榦释文1267简，余逊释文1788简，约占1930年出土居延汉简总数的三分之一。[1]从稿本笔迹可以看出，劳榦还帮助校改余逊的释文，凡余逊因谨慎不能确定的劳榦都正确释读出了文字，可见其扎实的简牍研究功底。1938年，已转藏北京大学文科研究所的居延汉简被送至香港拍成照片，准备交由商务印书馆影印，但书版全部毁于战火。所幸原简装成5箱，在1940年10月运抵美国存入国会图书馆，直到1965年10月才运回台北历史语言研究所，总计13405简。

抗战期间，以往多人合作研究居延汉简的工作模式彻底中断。1942年，傅斯年在李庄派专精汉简的劳榦参加"西北史地考察团"，其目的就是考察居延汉简出土地，以便继续开展汉简研究。李庄时期的西北之行，也就此奠定了劳榦研究居延汉简以及基于汉简和史籍研究汉代历史文化的学术方向。而且巧在"民国二十九年时，在香港照出的照片。当时原简尚在香港，照好洗了两份，一份寄上海制版，一份寄到昆明由我（劳榦）来做释文"[2]。于是劳榦在李庄先将反体照片转成正体，再进行简文的分类、释读与考证，最终独立撰成专著《居延汉简考释》。由于条件限制，无法刊印照片，故劳榦只著释文和考证两部。其中的《居延汉简考释·释文之部》于1943年6月在李庄石印出版，这是居延汉简的第二个释文本。全书楷书手抄，共4卷4册，只印300部，每部皆编号。由于地处大后方，劳榦在考释时甚至连最基本的居延地图都没有，因而无法确定详细的出土地点，这也给考释工作带来了极大的不便，

---

① 薛英群：《介评〈晒蓝本〉居延汉简释文》，载甘肃省文物考古研究所编：《秦汉简牍论文集》，甘肃人民出版社，1989年，第285页。

②劳榦：《居延汉简·图版之部》，台北历史语言研究所，1957年，第3页。

故他"对于简中提到的烽燧名目，一律不敢加以排比"。1944年9月，劳榦"乃以一岁之力成考证十三万言"，在李庄石印出版《居延汉简考释·考证之部》，共2卷2册，发行300部，每部亦编号。《考证之部》是根据《释文之部》所作释文的页数来排列的，而《释文之部》则是分类排列的。两部各收简号约9360个。1949年，劳榦以李庄石印本为底稿，稍加整理后再次铅印出版《居延汉简考释·释文之部》（一、二）。1957年，劳榦编著出版《居延汉简·图版之部》。至此，居延汉简旧简的整理研究成果全部公之于世。

劳榦的《居延汉简考释·释文之部》在著录安排上，与前人有所不同。一是他没有逐简著录并加考证，而是将释文与考证完全分开。二是劳榦根据简文内容，进行了较《流沙坠简》更为细密的分类，共分为文书、簿录、信札、经籍、杂简五大项，除信札外，每项又分成二至八类。三是该书出版虽未附简影，但每条释文都附有照片页码及原简编号。四是劳榦使用了许多新的符号，以表达原简上文字以外的记号，并在序文中加以说明。①

《流沙坠简》是根据简牍内容进行分类考证的，但劳榦认为罗振玉与王国维的分类过于宽泛，而且分类标准不一。因此劳榦在《释文之部》中，对他们的分类方法作了变通，即将居延汉简中最主要的部分按书写格式先分为文书和簿籍，这是劳榦在居延汉简分类研究方面最为突出的贡献。虽然劳榦在文书和簿籍之下又按简文内容分成小类的标准不尽科学，方法也有一定的局限性，但他在李庄创建的汉简分类法，已经基本概括了居延汉简的类别，在简牍研究史上具有划时代的意义。后世学者一直沿着他的思路，以出土地点、年代、书写格式及人名为标准，不断尝试建立新的分类方法。

二、劳榦的两汉史研究

如果说劳榦研究汉简的基本方法，是在王国维等人的研究基础之上的更加完善，那他在李庄开始通过研究居延汉简来恢复汉代历史，则是发前人之所未发的开创性贡献。史语所的学术生涯，使劳榦对汉简的价值有着比前人更加深刻的认识："新发现的汉简虽然非常残缺零碎，但确是一个未曾开发的宝藏。只要能用心钩稽，许多问题的真像是可以藉此明瞭的。"②而且他认为，汉代

---

① 邢义田：《地不爱宝·汉代的简牍》，中华书局，2011年，第586页。

② 劳榦：《居延汉简考释序目》，载《历史语言研究所集刊》第10本，1948年，第654页。

是中国一切基本制度确立之始，如郡县制度、地方属吏组织、法律制度、官制，等等，虽然以前就已产生，但直到汉代才有详细的史料。因此研究汉代不能只是了解汉代，也是对汉以后的历代制度进行追根溯源。基于这样的认识，劳榦除了考释简文外，还"想以汉代政治的机构及其功能为主题，分成小的题目来做研究论文，然后旁及汉代的经济和社会，把汉代文献上的材料和汉简中的记载加以配合来找出新的看法出来"①。劳榦在李庄就充分利用汉简的新史料与史籍互证，在有关两汉政治制度、兵制与历史地理等诸多领域研究发表了二十多篇论文。尤其是他对汉代边塞屯戍制度的考证，诸如烽燧、官制、戍卒等，都取得了超越前人的成就。

1. 汉代政治制度研究

汉代作为中国封建社会的强盛时期，在政治措施、典章制度等方面对后世王朝的政治格局产生了深远影响，但此前却鲜有学者关注研究。而劳榦研究两汉史，一开始就把汉代政治史作为专题来系统研究，这集中体现在他的《论汉朝的内朝与外朝》和《两汉刺史制度考》两篇专论中。

在汉代官制中，凡在京师为官者统称中都官，在外为官者称郡国官，中都官又分为内朝（又称中朝）与外朝。劳榦对内朝的起源、范围、种类、职能及影响进行系统考证，认为汉代的政治制度是以汉武帝为转折点的，其时朝廷之事已渐渐不由丞相决定。由于汉武帝用人不拘一格，所以"平添了不少宾客"，这些人本无地位，但因受皇帝重用，便与以丞相为首的外朝形成了相对应的内朝。劳榦综合有关史籍记载，将内朝官职一一考证，最后总结出内朝、外朝演变的趋势和结果："到了武帝时代，丞相和郡守国相之权虽然尚仍旧贯，但天子方面对于丞相的压力增加了。天子方面的压力，便自然形成了一个集团，便是内朝，内朝结论总汇的所在，便是尚书。在这种状况下，尚书的组织便会庞大起来。"②劳榦对汉代内朝官的卓越见解，即使时隔半个多世纪，仍是后学者研究西汉内朝制度的基石。

在《两汉刺史制度考》中，劳榦对两汉刺史的渊源、设置、缘由、职权发展等方面进行了全面考证。他结合历史背景，查其要点，以推求刺史设置的缘

---

① 劳榦：《劳榦教授的自述》，载《劳榦先生著作集》（下），福建教育出版社，2022年，第717页。

② 劳榦：《论汉朝的内朝与外朝》，载历史语言研究所集刊外编第三种《六同别录》（中），1945年，第44页。

由。劳榦根据汉简研究，认为汉武帝在元封时期（前110～前105）事业已达鼎盛，再结合《武帝纪》元封五年"大司马大将军青薨。初置刺史"的记载，得出"刺史的设置，在情理上的推测，是为应付新的局面"的结论。从宏观历史背景出发来探讨刺史设置的缘由，足见劳榦在传世史料的梳理与考证上的深厚功力。劳榦研究认为，刺史的职权是由小变大的，西汉刺史职权较小，东汉初年，刺史开始领兵领郡，最后发展成为拥兵自重的地方军阀。

2. 汉代兵制研究

居延汉简中有不少涉及汉代边塞兵制的记载。1943年，劳榦发表《汉代兵制及汉简中的兵制》一文，将汉代兵制与徭役制度联系起来进行系统研究。他指出，汉代兵制中除戍卒和正卒外，与徭役相关的还有更卒。而且劳榦根据简文记载，指出在汉代已经出现了募兵与刑徒的现象。他通过考证汉简记载的戍卒的籍贯、年龄、戍边时间及衣食供给，认为戍卒大部分是关东人，少数是边郡人。戍卒与正卒基本没有年龄差别，戍卒一般一年一轮换，新的戍卒只需短时间训练即懂烽燧情况。戍卒衣食以公家供给为主，少数是家中供给。劳榦还总结了汉代正卒的种类、军资、调拨和率领、编制等，指出正卒分为骑士、材官（步兵）、楼船士（水兵）和车士四类。劳榦对汉代兵制的探究显然比王国维之前的研究更具创建性，尤其是他对汉代戍卒的研究，完全可补史书之阙。

3. 探索河西四郡的经济生活

以经济史的视角研究汉简是劳榦学术研究的重要内容。历史上的河西四郡，是指汉武帝所设的武威、酒泉、张掖和敦煌，但它们的具体设置时间没有定论。劳榦从居延汉简中考证出新的线索，以启发后世学者作进一步的探讨。1943年，劳榦发表《汉简中的河西经济生活》。他借助汉简，主要从屯田制度、农业技术和农场劳力、钱货的流通与商业、车马运输四方面进行专题研究，试图从不同的角度复原汉代河西四郡的经济措施和百姓生活。

劳榦根据《汉书》相关记载，发掘汉简中的史料，分析出汉代居延地区的垦屯生产情况：屯卒有田卒与渠卒之分，他们多从内地派来，接受将屯管理。屯田收获的粮食交到仓内集中储存，垦屯的劳力除田卒外还使用刑徒与雇佣工。汉简对边郡货币的流通情况记载颇多，除了当时通用的五铢钱外，还有汉武帝之前的小钱在流通。居延汉简中有关汉代边郡物价的记载，比"从前任一种文籍为多"。因此劳榦说："居延简给予经济史料上的价值，便是它能够给予我们更多物价的史料，并且对于西汉晚期官吏的薪俸也给予许多条。所以我们不但可以看出物物相互的关系，并且可以藉此推定一般平民大略的生活状态。"①劳榦通过排比居延汉简中有关职官的薪俸，再与汉简记载的衣服、布帛、食物、田宅、车马、奴婢等价格进行比对研究，大致推断出汉代河西的社会生活状况。汉代河西地区与内地的交通以车马为主，劳榦将汉简中的相关记载归纳成四类：戍卒从内地到边塞所乘的车马；从内地向河西运送物品的车马；烽燧饲养以供邮驿和运输的车马，以及私人所用的车马。"由此可以看出车骑在边塞是如何的重要，因此对车骑在经济上的贡献也可以推测知道了。"②

劳榦在李庄凭借汉简材料开创的两汉史研究，奠定了他在中国秦汉史研究领域的权威地位。1946年，劳榦应中国文化服务社"青年文库"之邀，以通俗易懂的方式编撰《秦汉史》，向广大青年学生普及宣传秦汉历史。1947年，顾颉刚在总结评价中国的断代史研究现状时说："关于秦汉史的研究，以劳榦先生的成就为最大……劳先生对于汉简的研究，其成就亦极大，居延汉简即是全部由其释文而出版的。考证两卷，推论两汉边塞制度，粲然如在目前。"③

表8：劳榦李庄时期主要学术成果

序号	名称	首发刊物	时间	备注
1	《记敦煌月牙泉》	《读书通讯》第67期	1943年	1942年西北史地考察成果
2	《张掖的庙宇》	《读书通讯》第71期	1943年	1942年西北史地考察成果
3	《现今的敦煌与古代的敦煌》	《读书通讯》第83期	1944年	1942年西北史地考察成果
4	《汉代边塞的概况》	《边政公论》第3卷第1期	1944年	1942年西北史地考察成果
5	《阳关遗址的过去与现在》	《边政公论》第4卷第9~12卷合期	1945年	1942年西北史地考察成果

① 劳榦：《汉简中的河西经济生活》，载《历史语言研究所集刊》第11本，1947年，第69页。

② 劳榦：《汉简中的河西经济生活》，载《历史语言研究所集刊》第11本，1947年，第75页。

③顾颉刚：《当代中国史学》，辽宁教育出版社，1998年，第88页。

续表

序号	名称	首发刊物	时间	备注
6	《敦煌艺术》	《河南大学校刊》第11期	1947年	1942年西北史地考察成果
7	《敦煌石室的状况与其艺术》	《西北文化》第1卷第2期	1947年	1942年西北史地考察成果
8	《南北朝至唐代的艺术》	《大陆杂志》第6卷第9期	1953年	1942年西北史地考察成果
9	《千佛洞壁画图案的分析》	《中国学术史论集》（二）	1956年	1942年西北史地考察成果
10	《敦煌壁画的艺术》	《"中央"日报》	1956年	1942年西北史地考察成果
11	《敦煌壁画的装饰》	收录于劳榦《中国的社会与文学》，台北文星书店	1964年	1942年西北史地考察成果
12	《敦煌壁画与中国绘画》	《雄狮美术》第43期	1974年	1942年西北史地考察成果
13	《汉武后元不立年号考》	《历史语言研究所集刊》第10本	1942年	收录于《劳榦学术论文集甲编》，台北艺文印书馆，1976年
14	《汉代兵制及汉简中的兵制》	《历史语言研究所集刊》第10本	1942年	收录于《劳榦学术论文集甲编》，台北艺文印书馆，1976年
15	《居延汉简考释序目》	《历史语言研究所集刊》第10本	1942年	收录于《劳榦学术论文集甲编》，台北艺文印书馆，1976年
16	《居延汉简考释·释文之部》4册	历史语言研究所专刊之二十一	1943年	李庄石印300部，1949年上海商务印书馆铅印出版

续表

序号	名称	首发刊物	时间	备注
17	《两汉刺史制度考》	《历史语言研究所集刊》第11本	1943年	收录于《劳榦学术论文集甲编》，台北艺文印书馆，1976年
18	《汉代社祀的源流》	《历史语言研究所集刊》第11本	1943年	收录于《劳榦学术论文集甲编》，台北艺文印书馆，1976年
19	《汉简中的河西经济生活》	《历史语言研究所集刊》第11本	1943年	收录于《劳榦学术论文集甲编》，台北艺文印书馆，1976年
20	《两关遗址考》	《历史语言研究所集刊》第11本	1943年	收录于《劳榦学术论文集甲编》，台北艺文印书馆，1976年
21	《跋高句丽大兄冉牟墓志兼高句丽都城之位置》	《历史语言研究所集刊》第11本	1943年	收录于《劳榦学术论文集甲编》，台北艺文印书馆，1976年
22	《居延汉简考释·考证之部》2册	历史语言研究所专刊之二十一	1944年	李庄石印300部，1959年铅印出版。收录于《劳榦学术论文集甲编》，台北艺文印书馆，1976年
23	《汉简中的武帝诏》		1944年	
24	《评曾资生"两汉文官制度"》	《中国社会经济史集刊》第7卷第1期	1944年	
25	《论汉朝的内朝与外朝》	李庄石印出版历史语言研究所集刊外编第三种《六同别录》（中）	1945年	收录于《劳榦学术论文集甲编》，台北艺文印书馆，1976年

续表

序号	名称	首发刊物	时间	备注
26	《象郡牂牁和夜郎的关系》	李庄石印出版历史语言研究所集刊外编第三种《六同别录》（下）	1946年	收录于《劳榦学术论文集甲编》，台北艺文印书馆，1976年
27	《居延汉简考证补正》	李庄石印出版历史语言研究所集刊外编第三种《六同别录》（下）	1946年	收录于《劳榦学术论文集甲编》，台北艺文印书馆，1976年
28	《秦汉史》	中国文化服务社"青年文库"	1946年	1952年作为"现代国民基本知识丛书"第一辑，由台北中华文化出版事业委员会再版。2018年，中华书局改书名为《秦汉简史》出版

来源：《劳榦学术论文集甲编》，台北艺文印书馆，1976年。

第七节 夏鼐初步奠定学术地位

夏鼐（1910～1985），中国现代考古学奠基人之一，新中国考古学的创建者，被尊称为"新中国考古之父"。他在中国史前考古、科技史、中西交通史等研究领域成就卓越，被誉为"旷世的考古历史学家"，有"七国院士"之称。夏鼐考古人生的第一站，就在李庄的中博院和史语所。

1935年，有清华国学"三才子"之称的夏鼐留学英国伦敦大学，他的留学指导老师就是傅斯年和李济。同年，夏鼐参加殷墟第11次考古发掘，实习导师是梁思永。1941年3月，夏鼐学成归国后转辗到李庄，任中博院筹备处专门设计委员。其间，他出色地整理了一批中博院收藏的欧洲旧石器标本，参加彭山崖墓的调查发掘，修改《远古石器浅说》和《云南苍洱境考古报告》，完成博士论文《埃及古珠考》，其学术才华逐渐展露。1943年，夏鼐转任史语所副研究员。1944年，他与向达、阎文儒加入"西北科学考察团"，参加第二次西北历史调查，在甘肃开展了近两年的考古调查和发掘。其间，夏鼐在甘肃洮河流域的考古发现，一举纠正了安特生关于甘肃史前文化的错误分期，为中国史前考古做出了划时代的贡献。在敦煌，夏鼐发现了具有完整墓志的唐墓，考证出汉代玉门关的位置，发掘出土汉简，调查研究敦煌莫高窟；在兰州，夏鼐调查分析多处史前遗址，收获极丰。

一、彻底否定了"中国文化西来说"的错误观点

夏鼐留英时师从著名考古学家惠勒，学习到了先进的考古发掘方法，是当时"中国受过最为优秀训练的考古学者"。第二次西北考察，向达虽为历史考古组组长，但考古发掘工作实际是由夏鼐主持完成的。

1944 年 4 月夏鼐到达甘肃后，主要在兰州和敦煌开展考古调查和发掘。1945 年 4 月，夏鼐率阎文儒沿洮河流域调查。他们在甘肃临洮县发掘寺洼山史前遗址，并调查马家窑和广河县的齐家坪遗址。5 月，夏鼐只身一人发掘宁定阳洼湾史前墓葬。正是夏鼐"通过 1945 年甘肃省宁定阳洼湾齐家文化墓葬的发掘，确认仰韶文化的年代比齐家文化为早……纠正了瑞典学者安特生关于甘肃新石器时代文化的分期，为建立黄河流域有关新石器时代文化的正确的年代序列打下了基础"[1]。夏鼐的这次考古发现，改写了中国史前史的分期。

从 1923 年 6 月开始，发现并命名了河南仰韶文化的瑞典学者安特生，为了验证他的"中国文化西来说"，在甘肃、青海进行大范围的考古调查与发掘，发现了包括出土彩陶的多处史前文化。1925 年，安特生出版《甘肃考古记》。他根据由简单到复杂的类型学排列，首次把甘肃和青海的史前文化划分为六个时期，由早到晚依次为：齐家期、仰韶期（今称马家窑文化）、马厂期、辛店期、寺洼期和沙井期。安特生分期的核心观点是没有彩陶的齐家文化要早于有彩陶的仰韶期（即甘肃仰韶文化），从而从考古学上印证了中国仰韶文化起源于西方的观点。从 1927 年开始，包括李济、梁思永、尹达和石璋如在内的史语所学者，都曾对安特生的分期提出过质疑。石璋如在第一次西北考察途中还致信傅斯年谈及安特生的分期："安特生所挖者都是墓地，不能窥出与其他文化的关系，究竟是纯彩陶文化或另有其他堆积也是急待解决的问题。

---

①夏鼐主编：《中国大百科全书·考古学》，中国大百科全书出版社，1986 年，第 572 页。

齐家期如果真早于一切，这个问题太有趣了。"①但由于没有直接的考古学证据，安特生的分期观点在当时是绝对的权威。

1945年5月12日和13日，夏鼐在甘肃宁定县（今广和县）阳洼湾发掘一座完全没有后期扰乱过的二号墓时，严格按照留英所学的惠勒发掘方法，首先在墓葬人骨架附件发现两组齐家文化的典型陶器，证明该墓葬属安特生划分的齐家期。但夏鼐在墓葬填土中却发现两片口沿绘有黑色花纹的彩陶，就陶质和花纹分析显然属于安特生划分的仰韶期的典型彩陶。夏鼐对此发现极为重视，他初步分析认为，这座齐家期的墓葬主人在埋葬时，仰韶期的彩陶已经存在并混入墓葬填土中，这就证明填土中的彩陶应当早于齐家墓葬的年代。他在当天的日记中就认定"墓内填土发现彩陶二片，齐家期之较后，更得一证明矣"②。

夏鼐西北史前文化的考察成果颇受关注。1946年返回史语所后，夏鼐就与李济讨论"安特生氏之中国史前修正年代问题"。1948年5月，夏鼐发表《齐家期墓葬的新发现及其年代的改订》一文，这是他西北史前考古最为重要的研究成果。夏鼐以批判安特生的齐家期为切入点，运用考古地层学，并结合墓葬埋葬风俗及人种特征综合研究，认定安特生所分的齐家期实际应当晚于仰韶期："新发现的结果，不仅对于齐家文化时代的埋葬风俗及人种特征方面，供给新材料；并且意外地又供给地层上的证据，使我们能确定这文化与甘肃仰韶文化二者年代先后的关系。"③1949年，夏鼐发表《临洮寺洼山发掘记》，通过分析寺洼文化的内涵、性质和年代，提出寺洼文化与甘肃的氐羌有关，而与安特生所分的史前六期没有文化传承关系。

由于夏鼐关于甘肃史前文化的研究成果是建立在考古发掘基础之上的，有明确的考古地层关系和出土物，远比安特生仅靠考古调查和形式逻辑的推断结论更为科学可靠，因而从根本上否定了安特生的甘肃史前文化六期说的分期体系。而且在学术上还提出了另一种可能，即中国彩陶文化不仅源于本土，而且有由东向西传播的趋势，从而彻底否定了"中国文化西来说"的错误观点。中国现代著名考古学家石兴邦就指出，对安特生考古文化分期的纠谬，"是从

---

① 邢义田：《地不爱宝·汉代的简牍》，中华书局，2011年，第375页。

②《夏鼐日记》（卷三），华东师范大学出版社，2011年，第329页。

③夏鼐：《齐家期墓葬的新发现及其年代的改订》，载《中国考古学报》，1948年第3册，第101页。

出身于史语所的几位先生的工作中突破的，这就是梁思永的《小屯、龙山与仰韶》（即后冈三叠层）而开其端。尹达的《龙山文化与仰韶文化之分析》继其后，而夏鼐的《齐家期墓葬的新发现及其年代的改订》则定其论"①。甚至有学者认为，1949 年前的中国考古学主要有两个目的，一是希望用新的科学方法来研究中国历史；二是希望用中国材料来回应"中国文化西来说"。由此可见夏鼐这次西北考察的历史影响和标志性意义。

二、中国考古学理论的历史性突破

西北考古发掘虽然是夏鼐首次独立主持的考古活动，但他在考古发掘技术、田野发掘记录和文物保护方式等多方面都取得了重大突破。尤其是他在中国史前考古理论方面的突破，更是历史性的。

在将西方的考古学理论和方法与中国考古学实践相结合的"中国化"过程中，产生了以"梁思永考古地层学""苏秉琦考古类型学"和"夏鼐考古学文化定名说"为代表的、具有鲜明中国特色的基本方法和基础理论。夏鼐的西北考察成果，不仅对"梁思永考古地层学"方法给予了重要补充，而且还创造性地提出了中国史前时期的文化系统问题，并在此基础上产生了具有中国特色的考古学定名原则和基本含义，即"夏鼐考古学文化定名说"。

李济自谦是半路出家的考古学者，称留学美国哈佛大学攻读考古学和人类学的梁思永才是"中国第一位考古专门学者"。梁思永在中国考古领域最杰出的贡献之一，就是在 1931 年的安阳后冈遗址发掘中，第一次采用了"梁思永考古地层学"方法，发现了著名的"后冈三叠层"堆积：仰韶文化层在下、龙山文化层居中、小屯殷墟文化层在上，三者的相对年代由早及晚。"后冈三叠层"成为解开中国史前文化之谜的钥匙。

安特生和李济在中国的早期考古实践中，都采用地质地层学的发掘方法。安特生的发掘方法是设立一种水平基线对出土器物进行定位，但他忽略了考古地层学中文化层的厚薄不一和打破倒装等复杂性。李济在西阴村采用了探方法的发掘方式，比安特生的水平方法更为先进，但不能发现文化层的打破关系。而"梁思永考古地层学"方法的科学之处，一是依据土质土色的不同来划分文化层，而非按深度人为划分水平层位；二是根据堆积层的叠压打破关系判定出土物的早晚年代。梁思永的这一理论和方法，开创性地在中国完成了地质地层

①胡文辉：《现代学林点将录》，广东人民出版社，2010 年，第 410 页。

学向考古地层学的转变。夏鼐在阳洼湾齐家墓葬的发掘过程中，首次提出"墓葬填土内遗物早于墓葬随葬品"的年代判断标准，成为"梁思永考古地层学"方法的重要补充，并作为中国考古发掘的行业规范沿用至今，为考古地层学的中国化做出了重大贡献。

李庄史语所时期，正是夏鼐考古学思想的形成期。他认为，史语所的考古发掘与研究，虽然有实事求是的科学态度，但无法"建立一个站得住的中国上古史新体系"。夏鼐通过这次西北考察，不仅改订了黄河上游新石器文化的编年体系，而且还开始从规范考古学上的文化命名入手，以文化系统说来阐明中国文化的多样性，从考古学上探讨中国文明的起源问题。

考古学文化的命名，是新石器时代考古学的关键问题之一。1921年，瑞典学者安特生把"文化"的概念引入了中国考古学，并确立了以首次发现的小地名和特征来命名的主要方法，例如小屯文化、仰韶彩陶文化等。当时学术界相继命名了十多种考古学文化，但都没有对考古学文化的概念进行理论总结或探讨，因此不同学者对这个概念的理解也不尽相同。

夏鼐在用考古材料反驳安特生的史前分期的同时，还主张使用"齐家文化""仰韶文化"（或"马家窑文化"）等表现文化性质的名词，取代安特生的"齐家期"和"仰韶期"。安特生作为最早的发现者，曾把甘肃临洮县马家窑村发现的彩陶称为甘肃仰韶文化（仰韶期）。夏鼐通过1945年寺洼山遗址的发掘，提出应该将其命名为马家窑文化。在《临洮寺洼山发掘记》一文中，夏鼐指出马家窑文化与齐家文化是来源不同的两个系统，首次提出了中国史前时期的文化系统问题。他通过分析安特生划分的甘肃仰韶期的出土遗物，并与河南仰韶文化进行对比研究，认定该遗址文化应该是另外一种彩陶文化。夏鼐总结道："马家窑文化便是安特生所谓'甘肃仰韶文化'，但是它和河南的仰韶文化，颇多不同，所以我以为不若将临洮的马家窑遗址，作为代表，另定一名称。"[1]夏鼐将安特生划分的齐家期、马家窑期从仰韶文化中独立出来，并且单独命名为齐家文化和马家窑文化，体现了他对考古学文化概念的准确理解。1959年，夏鼐发表《关于考古学上文化的定名问题》，正式提出考古学文化命名的三个条件：一是必须有一群具有明确特征的类型品，并且这种类型品，经常地共同伴出，而不是孤独的一种东西；二是这种共同伴出的类型品，最好是发现不止一处；三是必须对这一文化的内容有相当充分的认识，至少对

---

①夏鼐：《夏鼐文集》（第2册），社会科学文献出版社，2017年，第23页。

一处遗址或墓地作过比较全面而深入的研究。"夏鼐考古学文化定名说"的基础理论由此诞生。如今已被大众熟知的马家窑文化、良渚文化、大汶口文化、二里头文化等考古学文化，就是由夏鼐提出并得到公认的。萌芽于李庄时期的"夏鼐考古学文化定名说"，标志着中国史前考古开始走向成熟，被公认为考古学"中国化"历程中的三大历史性成果之一。

三、敦煌新获汉简与发现玉门关遗址

自斯坦因 1907 和 1914 年两次在敦煌发现汉简以后，包括劳榦、石璋如在内的多次西北考察都再未有发现。1907 年，斯坦因在敦煌西北的小方盘遗址中，发现有两简记载有"玉门关部都尉"的汉简，已经实证了小方盘城即为汉代的玉门关。玉门关自西汉设置以来，已有 2100 多年的历史。但在汉武帝太初二年（前 103）以前的玉门关是否也在小方盘城，以及玉门关设置的时序、地域变迁等问题，学术界未有定论。法国汉学家沙畹根据《史记·大宛列传》中的有关记载，提出玉门关"东西迁移说"：即太初二年以前的玉门关最先设置在敦煌以东，后西迁至敦煌西北的小方盘城。王国维在《流沙坠简》中沿用了该观点，并认定玉门关就是酒泉的玉门县。他们的观点不仅代表着当时的主流说法，而且时至今日仍有相当重要的历史影响。

1942 年，劳榦根据实地考察情况，综合各类文献资料及敦煌出土汉简，写成《两关遗址考》一文。他在文中首先否定了王国维的"玉门关即玉门县"的说法，考证玉门关应该是在玉门的赤金峡，但他也赞同玉门关"东西迁移说"。而向达在《两关杂考》中，不仅印证了沙畹与王国维关于汉代玉门关在小方盘城的结论，而且还认为汉代玉门关一直都在敦煌的西北，从未发生过迁移。夏鼐在考察前阅读了大量相关的文献资料，颇为赞同向达的观点。1944 年 11 月 5 日，夏鼐在小方盘城发掘，"果然掘得汉简一枚……后来又得一片，字数更多，余拿来一看，字共三行，有'玉门都尉'几字。知道获得珍品了"[①]。夏鼐认为他发现的汉简是解决两关遗址问题的新史料，1945 年 1 月 23 日，他致信傅斯年和李济，认定"今得此简，可见太初二年（103 B.C.）以前，敦煌未由酒泉分出以前，即已有玉门都尉驻在今日之小方盘"[②]。1947 年，夏鼐撰成《太初二年以前的玉门关位置考》，主要围绕太初二年以前玉门

---

①夏鼐：《敦煌考古漫记》，百花文艺出版社，2002 年，第 103 页。

②邢义田：《地不爱宝·汉代的简牍》，中华书局，2011 年，第 436 页。

关是否在小方盘的问题展开论述。他根据《史记·大宛列传》《汉书·西域传》等文献材料，并以他在敦煌西北的小方盘发掘所获的"酒泉玉门都尉护众"等字样的汉简为依据，认为汉代玉门关始终都在敦煌以西的小方盘城。因为建玉门关是敦煌从酒泉分离出来单独设郡之前，在敦煌西北玉门关遗址发现敦煌设郡之前的酒泉玉门都尉版籍，就实证了太初以前玉门关并不在敦煌以东。而且汉政权如果想设置边境极西的重要关隘，就必然在敦煌以西，否则无法稽查出入。他的观点为研究太初二年以前的玉门关位置提供了新的思路。1948 年，夏鼐再撰《新获之敦煌汉简》一文，对敦煌出土的数十枚汉简进行释读分析，为研究考证玉门关位置提供了更多的实物证据。目前的主流观点就认为，在还未设置敦煌郡之前，汉朝就在小方盘城的玉门关设置了玉门都尉，由酒泉郡管辖。当敦煌从酒泉郡中分离出来单设郡后，玉门都尉就由敦煌郡管辖。2014 年，在国家文物局向联合国世界遗产委员会提交的《丝绸之路》申遗文本中，就基本采纳了夏鼐和向达的观点，即在西汉元鼎六年（前 111），汉武帝在敦煌西北以小方盘城为中心设置了玉门关。

夏鼐在敦煌考察两关遗址时所获汉简，不仅从考古学上寻找到了汉代玉门关确切位置的物证，而且为发现更多的简牍重振了信心，其意义尤为重大。1998 年 10 月，考古工作者在小方盘城周围再次发掘出土了大量汉简，从中获知了更多有关玉门关的信息。

四、运用考古材料研究西北历史

1944 年，我国近代著名史学家张维，耗时十余年写成的《陇右金石录》出版。这是一部全面考证我国陇右地区（今甘肃、青海及宁夏部分地区）从上古至明朝金石的集大成之作，是研究西北金石学的必备书籍，与他的《陇右方志录》一起被"中研院"列为国际交换书籍。

夏鼐对《陇右金石录》也极为关注，是最早研究《陇右金石录》的学者。在"甲申年（1944），余（夏鼐）随向觉明（向达）先生赴陇右考古，虽以发掘工作为主，而对于碑碣吉金，亦加留意，当时读张氏原书后，草成补正一篇，共若干条……"[1]夏鼐的《〈陇右金石录〉补正》共补充修订 47 条，其中 28 条为新收录的金石，19 条为修正原书错误或没有查清的金石。新收录的金石分四种：一是夏鼐在西北调查时的新发现，如《金城县主墓志》《慕

---

[1]阎文儒：《向达先生纪念论文集》，新疆人民出版社，1986 年，第 49 页。

容曦光墓志》；二是无碑碣，但在古代文献中可见的，如《后晋罗盈达墓志铭》；三是《陇右金石录》遗漏的，如《明彭泽祷雨告文》；四是《陇右金石录》没有收录的檐记类，如《明天启白塔山小庙檐记》。夏鼐还对《陇右金石录》涉及的史实部分进行探讨。1944 年 11 月 7 日，他发现晋"泰始十一年二月二十七日甲辰造乐生"碑刻，深知"敦煌碑碣此为最古矣"。因此夏鼐通过考证碑文，修正了《陇右金石录》中有关敦煌藏经洞的年代错误，指出藏经洞封闭年代应"在于宋初西夏兵乱之际"。现代著名学者王继光评价《〈陇右金石录〉补正》时说："夏鼐先生半个多世纪前的这篇《补正》之作，给我们一个启示：张维先生倾十余年之功辑考之《陇右金石录》，存在大量的缺失与讹误……如是，夏鼐先生的《补正》，将是一篇开山之作。"①

1948 年，夏鼐根据他在西北考察时发掘出土的《慕容曦光墓志铭》与《大唐金城县主墓志铭》两通墓志，写成《武威唐代吐谷浑慕容氏墓志》一文。他将墓志材料与史籍记载进行综合考证，编写出贞观十三年（639）至贞元十四年（798）吐谷浑亡国前后的史实年表。这是史学界首次运用年表的形式对吐谷浑晚期历史进行详细考述，体现出夏鼐利用考古材料进行史学探索的学术新思维。

夏鼐希望通过考古发掘，最大限度地还原敦煌的历史原貌。他在敦煌发掘清理了一批东汉晚期至唐代的墓葬，并且通过墓葬出土材料与中原文化的比较，来研究敦煌文化的发展程度。夏鼐认为，敦煌有它的特殊情形，例如墓葬所在的地层土质，当地可以利用的各种原料，以及当时的风俗习惯。但如果将敦煌的墓葬和其他同一时代的墓葬相比较，就会发现它们大同小异，因此可以说东汉至唐末的敦煌文化，已经完全成为中原文化的一个分支。

1951 年，夏鼐基于他当年在敦煌的考古发掘经历，撰写《漫谈敦煌千佛洞与考古学》一文，从宏观层面分析了考古学与敦煌千佛洞历史文化研究的关系。例如"千佛洞的各洞子，常是直接地反映设计造洞的艺术家的创作的匠心，间接地反映当时的社会意识"。同时"我们要用比较法，将没有纪年题记的洞子，也都归入一定的时代中去，然后分析每一时代的特征"②。这样，不仅可以研究宗教史和艺术史，还可从壁画中研究政治史与社会史。

---

①王继光：《夏鼐〈陇右金石录〉补正跋》，载《敦煌学集刊》，2008 年第 1期，第 100 页。

②夏鼐：《夏鼐文集》（第 2 册），社会科学文献出版社，2017 年，第 429 页。

两次西北考察，以夏鼐的经历最为完整，成就最大。事实上，"（夏鼐）实以一人之力代表史语所在甘肃从事先驱性的工作"①。夏鼐有关西北考察的研究文章多达十余篇，学术视野纵贯史前至汉唐，研究领域横跨文物保护与佛教艺术，其考察研究成果都经受了后世学者的检验。他的这些开创性成果，拓宽了中国史前考古的研究领域，受到了国内外学术界的关注，也由此奠定了夏鼐的学术地位。夏鼐还在西北考察时，傅斯年就致信中央研究院院长："夏君乃本所少年有为之一人，在济之兄领导下，将来于考古界之贡献必大。"②当史语所从李庄返回南京不久，年仅37岁的夏鼐就受傅斯年委托代理史语所所长之职。1948年，夏鼐在未达入所六年年限的晋升必备条件下，即被傅斯年破格晋升为研究员，这是对夏鼐西北考察学术贡献的一种认可。

表9：夏鼐李庄时期主要学术成果

序号	名称	首发刊物	时间	备注
1	《抗战时期温州经济情况》	手稿	1942年	收录于《夏鼐文集》（第5册），社会科学文献出版社，2017年
2	《关于Be khen-Stone的一些评论》	《埃及文物局年鉴》	1942年	英文
3	《埃及古珠考》	英国伦敦大学博士论文	1943年	2014年英文版，2018年阿拉伯文版，2020年中文版
4	《某些埃及分层玻璃眼的年代》	《考古学杂志》	1944年	英文
5	《一些埃及蚀刻的玛瑙珠》	《亚洲学会杂志》	1944年	英文
6	《敦煌藏经洞封启的年代》	《西北文化》	1945年	西北考察成果。收录于《夏鼐文集》（第2册），社会科学文献出版社，2017年

① 李东华：《从往来书信看傅斯年与夏鼐的关系》，载《徐苹芳先生纪念文集》（下册），上海古籍出版社，2012年，第685页。

② 布占祥等编：《傅斯年与中国文化》，天津古籍出版社，2006年，第379页。

续表

序号	名称	首发刊物	时间	备注
7	《齐家期墓葬的新发现及其年代的改订》	《皇家人类学会会志》第76卷	1946年	英文
8	《太初二年以前的玉门关位置考》	《文史周刊》第70期	1947年	西北考察成果。收录于《夏鼐文集》（第2册），社会科学文献出版社，2017年
9	《齐家期墓葬的新发现及其年代的改订》	《中国考古学报》第3册	1948年	西北考察成果。收录于《夏鼐文集》（第2册），社会科学文献出版社，2017年
10	《新获之敦煌汉简》	《历史语言研究所集刊》第19本	1948年	西北考察成果。收录于《夏鼐文集》（第2册），社会科学文献出版社，2017年
11	《〈敦煌石室画像题记〉后记》	《文物周刊》第93期	1948年	西北考察成果。收录于《夏鼐文集》（第2册），社会科学文献出版社，2017年
12	《敦煌千佛洞史略》	《国际文化》第1卷第4期	1948年	西北考察成果。收录于《夏鼐文集》（第2册），社会科学文献出版社，2017年
13	《武威唐代吐谷浑慕容氏墓志》	《历史语言研究所集刊》第20本（上册）	1948年	西北考察成果。收录于《夏鼐文集》（第2册），社会科学文献出版社，2017年
14	《临洮寺洼山发掘记》	《中国考古学报》第4册	1949年	西北考察成果。收录于《夏鼐文集》（第2册），社会科学文献出版社，2017年
15	《兰州附近的史前遗址》	《中国考古学报》第5册	1951年	西北考察成果。收录于《夏鼐文集》（第2册），社会科学文献出版社，2017年
16	《漫谈敦煌千佛洞和考古学》	《文物参考资料》第2卷第5期	1951年	西北考察成果。收录于《夏鼐文集》（第2册），社会科学文献出版社，2017年

续表

序号	名称	首发刊物	时间	备注
17	《甘肃考古漫记》	部分刊载于《考古通讯》，题名《敦煌考古漫记》	1955~1956年	西北考察成果。2002年百花文艺出版社汇编成《甘肃考古漫记》出版，收录于《夏鼐文集》（第4册），社会科学文献出版社，2017年
18	《〈陇右金石录〉补正》	载阎文儒等编《向达先生纪念论文集》，新疆人民出版社	1986年	西北考察成果
19	《夏鼐日记》（卷二、卷三）		2011年	华东师范大学出版社
20	《夏鼐西北考察日记》		2018年	社会科学文献出版社

来源：《夏鼐文集》，社会科学文献出版社，2017年。

第八节 王献唐撰著金石巨作

王献唐（1896～1960），学界公认的北方朴学集大成者，著名金石学家和古文字学家。王献唐治学领域广博，著述丰厚，仅专著就有六十余种。王献唐一生的精力所萃，"尤在《货币通考》《国史金石志》二书"①。

1937年12月，时任山东省立图书馆馆长的王献唐，择馆藏精华五大箱，与图书馆编藏部主任屈万里等人载书南迁，辗转到四川。1939年8月，王献唐开始考证编著《中国古代货币通考》。1940年，他开始撰写《国史金石志稿》。1943年3月至1945年9月，王献唐寓居李庄，依靠史语所图书馆丰厚的学术资源，并与李庄众多的一流学者论学思辨，结成了亲密的学术关系，最终完成这两部巨著，达到其一生学术研究的顶峰。1945年，王献唐还专为

---

① 《屈万里先生文存》（第5册），台北联经出版事业公司，1985年，第1876页。

董作宾的《殷历谱》题写了内封面。夏鼐回忆:"抗战期间先生（王献唐）撤退到四川，曾住在南溪李庄，从事于东周古币的研究，钻研很深，闻颇多创获。"①

一、《中国古代货币通考》

王献唐自诩一生"不爱今钱爱古钱"。早在主事山东图书馆之初，他就凭借其深厚的古文字功底和博闻广识，开始收藏研究中国古代钱币。1938年9月，得力于傅斯年的鼎力推荐，王献唐获庚款委员会最高档次的资助，任史学研究员，研究项目就是《中国古代货币通考》，并在1941年4月完成初稿。在李庄期间，王献唐主要依靠史语所图书馆资料继续增补改订。1944年12月，北平图书馆《图书季刊》刊发消息:"王献唐氏研究中国古代货币之著作……所撰《中国古代货币通考》，暂以金属货币为限，起自有周，断于西汉之末，计已成五十余万言……王君现正在从事以上各篇增补改订之工作。预计一年后全书即可杀青。"②1946年该书完稿，可惜在王献唐生前一直未能出版，直到1979年，山东齐鲁书社才首次将王献唐在李庄增补改订的手稿影印出版。

王献唐的《中国古代货币通考》，考证了周、秦、汉三代货币。全书约五十万字，共分周币、秦币、汉初货币、武帝货币和铸钱技工之演变五篇。书中引证了大量文献及出土文物资料，订正了前人错误。王献唐以坚实的古文字学为根基，系统考证了我国古代货币的形制、源流、制作和交流。他立足于历史文化，从物质、制度与思想三个层面，研讨了三朝钱币材质类型的变化，以及造型形制的文化内涵，创造性地提升了中国古代货币的研究境界，对于研究我国古代货币史、经济史、考古学、文字学、音韵学等都有重要参考价值。

二、《国史金石志稿》

1940年2月，国民政府在重庆成立国史馆筹备委员会，负责纂修中华民国国史，王献唐的《国史金石志稿》就是其中的重要部分。

1945年8月，王献唐在李庄就《国史金石志稿》的编撰情况致信国史馆

---

① 夏鼐:《山东王献唐先生传略》，载《夏鼐文集》（第4册），社会科学文献出版社，2017年，第245页。

② 北平图书馆:《图书季刊》，1944年新第5卷第4期，第110页。

馆长张继："第五期金石志稿已完成，共五卷四册，另具总报告一册，与志稿挂号寄上……第四期志稿抄本俟稍迟再校寄。"随函附寄的《金石志稿金文部门编讫总报告》记述："日前第五次报告为二十一卷，继以佛像一卷过少，与他卷拼合为整数"，表明王献唐在李庄时已全部撰成《国史金石志稿》20卷。张继随即批复："金文已编毕，请续编石文。"但因王献唐患病，此后再未撰作。不过王献唐认为："但就金石两项，已可成为专志。若再合以陶骨诸类，卷帙当更加倍，金石一目，亦不足以概之，或改为文物志……"①

王献唐的《国史金石志稿》原计划分为金、石、骨玉、陶木四大类，他在李庄完成的是金类。王献唐的资料来源以书籍图录为主，同时辅以拓本与照片，以及史语所、中博院筹备处和山东图书馆的部分藏品。为此，他几乎寻遍了20世纪上半叶中国所有的金石著录。他在书中著录的器物共计4854件，引用书籍图录70余种。收录的器物包罗万象，既有乐器、酒器、水器、食器和烹饪器，又有兵器、工具、车马器及度量衡器等，甚至还有通常能够单独成书的玉印和货币，收录内容是一般著录类书籍少有的。

王献唐在《国史金石志稿》中所录的器物，时代跨越之长也是同类著作中罕见的。他收录的器物年代从殷商直至魏晋南北朝，间或著录唐代器物，并以民国年间出土和1912年以来的著录为限。王献唐在《国史金石志稿编纂概略》中特别作了说明："本书金石二类凡清人已著录者皆不入，以民国出土及民元以复著录者为限"，表明王献唐排除了清人及以前各书早已著录的器物，从而更加全面准确地反映出当时金石方面的考古成就，在中国考古学发展史上有其特殊意义，这也是《国史金石志稿》与同类书籍的最大不同。

王献唐对选录的器物全部进行鉴定辨伪，对"各书著录者间有伪器，亦须详审去取，求心之所安"。特别是其中真伪难辨的23件器物，他认为仍具收录价值，但在收录时都作了特别的"疑"字眉批，对后世的器物辨伪有重要参考价值。王献唐对所录器物的铭文都逐一厘定，保留或修改原有的考释，无释文的自行考释。对不能考释的字，则保存其原形。对残缺的字，摹其现状收录。对个别器物铭文有质疑的，标注"疑伪刻"。这不仅对鉴别青铜器铭文的真伪提供了佐证，而且无论是他对前人考释的纠错，还是对疑难字的考证，都具有很高的学术价值。

---

① 马振犊：《王献唐编纂金石志报告》，载《民国档案》，1996年第1期，第46页。

虽然从近代以来，发轫于宋代的金石博古之学经过现代学科的重组，分别纳入了考古学、博物馆学与古文字学等现代学科，但在抗战背景下，以增强民族自尊心和自信心为目的的"国故整理"呼声渐高，作为民国国史的《国史金石志稿》，总合荟萃私家收藏和前人考订，采用传统撰述体式的整理研究，成为民国时期两部总账式金石学著作之一。[①]

王献唐的这部遗稿的前半部分原收藏于中国第二历史档案馆，后半部分被其家属收藏。2001年，华东师范大学王文耀教授将它们合二为一，整理校订三年，在2004年由青岛出版社正式出版，这部尘封了近六十年的巨著才得以面世。全书分7册20卷，共有4043页。"它既反映了半个世纪前的学术水平，也向我们提供了今天治学的榜样和同类学科研究的重要参考"[②]，充分体现了王献唐的学术功底及卓越见识，使我们进一步认识到了王献唐在中国近现代学术发展史上的历史地位。

三、"书佣"屈万里在李庄研究甲骨学

屈万里（1907～1979），一生致力于中国古代经典文献及甲骨文研究的国学大师。1972年，他以"对先秦史料之考订，中国古代经典（《诗》《书》《易》等）及甲骨文之研究，均有成就，尤精于中国目录校勘之学"而当选为"中研院"院士。

屈万里在图书馆任职二十年，自称"书佣"。虽然他只是在不为人知的北平郁文学院肄业，但他一生出版专著就达21部，撰写论文230多篇。屈万里有如此突出的学术成就，"得名师指导"是其中一个重要原因。屈万里早期所遇名师当属王献唐，他在山东省立图书馆任职期间，王献唐为他"将来治学从最基本的地方奠定了坚实的基础"。1938年随王献唐南下后加入李庄的史语所，开始从事甲骨文的研究工作，为他的学术研究指明了新的方向。屈万里回忆说："三十一年（1942）冬天，听说中央研究院，需要一个研究甲骨文的助理员的职位，我就请王献唐先生写信给傅孟真先生介绍，傅先生答应给我一个助理员的职位，我喜出望外……史语所那时是在四川南溪县李庄镇郊外的一个山洼里头，收藏的文史图书最完备，有高深造诣的学者又多，真是个念书的好

---

① 另一部是冯汝玠著《续修四库总目提要金石类分纂稿》，1935～1941年成稿。
② 马承源：《国史金石志稿·序言》，青岛出版社，2004年。

地方。我在那儿待到三十四年（1945）冬。"①在李庄，对屈万里影响最大的
是傅斯年。他在《书佣论学集》的自序中坦言："由于傅孟真（斯年）先生的
启示，才确切知道作研究工作必得靠真实的资料，才知道原始资料之胜于传述
资料，才知道资料鉴别的重要性。"②屈万里在李庄主要协助董作宾编著《殷
墟文字乙编》，是其甲骨文研究之始。1955年，屈万里对董作宾的《殷墟文
字甲编》所录甲骨文开始考释研究。他把可能拼合的甲骨全部拼缀后，再进行
识字考释，在1961年出版了四十余万字的《殷墟文字甲编考释》一书，一举
确立了他在中国甲骨文研究领域的学术地位。屈万里在回忆李庄时光时说：
"在史语所近乎三年，对于我进修的助益很大，许多做学问的方法，以前不大
注意的，这时候看到人家做学问的风尚、方法，自己学了一些……这段时间，
可以说是我离开学校以后，用功最多的时期。"③屈万里最主要的学术成就在
经学，但他治经学的独到之处是把古文字学和经学结合起来。屈万里当初放弃
中央图书馆的高薪职位，执意到李庄加入史语所，研修甲骨文，其主要目的就
是为解读古代经典找到一条最原始的通道。

表10：王献唐、屈万里李庄时期主要学术成果

序号	名称	首发刊物	时间	备注
1	王献唐《中国古代货币通考》	齐鲁书社影印本	1979年	1943~1944年在李庄修订完成。华东师范大学点校本，青岛出版社，2005年再版
2	王献唐《国史金石志稿》	青岛出版社（王文耀整理）	2004年	1943~1945年在李庄修订完成
3	王献唐《诂雅堂主治学记》	《说文月刊》第3卷第10期	1943年	

---

①《屈万里先生文存》（第6册），台北联经出版事业公司，1985年，第2130页。
②屈万里：《书佣论学集·自序》，台北联经出版事业公司，1984年，第3页。
③《屈万里先生文存》（第6册），台北联经出版事业公司，1985年，第2131页。

续表

序号	名称	首发刊物	时间	备注
4	王献唐《新出汉三老赵宽碑考释》	手稿	1943年	
5	王献唐《平乐印庐行箧印景》	手稿	1943年	
6	王献唐《寿彦堂五十》	手稿	1944年	
7	王献唐《"货币资产"四字之来源》	讲演稿	1944年	李庄社会所讲演
8	王献唐《释丑（上）》	《说文月刊》吴稚晖80大寿专号	1944年	
9	王献唐《说挋线》	手稿	1945年	
10	王献唐《说顶灯》	手稿	1945年	
11	王献唐《释每美》	手稿	1945年	
12	王献唐《古文字中所见之火烛》	手稿	1945年	
13	王献唐《岐山近出康季鼎铭读记》	《西北文化周刊》	1945年	
14	屈万里《周易爻辞中之礼俗》	《史哲季刊》第1卷第2期	1943年	
15	屈万里《吴相湘〈清史研究初集〉评价》	《图书月刊》第3卷第1期	1943年	
16	屈万里《五月子——兼论同音字的附会》	《风物志》第1期	1944年	
17	屈万里《臼不跟解》	李庄石印出版历史语言研究所集刊外编第三种《六同别录》（中）	1945年	
18	屈万里《甲骨文从比二字辨》	李庄石印出版历史语言研究所集刊外编第三种《六同别录》（中）	1945年	

续表

序号	名称	首发刊物	时间	备注
19	屈万里《谥法滥觞于殷代论》	李庄石印出版历史语言研究所集刊外编第三种《六同别录》（中）	1945年	

来源：李勇慧：《王献唐研究》，山东大学出版社，2011年；《屈万里先生文存》，台北联经出版事业公司，1985年。

第二章　博物馆学

公元前 3 世纪的埃及亚历山大博物馆，通常被认为是世界上最早的博物馆雏形。1683 年，集收藏、陈列、研究于一身的英国牛津大学阿什莫林博物馆正式向公众开放，标志着现代意义的公共博物馆诞生。中国的第一座博物馆，是 1868 年法国神父韩伯禄创建的上海徐家汇博物院。中国人自己创建的第一座博物馆，是近代实业家张謇在 1905 年创办的南通博物苑。1912 年，民国教育部在北京国子监设立历史博物馆筹备处，是为中国国家级博物馆之始。

随着殷墟考古发掘的大规模展开，如何保存和利用这些出土文物就成为学界关注的热点。1933 年 4 月，在蔡元培的积极倡导下，国立中央博物院筹备处在南京成立，其目标是筹建一座规模宏大的国家级现代博物馆，以"汇集数千年先民遗留文物，及灌输现代知识之资料，为系统之陈列，永久之保存，藉以为提倡科学研究，辅助民众教育"[1]。1934 年，由李济接替傅斯年任中央博物院筹备处主任。他主持制定《国立中央博物院筹备处暂行规则》，明确博物馆功能是"系统的调查、采集、保管、陈列，并说明一切自然科学、人文科学及现代工艺之材料与标本"。

筹备处在南京的院馆建设还未完成，就因抗战被迫一路南迁。李济在1941 年的工作报告中感叹："按本院原定计划，二十七年（1938）度内本可脱离筹备时期，与社会人士相见，世局演变，乃推延至九年之久，仍在筹备之

---

①刘鼎铭：《国立中央博物院筹备处 1933 年 4 月～1941 年 8 月筹备经过报告》，载《民国档案》，2008 年第 2 期，第 27 页。

中，非关稽迟，事弗得已。"①筹备处在李庄六年，在考古学、建筑史学、民族学、语言学等学术领域都取得了丰硕成果，在博物馆学的理论研究与实践方面都有开创性成就。李庄也是筹备处成立以来在祖国大陆停留最久的地方，李济把这一时期称为中央博物院的扩充时期。

第一节　出版《博物馆》

与欧洲先有博物馆后有博物馆学的路径不同，近代中国是先有博物馆学，然后才有自己的博物馆。张謇作为中国博物馆的启蒙思想家，创建了中国博物馆最早的办馆模式。蔡元培则极力推崇博物馆的教育功能，他认为教育并不专在学校，还在图书馆与博物馆。他们二人有关博物馆的理念，代表着中国学者对博物馆学的早期见解。

博物馆作为近代中国的外来文化形态之一，与中国传统文化中的收藏与鉴赏有着本质的区别。尽管中国早在周代就设有收藏文物珍品的"玉府"（又称"天府"），但一直没有"博物馆"一说。1840年，在林则徐主持编译的《四洲志》中，首次翻译介绍了英国伦敦大英博物馆。在早期出国游历考察的中国人中，开始有人试图在中国传统文化的语境中找到与"博物馆"相对应的词。1849年，林铖在《西海纪游草》一书中，提及他在游历美国时，"有一院集天下珍奇，任人游玩，楼上悬灯，运用机括，变幻可观"②。他将其称为博古院。1868年，王韬在《漫游随录》中，将英文单词"museum"译为"博物院"。至此，博物馆这一概念逐渐被国人所认识和接受。

1935年，以"研究博物馆学术"为宗旨的中国博物馆协会在北平成立，开始出版会报，刊登博物馆学论文，介绍有关博物馆学的论著。1936年7月，上海市博物馆刊行陈端志的《博物馆学通论》，这虽是中国第一部论述博物馆理论及工作方法的专著，但却是完全依靠国外文献资料编撰而成的。同年刊行的费耕雨和费鸿年兄弟合著的《博物馆学概论》，也是以日本学者的专著为蓝本撰写的。很明显，这两部中国早期的博物馆专著，都没有形成中国本土化的

---

①刘鼎铭：《国立中央博物院筹备处1933年4月～1941年8月筹备经过报告》，载《民国档案》，2008年第2期，第33页。

②林铖：《西海纪游草》，岳麓书社，1985年，第36页。

博物馆学理论体系。

李济在他的早期考古实践中，开始思考博物馆的传播与建设问题。1926年，他率先提出所有古物都应"公有公藏"的观念，并且呼吁设立国家博物院或在考古发掘地建立博物馆，收藏并展出考古采集品，对公众进行教育。李济尤其看重博物馆的学术研究功能，为此他在中博院筹备处特设"博物馆专门设计委员"一职，增加学术研究力量。先后留学英国的吴金鼎、曾昭燏、夏鼐等人，在学成回国后都被李济聘为筹备处的专门设计委员。

曾昭燏（1909～1964），中国第一位女考古学家和博物馆学家，南京博物院首任院长。1937年，曾昭燏获伦敦大学研究院考古学硕士学位后，受中博院筹备处委派，前往德国柏林国家博物馆和慕尼黑博物院专门研究博物馆学。1938年学成回国加入中博院筹备处，随迁李庄后任筹备处代理总干事。

曾昭燏在留学德国期间，参加了慕尼黑博物院的藏品整理和展览设计，并撰写论文《博物馆概论》，表明她不仅从单一的考古方向转向了博物馆学研究，而且已经初步形成了较为完整的博物馆学理念。在李庄期间，应民国教育部之邀，在李济的指导下，曾昭燏结合我国实际情况，将论文重新整理扩编成《博物馆》一书，在1943年与李济联名出版。"书中提出博物馆具有保存有价值之物品、辅助研究工作、实施实物和精神教育四大功能。这是博物馆收藏、研究和教育三重性质或三大职能的最早论述，代表了当时博物馆学研究的水平"[①]，是我国现代博物馆学的奠基之作。

曾昭燏在《博物馆》的绪论部分，最早确立了中国博物馆史的基本叙事框架。她将中外博物馆的历史沿革进行对比研究，提出了中西二源说。她认为二者最大的不同，就在于中国历史悠久，文献丰富，但科学不发达，故历代专重古物收藏而忽视科学物品。《博物馆》一书的侧重点在应用博物馆学上，曾昭燏根据她对国外博物馆的考察实践，针对我国国情，对博物馆学的基本理论，以及博物馆的组织管理、收藏陈列、研究教育的基本原则和要求，都作了系统扼要的说明，对我国博物馆建设有较强的指导作用。

在博物馆学的基本理论方面，曾昭燏首次提出博物馆的四大功能。一是保管收藏："保存文物，即所以保存文化"；二是科学研究："博物馆素以收集及保存为事，研究者可从此取材。此种功能，大博物馆最为显著"；三是实

---

① 文物、博物馆编辑委员会：《中国大百科全书·文物博物馆》，中国大百科全书出版社，1995年，第51页。

物教育："向儿童解释一科学之原理……惟率之至博物馆，使其一见实物或模型，则可立时了然"；四是精神教育："博物馆陈列本国文物……故博物馆能启发人民爱国家爱民族之心，此精神教育之二也。"①相较于张謇"设苑为教育"，及陈端志"一切文化产业的发动机"的博物馆理念，曾昭燏对博物馆四大功能的理解，无异于是我国博物馆学理论上的一大发展，与现代博物馆主张收藏、研究和教育的基本功能几乎一致。此外，曾昭燏还根据博物馆的不同性质，将其划分为普通和专门两大类。普通类博物馆规模较大，通常收藏历史、艺术和科学三大类藏品。专门博物馆则是历史、艺术、自然科学与工艺这四类各成专馆。她还特别强调收藏、研究工艺类藏品的重要性，因为这类藏品不仅见证工业发展的历史，而且还有艺术价值，其制造方法与历史、艺术、自然科学都有关联。曾昭燏的这种阐述与我们今天定义的非物质文化遗产中的传统技艺近乎相同。在具体实践中，中博院筹备处将历史与艺术两类合并为人文馆，自然科学和工艺则各立专馆。

关于博物馆的组织和运行，曾昭燏提出了许多具体构想。她把博物馆的创建性质分为中央和地方政府筹办、文化机关或其他社会机构附设、私人创立三类。她认为各类博物馆要达到高效有序运营，就需要完善的组织机构。博物馆的行政应由理事会主持，具体工作则由馆长执行。专门博物馆的馆长必须是专业的学者，普通博物馆的馆长知识结构必须广博。曾昭燏强调，物品（藏品）管理部职员"必须有相当研究及技术上之经验"，否则难以完成任务。曾昭燏意识到了博物馆免费开放的必要性，提出"博物馆宜完全免费公开，尤以地方博物馆为然"②。她还对博物馆的开放时间进行了研究和论证，提出为便于参观，公众假日博物馆应该全部开放，开放时间宜为上午 9 点到下午 5 点，博物馆的讲演室可在夜间开展教育活动。曾昭燏这种以人为本的开放理念，直到今天，依然被大多数的博物馆践行或借鉴。

曾昭燏在《博物馆》一书的第六章"收藏"，以及在李庄再次就文物收集问题而撰写的《论博物馆的收集政策》一文中，全面阐释了她的文物征集收藏思想："抱定一宗旨，与其失之于滥，无宁失之于谨。"③曾昭燏认为无论

① 南京博物院编：《曾昭燏文集》（博物馆卷），文物出版社，2009 年，第 9 页。

② 南京博物院编：《曾昭燏文集》（博物馆卷），文物出版社，2009 年，第 11、12 页。

③ 南京博物院编：《曾昭燏文集》（博物馆卷），文物出版社，2009 年，第 20 页。

哪一类的博物馆，合理有效的收集政策应该是既有系统性又有选择性。她将收集方法归纳为采集、制造、购买、交换、外借和捐赠六种。曾昭燏对藏品的登记、保管方法也作了详尽的阐述，至今仍有很好的借鉴意义。

曾昭燏指出，博物馆的陈列展览应该既让观众获得知识又可愉悦身心。因此，展览必须遵循系统化和美感原则，既要吸引一般人的参观兴趣，同时又不能让观众感觉到过于冗长，因而更需注重细节。曾昭燏的这种展陈理念，与我们今天提倡的"陈列是我国博物馆进行社会教育、传播信息、提供审美欣赏和为科学研究提供参考服务的主要工作方式"[①]的陈展思想基本一致。关于陈列的技术和分类，曾昭燏列举了六种技术和十一种分类方法，涵盖陈列品分类、陈列方向、陈列柜的布置等细节问题，有很强的指导意义。同时，她还将博物馆的陈列类型分为永久展览、临时展览、流动展览和户外展览四种，这种分类方法也一直沿用至今。

综合来看，《博物馆》一书绝非单纯地将西方博物馆学思想进行简单的翻译，而是曾昭燏将她的留学经历与国外文献相结合，并密切联系中国的实际情况形成的理念与观点，所以被认为是我国最早、最系统的博物馆学基础理论专著。尤其是她的博物馆"四大功能"之说，是博物馆学理论和方法的统一，对我国的博物馆建设产生了深远的影响。从严格意义上来说，《博物馆》一书针对的主要人群就是当时战时环境下的博物馆从业人员，因此该书的多章内容甚至达到指南或者手册的价值，对当时薄弱的博物馆队伍有较强的指导作用。

如果综合考量《博物馆》的成书背景，再对比目前我们国家有关博物馆的法律法规和行业规范，我们不得不惊叹曾昭燏在博物馆学研究方面的前瞻性和权威性。比如她当时就极力提倡博物馆应该完全免费开放，在 2008 年，我国多部门联合印发《关于全国博物馆纪念馆向社会免费开放的通知》，国有博物馆开始逐步免费开放。

---

①王宏钧：《中国博物馆学基础》，上海古籍出版社，2001 年，第 253 页。

第二节　藏品编目建档与调查采集

中博院筹备处的基本藏品，是 1933 年从北平历史博物馆接收的 21 万件（套）珍贵文物，1937 年"随同故宫迁运，其中 4732 箱最后运存在乐山，611 箱藏在峨眉（含清国子监的 11 箱），都得到妥善的照顾"[①]。另有 53 箱南迁文物先从重庆运抵昆明，再转存李庄。[②]在李庄，筹备处又先后接收了大理洱海、彭山、西北等地发掘的出土文物，川康民族调查、贵州民间艺术考察、丽江麼些经典调查所获的民族民俗文物，以及四川手工业调查和自然标本调查采集到的文物资料。据从李庄同济大学工学院毕业后加入中博院筹备处任绘图员的索予明回忆，1946 年从李庄返回南京时，中博院共运回文物 177 箱。可以看出，中博院筹备处的藏品类别以历史文物为主，兼有民族文物、近现代工艺品、手工业制品与自然标本，这比同时期大多数博物馆的藏品类型都要丰富。

一、藏品编目建档

博物馆的任何一件藏品必定有其来龙去脉，就如同个人的户籍档案一样，所以必须对每一件藏品进行整理登记和编目建档。它能使后世了解文物的流传经过、发现始末、传闻逸事，甚至存疑问题，这是博物馆收藏、展览和研究的基础性工作。李济对筹备处藏品的编目建档也极为重视，但由于时局动荡一直无法进行。1941 年到达李庄后不久，李济才将此事提上了工作议程，并且提出了藏品编目建档的原则："其要者并为绘图照相，疏其形制，量其尺度，记其原料，定其时代，鉴其真赝，考其用途，或附以特点评述，期各物皆附有简

---

① 索予明：《烽火漫天拼学术——记李庄时期的中央博物院》，载蔡玫芬：《八征耄念——台北故宫博物院八十年的点滴怀想》，台北故宫博物院，2006 年，第 25 页。

② 曾昭燏：《国立中央博物院筹备处概况》，载李淑萍等：《博物馆历史文选》，陕西人民出版社，2000 年，第 194 页。

明小传，以便稽考。"①但受限于预算与专门人才，起初进展不顺，仅在1942年整理了一百多件。直到1943年曾昭燏和游寿（游戒微）加入，此项工作才得以顺利展开。

作为当时最具现代博物馆学意识的学者之一，曾昭燏首先将藏品的来源分为六种，对每一种来源的重点事项都作了说明，并且设计了登记入库的专用表格。表格内容除编号、质料、形制、装饰、大小、完整性、出土地、收集者姓名等文字性的描述外，还需绘制简图。对于重要文物，再作平面与剖面图。对有纹饰的铜器，则将其花纹拓印保存。曾在李庄参与绘图的索予明回忆他第一天上班时说："曾小姐简单扼要地说明该怎样做，我照着她的吩咐去做，这是一种藏品资料卡，我的工作就是在这张卡片上画器物测量图，这画要按照一定的比例画，先从器物中垂线对剖，一半是器物表皮的写生，另一半要呈现它剖面的结构。这种卡片积累多了，我们的主管考古学家李济之先生要来查看，他告诉我们这是博物院的基本工作。"②当时同在李庄整理彭山崖墓出土陶器的高仁俊，回忆曾昭燏当年指导他们时说："因为这陶俑反映了那个时代的社会文化背景，譬如说当时的服装，我们先来研究的是计算一下有多少个陶俑的衣襟是向左开的，又有多少是向右开的，有了数字以后，我们要研究为什么有的向右，又为什么有的向左，然后把这些制成资料卡片。"③经过曾昭燏等人在李庄三年的编目建档，筹备处人文馆的藏品中，除当时尚存乐山的之外，其余全部编目登记完成，共登记卡片7000多张，构成了中博院庞大的资料库，对其以后的学术研究、陈列展览形成了强大的支撑作用。

与曾昭燏共同负责藏品编目建档的游寿（1906～1994），在李庄时改名游戒微。她先后就读于中央大学和金陵大学国学研究所，与曾昭燏为同窗，都曾师从国学大师胡小石，被誉为"百年书坛一代才女"，在文献考据方面也堪为一代大家。1942年10月，游寿先到中博院筹备处担任助理员，与曾昭燏一道负责藏品的编目建档，后转入史语所任图书管理员，继续整理史语所收藏的

①刘鼎铭：《国立中央博物院筹备处1933年4月～1941年8月筹备经过报告》，载《民国档案》，2008年第2期，第33页。

②索予明：《烽火漫天拼学术——记李庄时期的中央博物院》，载蔡玫芬：《八征耄念——台北故宫博物院八十年的点滴怀想》，台北故宫博物院，2006年，第24页。

③李在中：《朵云封事》，北京出版社，2018年，第156页。

金石甲骨和秘本善本。在李庄期间，率性而为的游寿虽然遭遇不公①，但正是李庄的学术经历，使其"进入了学术门槛"。游寿在李庄研究唐代文学，收集战时流入川内的金石拓片，把铜器铭文与《诗》《书》进行对比研究，发表《金文与诗书论证》，著《梁天监五年造像跋尾》，研究梁天监五年造像的史实与书法。她考证墓志，作《冢墓遗文史事丛考》和《论汉碑》，延续了其丰富的学养与细腻的考证风格。其中的《冢墓遗文史事丛考》一文，本已收入史语所在李庄出版的《六同别录》，后被傅斯年借故撤稿。游寿在李庄创作的文学作品《山居志序》与《伐绿萼梅赋》，就真实反映出她在李庄的心境往事。

对游寿学术生涯尤为重要的是，她在李庄认识了许多学术前辈。并且"在这阶段，我（游寿）不但参与整理'善斋'青铜器，而且还看到留在箱库中未发表的安阳青铜器。听梁思永先生口述东北昂昂溪考古工作、细石器文物等，这给我以后离开山东赴东北搞考古工作有很大的启发"②。1957年，游寿主动支边到黑龙江，她在教学之余主要研究北魏历史与文化，特别关注鲜卑族的发祥地。鲜卑族作为游牧民族，入主中原后逐渐汉化，从北魏王朝到隋唐两大帝国，都有鲜卑血统。游寿基于上古史、北魏史和文字学等多学科的综合研究，推断出鲜卑族的发祥地应该在嫩江流域，这与民族学家马长寿当时的研究结论一致。而且游寿提出要重点调查拓跋鲜卑的石室遗迹，给基层文物部门指明了具体的调查方向。1980年，文物部门最终在大兴安岭的嘎仙洞，发现了北魏太平真君四年（443），拓跋焘派中书侍郎李敞来此祭奠祖先的祭文石刻，石刻内容与《魏书·礼志》所录祝文完全一致，由此证实了游寿及马长寿关于鲜卑族发祥地的推断。这一重大考古发现，为史学界研究北方民族史开辟了新的领域，被誉为"鲜卑学发展的第四个里程碑"，可以说正是李庄成就了游寿学术研究的第一个辉煌时期。

二、调查采集

中央博物院原筹划有自然、人文和工艺三座展馆。按照筹备计划，李庄时期人文馆的主要工作是整理和研究藏品，自然馆和工艺馆的工作重点则是因地制宜开展藏品调查与采集。其中自然馆的动物标本采集，筹备处早在1937年就与中央研究院下属动植物研究所商定了合作办法，但因抗战未能及时开展工

---

① 详见岱峻：《一位女学者的李庄经历》，载《粤海风》，2007年第1期。
② 游寿：《考古、教学、科研回忆》，载《书法赏评》，2001年第4期。

作，直到 1942 年才开始在重庆、乐山、雅安和西昌一带进行鸟类及哺乳动物的标本采集。三年采获标本 5500 多件，以昆虫为主，还包括鱼类、两栖类、爬虫类、鸟类、兽类等。

按照《国立中央博物院筹备处暂行规则》要求，虽然工艺馆以陈列现代各项工艺品为主，但传统手工业的演变更替有着重要的历史文化价值。因而李济认为，保存面临消失的手工艺也是工艺馆的目的之一。1941 年，在李庄筹备处成立了当时国内首个官方性质的手工业调查团，"拟按工艺馆原定计划先从川省本处所在地着手，将此项手工业作品及其制造方法为系统的收集，并研究其历史，其过大者别制模型以保存之，一地既完，徐及他地"[①]。调查团的第一项任务，是对四川南部及西部的民间手工业开展调查，并且明确了三项调查目标：一是科学记录日常生活中历史悠久的手工业，作为文化史料的补充；二是采集、整理和考证各地独特产品与工艺，将来系统陈列展示，使民众能从普通的衣食住行中得到科学的常识；三是将调查收集到的制造工具、材料和产品提供给行业人士研究创新，以改良工艺。调查团还制定了七条调查标准，即与日常生活密切联系；在历史上有重大价值；近期面临消失的可能；对将来的生产制度或工具提升有重大的借鉴意义；品质独特且具有唯一性；在调查范围内可顺便调查的其他手工业；以及博物院陈列需要的。同时还规定凡是符合上述七条中的三条者即为调查目标。从其调查目标和标准可以看出，筹备处当年在李庄定义的手工业，其含义与 2003 年联合国教科文组织关于非物质文化遗产分类中的传统手工艺，以及 2011 年《中华人民共和国非物质文化遗产法》中的传统技艺基本一致。此次调查与抗战时期中博院组织的川康民族调查、贵州民间艺术考察和丽江麽些经典调查，堪称中国最早的一批非物质文化遗产调查和研究。

调查团由谭旦冏主持。谭旦冏（1906～1996），中国著名博物馆学家和艺术史家。1930 年，他从北京大学法学院毕业后赴法国帝雄艺术学院学习绘画，回国后曾任北平艺术专科学校和成都艺术专科学校教师，1939 年任中博院筹备处专门设计委员。1941 年 8 月，调查团先从李庄的榨油、酿酒、制糖、制伞等民间手工业开始调查，边调查记录边搜集各类制作工具。他们先后调查记录了宜宾、自贡、泸州、内江和成都各地的民间手工业，直到 1946 年中博院离开李

---

①刘鼎铭：《国立中央博物院筹备处 1933 年 4 月～1941 年 8 月筹备经过报告》，载《民国档案》，2008 年第 2 期，第 32 页。

庄时才结束调查。他们的调查重点以自贡制盐、内江制糖、威远冶炼和宜宾与泸州的竹制品为主，涉及制盐制糖、打铜打铁、竹编竹雕、草编藤编、造纸制扇、织锦刺绣，以及弓箭制作等数十种民间工艺，共征集实物标本 1200 余件。调查团在宜宾境内除了调查李庄外，还调查了江安的竹黄、竹筷、竹器、纤藤、硫矿、石粉和矾石；长宁的草纸、竹筏、竹扇、竹料的生产运输和烧石灰；珙县的采煤及运输；兴文的制碗，等等。其中江安竹黄制作工艺和宜宾五粮液酒传统酿造技艺，目前已被列入国家级非物质文化遗产代表性项目名录。

调查团的调查方法有文字表格、绘图、摄影及实物收集、模型仿制等。尤其是自贡的"燊海井"，谭旦冏有感于它"理简事繁"，对此持续调查近四年，把这项传统手工业的独特技艺完整地记录了下来，包括自贡盐井的深钻、淘井、枧运、火灶、推卤、运卤和包装运输等制盐全流程。调查记录了 3 万多字，采集制盐工具 50 余种，绘图 120 多张，拍摄照片 60 多张，资料收集非常全面。由于当时只有黑白照片，不能真实地呈现自贡盐井土法制盐的颜色，加之盐场规模大，拍照取景不全，谭旦冏便发挥他的绘画特长，以水彩画的形式把自贡的"燊海井"完整地描画了下来。在调查长宁竹扇制作工艺时，谭旦冏对竹扇制作的每一步骤都拍照记录。

本次调查的重要成果还有成都弓箭制作工艺。弓箭作为古代战争和狩猎的工具，在各民族中普遍使用，且世代相传，但有关弓箭制作的史料稀少，且大多语焉不详。谭旦冏认为只有通过调查才能有所了解，同时他也敏锐地观察到当时全国仅有北京和成都还有弓箭制作工艺，并且都面临消失的问题。为此，谭旦冏首先对成都的弓箭制作工艺开展调查。他以《考工记》和《天工开物》的有关记载作为调查提纲，在 1942 年 6 月和 1943 年 2 月，分两次在成都选取了当时仅存的"武正兴弓铺"和"全泰升箭铺"为样板进行调查。他通过在茶馆"摆龙门阵"，在店铺现场观察，甚至请师傅现场演示等方式，了解到成都弓箭制作"三年六步骤"的全过程，并收购弓箭成品和半成品，以及一套制弓材料和工具用作研究。同时，谭旦冏还以文字图表的形式详细记录了"武正兴弓铺"的过去与现在、工作程序与季节、制弓场所及器材等相关资料，并力求保存成都弓箭制作的专门术语和特有名称。1951 年，谭旦冏将成都弓箭制作工艺的调查材料，与筹备处收藏的三批清代弓箭进行对比研究，发表《成都弓箭调查报告》。1956 年，谭旦冏整理出版《中华民间工艺图说》一书，完整展现了中博院筹备处在李庄时期的手工业调查成果，留下了大量珍贵的调查资料。

表11：中博院筹备处李庄时期藏品整理编目统计

时间	藏品名称	藏品类别	数量	负责人
1942年	原民国教育部转交的长沙古物	陶器、铜器、石器、玉器、漆器	100余件	郭宝钧
1943年	广东容庚"颂斋"古物	铜器	32件	曾昭燏 游戒微
	安徽刘体智"善斋"古物	铜器	80多件	曾昭燏 游戒微
	自制苗民衣饰资料	彩画	20幅	曾昭燏 游戒微
	大理史前遗址考古资料	测量图	10多幅	曾昭燏 游戒微
	1937年购自伦敦科学博物馆资料	机械图	20幅	曾昭燏 游戒微
	旧藏及新近收入或自制各代铜器、石刻、砖文、陶文、瓦当等拓片	拓片	500多张	曾昭燏 游戒微
1944年	何叙甫旧藏	铜器、玉器、甲骨	1280多件	曾昭燏
	安徽刘体智"善斋"古物	铜器、铜镜	130多件	曾昭燏
	旧藏古物	杂件	100多件	曾昭燏
	国子监旧藏	铜器	10件	曾昭燏
	元显儁墓志	石	含盖2件	曾昭燏
	河北钜鹿所出宋代桌椅	木	2件	曾昭燏
	自制展览资料	图表、照片	60多张	曾昭燏
	自制各种古物拓片	拓片	420多张	曾昭燏
	周公庙林碑及嵩山三阙拓片	拓片	340多张	曾昭燏
	成都王建墓所出玉制哀策拓片	拓片	1套	曾昭燏
	采集云南丽江及麽些文经典		1230多本	曾昭燏
	麽些文宗教画与用具		200件	曾昭燏
	丽江民俗照片		40多张	曾昭燏
	丽江大理两地碑刻	拓片	20多张	曾昭燏

续表

时间	藏品名称	藏品类别	数量	负责人
1945年	绘园藏品		280多件	曾昭燏
	历史博物馆旧藏	甲骨、瓷器等	100多件	曾昭燏
	黄文弼在西北所采集古物		700多件	曾昭燏
	安特生在各地所采集古物	石器	340件	曾昭燏
	云南大理古物		140多件	曾昭燏
	贵州夷苗衣饰、乐器		近400件	曾昭燏
	川康民族标本		500多件	曾昭燏
	自制各种拓片及图等		60多张	曾昭燏

来源：谭旦同：《中央博物院廿五年之经过》，台北中华书局，1960年。

第三节　李庄时期的陈列展览

博物馆的概念引入中国之初，就被寄予了服务大众的厚望。但我国早期博物馆的陈列展览还处于探索和学习阶段，基本等同于摆放"古物"，所以多以"古物"的时间、类型、质地、纹饰以及大小等为标准来布展，毫无主题和逻辑可言，甚至有的展览目的就是炫耀收藏。1922年，胡适在济南参观博物馆后感慨道："中国人自办的博物馆最缺乏的是没有科学的排列法，此次山东省花了五千元办得山东历史博物馆，只可算是一个破烂的古董'堆'，远不如琉璃厂的一个大古董摊！三殿里的古物陈列所，也只可算得一个乱七八糟的古董摊，全无科学的价值。"[1]曾昭燏和李济在《博物馆》一书中，对不重视陈列方法的现象也提出批评："往往极有价值之标本，或因保存方法不良而损坏，或因陈列不当而失其意义，此中损失，殊非浅鲜。"针对陈列的逻辑性和通俗性，曾昭燏言简意赅地提出要重视陈列主题的表达："普通博物馆之历史一部，当能约略说明世界历史；艺术一部，当能昭示各代艺术之概要；科学一部，当能显出自然界之各种重要规律；工艺一部，当能表明各种重要工艺之发

---

[1] 欧阳哲生主编：《胡适文集》（第3卷），北京大学出版社，1998年，第418页。

达过程。"①她的这些观点，在陈展方式普遍同质化的中国早期博物馆中尤显前瞻性。

曾昭燏曾把博物馆陈列展览的形式设计和内容设计的精髓，高度概括为"使观者发生美感、使观者增加知识"。中博院筹备处在确定人文、自然、工艺三个主题的基本展览后，最紧要的工作就是拟定陈展大纲。陈展大纲不仅记录了展览的主题，还决定着陈列展览的内容和形式。1942 年 3 月，曾昭燏在李庄编印《国立中央博物院筹备处概况》一书，主要内容即是其编制的中博院三个基本陈列的陈展大纲，包括展览内容、展陈方式和展品征集办法等。曾昭燏设计的人文馆展陈方案，是选择代表性的藏品依时代顺序分类陈列，并暂时分为饮食、衣服、建筑、交通、用器与玩具、武器、宗教礼器和文字八大类。自然馆主要展示地质和动植物学知识，所以她以各科分类为准，共分十五类，展品以国产标本为主，并辅以国外标本。工艺馆重点陈列造纸、印刷、髹漆、纺织等我国传统工艺，同时也展出西方先进的工艺技术。三馆的展览形式则多以实物、照片、模型和文字为主，展品来源以实地调查采集为主，同时通过购置、政府划拨等多种方式征集展品。

曾昭燏还对我国战时博物馆的工作提出建议："在城市及乡村举办短期展览与流动展览，亦非甚难之事……须人人在其岗位上加倍努力，从事博物馆工作者，不可不勉也。"②李庄时期，由中博院筹备处和史语所牵头举办的各种展览多达 13 次，仅在李庄就举办过 7 场展览。在李庄举办的首次展览，是1941 年的"中央研究院成立 13 周年纪念展览"，这既是一次科学知识普及，也是借此消除当地民众误会的一次展览。中博院筹备处在李庄举办的几次西南地区调查成果展，是他们从调查研究到社会宣传的开创性探索。1943 年在李庄和重庆举办的"远古石器"及"古代铜器"展，更潜藏着通过宣传和交流促发国人抗战必胜的意识之作用，这已超越了博物馆最基本的功能。1945 年筹备处参展印度孟买的"国际文化展览会"，是我国博物馆历史上的首次国外展出，扩大了国际影响。这些展览直接面对公众，影响广泛。

特别是 1943 年 10 月 10 日，筹备处在李庄张家祠同时举办的"远古石

---

① 南京博物院编：《曾昭燏文集》（博物馆卷），文物出版社，2009 年，第32 页。

② 南京博物院编：《曾昭燏文集》（博物馆卷），文物出版社，2009 年，第39 页。

器"和"古代铜器"展，本是为 11 月的重庆正式展出而进行的一次预展，但在李庄仅展出一天，就吸引当地民众 8000 多人，效果出乎预料。这是两个学术性很强的展览，是李济从 11 个陈展主题中精选出来的。前者是"人类有文化时之遗存"，后者是"继承石器时代再进一步之文化"。郭宝钧主持设计的"古代铜器"展，把中国古代铜器的历史演变和发展规律进行了系统展示。而"远古石器"展则由李济亲自策划，他还为此专门撰写《远古石器浅说》一书。该书既是展览策划方案，又是展览的讲解宣传资料，更是一本深入浅出的考古入门读物。李济以通俗的语言，从进化论的角度科学阐述了人类如何使用石器，以及石器的制造方法、石器的演进和早期人类所处的地理环境等知识，指出只要运用科学的方法进行史学研究，中国完全有可能写出 40 万至 50 万年的历史。初稿完成后李济广泛征求意见，李庄的学者们见仁见智，仅梁思永的批注就有 10 余处，夏鼐的修改更是多达 30 多处。李济全部吸纳修改，几乎又重写一遍，终成传诵一时的名作。11 月，这两个展览在重庆中央图书馆正式展出，展览规模更大，效果更为轰动。1943 年 11 月 12 日的重庆《新华日报》，还特此刊发题为"人类的远祖怎样生活，请看古代石器、铜器"的展览消息，以及题为"从古代到现代"的短评，对本次展览给予了肯定和鼓励。[1]当时已经离开李庄史语所到重庆复旦大学任教的邓广铭回忆，当年他带学生参观展览时，是曾昭燏亲自解说，李济作的总结报告，使学生获益良多。为了扩大展览的影响力，宣扬博物馆的科学普及功能，李济还在重庆中央电台作题为"博物馆与科学教育"的专题演讲，旨在阐明博物馆的工作任务和方针，以及实施科学教育的有效途径。

作为战时实验性的陈列展出，李庄时期筹划举办的各种展览虽受展览场地和各种因素限制，但在展陈方式和内容上均已超越了国内以往的陈展水平，即使与同时期的国外展览相比也毫不逊色。因为以李济、曾昭燏为代表的中央博物院筹备处，始终认为陈列展览是博物馆开展实物教育、精神教育和科学普及教育的最好体现。

---

① 罗宗真：《筚路蓝缕，艰苦创业——记抗日战争期间中国的考古和博物馆事业》，载《东南文化》，1995 年第 3 期，第 97 页。

表12：中央博物院筹备处在李庄时期举办的陈列展览

序号	时间	地点	展览名称	展览内容	主要策展人	备注
1	1941.6.9	李庄板栗坳	中央研究院成立13周年纪念展览	动物化石、人骨、石器、甲骨文、青铜器、陶器陶片、明清书画等	傅斯年 董作宾	陶孟和介绍中研院；吴定良讲解人骨的研究内容；董作宾、李济、梁思永、凌纯声等分别担任讲解员
2	1942.12	重庆	第三次全国美术展	甲骨50版、殷墟书契精华和殷墟文字15种、甲骨文书法集联、铜器10件、漆器6件	史语所筹备处	以董作宾甲骨文研究成果为主
3	1943.10.10	李庄张家祠	远古石器展	筹备处和史语所旧藏石器	李济 曾昭燏	重庆正式展览前的预展
4	1943.10.10	李庄张家祠	古代铜器展	河南出土周代铜器	郭宝钧	重庆正式展览前的预展
5	1943.11.12～25	重庆	古代铜器展	河南出土周代铜器536件	郭宝钧	
6	1943.11.12～25	重庆	远古石器展	筹备处和史语所旧藏石器标本841件	李济 曾昭燏	

续表

序号	时间	地点	展览名称	展览内容	主要策展人	备注
7	1944.3	李庄张家祠	贵州夷苗（苗族）衣饰展	贵州苗族衣饰、编织物等许多工艺品和图案	庞薰琹 芮逸夫	筹备处组织的贵州民间艺术调查成果展示
8	1944.5	李庄张家祠	汉代13种车制展	古车模型、车制图像画	王振铎	王振铎汉代车制研究成果
9	1944.8	李庄张家祠	中国历代建筑图像展览	历代建筑图108张	梁思成 曾昭燏	筹备处与中国营造学社合作进行的中国建筑史料收集研究成果
10	1944.10	李庄张家祠	云南丽江麽些族文化展	调查麽些（纳西）族风俗习惯、语言文字等图表记录	李霖灿	筹备处丽江麽些族经典调查与采集成果
11	1945.3	李庄张家祠	中国历代铜镜展览	以刘体智"善斋"铜镜为主	游寿	将筹备处收藏的历代铜镜按其时代系统陈列

续表

序号	时间	地点	展览名称	展览内容	主要策展人	备注
12	1944.3.20	李庄板栗坳牌坊头	董作宾个人成就展	甲骨拓片、摹片、影片、临片；史语所各时期工作照；董作宾著作、印谱、信件；董作宾编年体自传《平庐景谱》	董作宾	为庆祝董作宾50岁生日而举办，不仅展示其个人经历和作品，更是展示史语所的历程和成果
13	1945.11	印度孟买	国际文化展览会	历代艺术文物图片14幅	筹备处	各图片由照片、拓片、墨画、彩画等组成，每张附中英文说明，叙述其所代表时代的文化，或其特殊艺术价值

来源：谭旦同：《中央博物院廿五年之经过》，台北中华书局，1960年。

第四节　王振铎的汉车复原和司南试验

在博物馆陈列展览中，除了文物标本及其复制品外，还普遍采用艺术或科学的多种辅助展品，这是近代中外博物馆经常使用的展示方法。从19世纪下半叶开始，包括模型、沙盘、景箱、场景在内的各种艺术类辅助陈列品在欧美博物馆中盛行。1870年，法国神父韩伯禄在上海徐家汇博物院中首先使用了复原陈列法。此后，南通博物苑、北平古物陈列所、南京古物保存所等近代中国博物馆也开始采用模型陈列。在李济和曾昭燏的陈列理念中，"一组陈列，不宜专陈标本，当间以图画、模型配景等物，以说明之"[①]。这即是在强调博物馆辅助展品的重要性和必要性。1942 年 12 月，在重庆举办的第三次全国美术展上，筹备处在展示 1935 年河南汲县（今卫辉市）出土的"战国水陆攻战铜鉴"时，将铜鉴上反映古代水陆战场的 3 层 9 种 41 组 286 人的图案临摹放大，使观众能够更加清晰地观赏铜鉴图案。1944 年 5 月，在李庄张家祠专门展出 13 种汉代古车模型和车制图像画，使观众一目了然。这些辅助展品的制作者就是中央博物院筹备处的王振铎。

王振铎（1911～1992），我国著名博物馆和科技史学家，中国科技考古和技术史的开拓者，其研究领域和学术成就主要体现在中国古代科技的复原。王振铎的复原成果分三种：一是根据文献记载和现存实物来复原，二是完全依据文献记载来复原，三是通过文献和考古出土材料比对考订，并运用科学实验手段进行验证的复原。他一生复原并陈列于博物馆的古代器械多达 76 种，涉及农具、兵器、车制、机械、天仪器、物理与杂项七大类。其中，他为中国历史博物馆（今中国国家博物馆）复原的司南、指南车、记里鼓车、鼓风器、地动仪和水运仪象台等古代器械，已经成为全社会的文化常识。

王振铎早期主要通过研究文献资料来复原古代器械。1936 年，他在《燕京学报》第 20 期发表论文《汉张衡候风地动仪制法的推测》。1937 年，他根据有关文献记载，复原出指南车和记里鼓车模型，包括它们的外形、规模、内部结构和离合机制，并在上海举办的全国手工业展览会上首次展出。同年，王振铎将其复原研究论文《指南车记里鼓车之考证及模制》发表在北平研究院《史学集刊》第 3 期。1939 年，王振铎开始对殷墟出土的商周车制材料进行整理和研究。1941 年，王振铎在李庄就任中央博物院筹备处专门设计委员，继续研究古代车制。王振铎回忆说："我在李庄住了六年，期间与李济去过重庆一次，参加全国美术展览会。我的工作主要是完成了《考工记》中的车制研究与收集中国磁针发明史的资料，借同济大学之便，做了试验工作；去成都半年，参加了四川博物馆发掘蜀王建永陵墓。在工程研究所的补助下，去昆明同

---

① 南京博物院编：《曾昭燏文集》（博物馆卷），文物出版社，2009 年，第 26 页。

人处，制成古代司南模型。"①

一、东汉车制复原研究

根据文献记载，中国古代车舆最早可追溯到夏代。有关车舆记载最为详细的文献是春秋末年的《考工记》。《考工记》是我国现存最早的一部有关古代手工业生产的专著，记载二十五项有关古代手工业生产的技术规范或工艺程序。其中就包括完整的制车工艺，以及车的构造和性能，并且形成了以"轮人""舆人""辀人"和"车人"等为代表的制车系统。工艺多而复杂，正如《考工记·车制》开篇所言："一器而工聚焉者，车为多。"《考工记》在西汉时被作为《周礼》的"冬官"补入，成为儒家必读经典，所以注译、阐释的文献几乎历代都有，但数千年来大都立足于训诂学与文字学，争议颇多。

复原古代器物，必须最大限度地在外部特征和内部结构以及运动机制上接近历史上的实物，这实际是在复原制作古代科技的模型。王振铎总结依据文献史料来复原有三难：一是发明时代不明，源流不清，或仅为孤证；二是文献只描写外形，内部不详，所以难以为据；三是惯用术语，后人注释各异。清代训诂学家戴震最早将《考工记》中的轮舆形制绘制成图，著成《考工记图》。1924 年，罗庸又依据《考工记图》和清代经学家阮元的《车制图解》，制成两种周代木车模型，这些早期探索对后学者有很大的启发性。但由于训诂学的封闭性和局限性，他们的研究方法始终不能扩展到考古学与科技史领域。1935年，机械学家刘仙洲，参照现代机械工程学科的框架，通过研究文献资料和出土文物展现出的古代机械技术，编著出版《中国机械工程史料》，初步勾画出中国古代机械史的基本轮廓。

史语所在殷墟发掘中曾多次发现商代车马坑，但受当时的发掘技术限制，都未能将坑中的木质车架完整清理出来。1939 年，王振铎原本计划研究史语所在殷墟和辉县出土的商周车制，但他发现出土材料不全，而且有些还难以识别和定名，于是决定先从东汉车制入手研究，再依据研究结果来复原。因为在他看来，东汉的车制具有承前启后的特点，特别是在考古发掘出土的东汉画像石中，保存有大量各类车舆的完整图像，可视为现存实物来研究。这也说明王振铎研究东汉车制的途径与方法，与前人有着本质的区别。

王振铎的汉车研究和复原工作是从昆明开始，并在李庄完成阶段性成果

①王振铎：《王振铎自传》，载《史学史研究》，1996 年第 4 期，第 25 页。

的。在此期间，他收集了东汉初年至东晋末年的古代画像石中有关车制的图案 18 类 139 幅，复原古车模型 25 件，绘出图像 184 幅。汉代车制画像石刻的收集范围以四川的成都、资阳、渠县、昭化、彭山、彭州、乐山和云南昭通为主，部分材料远及辽宁和朝鲜。"使两汉车制西自巴蜀，东逾辽阳、乐浪之材料均入研究范围中，庶乎可无遗漏矣。"[①]其中，尤以彭州"延平元年"汉墓出土的辇车图、渠县沈君阙的"董永鹿车"和乐山崖墓"任永扶辕载母大车"画像最为精准。出于论文出版需要，王振铎先在昆明复原了 12 种汉车。1944 年，筹备处在李庄张家祠举办汉车展览时，王振铎又重新复原了 13 种专供陈列展出的汉车，此后这批汉车模型又先后在南京博物院和中国历史博物馆继续展出。同时，王振铎在李庄继续补充修改汉车复原的研究论文，绘制出版图版，研究整理汉代以来训诂学对《考工记》的车制考证，归纳各家考订尺寸，并绘制成表格对照研究。1942 年，王振铎在李庄完成汉代车制复原研究专著，共 10 章约 15 万字，包括汉代以前的中国车制种类、汉代车制的种类与名称、汉代车制的特点及其构造、驾驭法和乘车礼饰、汉代车制的形成及其演变、与近代车制的比较等。因时局动荡，该书未能及时出版。随着新的考古发现，王振铎不断补充新材料，1997 年，王振铎遗稿经李强整理补著为《东汉车制复原研究》一书，由科学出版社出版。该书重在技术史上的研究，不仅解决了一个断代问题，而且在研究方法上更具开创性，为今后的车制复原以及相关科学技术史的研究奠定了良好的基础。

二、试验古代司南模型

人类居住的地球是一块天然静磁场，无论站在地球的什么地方，一根可以自由转动的磁针的北极总是指北，南极总是指南，这就是指南针的科学道理。中国古代静磁学关注的就是磁石的指向性研究及其应用，研究中国古代静磁学实际就是在追溯指南针的起源问题。指南针作为中国古代享誉世界的"四大发明"之一，学术界多以北宋《武经总要》的指南鱼和《梦溪笔谈》的指南针为据，认为人工磁化的指南针正式诞生于 11 世纪，并在中世纪传播到中亚和欧洲。

在中国古代，除了指南针，人们还利用星辰、表影、指南车等来测定方

---

①刘鼎铭：《国立中央博物院筹备处 1933 年 4 月～1941 年 8 月筹备经过报告》，载《民国档案》，2008 年第 2 期，第 33 页。

向。20 世纪初，研究者普遍将指南车等同于指南针。美国学者夏德通过文献考证，认为先秦文献《韩非子》和西晋《古今注》记录的司南就是指南车，故指南针起源于先秦时期。其实早在 1909 年，英国人格里斯就根据《宋史》记载，提出指南车的定向性是由机械系统来实现的，与指南针不是同一物。而此后更多的研究表明，指南车实际是皇帝出行时的一种仪仗车，指南针才是遵从磁学规律的磁性指向仪，两者完全不同。1937 年，王振铎成功复原出宋代燕肃指南车，并且首次解决了指南车传动系统的自动离合问题。

1944 年 3 月，王振铎开始系统研究中国古代有关静磁学的发明与发现。他还往返于李庄和昆明之间，在中研院工业研究所、西南联大、中国电力制造厂和李庄同济大学的协助下，完成七种古代磁性发明器物的复原设计，分别是淮南子天文训之地盘模型、东汉时通行之司南模型、北宋四种指南针装置模型、明代航海罗经盘、明代堪舆水罗经、清初航海旱罗经，以及清代俞正燮发明的航海方罗盘。1945 年 5 月，王振铎在李庄完成复原研究论文《中国古代有关静磁学上之发现及发明》（初稿），约 15 万字，共分为磁之古训及正名、磁石与瓷器、磁县磁石山与磁石、磁石与磁铁石、磁石琥珀及顿牟、天然磁石之应用、司南考、指南针考、罗经盘考和结论十章，并于 1948 年、1949 年和 1951 年，以"司南指南针与罗经盘——中国古代有关静磁学之发现及发明"为题，分三期发表在《中国考古学报》，在学术界引起极大反响。

王振铎首先认为，《武经总要》记载的指南鱼就是经过人工磁化的指向仪，其原理是在指南鱼体内置磁石，以持续磁化鱼形钢片，从而形成指向。经过古人的长期改进，他们利用人工传磁方法制成的磁针就成了指南针。王振铎还以鲤鱼的形象复原出指南鱼，鱼体顺南北极向，静浮碗中，就能辨别方向。他还根据《梦溪笔谈》的记载，绘制出指南针的"水浮""指甲旋定""碗唇旋定"和"缕悬"四种安置方法，以及南宋《事林广记》所记的指南鱼和指南龟的设计图。关于罗盘的起源，王振铎认为罗盘是在南宋时开始使用的，但罗盘盘面 24 方位的分法源于汉代。堪舆使用的罗盘也不早于南宋，黄帝或玄女发明罗盘系附会之说。而且当时只有水罗盘，旱罗盘是明朝以后受欧洲影响才发展起来的。

1928 年，历史学家张荫麟，通过考证东汉王充《论衡·是应篇》的"司南之杓，投之于地，其柢指南，鱼肉之虫集地北行"，战国《韩非子·有度》的"故先王立司南以端朝夕"，以及先秦古籍《鬼谷子·谋篇》的"郑人取玉，必载司南，为其不惑也"等文献记载，首次提出文献中的"司南"很可能就是中国最早的磁性指向器——指南针。但由于没有发现司南实物，文献记载又寥寥数语，因而司南一词的具体指代颇有争议。

发明指南针的重要前提，是要首先发现磁石及其指极性。王振铎在李庄开展的中国古代静磁学研究，就是先从查证各类史籍中有关古人对磁石的认识开始的。中国有关磁石的最早记载是春秋时期《管子·地数篇》中的"上有丹砂者，下有黄金。上有慈石者，下有铜金"。王振铎认为古人用"慈"代替"磁"，是以磁石与铁的相互吸引比喻母子关系。而且他认为《吕氏春秋》中的"慈石召铁，或引之也"，以及晋代《抱朴子》记载的"慈石引针"等文献史料，都可以证实从先秦到魏晋时期，磁石吸铁已经是常识。此外，他还考证发现秦朝曾用磁石修建咸阳北门，汉武帝时出现磁石斗棋，晋代开始将磁石用于军事目的。

王振铎赞同张荫麟指南针源于司南的观点。1937 年，王振铎在撰写《指南车记里鼓车之考证及模制》时，就指出司南的"构造及作用，恰如今之指南针"，"其器如一挹注器之小勺"。他认为中国古代由磁性体制作成指向仪器的发展过程，经历了司南、罗盘和指南针三个阶段。他在李庄考证了大量文献及磁学史料，尤其是王充《论衡·是应篇》中的"司南之杓，投之于地，其柢指南"，以及战国《韩非子·有度》中"故先王立司南以端朝夕"两条文献。据王振铎考证，"司南之杓"的"杓"即勺；"其柢指南"的"柢"乃是勺柄；"投之于地"的"投"字，是"放置"之意；"地"指当时占卜家所用的"地盘"，它具有平齐光滑的盘面和表示方向的文字符号。因此《论衡》中的那句话可以理解为："如勺之司南，投转于地盘之上，勺柄指南"，而《韩非子》中"故先王立司南以端朝夕"的"以端朝夕"就是以正四方之意。王振铎最后的考证结论是：司南是可以指南的勺形工具，是指南针的前身，司南的指极性可由磁石或人工传磁的方式形成。司南可能是在公元前 3 世纪（据《韩非子·有度》）时就已发明，最晚在公元 1 世纪（据《论衡·是应篇》）已存在。

秉承科学严谨的治学态度，王振铎认为在"未发现（司南）原物以前，姑以古勺之形体充之，以征验其究竟"[①]。于是他比较了十六件传世和出土的斗勺，参考唐朝《瓢赋》及北斗七星，在先做木质模型的重心旋转实验后，再结

---

① 王振铎：《司南指南针与罗经盘》（上），载《中国考古学报》，1948 年第 3 册，第 236 页。

合古人对北斗的崇拜，提出了"磁石勺加铜质地盘"的司南复原方案，其造型由类似于北斗的磁勺和铜质方形地盘组成。而且他考证汉代的"四门方镜"，就是汉代可供旋转磁勺的铜质地盘。王振铎进而根据考古出土的与王充同时代的朱黑漆勺和漆木拭占地盘，复原出勺形司南模型和地盘，通称"司南"，俗称"磁勺"。

为了验证他的复原方案，王振铎在李庄进行了初步试验。"试验司南在地盘上所表现指极性之准确性，为民国三十四年（1945）十月二十七日上午九时至十二时，在四川省南溪县李庄镇所记录者。"[①]他先用条状磁体开展指南的可行性试验，试验材料分别为天然磁石和人工磁化过的钨钢。王振铎将它们分别置于玻璃、光滑的铜和大理石板面上进行试验，发现都有指极现象，但准确性不如指南针。后王振铎改用人工磁化的勺形钨钢置于铜盘上做指向试验，总共四十次的指向试验结果都保持在 ±5° 的范围内。由于在李庄无法获取优质天然磁石，王振铎返回南京后，又专门从文献记载的河北武安磁山购得磁石，并在北京聘请工匠依照传统工艺加工制作出多枚勺状磁体再次试验。试验表明，磁勺保持了较强的磁性，与在李庄时的钨钢制品一样具有准确的指极性。"故根据试验推想古人所制司南之方法，就天然磁石琢珑为最直接而简易也。"[②]学术界认为王振铎的司南复原成果证明，《论衡》与《韩非子》中有关司南的记载，是极具科技史料价值的雏形指南针文献之一，开创了文献学与科技史研究的新领域。

从 20 世纪 50 年代开始，王振铎的"长勺司南"模型不仅获得学术界的广泛认可，还作为中国古代科技发明的标志，入选中小学课本和辞典。1952 年出版的《毛泽东选集》脚注中，编者引用王振铎的观点，解释战国文献记载的司南就是最早的指南针。1953 年发行的《伟大的祖国》特种邮票中的首枚图案，就是王振铎的司南模型。1954 年，国际科技史权威杂志 ISIS（爱西斯）介绍了王振铎有关中国古代指南针的复原工作。20 世纪 60 年代，王振铎的司南模型被选为国宾礼物送出国门。80 年代，中国历史博物馆（今国家博物馆）公开展出王振铎复原的三枚司南模型。在 2008 年北京奥运会开幕式上，表演

①王振铎：《司南指南针与罗经盘》（上），载《中国考古学报》，1948 年第 3 册，第 247 页。

②王振铎：《司南指南针与罗经盘》（上），载《中国考古学报》，1948 年第 3 册，第 259 页。

了舞者手捧司南模型的舞蹈。央视《探索·发现》栏目的标识，就是这枚"长勺司南"。

由于王振铎复原的司南模型并非源于考古发现，学术界围绕中国古代是否具有磁石加工的指向工具长期存在争议。其焦点在于古文献中的"司南"含义以及天然磁石指向器是否具有实用性，并就此形成三种观点：一是中国在唐宋时期才发明指南针，古代文献中的司南并非磁性指向器，而是另有所指，比如指南车或北斗、官职、权力、命运等；二是东汉《论衡》记载的司南是中国最早的磁性指向器，先秦文献所指的"司南"只是日影测向技术（工具）或其他；三是古文献中的"司南"都是可实用的磁石指向器。

针对王振铎复原的磁石勺"司南"模型，有学者提出磁石勺是否可以在地磁场作用下自由转动指南，以及王振铎在复原过程中是否使用了现代制作技术等问题。1987年，中国科学院的林文照，对曾在中国历史博物馆展出过的三枚天然磁石勺进行了定向测试，证明其中的两枚具有良好的指向性。[1]此后中科院的黄兴，再次对这三枚磁石勺进行测试，发现其中较小的两枚是可以指南的，他分析未能重复该实验的原因，可能是研究者没有寻找到合适的天然磁石。2014年，黄兴成立交叉学科研究团队，计划通过实物复原与科学实验，对王振铎复原方案的科学性进行验证。2016年，该团队通过科学论证证明："在先秦至汉唐的磁石资源、知识经验、加工水平和地磁环境等条件下，古人有能力且可不费力地将天然磁石加工成多种具有良好指向性的磁性指向装置。综合指向性能、外形品相、与文献贴合程度等因素，王振铎提出的磁石勺方案是其中的最佳复原。"[2]

王振铎始于李庄的司南复原是一项开拓性的研究，引起争议在所难免。早在1937年，王振铎就提出研究和复原古代科技的三条准则。"一曰：以科学所指示吾人之定理为原则。二曰：以其本身之特征为条件。三曰：以其他辅助材料为旁证。"[3]这三条准则不仅反映了王振铎研究复原古代器械的基本理

---

① 林文照：《天然磁体司南的定向实验》，载《自然科学史研究》，1987年第6卷第4期。

② 黄兴：《指南新证——中国古代指南针技术实证研究》，山东教育出版社，2020年，第149页。

③ 王振铎：《指南车记里鼓车之考证及模制》，载《科技考古论丛》，文物出版社，第1页。

念，也体现出现代科技考古的基本要求和方法。王振铎的司南研究与复原工作，虽然只是在依靠少量文献记载而无实物遗存的前提下完成的，但他在复原过程中，又通过其他文献以及考古资料进行综合考证，并运用科学实验手段进行验证，这足以说明他的磁勺模型绝非凭空想象。当然，王振铎的司南复原方案即使可以重复实验，也不能证明《论衡》中的"司南"就一定是磁石勺，汉代是否真实存在磁性指向技术的最终答案，还需要考古发现或更为翔实的文献资料来证实。所以，王振铎的司南模型也仅算是我们这个时代对古代司南的最佳理解。这就正如 2017 年在初中历史教科书中，删除了王振铎基于"直立杆"理论复原的张衡候风地动仪，是因为有现代学者复原出了更有科学逻辑、更符合史料记载的地动仪模型。

三、李庄对李约瑟中国科技史研究的特殊贡献

在中国科学技术史早期的开创性研究过程中，机械学家刘仙洲参照现代机械工程学科框架，重点阐述了中国古代科技"有什么"。天才复原家王振铎，复原出标志性的中国古代发明，回答了中国古代科技"是什么"。李约瑟将中国科学技术置于世界文明史中，他的"李约瑟之问"则是在探讨中国古代科技的"为什么"。[①]

众所周知，指南针、火药、造纸术与活字印刷术，是中国古代最有代表性的科技成就，因其对世界历史进程产生的重大影响而最先被西方学者所知。早在 16 世纪，英国哲学家培根在他的《新工具》一书中，就指出古代的印刷术、火药和磁罗盘，是"整个古代没有能与之相匹敌的发明"。马克思在1863 年著的《机器、自然力和科学的应用》中，进一步指出这三大发明"变成对精神发展创造必要前提的最强大的杠杆"。但他们都没有把这些发明归于中国。1901 年，美国传教士丁韪良在他的《汉学菁华》中，明确指出造纸术、印刷术、火药和指南针都是中国人的发明。1925 年，美国学者卡德在《中国印刷术源流史》一书中首次提出"四大发明"（Four Great Inventions）之说。1930 年，向达在《中学生》杂志发表《中国印刷术的起源》一文，最早将卡德的中国"四大发明"之说引入国内。民国早期的部分教材和书籍也开始传播中国的罗盘（针）、印刷术和火药对于世界文明的意义。1946 年 10 月，

---

① 张柏春：《他们这样回答中国古代科技"有什么""是什么"和"为什么"》，载《中国科学报》，2020-12-24，第 005 版。

英国著名学者李约瑟，在巴黎联合国教科文组织的一次演讲中提出："中国人最伟大的三项发明无疑是造纸及印刷术、磁罗盘和黑火药"（他把造纸术和印刷术合为一项）。从此，中国"四大发明"之说逐渐被中外学者所接受，开始闻名于世。

李约瑟（1900～1995），抗战时期的中国之行，使其从一名化学胚胎学的奠基人彻底转向了中国科技史研究领域的先驱者。由李约瑟主撰的多卷本巨著《中国科学技术史》举世瞩目，中国科技史也因此而获得世界学术界的公认。英国著名历史学家汤因比就认为，李约瑟著作的实际影响力，比西方的外交承认更为强大。促成李约瑟着手撰写这部巨著的一个重要原因，是1942年他担任中英科学合作馆馆长后，耗时近三年对中国抗战大后方的六次科学考察。李约瑟的考察行程遍及十省，先后访问三百多个文化教育和科学机构，接触上千名学术界著名人士。他的中国古代科学技术史研究，得到了包括抗战时期的李庄在内的众多中国学术机构和学者们的鼎力相助。

1943年6月4～12日，李约瑟到访李庄。短短数日，他在同济大学和史语所就作了五次演讲，其中就有"谈论科学在中国为什么没有像在欧洲发展那么快"[①]，这就是著名的"李约瑟问题"的第一问。李约瑟参观史语所，对该所收藏的殷商甲骨、居延汉简、明清档案、方言收集及古籍图书等大为赞叹。他对李庄学者的渊博学识评价极高："山上那些学者如我预料，是迄今遇到最杰出的。这些学科也是中国学者最擅长的。"[②]李约瑟在李庄先后拜访了童第周、傅斯年、陶孟和及梁思成等人，并结识了他鸿篇巨制的第一位合作者——就职于李庄史语所的王铃。他曾夜宿傅斯年家中，整晚讨论中国火药的历史，傅斯年还赠予李约瑟《天工开物》和《周礼》等古籍，并在李约瑟的折扇上用银朱题写长段《道德经》相赠。李约瑟关于中国古代科学史的许多问题，得到了李庄学者的积极回应，获知了不少包括爆竹与火药的历史新知，从而"加深了他（李约瑟）的推测：在千百年流传下来的文献之中，一定潜存着无数条有关中国科学技术历史的资料，需要鉴别、研讨，并且促使西方学者的注意"[③]。1944年10月25日，李约瑟在日记中记述，他开始着手准备《中国科学技术

---

① 李济：《安阳》，商务印书馆，2019年，第134页。

② 李约瑟：《李约瑟游记》，贵州人民出版社，1999年，第37页。

③ 黄兴宗：《李约瑟博士1943～44旅华随行记》，载李国豪等：《中国科学史探索》，上海古籍出版社，1986年，第56页。

史》的编著计划。

在此后的通信交流中，陶孟和还就他此前送予李约瑟的《武经总要》提要和古代火药配方提供了相关意见。傅斯年向李约瑟推荐了最好版本的《庄子》《管子》和数学古籍，帮助他查找古籍中的火药记载，讨论道教徒在改朝换代时的活动，以及"上帝"一词在中国古时的意义等问题。李约瑟在《中国科学技术史》第 1 卷中，还引用了傅斯年关于中国古代数学的学术观点。为了纪念李庄的这次访问，李约瑟把《中国科学技术史》第 5 卷第 7 分册（军事技术：火药的史诗）献给了傅斯年和俞大维。李约瑟如此写道："他（傅斯年）是一位卓越的历史与语言学家，同时也是战时中国最热烈欢迎我的主人。在四川的李庄，有一天晚上傅斯年带领我们讨论中国的火药史。"1946 年 2 月 27 日，傅斯年在重庆送别李约瑟时讲道："李约瑟博士对于中国科学技艺进步史最有兴趣，他回国后大目的之一，是写一部中国科学史……他这书将来决不会是一个'大全'，一定是一个富有思想的书。"[①]李约瑟的《中国科学技术史》是一部史无前例的巨著，在协助李约瑟的众多学者中，王铃具有开拓之功。

毕业于中央大学历史系的王铃（1917～1994），1942 年进入李庄史语所，1943 年经傅斯年引荐与李约瑟相识，1946 年在李约瑟的帮助下留学英国。从 1948 年开始，李约瑟与王铃开启了长达九年合作编写《中国科学技术史》的学术佳话。在李约瑟的七卷巨著中，王铃参与了前五卷的具体写作。王铃最主要的工作是为李约瑟广泛收集史料，为《中国科学技术史》的编著奠定坚实的文献基础。由于中国古代大量的科学史料夹杂在传统典籍的经史子集中，王铃需要花费大量的精力与时间去寻找、检验和考证，并在确认其文献价值后再译成英文。而这些文献资料又大多是文言文，把中国特有的专用名词、术语和概念译成让西方人通晓的英文绝非易事。正如李约瑟所言，这项工作"十之七八是他（王铃）翻译的"。

1943 年，王铃在李庄用英文写成《火药与火器在中国的发明和应用》，于 1947 年发表在国际科学史权威杂志 ISIS（爱西斯）第 37 卷。1945 年 6 月，王铃在李庄编制了一份中国数学史论文目录，列出 1918 年至 1928 年的三十三种重要专题研究论著。李约瑟在编著《中国科学技术史》时，还采纳了王铃有关中国火药史与中国数学史研究方面的新观点。李约瑟还特此说明："假

---

① 刘广定：《送李约瑟博士返英国》，载《科学文化评论》，2009 年第 6 卷第 1 期，第 70 页。

如没有这样一位合作者（王铃）的友谊，本书即使能出版，也将推迟很久，而且可能会出现比现在更多的错误。"①这是李约瑟的由衷之言，并非过谦之词。

1943年李约瑟到访李庄时，王振铎在成都参加王建墓的发掘整理工作，两人并未见面。1944年7月，傅斯年在给李约瑟的回信中，把正在李庄研究司南的王振铎推荐给了李约瑟，因为"他的天才在于他能将古典研究与技术独创性结合起来"。从此，李约瑟就一直关注王振铎的复原研究，还将他的研究论著"视为吸引人的大餐"。1952年，李约瑟到访北京时与王振铎首次会面，在观看王振铎用磁石制成的司南的指向演示后，李约瑟认为其磁性虽非最佳，但指南效果却很理想。李约瑟为此写道："中国的磁罗盘的历史，近来由于王振铎的研究而被彻底改写了。他解释了《论衡》（1世纪）中十分重要的一篇的原文，并且揭示了磁罗盘和汉代占卜地盘之间可能的关系……原始的中国罗盘可能是用天然磁石仔细雕琢而成并能在占卜地盘的光滑表面上旋转的匙状物。"②他还补充指出，瑞士苏黎世里特堡博物馆收藏的公元114年的汉代画像石上的勺状物可能就是司南。在《中国科学技术史》第2分册（机械工程）中，他引用了王振铎关于中国指南车和记里鼓车的研究结论和复原模型。1964年，他们再次相会北京，就北宋天文学家苏颂等人发明的水运仪象台的复原进行探讨。李约瑟认为："王振铎的卓越的考古研究，对磁罗盘的起源和发展以及对唐代以前的工程成就提出了许多精辟的见解。"③

李约瑟曾总结过写作《中国科学技术史》的最佳人选必备的六项综合条件：（1）他必须有一定的科学素养，而且还必须从事过多年实用的生产方面的科学研究；（2）他必须很熟悉欧洲的科学史，并且已在其中某一方面进行过一些创造性的工作；（3）他必须对欧洲各个历史时期科学技术发展的社会背景和经济背景有所了解；（4）他还必须亲身体验过中国人的生活，并有机会在中国各地旅行，最好既不是以传教士或者正式外交使节的身份，也不是以

---

①李约瑟：《中国科学技术史》第1卷第1分册，科学出版社，1975年，第28页。

②李约瑟：《中国科学技术史》第4卷第1分册，科学出版社，2003年，第216页。

③李约瑟：《中国科学技术史》第1卷第1分册，科学出版社，1975年，第26页。

商人的身份；（5）他必须懂得中文，如果不能顺利阅读中文书籍，至少也应该能够查阅原作和必不可少的参考文献；（6）他必须能够有幸地得到很多中国科学家和学者的指导。1983年，夏鼐又补充两条：（7）他必须对中国的考古发掘有所了解；（8）他必须活到80岁以上。或许是旷世机缘，李约瑟恰巧具备了这八项条件。但正如原英国李约瑟研究所所长何丙郁所说，在李约瑟众多的合作者中，"大部分都是华裔学者，而没有他们的合作，也不会有李老的科技史巨著。李老在他巨著的序言中也承认这点"①。李约瑟在《中国科学技术史》"总论"致谢篇中，表达谢意的学者共65人，而中国学者就多达44人，其中就包括傅斯年、梁思成、王铃和王振铎四人。傅斯年在李庄不仅为李约瑟引荐了更多的学者，而且为他提供了许多珍贵书籍和相关资料，更为重要的是，李庄之行进一步启发了李约瑟对中国古代科学技术的思考。1981年9月23日，李约瑟在上海所作的学术演讲中，介绍《中国科学技术史》编写计划的缘起、进展与现状时，非常肯定地讲道："说到'缘起'，就得从四川的一个小市镇李庄谈起。在抗日战争时期，中央研究院历史语言研究所迁到了那里。在傅斯年、陶孟和的主持下，我结识了一位正在研究火药史的年轻中国学者。他名叫王铃，号静宁。他成了我的第一位合作者。"②因此从某种意义上来讲，正是1943年的李庄之行，激发了李约瑟创作《中国科学技术史》。

表13：曾昭燏（博物馆学）、游寿、谭旦冏、王振铎和王铃李庄时期主要学术成果

序号	名称	首发刊物	时间	备注
1	曾昭燏、李济《博物馆》	正中书局	1943年	收录于南京博物院编《曾昭燏文集》（博物馆卷），文物出版社，2009年

① 何丙郁：《如何正视李约瑟博士的中国科技史研究》，载《西北大学学报》（自然科学版），1996年第26卷第2期，第95页。

② 李约瑟：《〈中国科学技术史〉编写计划的缘起、进展与现状》，载《李约瑟文集》，辽宁科学技术出版社，1986年，第8页。

续表

序号	名称	首发刊物	时间	备注
2	曾昭燏《论博物馆的收集政策》	手稿现藏南京博物院	1943年	收录于李淑萍、宋伯胤选注《博物馆历史文选》，陕西人民出版社，2000年
3	曾昭燏《国立中央博物院筹备处概况》	中博院筹备处内部刊印	1942年	收录于李淑萍、宋伯胤选注《博物馆历史文选》，陕西人民出版社，2000年
4	游寿《金文与〈诗〉〈书〉论证》	《图书月刊》第2卷第3期	1943年	
5	游寿《梁天监五年造像跋尾》	《图书月刊》第3卷第1期	1944年	
6	游寿《书苑镂锦》	《书学》	1945年	
7	游寿《论汉碑》	《书学》	1945年	
8	游寿《冢墓遗文史事丛考》		1946年	
9	游寿《唐人卜葬邙洛之风尚》	《中央日报》（重庆版）	1946年	
10	游寿《晋黄淳墓表跋》	《中央日报》（重庆版）	1946年	
11	游寿《金石甲骨论丛》《金石文献纂论》《六朝人苦闷》《沙溪集》	李庄手稿	1942年10月～1943年9月	

续表

序号	名称	首发刊物	时间	备注
12	游寿《金文策命文辞赏赐仪物》《汉魏隋唐金石文献论丛》《山茶花赋》《山居志序》《隋唐东邦史料考辑》	李庄手稿	1943年10月~1944年7月	
13	游寿《隋唐东征史》《隋唐与三韩问题》《唐代墓志书体》《伐绿萼梅赋》《金文武功文学考辑》	李庄手稿	1944年8月~1946年2月	
14	谭旦同《成都弓箭调查报告》	《傅斯年先生纪念论文集》（上册）	1951年	李庄时期手工业调查成果
15	谭旦同《中华民间工艺图说》	台北华冈出版社	1956年	李庄时期手工业调查成果
16	王振铎《东汉车制复原研究》	科学出版社	1997年	李庄研究手稿，经李强整理补著出版
17	王振铎《司南指南针与罗经盘》（上）	《中国考古学报》第3册	1948年	李庄初稿，收录于王振铎《科技考古论丛》，文物出版社，1989年
18	王振铎《司南指南针与罗经盘》（中）	《中国考古学报》第4册	1949年	李庄初稿，收录于王振铎《科技考古论丛》，文物出版社，1989年
19	王振铎《司南指南针与罗经盘》（下）	《中国考古学报》第5册	1951年	李庄初稿，收录于王振铎《科技考古论丛》，文物出版社，1989年
20	王铃《火药与火器在中国的发明和应用》（英文）	ISIS（爱西斯）第37卷	1947年	1943年李庄脱稿

续表

序号	名称	首发刊物	时间	备注
21	王铃《中国数学史论文目录》	李庄手稿	1945年	

来源：李淑萍、宋伯胤：《博物馆历史文选》，陕西人民出版社，2000年；《纪念游寿先生诞辰百年研讨会书学文集》，黑龙江人民出版社，2007年；奕继生：《游寿年表》，载《中国书画》，2009年第3期；王立民：《游寿年表》，载《中华书画家》，2014年3月（总第53期）；王振铎：《科技考古论丛》，文物出版社，1989年。

第三章　民族学

中国自古以来就是一个多民族的国家，先秦文献中就有关于战争与朝贡等方面的民族交往史。司马迁在《史记》中首创六篇民族列传，即《匈奴列传》《南越列传》《东越列传》《大宛列传》《朝鲜列传》和《西南夷列传》。《史记》不仅记录了汉与周边民族的交往与战争，同时也记载了各民族的历史与文化，是中国最早的民族史。自此开始的"二十四史"中，绝大多数官修史书都沿袭了司马迁的这一传统，留下了大量系统的四方各族的名称、分布、历史和传说等民族学史料。

由于古代中国长期属于"王朝国家"，虽然"族"的概念源远流长，但古代汉语中的"民族"一词却很少见，而且词义与"族类"相当，表达"民之族属"或"民之族类"之意。清道光年间，德国传教士郭士立在其编撰的中文著作中，最早使用"民族"一词的现代意义用法。学术界普遍认为，中国古汉语中的"民族"一词是在近代受到日译西书的影响后，才被赋予了现代"民族"的概念，并在清末由日本传入中国，逐渐被国人所接受。1906 年，孙中山提出"民族、民权、民生"的三民主义，"民族"成为国家建立过程中的核心概念。

1926 年，蔡元培发表《说民族学》一文，最早提出"民族学"的概念。1928 年中央研究院成立之初，作为院长的蔡元培亲自担任社会科学研究所下设的民族学组主任，并聘请留法归来的凌纯声担任研究员，这是中国最早的民族学专门研究机构，标志着民族学作为一门独立学科在中国正式诞生。1934 年，民族学组划归中研院史语所第四组，改称人类学组，聘请吴定良任主任，从事体质人类学方面的专门研究。1944 年在李庄复称民族学组，由凌纯声继任主任。早期的中国民族学，呈现出与人类学、语言学、社会学、民俗学及考古学等多学科交汇的特点。1933 年，凌纯声在《民族学与现代文化》一文中，首次提出"民族学即文化人类学"的观点，并在学术界形成共识。学者们既是民族学家、人类学家，也是社会学家和民族语言学家。1934 年 12 月成立的中国民族学会，其宗旨即是"研究中国民族及其文化"，主要成员就有人类学、社会学、民俗学等方面的学者。在民族学理论的探索中，由于学术观点、研究方法的不同，逐渐形成了以中研院史语所为中心的"南派"，以及以燕京大学和清华大学为主的"北派"。"南派"又称历史学派，以凌纯声、芮逸夫、陶云逵、马长寿等人为代表，他们注重引用和研究中国历史文献资料，强调运用民族学的各种理论和方法来解决中华民族的文化与历史难题。"北派"又称功能学派，以吴文藻、李安宅、费孝通和林耀华等学者为代表，强调民族学的应用性质，将民族学和社会学结合起来，研究解决中国的民族与社会问题。尽管学术理念有差异，但他们都把田野调查视为民族学研究的基本方法。

中国学者最初的民族学调查，主要针对广西瑶族、东北赫哲族、浙江畲族、湖南苗族、滇缅边境少数民族等，以及部分汉族群体，并且诞生了一批重要的民族学研究成果，如凌纯声的《松花江下游的赫哲族》、凌纯声和芮逸夫合著的《湘西苗族调查报告》、费孝通的《江村经济》等。凌纯声在多年的田野调查基础之上，尝试结合西方理论，为中国民族学研究提供一套可供实际操作的方法。1936 年他发表《民族学实地调查方法》，重点讨论了民族学的田野调查方法，是我国关于民族学调查方法的最早论述。

抗战全面爆发后，边疆民族调查受到广泛关注，对西南地区民族学的田野调查更加全面深入。在李庄的史语所和中博院筹备处先后组织了川康民族考察、川南苗族调查及珙县僰人悬棺调查。凌纯声和芮逸夫开始探讨"中华民族"的建构问题。1941 年，史语所在李庄编印出版《人类学集刊》第 2 卷，1944 年，中央研究院体质人类学研究所筹备处在李庄成立。李庄一时间成为中国民族学调查研究的中心之一。

第一节　马长寿的川康民族考察

司马迁曾受命出使西南，撰有《西南夷列传》，记叙了"西南夷"的七个民族集团，各集团又有数十个君长部落。后世关于西南民族历史的专传或文献记载众多，但都缺乏系统性。梁启超是近代中国较早研究西南民族史的学者，他的研究成果至今仍被视为定论。从 20 世纪初开始，学界更加注重在实地调查的基础上，结合历史文献来研究西南民族。如 1914 年丁文江对云南和四川少数民族的调查，1928 年杨成志在云南长达两年的民族调查。而中博院筹备处从 1937 年 1 月至 1942 年初开展的"川康民族调查"，则是 1949 年以前的川康少数民族调查中，调查时间最长、范围最广、成果最为突出的学术考察。此次调查分四个阶段，历时五年多，马长寿作为主要负责人或参与者，曾先后从南路两入凉山考察罗彝（今彝族，旧也称罗夷）[①]、苗族等少数民族，从北路两入西康考察嘉绒（戎）藏族、羌族等少数民族，搜集到了大量民族文物标本。

马长寿（1907～1971），我国著名民族学家和民族史学家，1933 年毕业于南京中央大学社会学系后留校任教，其间发表《中国西南民族分类》一文，提出应该以多重视角来审视民族的特征。他以实质性语言，辅以体质、服饰特征、宗教信仰、风俗习惯及地理分布等因素，把西南民族划分为苗瑶族系、掸台族系和藏缅族系。在族系之下又区分族群，族群之下才是民族。马长寿的这一创造性理论获得李济肯定，在 1936 年受李济之邀加入中博院筹备处，开始系统学习人体测量，接受运用国际音标注音记录民族语言的专业训练。1942 年完成川康民族调查后，马长寿重返高校任教，毕生从事我国西南及西北地区的民族学研究。

"川康民族调查"第一阶段是中研院和中博院筹备处合组的"四川生物采集、民族考察团"的一部分，由中研院动植物研究所负责"四川生物采集"，中博院筹备处负责"四川民族考察"，两者独立开展工作。"四川民族考察团"由筹备处的马长寿任专员，率史语所摄影与绘图技术员赵至诚和文书李开泽组成，"考察团之任务，一为研究民族，二为收集标本"[②]。考察时间是1937 年 1 月 23 日至 6 月 17 日。考察团从南京经重庆到达成都，于 1 月 16 日南下抵达本次考察的起点，时有"凉山门户"之称的宜宾。23 日到达屏山县城后，正式开始调查。调查路线为屏山→雷波→牛牛坝（原属昭觉，今属美

---

① 本书所记少数民族称谓，部分沿用当时旧称。1982 年第三次全国人口普查后，最终确认中华人民共和国共有 56 个民族。

② 马长寿遗著，李绍明等整理：《凉山罗彝考察报告》（上），巴蜀书社，2006年，第 1 页。

姑）→昭觉→西昌→盐源→盐边→西昌→越巂（今越西）→汉源→荥经→雅安→成都。在大凉山深处的尼区瓦陀、补支勒陀两地及昭觉地区，重点调查了曲聂宗派和孤纥宗派的历史、文物、人口、经济、宗教和语言。在盐源考察麽些、西番和罗彝等族，在有"中国西南部之民族博览地"之称的盐边，历时一个月考察了僰夷、麽些、傈僳和苗族等民族。

第二阶段为 1937 年 8 月 3 日至 12 月 21 日，原团人员从成都出发，北上考察汶川、茂县、理番（今理县）和松潘，调查了羌族、嘉绒和西番各族的族源、谱系、宗教、语言、建筑与民俗，但因抗战全面爆发未能完成考察任务。马长寿回到成都整理调查资料时，意识到"第一次罗彝考察，余于文化人类学方面，多注意于社会组织、宗教仪式等，而忽略物质文化。同时，余所预定之罗彝生命统计与经济统计，虽于山陵民族与平原民族各得资料若干，而以未明土司区域之情况为憾。故第二次决定注意物质生活与技术文化，同时又选择一土司区域为进行各种统计之区"①。于是作为凉山罗彝的补充考察，马长寿开始第三阶段的调查，时间为 1938 年 12 月 1 日至 1939 年 4 月 14 日，调查团仍由原班人马组成。调查路线为成都→雅安→荥经→汉源→田坝（原属越巂，今属甘洛），重点对定尼帝、斯补和埃润三个相邻土司进行区域调查。

上述三段的民族调查共调查了以凉山罗彝为主的十余个少数民族。调查内容主要有测量各民族体质、记录其语言、探索其历史、叙述其环境，分析其生产经济、社会组织、文化特征等，共收集民族标本 12 箱。第三阶段考察结束后，马长寿留驻乐山照管中博院筹备处的南迁文物，同时开始撰写《凉山罗彝考察报告》。1940 年 12 月，马长寿返回李庄中博院筹备处，继续修订考察报告，同时准备他本人的第四次川康民族调查。

第四阶段的调查是由中博院筹备处与史语所在李庄联合组成"川康民族考察团"进行的，由凌纯声任团长，马长寿和芮逸夫任专员，另有团员杨乡生和谢治英。考察时间为 1941 年 7 月 10 日至 1942 年 1 月 31 日，考察区域有汶川、理番（今理县）、卓克基、丹巴和康定等地，主要调查羌族和嘉绒藏族。考察团在理县的佳山羌寨，发现了新石器时代遗址和明代古城，发掘了十余座石棺墓葬，测绘了佳山羌寨的地理环境。同时对羌民进行体质测量，对羌族历史、社会组织、宗教信仰、人口数量、羌民谱系、民族文物、歌舞语言等都进

---

①马长寿遗著，李绍明等整理：《凉山罗彝考察报告》（上），巴蜀书社，2006年，第 72 页。

行了系统的调查记录。在马尔康的卓克基山寨和丹巴等地，他们重点考察嘉绒藏族，测量其体质、考测其地理、分析其社会制度和宗教信仰，并收集文物标本 200 多件。最后在康定重点考察黄教（格鲁派）、红教（宁玛派）和花教（萨迦派）的基本情况。

马长寿两入凉山考察的学术成果体现在他的遗著《凉山罗彝考察报告》中。早在 1938 年第一次凉山考察后不久，马长寿就已完成《罗彝考察报告大纲》，共 20 章，书中主要包括凉山罗彝的起源与历史、支派与族谱、人口与体质、社会组织、亲属关系、经济与礼俗、宗教信仰、法律与战争、天文历法、地理环境等内容。马长寿在初步研究后认为，正是汉、彝之间的文化差异，才导致凉山罗彝自古不愿归附汉族。1939 年，马长寿完成凉山罗彝的补充调查后，在成都三次会晤彝族土司，在乐山与彝民交流，于 1940 年写成《凉山罗彝考察报告》初稿。1941 年，除第二编"罗彝体质"和第三编"罗彝语言文字"外，马长寿在李庄修改完成《凉山罗彝考察报告》。修改后的《凉山罗彝考察报告》已压缩为 14 章，约 80 万字，是马长寿等人在凉山彝族地区长达 260 多天考察后的最初研究稿本。因书稿的绘图、照片和彝文较多，限于当时的印刷条件，未能及时出版。1946 年，马长寿发表《凉山罗夷的族谱》一文，介绍了有关凉山彝族族谱的研究成果。他探究了凉山彝族谱系的渊源，并从社会发展、经济、风俗等方面，分析彝族谱系制度产生的原因，主要在于奴隶主便于甄别"黑姓"（黑彝，即奴隶主）与"贱族"（白彝，即奴隶）。1957 年，马长寿再赴凉山，对此前的调查材料进行修订和补充。2006 年 6 月，马长寿的这部遗稿经李绍明等人整理后得以出版，但原稿中的《罗彝之地理环境》和附录中的《罗经译本三卷》遗失。全书仅存 50 多万字，照片图纸 100 多张。尽管如此，《凉山罗彝考察报告》仍是目前国内外调查资料最为全面、研究内容最为丰富的凉山彝族民族志著作，被学术界视为研究凉山彝族的经典之作。特别是该书著于 20 世纪三四十年代，马长寿等人在当时调查记录的许多社会和文化现象或已消失，或已发生改变，因而该书的学术价值就更显重大。

针对 1941 年川康民族考察资料的整理与研究，考察团事前做了分工：由马长寿负责羌族部分，凌纯声负责历史地理和民族文物，芮逸夫负责语言，谢治英负责体质测量与分析，最后汇总形成完整的考察报告。但考察结束后考察团人员各奔东西，没有完成最终报告，只有芮逸夫和马长寿陆续发表的研究论文反映了部分考察成果。特别是马长寿连续发表的《钵教源流》（今称苯教）以及《嘉戎民族社会史》《康藏民族之分类、体质、种属及其社会组织》和

《氐与羌》等著述，推动了学术界重新认识川康地区的羌族和藏族，现代民族学家李绍明著有《马长寿与藏彝民族走廊研究》一文作详尽介绍。

民国时期正是我国传统藏学向现代藏学过渡的关键时期，马长寿在藏学研究领域的建设性贡献尤为突出。嘉绒藏族是分布在川西北的汶川、理县、马尔康、金川和小金等县的一个独特族群，他们所讲的嘉绒语，是汉藏语系藏缅语族中的一种。马长寿根据第四次川康民族调查资料，结合零星的汉藏史籍记载，首次对嘉绒藏族开展了科学而系统的研究，开拓了藏学研究的新领域。嘉绒旧称"嘉戎"，最早见于摄影家庄学本的游记，马长寿在考证"嘉戎"一词时指出："举国上下，只知此族为番，而不知为嘉戎……'嘉'（Gia）为汉族，'戎'（rung）为山间河谷之地；无论其为峡谷，圆谷，凡溪谷之地皆是。合言之，'嘉戎'即近于汉族之溪谷区域也。"①虽然学界对"嘉绒"一词的解释多种多样，但主流民族学家如任乃强、林耀华等，大都肯定并继承了马长寿的观点。而且马长寿认为，从语言学的观点来看，凡操嘉绒官语者均可视为嘉绒人，而且嘉绒藏族共有 14 个部族。

关于嘉绒的族源，学界也有很多讨论。马长寿在研究嘉绒土司世系及其起源的神话中，发现凡嘉绒土司的门额上都雕有大鹏式的椋鸟。他分析认为这应该是嘉绒藏族的图腾标志，可以佐证嘉绒土司贵族皆迁自乌斯藏的琼部落。马长寿还根据传说、史画、谱牒等传世资料，考证了嘉绒藏族的历史沿革。他指出嘉绒在远古时候由西藏琼都迁出，为西南少数民族冉駹之后。隋唐时称嘉良夷，近代才改称嘉绒。而早在汉元鼎六年（前 111），汉武帝就在冉駹部落聚居之地置汶山郡（今四川茂县）。唐朝藏王松赞干布时期，嘉绒藏族曾一度脱离其统治，但在两宋时期，嘉绒又臣服于格萨尔王。

嘉绒藏族流行的苯教（俗称黑教），藏文原意是反复念诵仪轨者。从 20 世纪 80 年代开始，苯教才引起我国藏学界的普遍关注，发展至今，苯教文化已经成为一门显学。而马长寿则是最早对苯教（马长寿称为"钵教"）源流进行系统性研究的学者。他当年在实地调查时，请苯教僧人口译了苯教的藏文经典。1943 年，马长寿以现代民族学的方法研究苯教经典，发表《钵教源流》一文。他在该文中详细阐述了苯教的 11 个问题，全面探讨了苯教的发展史。他还通过对该地苯教文化现象和民间巫术的考察，研究认为他们的原始苯教就是原始巫术："佛教未入藏地之前，藏人之惟一信仰为钵教；而钵教未形成之

①周伟洲编：《马长寿民族学论集》，人民出版社，2003 年，第 123 页。

前，藏人当然应有一种更原始之巫教，活动于藏民个人的与团体的生活之间，可无疑义。"①此外，马长寿通过苯教巫师与相邻各族原始宗教巫师的比较研究，发现除奉苯教神祇外，苯教巫师还兼奉各地的山神，具有泛神论的特点，存在"萨满教"的形式。马长寿的苯教起源研究，是在实地调查基础之上，从苯教与自然环境关系的角度研究得出的一个全新观点。而当时学术界普遍认为，该地区在佛教传入以前主要流行苯教，佛教传入后则主要流行佛教，所以马长寿的观点在当时并未引起藏学界的重视。直到 20 世纪末，藏学界才认识到苯教是在经历了一个原始宗教阶段后才得以形成的。马长寿对康巴地区苯教盛衰的演变脉络作了具体分析：大约在公元 7 世纪中叶，佛教开始传入西藏，当时的苯教势力强大，佛教还处于下风。即使拉萨一带盛行佛教，西康及其边区仍流行苯教。而约在公元 8 世纪中叶，藏传佛教开始形成，苯教势力退居康巴地区。明清以来，佛教势力东扩，苯教势力日渐衰退。

20 世纪初，中外学者对藏民族的分类标准大体有五种：以体质或头骨分类、以语言分类、以地理区域分类、以历史部落分类，及以综合生活方式和分布区域来分类。马长寿在《康藏民族之分类、体质、种属及其社会组织》一文中，综合了上述观点，依据语言、政教、文化、地理分布以及几种体质特征，将藏族归纳为六部分，而每部分又含若干群体。同时，马长寿通过对藏民族的社会阶级、妇女地位、婚姻与亲属关系、政治宗教制度、法律与军政等各方面的研究，全面清晰地描绘出藏族社会组织的全貌。

1941 年，马长寿发表《四川古代民族历史考证》（下）一文。他根据实地考察，研究发现羌人内部族群的多样性，并将其分为汉化羌、嘉绒化羌和彝族羌三大类型。《氐与羌》是马长寿羌族研究的集大成之作，他在川康考察结束二十年后才动笔写作，直到 1984 年这部遗著才整理出版。这是马长寿根据他在川康考察时搜集到的一手材料，结合文献梳理和考据，对嘉绒的历史与文化，以及嘉绒与羌族的关系而作的深入探讨。他考证认为岷江上游的羌族及先民就是《后汉书·西羌传》中所说的"广汉徼外白马羌"。马长寿根据当年在理县佳山调查时，发现三座羌寨的祖源传说是来自康藏地区的史实，认为"茂、汶各地的羌民来源是多元的"。他还对总人口只有三万左右的木雅藏族进行调查研究，发现"木雅"或"弥药"是该族的自称，隋唐时的党项羌是其先民。到明代，康定出现木雅藏族中最大的明正土司，位居康巴四大土司之

---

①周伟洲编：《马长寿民族学论集》，人民出版社，2003 年，第 303 页。

首。马长寿当年在理县调查三座羌族寺庙时，还发现了羌族的传统信仰从原始宗教向人为宗教过渡的现象，这在民族学、宗教学和民俗学上都有极其重要的理论与实践意义。

虽然马长寿的某些观点存在瑕疵，但他对嘉绒与木雅两个藏族民系的研究，填补了藏学研究的空白。同时，他运用现代民族学的理论和方法来开展藏学研究，如田野调查与文献相互对证，原始苯教流行与自然环境关系的考究等，为我们提供了更多的学术视野与方法。1980年，著名社会学与民族学家费孝通，针对四川、云南和西藏三省（区）毗邻地区的高山峡谷区域，以藏缅语族的藏语支和彝语支的民族居多的现象，提出了一个全新的历史民族区域概念——藏彝民族走廊。而在"1949年以前，我国老一辈的民族学家和民族史学家中，对藏彝走廊的考察，时间最长，地域最广，而内容又最为广泛与深入者，当推马先生（马长寿）为第一人"[①]。马长寿对该走廊中的羌、藏、彝等民族及其民系的田野调查与研究，为藏彝走廊的研究奠定了基础，从而引导学术界对该区域少数民族的重新认识。

表14：马长寿李庄时期主要学术成果

序号	名称	首发刊物	时间	备注
1	《凉山罗彝考察报告》	手稿	1941年	川康考察成果，李庄研究手稿。经李绍明、周伟洲整理，2006年于巴蜀书社出版
2	《四川古代民族历史考证》（下）	《青年中国季刊》第2卷第2期	1941年	收录于《马长寿民族学论集》，人民出版社，2003年
3	《钵教源流》	《民族学研究集刊》第3期	1943年	川康考察成果。收录于《马长寿民族学论集》，人民出版社，2003年
4	《嘉戎民族社会史》	《民族学研究集刊》第4期	1944年	川康考察成果。收录于《马长寿民族学论集》，人民出版社，2003年

① 李绍明：《马长寿与藏彝民族走廊研究》，载《广西民族大学学报》（哲学社会科学版），2008年第30卷第6期，第4页。

续表

序号	名称	首发刊物	时间	备注
5	《康藏民族之分类、体质、种属及其社会组织》	《民族学研究集刊》第5期	1946年	川康考察成果。收录于《马长寿民族学论集》，人民出版社，2003年
6	《凉山罗夷的族谱》	《民族学研究集刊》第5期（笔名"马松龄"）	1946年	川康考察成果
7	《氐与羌》		1984年	川康考察成果，上海人民出版社出版

来源：周伟洲编：《马长寿民族学论集》，人民出版社，2003年。

第二节　芮逸夫主持的两次民族学调查

芮逸夫（1898～1994），中国民族学的先驱学者之一。1929年他在清华大学图书馆工作期间，曾跟随语言学大师赵元任学习语言学和国际音标记音。1931年经凌纯声引荐，芮逸夫加入刚成立不久的中研院社会所，主要协助凌纯声整理调查资料，并开始接受民族学的系统训练。他长期与凌纯声、陶云逵等人合作开展民族学田野考察，先后调查过湖南、浙江和云南等地的苗族、畲族、傈僳族等十多个少数民族。1940年9月，受傅斯年委派，芮逸夫从昆明先期抵达李庄考察史语所搬迁事宜。他考察后认为，李庄地理条件优越，板栗坳和李庄集镇完全可以容纳史语所等学术机构，傅斯年也因此决定与同济大学一道从昆明迁至李庄。在李庄期间，芮逸夫结束川康民族考察之后，又独立主持了川南苗族和珙县、兴文僰人悬棺调查。他是史语所第一个与李庄结缘的学者，也许是历史的巧合，他主持的悬棺调查却成了史语所在祖国大陆开展的最后一次民族学调查。

一、川南苗族调查

苗族，自称"果雄""模""蒙"，与古史传说中的三苗、九黎部落有深厚渊源，是我国跨区域人口众多的少数民族之一。根据历史文献记载和苗族口碑资料，苗族先民繁衍于黄河中下游地区，后逐渐向南、向西大迁徙，进入西南山区和云贵高原。历史上，"苗之一名，世多以为中国西南民族的总称"[①]。苗语属汉藏语系苗瑶语族的苗语支，又分湘西、黔东和川黔滇三大方言区。清末，部分苗族移居东南亚，近代又远迁欧美。今主要分布于黔、湘、鄂、川、滇、桂、琼等省区。苗族这种广泛分布体现出的复杂性及其多种文化现象，在清末民初已为国内外诸多学者所关注，他们开始对其族源、古代社会形态、原始宗教及其语言文学等方面进行探索与研究。

1860 年前后，英国人布勒契斯顿在其游记《长江上的五个月》中，描述了苗族的体质和容貌，这是有关苗族体质人类学方面的最早记录。早期最具代表性的苗族研究著作，是日本学者鸟居龙藏在 1902 年写成的《苗族调查报告》（1935 年译成中文）。鸟居龙藏当年调查时虽曾路过湘西，但没有深入苗区实地调查。1933 年 5 月至 8 月，凌纯声和芮逸夫受蔡元培委托，前往湘西常德、沅陵等地，集中调查了凤凰、乾城（今吉首）和永溪（今花桓）三县的苗族。1939 年，两人合作完成《湘西苗族调查报告》（1947 年商务印书馆出版），这是我国民族学发展史上具有里程碑意义的一部经典著作，影响至今。1935 年，凌纯声和芮逸夫在云南红河州完成滇苗考察。1940 年，芮逸夫与中博院筹备处的庞薰琹，在贵阳、安顺、龙里和贵定等地调查了黔苗村寨六十余座，调查成果曾在李庄展出。1942 年底，为了完成史语所的整体苗族（湘苗、黔苗、滇苗及川苗）社会文化调查计划，芮逸夫率胡庆钧（凌纯声的研究生，时在李庄北大文科研究所就读）从李庄出发，对川南叙永一带的川南苗族开展了为期半年的考察。

川南苗族调查是芮逸夫首次独立主持的民族学调查，调查时间从 1942 年 12 月 1 日至 1943 年 5 月 20 日。他与胡庆钧先期同行调查一个月后，开始分头考察。调查地点涉及叙永、古蔺、兴文等县的后山、枧槽、分水岭、海坝、南坍田、马家屯、大树、夜珠塘、大坝等地，调查对象为苗族支系的"鸦雀苗"[②]和白苗族群，调查重点是苗族的原始文化特征、同化过程以及现状；调查内容涵盖川南苗族的语言（以国际音标记音）、服饰、音乐、舞蹈、婚姻、丧葬、社会形态等。

他们在叙永"鸦雀苗"区的先期调查中发现，当地苗族无论在物质生活还

---

① 凌纯声、芮逸夫：《湘西苗族调查报告》，民族出版社，2003 年，第 1 页。

② 川苗的他称，早期研究者因其言语或服饰似鸦雀而称之，有歧视之嫌。

是社会组织等方面，都与当地汉族相差无几，只有妇女服饰、婚丧礼俗还保留比较原始的礼仪。他们便以此为调查重点，先后在三个苗村现场考察苗民的婚礼、丧礼和祭祀。在后期调查中，芮逸夫重点考察兴文的白苗族群。

芮逸夫认为，亲属间的称谓是语言学的一部分，因此他对川南苗族的亲属称谓进行了一系列研究。1946 年，芮逸夫在《六同别录》（下）发表《苗语释亲》，试图通过研究叙永苗族亲属称谓的语言结构和习俗，来探究川滇黔各地苗族的亲属称谓。1954 年，芮逸夫根据当年的调查材料，发表《川南永宁河源苗族亲属制探源》一文，从亲属称谓制类型的角度，进一步研究苗族亲属称谓的原型及其转变。1955 年，他发表《亲子合一的亲属称谓》，通过几个苗汉亲属称谓的比较研究，发现川南苗族的"亲从子称"现象与汉族的"子从亲称"习俗，是一种基于自然原则的偶然选择。1963 年，芮逸夫发表《川南的鸦雀苗及其家制》，介绍了川南"鸦雀苗"的分布，并结合历史文献考证"鸦雀苗"名称的由来，以及当地其他苗族支系的来源。他还以叙永马家屯和胡庆钧调查的三座苗寨为样本，分析了他们的人口、语言、职业、婚姻状况、教育程度和宗教信仰，并将苗族家制与汉族对比研究，讨论了他们的汉化程度。胡庆钧在调查结束后不久，也先后发表《川南苗乡纪行》《川南叙永苗民人口调查》《叙永苗族的生活程度》等文章，用朴实无华的叙述方式，向公众介绍了川南苗族的生产、生活以及人口状况。

1962 年，芮逸夫与管东贵合著出版《川南鸦雀苗的婚丧礼俗·资料之部》。2006 年，胡庆钧出版《汉村与苗乡》，这两部专著较为全面地反映了川南苗族调查成果。《资料之部》就像一部全景式的纪录片，重在客观记录川苗婚丧礼俗的全过程和细节。包括婚姻礼俗中的议婚、订婚、成婚和回门；丧葬礼俗中的始丧、指路、入殓、吊奠和殡葬；祭礼礼俗中的回阳、过年祭、做斋、翻尸和做祭，等等。尤其是书后附录的苗语词汇，是芮逸夫请叙永两位苗民在李庄，与史语所语言组的董同龢和张琨一道读音审辨后汇总而成的。为了把客观记录与主观见解区分开来，芮逸夫原计划在《资料之部》的基础上，对川南苗族历史进行深入研究，撰写《川南鸦雀苗的婚丧礼俗·解说之部》，可惜未能成书。

从表面上看，此次川南苗族考察的成果，只是以语言及婚丧礼俗等民族学调查材料来证明川南苗族的存在，似乎没有达到预期的深度和系统性。但如果结合芮逸夫与凌纯声等人在李庄就"中华国族"的构成进行的系列讨论，我们就会理解这次田野考察的历史意义。而芮逸夫对川南苗族的婚丧习俗及亲属称谓资料的搜集与研究，标志着他的民族学研究重点，从此前的民族识别与分类，转向了社会文化的分析。

二、僰人悬棺调查

悬棺葬是我国古代少数民族的一种特殊葬俗，其葬法是选择下临江河，或人迹罕见的高山悬崖，在岩壁上利用天然的洞穴或凿坑打桩，放置棺木。悬棺葬广布于长江流域及其以南的福建、江西、浙江、四川、云南、贵州、广西、台湾等十多个省区，以及东南亚地区，属于世界性的古代文化遗存。悬棺葬有"四大未解之谜"，即族属、年代、为何用此葬俗以及行此葬俗的民族为何突然消失。

"悬棺"一词，最早见于南朝史学家顾野王（519～581）的记载：（武夷山）"地仙之宅，半崖有悬棺数千"①，但他这里所称的"悬棺"，只是一种文学性描述，而非考古学名称。此后唐朝名士张鷟，又记述了居住在湘、鄂、川、黔四省交界山区的少数民族"五溪蛮"的悬棺葬俗："五溪蛮，父母死……于临江高山半肋凿龛以葬之，自山上悬索下枢，弥高者以为至孝。"②宋明以后，关于悬棺的古籍记载大量涌现。宜宾清代地方文献中，就记载有众多的悬棺葬俗。

治西南九十里，昔僰酋长于岩端凿石枘钉，置棺其上，岩高百仞，下临符江。

————清乾隆《珙县志·山川》（卷一）

在县南上、下罗计诸山中，僰酋悬棺之崖甚多，世代姓氏皆无可考。

————清乾隆《珙县志·陵墓》（卷十四）

僰人墓，建武一带，凡悬岩峭壁上，凿岩为穴，置棺其中，重叠相望，今其棺尚有存者。

————清光绪《兴文县志·坟墓》（卷五）

观音洞。在沐爱棺木岩，洞不甚高，相传僰人曾挂棺于此。

————清同治《高县志·山川》

①宋《太平御览》卷四七引。
②唐《朝野佥载》卷二。

美国传教士、人类学家葛维汉自从 1913 年来到宜宾后，在此生活和工作了近二十年。他曾调查研究过川南苗族，记录了川南苗族的历史、艺术、习俗及宗教信仰。当他听闻宜宾珙县有放置于悬崖绝壁之上的木棺时，便"于1934 年的夏天到僰人墓葬的区域进行调查，并用望远镜作了广泛的观察。在一个比较广泛的区域内都发现有悬棺……（珙县）洛表是一个中心，悬棺的数目最多。它们向南一直延伸到云南省境内的豆沙关，那里的绝壁岩腔可见类似的木棺"①。葛维汉还在珙县购得据说是悬棺随葬品的八件陶器。1936 年，葛维汉根据考察情况，通过考证宜宾城区发现的《明万历国史馆李长春〈平蛮碑记〉》的碑文，并结合有关文献记载，在《华西边疆研究学会杂志》（第 8卷）发表专题论文《有关白（僰）人的历史文献》。他研究认为，珙县悬棺的主人是宜宾春秋战国时期的本土民族僰人，而僰人南迁的后裔称"摆夷"或"僰夷"（今称傣族）。自此，宜宾的悬棺就与僰人联系在一起。1956 年，四川省人民委员会以"僰人悬棺"之名将珙县悬棺列为省级文物保护单位，"僰人悬棺"作为民族学和考古学上的专用名称被沿用至今。

葛维汉的发现引起了当时不少中外学者的注意。向达到李庄参加西北考察之前，发表《中国的岩葬制》②一文，他根据文献记载的"五溪蛮"葬俗，最早提出把这种凿岩为墓穴的悬棺在学术上定性为"岩葬制"，从而突出"葬在崖上"的特点。芮逸夫也一直关注悬棺的发现与研究，他的研究重点是悬棺的族属问题。1946 年 3 月，在结束川南苗族考察后，芮逸夫计划"实地调查以资论证"。为此他请示傅斯年："今因还都在即，以后不易再来此地，故拟前往兴文作短期调查。"傅斯年立即同意并强调"不必事先作结论"③。可见当时史语所对悬棺考察的急迫与研究的审慎。

1946 年 4 月 21 日，芮逸夫率民族组助理研究员石钟健，从李庄出发，经江安到达兴文的建武村，开始调查县志记载的"古僰人坟"。他们在碾米河发

---

① 葛维汉著，秦学圣译：《川南的白（僰）人墓葬》，原载《华西边疆研究学会杂志》，1935 年第 7 卷。见李绍民等：《葛维汉民族学考古学论著》，巴蜀书社，2004 年，第 166 页。

② 原载《星期评论》，1941 年第 28 期。见中国悬棺葬学术讨论会秘书组编印：《悬棺葬资料汇集》，1980 年，第 5 页。

③ 芮逸夫：《僰人考》，载台北《历史语言所集刊》第 23 本（上），1951 年，第 247 页。

现悬崖之上人工凿成的悬棺墓穴甚多，但只有一穴还有棺木。在珙县曹营的苏麻湾和罗渡的老鹰岩，发现木桩式的悬棺数十具。在珙县洛表镇的麻塘坝，即县志记载的"僰棺崖"，发现高度在 30 米以上的悬棺数百具。芮逸夫在洛表还寻访到据说是悬棺主人的"何"姓后人，并登入白马洞，在洞内发现大小悬棺 4 具，在洞口附近发现木桩式悬棺 8 具。他们打开其中的 3 具（同行考察的石钟健记录开棺 6 具）①，取其陪葬品，包括衣物、人骨及 1 具棺木后返回李庄。

史语所对芮逸夫的悬棺考察极为重视。从李庄返回南京不久，芮逸夫就向同人作了简要汇报，并在南京《中央周刊》（1947 年第 9 卷第 11 期）发表《川南民族的悬棺问题》一文。他的初步结论是，只有僚人或仡佬族才行悬棺葬俗，而僰人没有此俗。为了理清悬棺族属，1948 年，芮逸夫再作《僚（獠）为仡佬（犵狫）试证》的研究论文。他从文献资料、族名的音读以及文化特征等方面深入考证，认为僚与仡佬实为同一族类。芮逸夫还把兴文和珙县的悬棺定名为"悬棺葬"，这是首次把悬棺作为墓葬性质的专有名词，在悬棺研究史上具有重大意义。自 20 世纪 70 年代以来，全国多地发现悬棺，但研究者普遍以它们各自的特征命名。比如川东称"岩棺葬"，武夷山区称"架壑船""崖洞墓"，江西、广西称"崖墓"或"崖洞墓"，只有宜宾称"悬棺葬"。1979 年，石钟健建议采纳芮逸夫的观点，将全国的悬棺统一命名为"悬棺葬"，获得学术界的一致认可。1988 年，国务院在公布第三批全国重点文物保护单位时，把珙县僰人悬棺正式公布为"僰人悬棺葬（墓）"。

芮逸夫当初还拟订了悬棺研究的总体计划，分考证和报告两部分。考证部分有"僰人考""悬棺考""悬棺非僰人坟""悬棺为僚人坟"四个主题，报告部分有"棺木""服饰""器物""骨骼"四个专题。1951 年，芮逸夫首先发表《僰人考》，对僰人得名的原因、所居地域、所存遗址及衰亡经过，分别作了深入探讨。他考证宜宾本土的僰人，是秦汉时期南迁，唐宋时期在昆明附近形成的"白蛮"，明清时又改称"民家"（今白族），而非葛维汉所指的傣族。但除此一文，再未见他的后续研究成果发表。

凌纯声虽然没有参加悬棺调查，但他对僰人悬棺的关注由来已久。1937 年，他针对葛维汉的悬棺族属系摆夷的论述，写有《僰人非摆夷考》的反驳文

①石钟健：《四川悬棺葬》，载石钟健：《民族研究文集》，民族出版社，1996 年，第 120 页。

章（未发表）。1942 年，凌纯声在重庆《边政论坛》发表《中国边疆文化》一文，他在该文中引用了《僰人非摆夷考》的考证结论。其主要论点是，僰人与"摆夷"无关，与僚有关，甚至可能是同种异名。凌纯声以 1946 年的僰人悬棺调查材料为依据，分别在 1951 年和 1952 年发表《中国与东南亚之崖葬文化》《古代闽越人与台湾土著族》，这是两篇在中国悬棺葬研究史上具有开拓性意义的论著，影响极为深远。与芮逸夫谨慎精细的研究风格不同，凌纯声对悬棺的研究具有宽广的架构和广阔的视野。在《中国与东南亚之崖葬文化》一文中，他首先介绍了以珙县僰人悬棺为代表的，包括台湾省在内的国内九省已经发现，或从史籍中了解到的悬棺葬（凌称其为崖葬）的分布情况，然后将其与东南亚地区的崖葬制度作比较研究，指出它们都是同一种文化属性，即崖葬文化。凌纯声认为，崖葬文化的发源地在长江中游及其以南的地区，无论是僰人悬棺还是东南亚的崖葬，都是古百越人遗留的葬俗，而这种葬俗的含义，可以从东南亚的祖骨崇拜现象中得到解释。凌纯声这些前瞻性的观点，已经被现代考古学所证实。他在《古代闽越人与台湾土著族》一文中，通过研究台湾省的古代"夷洲民"与浙江古代的"安家之民"，都具有包括同行悬棺葬在内的许多相同文化特征，来证明"夷洲民"和"安家之民"同属于中国上古时期的越僚民族，所以台湾先史文化与大陆有着密切的联系。这是一篇论证台湾省和祖国大陆历史渊源最具说服力的论著。

与芮逸夫同行调查僰人悬棺的是我国著名民族学家石钟健（1913～1991），他一生专注于研究白族史、悬棺葬和南方铜鼓。1943 年，石钟健毕业于西南联大，1945 年 10 月加入史语所。新中国成立后他曾多次考察全国各地的悬棺葬，在有关"百越是否同源"的学术大讨论中，石钟健利用 1946 年调查僰人悬棺以来所获的有关悬棺葬、铜鼓及岩画等各种资料，运用考古学和民族学研究方法，全面阐释了百越同源的理论，获得主流学术界的认可，在中国悬棺葬的研究历程中发挥了重要的学术引领作用。

关于 1946 年的僰人悬棺调查情况，石钟健曾写有《叙南悬棺调查记录》[①]，对他当年调查所见的悬棺葬的葬式及棺木主人的性别、服饰、随葬品都作了详细的记录。他考证认为，悬棺主人确为僰人，但僰人与云南的白族没有任何关联，而与僚人同属古代百越人的后裔，即先称僰后称僚。而且石钟健认为，我国悬棺葬的族属都是越人，只是因时因地名称各异，故都行悬棺葬

---

① 手稿已遗失，但主要内容在石钟健其他论文的引文中可见。

俗。在当年的悬棺调查中，他们还在 5 号悬棺死者的腰裙上，发现各自绣有四个"王"和四个"卍"字，而在棺外的头挡处，发现一手掌形木板。石钟健据此推断，棺木主人应该是一个部落酋长。这也和县志记载的"僰酋长"，以及当地的都掌酋长"阿大"为避祸而改姓"何"的传说相印证，所以悬棺葬可能是宗族和家族墓地。石钟健还根据"五溪蛮"自山上"悬索下柩"的文献记载，大胆推测僰人悬棺的放置流程，即先从山上往下吊人→让人靠近岩壁→打孔安桩→再放棺木。1989 年，同济大学"中国悬棺研究"课题组，在江西贵溪市选择一处具有悬棺代表性的地理环境，利用仿古吊装工具，采用石钟健推测的置棺流程，将一具悬棺重新吊装归入原位，从而证明石钟健此前的推断是科学可行的。

石钟健悬棺研究的最大贡献在于理论与方法的突破。1946 年，他在珙县悬棺附近发现大量岩画，在一具棺木头挡外发现手掌形的木板。于是石钟健运用考古类型学方法，在有关文献中逐一查找出有相同遗迹和遗物的记载，从而在悬棺葬的调查方法上取得了明确标准。在一些即使当时还未发现悬棺的地区，就可依据这一标准推知它们过去应该流行过悬棺葬。根据石钟健的这套理论方法，文物部门在长江以南的 13 个省区陆续发现了悬棺葬。传播途径大致为春秋战国时期起源于武夷山，而后由东南向西南流传，终止的地方正是明清时期的宜宾。此种葬俗在南方虽然很普遍，但只有宜宾珙县和兴文的悬棺最为集中，也最能体现"悬棺葬"的"悬"挂特征。

同凌纯声的研究思路相似，石钟健把我国悬棺葬与东南亚和南太平洋悬棺葬的葬处、葬式和棺木形式进行比较研究，两者结论基本一致。石钟健进而推断，最早在新石器时代晚期，最晚在汉武帝再次统一南越和百越后，不少百越首领率众出海外逃，最终落脚南海以及东南亚等地，故悬棺习俗也流行于此。因而可以证明，最早横渡太平洋的就是分布在我国东南沿海等地的古代越人。通过悬棺葬来研究古代越人的海外迁移时间和迁移航线，石钟健有开拓之功。

1946 年的僰人悬棺考察，是中国学者第一次实地调查我国的悬棺葬俗。虽然此次调查是以民族学调查为目的，但事实上却成了最早从考古学上记录调查发现的一次考察。比如他们就收集了悬棺的墓向、数量、建造方法、分布区域，以及随葬品等考古发掘工作中需要记录的基础材料。他们还重点调查讨论了僰人悬棺的族属问题，在研究方法上更是另辟蹊径，其学术观点对后学者产生了深刻影响。此次考察，更是掀起了悬棺民族属性和文化内涵的全国性大讨论，使宜宾的"僰人悬棺"进入了大众视野。

1974 年，四川省博物馆对珙县麻塘坝的 10 具悬棺进行清理发掘，根据出土器物可以判定其年代在明代中期，悬棺的主人可能是同时期活跃在兴文、珙县一带的少数民族"都掌蛮"，但"都掌蛮"不是一个民族的族称，而是僰、羿（土僚）、苗、倮倮（彝族）的统称。[①]通过 2008 年宜宾第三次全国文物普查发现，僰人悬棺主要分布在宜宾的珙县、兴文、筠连和高县，共保存悬棺300 多具，其中珙县麻塘坝和苏麻湾的悬棺分布最为集中。僰人悬棺距地表高度在 10～100 米之间，有木桩式、洞穴式和岩墩式三种置棺方式，年代从宋代至明代中期，流行近 600 年。

表15：川南苗族与僰人悬棺考察主要学术成果

序号	名称	首发刊物	时间	备注
一、川南苗族考察主要学术成果				
1	芮逸夫《苗语释亲》	李庄石印出版历史语言研究所集刊外编第三种《六同别录》（下）	1946年	收录于芮逸夫《中国民族及其文化论稿》（下），台湾大学人类学系，1972年
2	芮逸夫《川南永宁河源苗族亲属制探源》	《考古人类学刊》第3期	1954年	收录于芮逸夫《中国民族及其文化论稿》（下），台湾大学人类学系，1972年
3	芮逸夫《亲子合一的亲属称谓》	《中国民族学报》第1期	1955年	收录于芮逸夫《中国民族及其文化论稿》（下），台湾大学人类学系，1972年
4	芮逸夫《川南的鸦雀苗及其家制》	台北《历史语言研究所集刊》第34本（下）	1963年	收录于芮逸夫《中国民族及其文化论稿》（下），台湾大学人类学系，1972年

[①] 四川省博物馆、珙县文化馆：《四川洛表公社十具"僰人"悬棺清理简报》，载《文物》，1980 年第 6 期。

续表

序号	名称	首发刊物	时间	备注
5	芮逸夫、管东贵《川南鸦雀苗的婚丧礼俗·资料之部》		1962年	川南苗族调查成果，台北历史语言研究所单刊甲种之二十三
6	芮逸夫《川南苗族调查日志1942～1943》		2010年	川南苗族调查成果，王明珂编校，台北历史语言研究所史料丛刊之四
7	胡庆钧《川南苗乡纪行》	《中央周刊》第6卷第36、37期	1944年	
8	胡庆钧《川南叙永苗民人口调查》	《自由论坛》第2卷第5期	1944年	
9	胡庆钧《叙永苗族的生活程度》	《边政公论》第7卷第2期	1948年	
10	管东贵《川南鸦雀苗的祭仪式》	台北《历史语言研究所集刊》第36本（下）	1966年	川南苗族调查成果
11	管东贵《川南鸦雀苗的神话与传说》	台北《历史语言研究所集刊》第45本	1974年	川南苗族调查成果
12	胡庆钧《汉村与苗乡：从20世纪前期滇东汉村与川南苗乡看传统中国》	天津古籍出版社出版	2006年	川南苗族调查成果
二、僰人悬棺考察主要学术成果				
1	芮逸夫《川南民族的悬棺问题》	《中央周刊》第9卷第11期	1947年	1946年悬棺考察成果
2	芮逸夫《僚（獠）为仡佬（犵狫）试证》	《历史语言研究所集刊》第20本	1948年	1946年悬棺考察成果
3	芮逸夫《僰人考》	台北《历史语言研究所集刊》第23本（上）	1951年	1946年悬棺考察成果

续表

序号	名称	首发刊物	时间	备注
4	芮逸夫《仡佬的族属问题》	"中研院"院刊第3辑	1956年	1946年悬棺考察成果
5	芮逸夫《僚人考》	台北《历史语言研究所集刊》第28本	1957年	1946年悬棺考察成果
6	凌纯声《中国边疆文化》	《边政论坛》第1卷第9～12期	1942年	悬棺考察学术讨论成果
7	凌纯声《中国与东南亚之崖葬文化》	台北《历史语言研究所集刊》第23本（下）	1951年	悬棺考察学术讨论成果
8	凌纯声《古代闽越人与台湾土著族》	《学术季刊》第1卷第2期	1952年	悬棺考察学术讨论成果
9	石钟健《叙南悬棺调查记录》	手稿（遗失）	1946年	1946年悬棺考察成果
10	石钟健《四川悬棺葬》	《凉山彝族奴隶制研究》第1期	1979年	1946年悬棺考察成果
11	石钟健《悬棺葬研究》	《民族论丛》第1辑	1981年	1946年悬棺考察成果

来源：芮逸夫：《中国民族及其文化论稿》，台湾大学人类学系，1972年；凌纯声：《中国边疆民族与环太平洋文化》，台北联经出版事业公司，1979年；石钟健：《民族研究文集》，民族出版社，1996年。

第三节　李庄学者对"中华民族"建构的探索

司马迁创造性地建构了"夷夏共祖"与"共祖异族"理论体系，对中国大一统思想产生了巨大影响。"中华""民族""中华民族"等常用词语所蕴的含义，已经成为当今中国人的常识。但在20世纪初，有关"民族"与"中华民族"概念的阐释一直是中国政界与学术界讨论的热点。中国近现代民族国家观念的形成，经历了辛亥革命的"五族共和"、孙中山的"国族理论"、学术界的"中华民族是一个"等探索拥有共同利益的"国族"（中华民族）的过程。

在抗战背景下，"中华民族"的观念不仅能够有效凝聚人心，而且可以防止"一个民族一个国家"的民族自决风险。学术界开始从源流和学理着手，证明和阐释国族建构的历史依据和现实需要。1935 年，傅斯年撰文《中华民族是整个的》，为现代中华民族思想的形成奠定了历史学基础。他强调："我们中华民族，说一种话，写一种字，据同一文化，行同一伦理，俨然是一个家族。"因此"'中华民族是整个的'一句话，是历史的事实，更是现在的事实"①。受傅斯年影响，顾颉刚于 1939 年在昆明《益世报》上发表了以《中华民族是一个》为代表的一系列文章，论述了古代中国各民族形成发展过程中的趋同性。他认为，自古以来中国人只有文化的观念而没有种族的观念，所以凡是中国人都是中华民族，在中华民族之内我们绝不该再析出什么民族。但有学者认为，顾颉刚混淆了民族与种族的概念，中国存在由不同的文化、语言与体质构成的民族，只有各民族建立经济和政治上的平等关系，才能实现真正的民族大团结。1988 年，费孝通在香港中文大学演讲时，正式提出"中华民族多元一体格局"的理论。后经众多学者运用马克思主义民族理论以及现代人类学和社会学理论的详尽阐发，最终确立了"中华民族多元一体格局"理论的权威性。

抗战时期的"多元"与"一体"的争论，实质是如何看待国家与民族的关系。在抗战背景下强调中华民族的整体性，乃形势所逼。傅斯年就认为，反对"中华民族是一个"，会刺激中华民族的分裂，尤其不应该妄议西南民族。他甚至提出"若必言族，则皆是中华民族耳"。但如果片面强调整体性，就忽视了边疆民族的社会文化特征，也不利于边疆稳定。在李庄的凌纯声和芮逸夫，就立足于西南民族的调查情况，从民族学和语言学的角度，试图"建立一个知识体系，来说明中华民族中究竟有多少'民族'，他们又如何构成一整体的中华民族"②。这是对国族建构问题展开的更为理性的学术探索。

---

① 傅斯年：《中华民族是整个的》，载《傅斯年全集》（第 4 卷），湖南教育出版社，2003 年，第 125 页。

② 王明珂：《简介芮逸夫先生》，载芮逸夫：《川南苗族调查日志1942～1943》，台北历史语言研究所，2010 年，第 IX 页。

一、凌纯声的边疆文化国族化

凌纯声（1901～1981），中国现代民族学的奠基人。1926年，他赴法国巴黎大学主修民族学与人类学，1929年回国后受聘于蔡元培领导的中央研究院社会科学研究所，担任民族学组的专任研究员，1934年随民族学组转入史语所。作为中国第一代民族学研究的探索者，从20世纪30年代开始，凌纯声的调查足迹从东北三省到东南沿海的浙江，从中西部的湘西到大西北和大西南，进而扩展到东南亚地区。他对松花江下游的赫哲族、湘西苗族、浙江畲族、云南彝族和川康嘉绒藏族，以及台湾和东南亚土族进行了大量广泛深入的田野考察，建构起中国民族学的基本规模和研究范式，与芮逸夫一道被誉为"中国民族学的双子星座"。

凌纯声在李庄期间，学术方向开始转向探索民族与国家的关系，工作重心转向边政研究及教育事业，还曾一度到重庆中央大学创办边政学系。边政学主要研究边疆地区的政治情形及社会发展，是抗战时期因时局所需而兴起的一门综合性学科，包含民族学、社会学、历史学、地理学和政治学等多种学科。1944年4月，凌纯声再次受命兼任史语所民族学组组长。1945年7月，他离开李庄到重庆就任民国教育部蒙藏教育司司长。

1943年，凌纯声发表《苗族名称的变迁》，论述了苗族的起源问题。他根据1933年与芮逸夫等人在湘西苗族地区调查搜集到的材料，提出当今苗族并非古代"三苗"或"九黎"后裔，中原地区的"髳"才是当今苗族的祖先。"髳"从春秋战国时期开始，逐渐由山西、河南迁至四川，最后主要聚集在贵州一带。这与1939年他与芮逸夫合著的《湘西苗族调查报告》一书中，认为苗汉在民族起源和文化上是同源的思想一脉相承。凌纯声在李庄再次强调苗汉"民族同源论"，显然是在"中华民族是一个"的气氛中建构出来的，有片面依从政治之嫌。但他在李庄还发表了《中国边疆文化》《中国边政之盟旗制度》《中国边政之土司制度》等一系列论文，围绕国族问题提出了诸多新的理论构想。他一方面竭力保护和强调少数文化群体的文化特征，另一方面又对中国边政制度改革展开讨论，其目的是维护团结统一的国家。

得益于早期大范围的田野调查经历，凌纯声对中国的民族分布及区域发展具有广阔的学术视野。在《中国边疆文化》一文中，他基于文化的含义，对边疆文化与内地的差异性，以及边疆不同区域的文化特点作了宏观概述。凌纯声首先认定，语言是区别边疆文化系统的重要标准，如果两族语言相同或大同小异，即是文化同源，而民族文化是随民族语言的改变而演变的。他依此标准把中国边疆文化分为汉藏系、金山系、南亚系、伊兰系和古亚系五个系统，其中代表西南文化的汉藏和代表西北文化的金山两系的影响最大。因此，中国的边疆文化最主要的就是西南文化和西北文化。凌纯声指出，虽然西北文化空间辽阔，但人口稀少，部族接触交流机会较多，族别少而单纯，故其文化的"通一性较为显著"。而从名目繁多的史籍记载就可以看出，西南文化才是中国边疆文化中最为复杂的文化系统，不仅族系纷繁，而且分布地域相互错杂，从学术意义上来讲，可谓中华民族史的活史料。但西南文化的错综复杂只是表现在文化方面，除西藏地区外，西南各族大多已经汉化，语言和风俗习惯几乎等同于汉人，如果加强边疆教育，各少数民族与汉族的差异不难消除。凌纯声在分析了西南和西北文化区域的民族、人种、语言、习俗、活动范围和人口等情形后，阐述了他对国家内部结构问题的思考："我民族生存时间之长，所占空间之广，人口数量之巨，文化之统一，古今中外，世无其匹。但今知此伟大民族的形成，并非仅恃所谓汉族的独自发展，实由边疆各族的涵化加入，日渐扩大，共存共荣，始克蔚成今日之大观……故今中国边疆的重要，不仅边地资源为国家生命线，而边疆民族尤为国族的新生命。"[1]

凌纯声还提出了"国家一体化"的路径："边疆文化的国族化，政治的民主化，经济的工业化，一言以蔽之，中国边疆的将来，一切的一切都需要现代化。"[2]他认为，总体而言，边疆文化的国族化，既不能孤立发展，也不能被同化、汉化，而应该在保持各族固有文化的基础上共同现代化。具体而言，凌纯声认为，在政治制度上应该保优去劣，历史上针对土司制度的"改土归流"不是解决土司问题的根本办法，应该把土司制度从"内政"中分划出来列入"边政"范围，从而彻底改变"改土归流"各自为政的混乱局面。而经济的工业化，是指逐步以工业经济代替农牧经济，利用边疆农牧所产的原材，以及蕴藏丰富的矿产来发展工业，使内地与边疆的经济产生紧密关系，从而互相影响而成国族。

凌纯声在李庄提出以"现代化"的手段来实现国族化的构想，既是现实与

---

①凌纯声：《中国边疆文化》，载凌纯声：《中国边疆民族与环太平洋文化》（上），台北联经出版事业公司，1979年，第42、43页。

②凌纯声：《中国边疆文化》，载凌纯声：《中国边疆民族与环太平洋文化》（上），台北联经出版事业公司，1979年，第44页。

理想的一种调适，也是对少数文化群体的尊重与保护。

二、芮逸夫的中华民族"多元同流"论

凌纯声是芮逸夫学术研究的引路人，对芮逸夫的早期学术思想必然有其影响。1938 年，芮逸夫发表《苗族洪水传说与伏羲女娲的传说》一文，他根据 1933 年与凌纯声等人在湘西苗族地区调查时，收集到的"兄妹配偶遗传人类的洪水故事"，推测苗人借"傩公傩母"之名祭祀的神，就是汉族的伏羲女娲，汉族的伏羲女娲神话源于苗族，这与凌纯声的苗人从中原迁西南的"民族同源论"相互印证。虽然从学理上说，芮逸夫这种观点还难以成立，但他凭借少数民族的传说通解汉族古典文献的研究方法，令学术界耳目一新。

芮逸夫在李庄时期，立足于我国多民族的国情，对"多元"与"一体"的学术观点开展深入研究。他以孙中山的"国族"定义为基础，先后撰写发表《西南少数民族虫兽偏旁命名考略》《中华国族解》《西南民族的语言问题》《中华国族的支派及其分布》《再论中华国族的支派及其分布》等多篇阐述中华民族概念的文章，从宏观层面指出了中华民族建构过程的新思路。他认为，应该首先改变视西南边疆人群为"蛮夷"的传统思维，从名称上去污名化，再基于语言学和民族学的知识体系识别各少数民族，最后通过各种教育将其团结在中华民族之下，从而完成国家认同、民族认同的一体化的国族建构过程。

早在 1940 年 9 月，民国行政院就批准了由芮逸夫主持的《改正西南少数民族命名表》，将少数民族称谓中的"犬""牛""羊"等偏旁全部改为"人"字旁，比如狪、獞改为侗、僮，从而完成了西南地区 66 个带有污辱性的少数民族称谓的正名工作。到李庄不久，芮逸夫针对《改正西南少数民族命名表》中有关同族异称和异地别名等问题再度考证，发表《西南少数民族虫兽偏旁命名考略》，从学术上阐明了《改正西南少数民族命名表》中有关称谓改定的科学性。

1942 年 6 月，芮逸夫在《人文科学学报》上发表《中华国族解》。他认为自孙中山创"国族"之名后的所有讨论，都只是在中华民族之内能否再区分出民族的争论，反而忽视了中华民族和民族的概念以及二者之间的相互关系。在芮逸夫看来，虽然"中华国家""中华民族"和"中华国族"三者之间各有分际，但它们是"三位一体"的。因为"中华民族"的含义从动物学和体质人类学上来讲，是一个次亚类的概念，其上有作为"类"的人类和作为"亚类"的民族。但如果从政治权利和法律身份上看，"中华民族"则上升为一个

"类",其下可分为亚类的农耕民族、汉藏语系民族等,而次亚类的就是如蒙古民族、西藏民族等,所以从政治层面来讲中华民族是不可分的,"但由学术观点来说,是可以析出不少个体的"。他因此提出,因为"中华民族"相当于"中华国家的国族",所以可以用"中华国族"的表达取代"中华民族",以避免"中华民族"之下有"民族"的困扰。芮逸夫定义的"中华国族","由国家的意义说,它现在拥有一千一百余万方公里的领土,四亿五千万的国民。由民族的意义说,它现在包含华夏(汉人)、通古斯、蒙古、维吾尔、土伯特、倮㑩、麽些、伕侵、摆彝、僮、仲、黎、苗、傜等族"①。同时他认为,"中华民族"虽然有地域、人种、语言和文化习俗等方面的多元性,但它们"早已混合同化,而归于一",因此中华国族是一个整体,而且中华国族的国族性就是"中庸之道"。

1942 年,芮逸夫发表《西南民族的语言问题》,试图通过语系分类来分辨族类。他指出,虽然从语言学上划分中华国族有两大语族七个语系,但总体来看,中国的文字实际是统一的,因为除汉文外,其他文字的通行程度是有限的。而且除藏族、彝族、傣族等少数民族有文字外,大多数西南少数民族都没有文字记载。如果按照语言学家的要求,先调查各族语言再研究语系分类就为时太晚,不如借鉴国外民族学家研究东南亚和印度语系的经验,对我国西南民族的语系进行初步分类。芮逸夫在比较了中外十位学者的分类成果后,提出了中国西南民族语言分类的大架构,主张用"同一系统之文字或字母"来创造西南民族语系的拼音文字,使他们像汉族一样可以记录和阅读。

芮逸夫对"中华国族"的理论建构一直在不断地探索与修正。从 1942 年的《中华国族解》,到 1944 年的《中华国族的支派及其分布》,三易其稿后形成了最终的观点,即 1946 年发表的《再论中华国族的支派及其分布》。芮逸夫在该文中,从人种学与民族学两个角度,将他此前的观点进一步条理化。一方面,他反复强调当时的主流观点,"中华国族"的一体性已经体现在了"4 亿 5 千万中国国民"的血统、生活、语言文字、宗教、风俗习惯等方面。而且中华民族是在历史的长河中自然融合形成的,秦汉时期,中国各文化群体就已经实现了融合,其后多民族的南下加强了融合的态势,各方各族同化于汉人。另一方面,芮逸夫坚持"中华国族"是多元的,中国存在众多的少数民

---

① 芮逸夫:《中华国族解》,载芮逸夫:《中国民族及其文化论稿》(上),台湾大学人类学系,1972 年,第 4 页。

族，应该使用与汉民族对等的"民族"一词来平等对待。他根据生活、语言、宗教等因素将"中华国族"分为六支三十组，其中的南方支系分为苗、瑶、畲、蜑四组。这样芮逸夫从民族学学理出发的"中华国族"论，就与承认国内少数民族为民族的"中华民族"论完全统一，与费孝通的"中华民族多元一体格局"的理论是最为接近的。

芮逸夫受蔡元培"中庸之道"的启发，以历史上的民族同化现象为例，提出解决中华民族一体化的具体方法。他指出，孙中山的三民主义就是中庸精神的体现，因此"我们要扶植各支、各系、各族的国民，首先尤须实行一本中庸之道的三民主义，使大家都能更进一步的融合"①。这其实也是芮逸夫在国难当头的背景下，坚持学术与政治相互兼顾的中庸之道。

芮逸夫在李庄就"中华国族"建构的一系列论述，是在他考察川南苗族前后完成的。他的川南苗族考察目的，就是用以语言及婚丧礼俗为主的民族学调查资料，来证明川南苗族虽然普遍汉化，但仍然是独立存在的。我们从芮逸夫的川南苗族考察中，还可以观察到他在"多元"与"一体"上的学术实践。比如他在调查中与军官们座谈"各民族问题"，在兴文古宋演讲"由古宋九族说到西南民族"等。实际上，芮逸夫在李庄开展的苗族考察与"中华国族"的研究，便是"找寻及划定西南与南疆'苗族'的范畴边界，将他们与汉族及其他民族分别出来，同时以体质、语言、文化等将各民族由枝叶到主干地联结为一中华国族之巨树"②。这是芮逸夫在李庄时期最为突出的学术贡献。

表16：凌纯声、芮逸夫李庄时期有关中华民族建构的主要学术成果

序号	名称	首发刊物	时间	备注
1	凌纯声《中国边疆文化》	《边政公论》第1卷第9~12期	1942年	收录于凌纯声《中国边疆民族与环太平洋文化》（上册），台北联经出版事业公司，1979年

---

① 芮逸夫：《中华国族的分支及其分布》，载芮逸夫：《中国民族及其文化论稿》（上），台湾大学人类学系，1972年，第31页。

② 王明珂：《民族与国民在边疆：以历史语言研究所早期民族考察为例的探讨》，载《西北民族研究》，2019年第2期，第92页。

续表

序号	名称	首发刊物	时间	备注
2	凌纯声《中国边政之盟旗制度》	《边政公论》第2卷第9～10期	1943年	收录于凌纯声《中国边疆民族与环太平洋文化》（上册），台北联经出版事业公司，1979年
3	凌纯声《中国边政之土司制度》	《边政公论》第2卷第11～12期，第3卷第1期，第3卷第2期	1943年	收录于凌纯声《中国边疆民族与环太平洋文化》（上册），台北联经出版事业公司，1979年
4	凌纯声《苗族名称的变迁》	《中国民族学会十周年纪念论文集》	1944年	收录于凌纯声《中国边疆民族与环太平洋文化》（上册），台北联经出版事业公司，1979年
5	芮逸夫《西南少数民族虫兽偏旁命名考略》	《人类学集刊》第2卷第1～2期合刊	1941年	收录于芮逸夫《中国民族及其文化论稿》（上），台湾大学人类学系，1972年
6	芮逸夫《中华国族解》	《人文科学学报》第1卷第2期	1942年	收录于芮逸夫《中国民族及其文化论稿》（上），台湾大学人类学系，1972年
7	芮逸夫《西南民族的语言问题》	《民族学研究集刊》第3期	1943年	收录于芮逸夫《中国民族及其文化论稿》（下），台湾大学人类学系，1972年
8	芮逸夫《中华国族的支派及其分布》	《中国民族学会十周年纪念论文集》	1944年	收录于芮逸夫《中国民族及其文化论稿》（上），台湾大学人类学系，1972年
9	芮逸夫《再论中华国族的支派及其分布》	《人类学集刊》第5期	1946年	

续表

序号	名称	首发刊物	时间	备注
10	芮逸夫《伯叔姨舅姑考》	李庄石印出版历史语言研究所集刊外编第三种《六同别录》（下）	1946年	1949年重刊于《历史语研究所集刊》第14本
11	芮逸夫《释甥之称谓》	《历史语言研究所集刊》第16本	1948年	李庄初稿

来源：凌纯声：《中国边疆民族与环太平洋文化》，台北联经出版事业公司，1979年；芮逸夫：《中国民族及其文化论稿》，台湾大学人类学系，1972年。

第四节　吴定良筹备体质人类学研究所

吴定良（1894～1969），中国体质人类学的创始人和奠基者，著名人类学家、生物统计学家和教育家。

从欧洲传入中国的人类学，原本包含人类文化和体质特征两方面的研究。1933年，凌纯声提出"民族学即文化人类学"的观点，学术界便把人类学中有关文化属性的研究称为"民族学"，而通常所说的人类学就专指"体质人类学"。作为一门冷僻的学科，体质人类学除了涉及人体测量技术之外，还包括人体解剖学、病理学和统计学等基础学科。在中国最早开展体质人类学研究的是日本学者鸟居龙藏和俄罗斯著名人类学家史禄国。1914年，丁文江在云南和四川对部分少数民族进行体质测量，是最早开展体质人类学研究的中国学者。李济是第一个获得哈佛大学人类学博士的中国留学生，立志于"把中国人的脑袋量清楚"。1925年，李济在湖北黄陂、黄冈等地开展体质测量，发表《湖北人种测量之结果》。1928年9月成立的中央研究院历史语言研究所的第七组，即是由史禄国领导的人类学组。在史语所早期的民族学考察中，往往将体质调查一并纳入考察范围，凌纯声1929年的东北赫哲族调查以及1933年的湘西苗族调查，都包括了体质调查项目。1931年，吴金鼎对山东人群进行测量和调查，撰写《山东人体质之研究》一文，并在史语所内部刊印。1934

年，中研院把民族学和人类学的研究工作划归史语所，改称人类学组，并聘请留学英国伦敦大学获统计学和人类学博士的吴定良任主任。李济指派给吴定良的主要任务是"殷代头骨之研究"。为此，吴定良设立"人类学实验室"，拥有实验仪器六十多种，专门测量人体骨骼，设"统计学实验室"，备有十多种计算器和绘图仪器，负责统计各种资料。

随迁李庄之初，吴定良的工作重点转向与民族学关系较为密切的领域，先后主持开展了三十多项体质人类学方面的调查与专项研究。如 1941 年对贵州"青苗、坝苗、水苗、补龙苗、仲家、打牙仡佬与披袍仡佬"等民族和族群的调查，共记录两千余份体质测量数据。1942 年，他们在贵州的大方、毕节、威宁、纳雍等地，调查苗族支系中的大花苗、小花苗以及彝族等族群的文化与体质，并且完成了"中国人额骨中缝之研究"，贵州"苗族之体质"与"仡佬之体质"等研究课题。

1943 年 7 月，国民政府提出"研究提高民族素质案"，要求以科学的方法研究改良民族体质，提高中华民族素质。以此为契机，1944 年 4 月，中央研究院在李庄成立"体质人类学研究所筹备处"，由吴定良任筹备处主任。吴定良在极其困难的条件下，为筹备处购置了中英文专业书籍，增添了部分研究仪器，甚至用木料或金属仿制一些必要的设备和工具，以应急需。他们还在李庄附近采集了百余具近代颅骨与体骨标本。在李庄两年的筹备期间，吴定良把体质人类学的研究范围，拓展到了边疆各民族的源流与支派、种族心理、种族生命统计等涉及现代遗传优生、卫生健康和增强体格等方面。他们开展了"贵州仲家及黑白罗罗""四川人之体质""华族颅骨偏大问题之研究""华族下颌骨之研究""血型与血色素之研究""生命统计"等多项研究课题。吴定良还在国外科学杂志发表四篇论文，在李庄主编出版英文刊物《人类学集刊》第 2 卷与《人类学志》，以及中文刊物《人类学年报》。体质人类学研究所筹备处还负责国民政府的征兵体检工作，吴定良在李庄制定了《全国知识青年志愿从军征集办法》中的五项体质标准。鉴于吴定良为抗战所做的贡献，国民政府在 1946 年向其颁发了一枚"胜利勋章"。

吴定良个人的早期学术研究以技术性为主。他基于安阳小屯发掘出土的隋唐时期的 30 个个体锁骨，与现代人的锁骨、眉间嵴突度和肱骨进行对比测量和分析研究，取得了一系列的研究成果。史语所在殷墟发掘采集到的人骨标本，仅头骨就近千例，这些人骨标本刚到李庄时还闹出了"人吃人"的谣言。1941 年，吴定良发表《殷代与近代颅骨容量之计算公式》。该文是他在李庄利用梁思永在殷墟侯家庄发掘的头骨，与昆明郊外墓葬采集的近代颅骨，基于皮尔逊的生物统计学方法形成的间接计算中国人颅骨容量的回归方程，创立了颅骨容量计算公式。这是吴定良首次探索适用于中国人的体质人类学研究方法，在中国体质人类学研究史上具有开创性意义。

吴定良在李庄原本已经完成了殷墟侯家庄 161 具商代头骨的七项测量与研究，但他始终拒绝整理发表，却故意将测量数据的副本留在骨骼标本中。1954 年，李济利用吴定良的这批头骨测量数据，计算出了平均数、标准差和五项指数。经过比较研究，李济发表《安阳侯家庄商代墓葬人头骨的一些测量特征》，公布了吴定良当年的七项测量数据，并总结出商代人头骨的某些测量特征。但在李济看来，吴定良是一位有突出能力的生物测量学家，并且对殷墟材料连续研究了十余年，因此他无法理解吴定良当初为何拒绝发表这些研究成果。后据吴定良的学生石兴邦回忆，吴定良当时不愿发表成果的主要原因，是顾忌他研究的殷墟殉葬人骨，生前都是高大健壮的皇帝卫队，一旦公开发表，就会让全世界看到中国古代不人道的殉人制度，有损中国形象。[①]吴定良的这种研究心态不仅与其学术背景、研究理念有关，更有时代背景的深刻影响。

李庄时期，吴定良经过广泛的体质调查测量，运用数据收集和统计学分析手段，试图通过研究各民族的体质特征，以及体质与民族分类之间的联系，解释文化与体质的关系，从而厘清中华民族的起源、分类以及彼此之间的联系等问题。1943 年，吴定良发表《国族融合性在人类学上之证明》。他以人类学观点，阐明各族体质混合的成分及其融合性，指出中华民族的血统早已混杂，主要体质特征大致相同。1944 年，吴定良发表《边区人类学调查法》，再次强调体质人类学研究在证明族际融合与促进国族建构上的重要价值。吴定良的这种创新研究在中国是史无前例的。

除了学术成果，吴定良在李庄时期的最大贡献还在于人才的培养。当时的体质人类学研究所筹备处有 12 人，主要研究人员除吴定良外只有吴汝康、颜訚、杨希枚等人。而且他们大多来自生物学和医学专业，对人类学涉足不深。为此吴定良在李庄专门开设人类学概要、统计学概要及测量技术等培训课程，培养了多名从事活体测量、儿童发育测量、骨骼测量和血型研究的专业人员。虽然体质人类学研究所筹备处在 1946 年 7 月终止了筹备工作，重归史语所管

---

① 周国兴：《怀念业师吴定良》，载《吴定良院士文集》，知识产权出版社，2014 年，第 653 页。

理，同年吴定良也离开李庄到浙江大学任教，仅有芮逸夫带领原从事体质人类学研究的杨希枚和石钟健勉强维持，但从李庄体质人类学研究所筹备处走出来的人类学者，尤其是中国考古人类学方面的研究人才，如1934年毕业于华西协合大学的颜訚，1935年高中毕业后进入史语所跟随吴定良做计算员的吴汝康，都继续活跃在考古人类学领域，最终成为中国体质人类学、古人类学和考古人类学研究的中流砥柱，而这一切都离不开吴定良在李庄时期的努力。

表17：吴定良、颜訚及吴汝康李庄时期主要学术成果

序号	名称	首发刊物	时间	备注
1	吴定良《殷代与近代颅骨容量之计算公式》	《人类学集刊》第2卷	1941年	英文版
2	吴定良《中国人额骨中缝及与颅骨测量之关系》	《人类学集刊》第2卷	1941年	英文版
3	吴定良、颜訚《测定额孔前后位置之指数》	《人类学集刊》第2卷	1941年	英文版
4	吴定良《国族融合性在人类学上之证明》	《康导月刊》第5卷	1943年	
5	吴定良《边区人类学调查法》	《民族学研究辑刊》第4辑	1944年	
6	吴汝康《发旋之研究》	《人类学集刊》第2卷	1941年	英文版
7	吴汝康《中国人之寰椎与枢椎骨》	《人类学集刊》第2卷	1941年	英文版
8	颜訚《中人鼻骨之初步研究》	《人类学集刊》第2卷	1941年	英文版
9	颜訚《麽些象形文之初步研究》	《人类学集刊》第2卷	1941年	英文版

来源：《吴定良院士文集》，知识产权出版社，2014年。

第四章　语言学

中国传统语言学在古代称"小学"，以通经解字为目的。其开山之作是汉代扬雄的《方言》、许慎的《说文解字》以及刘熙的《释名》，自此形成了"文字、音韵、训诂"三大分支，成为古代中国语言学的主流，并在清乾嘉时期达到顶峰。20世纪初，章太炎认为"小学"之名不准确，将其改称"语言文字之学"。1919年的"五四"新文化运动，彻底动摇了文言文的正统地位，白话文开始成为正式的书面语言。受西方语言学理论的影响，中国传统的文字学、音韵学和训诂学不仅有了新发展，而且产生了许多新的分支学科，最终形成了中国现代语言学。

中国现代语言学诞生的重要标志之一，是清末著名外交家和学者马建忠在1898年出版《马氏文通》。该书本意是指导语言教学，提高文言文学习的效率，所以马建忠以古汉语为研究对象，通过大量原始语言材料的归纳分析，并参照拉丁语法体系，首创了独立的汉语语法学科。虽然他更多的是"模仿"，但《马氏文通》开创了运用西方语言学理论和方法研究古汉语的先河，其历史价值已被学术界所公认。1918年，国民政府正式公布汉字国定读音（国音）和注音字母，是中国现代语言学走向汉语国际化的开端。

傅斯年对中国现代语言学的崛起有领导、规划之功。他在德国留学时，曾主修梵文、普通语言学，在语言文字学方面有高深造诣。傅斯年在《历史语言研究所工作之旨趣》中，阐述了他的语言学思想："本来语言即是思想，一个民族的语言即是这一个民族精神上的富有，所以语言学总是一个大题目，而直到现在的语言学的成就也很能副这一个大题目。"[①]1926 年，傅斯年在创办"中山大学语言历史研究所"时，将语言置于历史之前，足见他对语言的重视。1928 年 10 月，在广州成立中央研究院历史语言研究所时，傅斯年在研究所下设的八个小组中，就设立了汉语和汉字两个小组。他还聘请了一批具有现代知识的语言、语音学家，如赵元任、罗常培、李方桂等人。特别是清华国学研究院"四大导师"之一的赵元任（1892～1982），早年留学美国专修数学和哲学时，又接受了系统的现代语言学教育。1934 年，赵元任在南京亲自策划创建了史语所的语音实验室，其目的是把调查采集的全部语言材料记录成永久性音档，以便于随时听写，为科学分析语音材料提供方便。李济回忆说："南京北极阁语音实验室的建设工作，在那时是一件国际注意的科学事业，所呈献的急追猛进的阵容，曾使坐第一把交椅的欧洲中国语言学家、瑞典高本汉教授为之咋舌。"[②]参与其事的杨时逢回忆："孟真先生创办历史语言研究所，以语言与历史并重，先生认清汉语学之研究，须以方言研究为成就之道路。故在开办之初，即计划全国方言调查。先后在赵元任、李方桂两先生领导下进行汉语及非汉语之调查。"[③]如对湖北、湖南、广东、云南、四川、福建等省的汉语方言调查，对四川、云南、贵州、广西、西藏、海南等省的少数民族语言调查。

第一节　李方桂出版《莫话记略》

1929 年，傅斯年在聘请赵元任担任历史语言研究所语言组主任时，称赞他是"汉语语言学之父"。1970 年，周法高在香港中文大学介绍李方桂时，赞其是"非汉语语言学之父"。这两种极高的评价形象而又恰如其分地反映了两位语言学大师的研究重点和突出成就。

李方桂（1902～1987），中国民族语言学的奠基人。他与赵元任同为清

---

①《傅斯年全集》（第 3 卷），湖南教育出版社，2003 年，第 3 页。

②李济：《傅孟真先生领导的历史语言研究所》，载《傅所长纪念特刊》，台北历史语言研究所，1951 年，第 16 页。

③杨时逢：《语言调查与语音实验》，载《傅所长纪念特刊》，台北历史语言研究所，1951 年，第 27 页。

华大学校友，1924 年留学美国密歇根大学，专攻语言学，是出国留学专修语言学的第一位中国人，并且仅用四年时间就完成学士、硕士和博士学业。李方桂 1929 年回国后与赵元任共事于史语所，任研究员，主要从事汉语音韵学、方言学、台语（傣语）及古藏语研究，研究范围涵盖了汉语的南北古今及其他相关语言。赵元任出国讲学后，李方桂接任语言组主任并随迁李庄，在 1944 年至 1946 年间，还兼任成都燕京大学访问教授。

李方桂长期坚持调查研究非汉语，所谓非汉语是指中国境内除汉语以外的少数民族语言。由于大多数少数民族没有文字，有文字的少数民族中，除几种语言外，一般又被禁止使用，因而历史上研究者寥寥。但中国各少数民族的语言，蕴藏着丰富的语言现象和表义手段，是研究中国语言学的重要组成部分。民国初期，部分中国学者开始调查研究少数民族语言。1930 年，赵元任和李方桂率先采用现代语言学方法调查瑶族语言，发表《广西瑶歌记音》与《广西凌云瑶语》，开启了我国少数民族语言研究的先河。

针对我国少数民族语言展开的大规模调查研究，是抗战期间以史语所的李方桂、丁声树以及西南联大的罗常培等学者教授为代表的民族语言学家，带动一批青年学子对西南地区的彝族、瑶族、苗族、傣族、傈僳族、纳西族等多种少数民族语言进行的实地调查。1939 年，李方桂在昆明开办实验班，专门教授调查记录少数民族语言的知识，培养了一批年轻有为的民族语言学者，如史语所的马学良和张琨（1917 ～ 2017）。在李方桂的指导下，张琨在 1941 年底至 1942 年 7 月间，调查了贵州的苗族、瑶族、藏族等民族语言，搜集到了大量基础资料。回到李庄整理时，李方桂又将其早前调查搜集到的苗语方言材料交由他一并整理研究。1947 年，张琨发表他在李庄时期的调查成果《苗瑶语声调问题》，探讨了古苗瑶语的声调类型和苗瑶语声调分化的原因，奠定了苗瑶语声调比较研究的基础。

李方桂最突出的学术贡献，是他最早提出并命名的侗台（侗壮）语的调查研究，尤其是对古壮台语的构拟。侗语是指贵州东南部的四种方言，台语是指傣语。早在 1937 年和 1940 年，李方桂就发表了《中国的语言和方言》与《莫话的分布地点及与各种语言之关系》两篇研究论文，将侗台语族分为台语和侗水语两个语支，其中台语支又分为北部语群、中部语群和西南语群，而侗水语支再分为侗语群和水语群。

1930 年至 1942 年间，李方桂先后实地调查了云南、广西、贵州各地属侗台语族的壮、布依、傣、侗、水、羊黄、莫等约二十种语言（方言），还曾到泰国调查泰语。他回忆道："我们在四川一个叫李庄的小地方待了几年，我做了一些田野调查工作。我还调查了贵州一些不同的（民族）语言。这样，我就在贵州搜集了侗水（Kamsui）语材料，也搜集了一些苗瑶语材料。"[1]李方桂搜集的侗水语材料，是他1942年在贵州荔波县调查的莫家话和水家话，这两种语言同属壮侗族侗水语的支语言。而在此之前的1941年，李方桂还调查过贵州的羊黄话和独山土语。

1943年，李方桂首先将莫家话的调查材料整理成专著《莫话记略》。此书篇幅较短，故他取名"记略"。但该书记录和描写的，是此前从未有人涉猎过的语言，因而就成了描写语言学研究成果的典范。在当年即以历史语言研究所单刊甲种之二十出版，1948年又重刊于《历史语言研究所集刊》第19本。

莫话主要分布在贵州荔波县的方村和阳凤两地。"莫话之所以叫作莫话，就因为说这种话的人差不多全姓莫。这种人也就叫作莫家。"[2]李方桂在调查时所请的发音合作者就是莫家先生莫孟儒。《莫话记略》重点分析了莫话与其他语言的关系，指出莫话与锦话、侗话、水话、羊黄话都属于侗台语中的侗水语言，而仲家话（布依族）、僮家话（壮族）、摆夷话（傣族）则属于侗台语中的台语言。

李方桂在书中详细描述了莫话的声韵系统，包括51个声母、6个韵尾辅音、11个母音、73个韵母及轻声，并整理出"单纯声母与韵母配合表"和"带 j 及带 w 声母与韵母配合表"，最后简述了韵母与声调、声母与声调的关系。此外，他还附专章收集了8个莫话故事和1首歌词，并用国际音标注音后对应释文。在该书最后一章的"词汇"中，李方桂按音序排列出他收集到的约3000个莫话常用词汇和短语，而且各词条均是先用国际音标注音，再附汉语译文。书中词汇内容极为丰富，是莫话词汇学研究的重要参考资料。

而李方桂的《水话研究》则晚至1977年，才以台北历史语言研究所专刊之七十三种出版。《水话研究》主要依托李方桂1942年在贵州荔波县调查收集到的几种水家话，同李方桂的其他语言著作一样，除了描写水话的分布、音韵及其与其他语言的关系外，最有影响的是他收录的水岩方言和水利方言材料。这两种语料大多是诗歌题材，不仅韵律鲜明，节奏上口，而且主要内容包

---

①李方桂：《李方桂先生口述史》，清华大学出版社，2008年，第44页。

②李方桂：《莫话记略·序》，载《李方桂全集》（第5卷），清华大学出版社，2005年，第2页。

括水家人的物质与精神生活的各方面，其学术影响已经超越了语言学的范畴。

李方桂先后出版过六部有关侗台（侗壮）语系的研究专著，其中就有两部与他在李庄时期的学术经历相关。同时他在李庄撰写的《原始台语中系列先喉塞辅音的拟测》和《古台语喉塞音及带喉塞音声母对于剥隘话声母系统之影响》两篇论著，成为其侗台（侗壮）语研究的经典性学术论文。李方桂的侗台（侗壮）语研究是开创性的，他不仅准确调查、描写了多种语言（方言），还对这些语言（方言）进行对比研究，构拟其原始形态，并在此基础上提出了诸多重要理论和研究方法。

当年在李庄史语所语言组的导师级大师除了李方桂，还有我国著名语言学家丁声树（1909～1989）。1932年，丁声树从北大中文系毕业后加入史语所从事语言研究工作。他一生论著不多，但几乎每篇论文都有一鸣惊人的卓识高见。丁声树在李庄四年（1944年到美国学术访问），虽然只有五篇论文，但都能发前人所未发。1943年他发表在《历史语言研究所集刊》第11本上的《"碚"字音读答问》就最为经典。今天的汉语词典或字典在解释"碚"字时，都作"碚，bèi，用于地名，如北碚（在重庆）"这样的读音释义。但古今字书都没收录"碚"字，而且"碚"字的读声准确与否似乎也无关紧要，因而无人探究。丁声树在李庄遍考两宋诗文集和与此有关的文献，最后通过苏轼、苏辙唱和诗中的"碚"字，并依据诗的格律，考证出"碚"字应该读去声。该文贯通古今，着力解决音韵的实际问题，而且他从个案中引出通例，指出"川省地名，他方人误读者，不仅北碚一例。綦江之'綦'本音旗帜之'旗'，犍为之'犍'本音乾坤之'乾'，每闻他方人呼'綦'如'基'，呼'犍'如'健'，而本省人则未尝误。盖口耳相传，易存旧读，而望文为音，辄致讹变，亦语文之通例然也。"①。丁声树的真才实学早已扬名学术界，1941年他在李庄升任研究员，开创了中央研究院在两年之内由助研而升正研的先例。他为人宽和淡泊，极富人格魅力，深得领导和同事信任。据当年同在李庄的邓广铭回忆，1942年傅斯年在劝请陈寅恪移居李庄的同时，曾委派丁声树前往重庆江津，请陈独秀到李庄安心研究文字学。虽然都未成事，但"假如这两位陈先生都能命驾到李庄，并在那里收徒授业，则当日的李庄小镇岂不

---

① 丁声树：《"碚"字音读答问》，载《历史语言研究所集刊》第11本，1947年重刊，第468页。

更要平添一幅富有传奇性的景观了吗？"①

表18：李方桂、张琨、丁声树李庄时期主要学术成果

序号	名称	首发刊物	时间	备注
1	李方桂《莫话记略》	历史语言研究所单刊甲种之二十	1943年	《历史语言研究所集刊》第19本重刊，1948年
2	李方桂《原始台语中系列先喉塞辅音的拟测》	《历史语言研究所集刊》第11本	1943年	英文
3	李方桂《古台语喉塞音及带喉塞音声母对于剥隘话声母系统之影响》	《中国文化研究所辑刊》	1944年	
4	李方桂《水话研究》	台北历史语言研究所专刊七十三种	1977年	李庄时期调查成果
5	张琨《苗瑶语声调问题》	《历史语言研究所集刊》第16本	1947年	李庄时期调查成果
6	丁声树《论〈诗经〉中的"何""曷""胡"》	《历史语言研究所集刊》第10本	1942年	
7	丁声树《〈甲骨文四方风名考〉补证》	《责善半月刊》第22期	1942年	
8	丁声树《有闻录》	李庄时期读书札记，主要考证某些词语或历史掌故	1942年	收录《丁声树文集》（上），商务印书馆，2020年
9	丁声树《"何当"解》	《历史语言研究所集刊》第11本	1943年	
10	丁声树《"碃"字音读答问》	《历史语言研究所集刊》第11本	1943年	
11	丁声树《"早晚"与"何当"》	《历史语言研究所集刊》第20本（下）	1944年	1944年李庄脱稿

---

① 邓广铭：《怀念我的恩师傅斯年先生》，载《邓广铭全集》（第十卷），河北教育出版社，2005年，第319页。

来源:《李方桂全集》(第5卷),清华大学出版社,2005年;《李方桂先生口述史》,清华大学出版社,2008年;《丁声树文集》(上),商务印书馆,2020年。

第二节 马学良的彝语调查研究

马学良(1913～1999),国际著名语言学家、民族学家和民族教育家。他是李方桂彝语研究方面的第一位研究生,李方桂对马学良的彝语研究评价极高:"马学良的确是倮倮语(即彝语)方面的专家,他一直在倮倮语言、文献等方面做着非常精密、精细的研究,我认为他是研究倮倮语言、文献等方面的最杰出的学者。"[①]

在中国历代典籍中,有关彝族名称的不同记载就达九十多种,仅族源之说就有十多种。清末民初,少数外国传教士、探险家和学者开始深入云南和四川凉山彝族聚居区调查,但记录简略,论述偏颇。中国彝族研究的开路先锋是杨成志,他1930年发表的《云南民族调查报告》,是"我国西南民族调查的先导杰作"。但杨成志对彝族语言文字的调查研究仅是浅尝辄止,真正对彝族语言文字进行全面深入研究的学者是马学良。他在精通彝文的基础上,利用现代语言学、民族学和民俗学等科学方法,对彝文经籍开展系统的整理、翻译和注释研究。

1934年,爱好文学的马学良考入北京大学中文系。1937年,北大南迁昆明时,在长沙组织部分师生成立"湘黔滇旅行团"。马学良被闻一多选中参加了该团的方言组,随其徒步三千里,一路采风问俗,激发了他对民族学、语言学和民俗学的研究兴趣,沿途开展了大量的调查,搜集记录了许多少数民族村寨的民歌、语言、风俗和神话,积累了不少语言材料。1938年,他将素材整理成《湘黔夷语掇拾》一文,发表在《西南边疆》第3期,这是马学良在少数民族语言研究方面的首篇论文。1939年,马学良在昆明考入北京大学文科研究所,成为文科研究所恢复招生后的首批研究生。最初他师从罗常培和丁声树,专攻汉语言的音韵学和训诂学。后经两位导师推荐,马学良转从李方桂学习少数民族语言学,这是他学术生涯的重要转折,从此马学良在少数民族语言

---

①李方桂:《李方桂先生口述史》,清华大学出版社,2008年,第64页。

研究领域辛勤耕耘五十余年。

马学良的彝语调查始于昆明。"1940年春，李方桂先生带我到云南省路南县（今石林县）尾则村进行调查实习，这次实习是我研究生课程的必修内容，也就是这一次实习使我学到了调查一种语言的程序、方法和全过程。"①彝族支系复杂，语言分歧大，一般分为六种方言。路南撒尼人是彝族的一支，撒尼语是彝语的一种方言。在历时一个月的调查中，李方桂发现了撒尼语的 a 发音分为圆唇和不圆唇两个音位，纠正了此前国外学者的记音错误。回到昆明，马学良又记录了四五十个撒尼语故事和有关撒尼人的节日、民俗、祭神等方面的语言材料。

1940年，马学良随史语所来到李庄，在李方桂的指导下开始研究撒尼语的语法。他回忆说："我在中央研究院历史语言研究所前后将近十年，先是从我的导师李方桂先生在北大文科研究所攻读语言学，毕业后，就留所任史语所助理研究员。在抗日战争时期，为避空袭由昆明迁至四川南溪县李庄板栗坳，继续研究工作。"②

1941年，马学良在李庄完成研究生毕业论文《撒尼倮语语法》，分音韵、语法和句法三部分。他对撒尼语的音位、音值、词类和句子的结构特点进行了具体描述和分析，颇受名家重视。此后，马学良在其毕业论文的基础上，将撒尼语的语音、语法和长篇语料结合起来作进一步研究，于1946年在李庄完成专著《撒尼彝语研究》，该书1951年被列为中国科学院语言研究所语言学专刊第二种出版。全书收集彝语词汇及短语4000条，对彝语语音、语法进行了详细描写和论述，并附有35个彝汉对照的故事、童谣与谜语，而且都有标音彝文。这是第一部运用现代语言学理论研究彝语语音、语法和词汇的经典专著，至今仍不失其学术价值。

研究少数民族语言重在实地调查，收集第一手资料。从1941年9月至1944年6月，马学良多次远赴云南武定、禄劝、寻甸等彝族聚居区，收集彝族经典，研究整理彝族的语言文字。彝文又称"爨文""韪书"，明清文献将其描述为"字如蝌蚪"，并且有"字母一千八百四十"。其实彝文是一种表意的"音节文字"，一个字母代表一个完整的音节。但彝文的写法很不统一，直到1980年，国务院才正式批准"彝文规范方案"。而在20世纪三四十年代，

①马学良：《马学良学述》，浙江人民出版社，2000年，第23页。
②马学良：《历史的足音》，载《民俗研究》，1999年第3期，第80页。

彝文濒临消失，只在极少数"呗耄"（今称毕摩，即经师）专用的经书中使用。这种经书文献被彝族视为"呗耄"从天宫带来的"天书"，因而普通彝族人无从知晓。对于汉族青年马学良来说，想收集研究它们更是难上加难。

马学良先在彝族聚居区集中精力学习彝语，还获得了彝族土司的信任，又用近两年时间四处投师学习彝经，跟随"呗耄"实地研习作祭礼仪，参加彝族"呗耄"大会，收集彝文经典。1943 年，马学良在武定举办彝文讲习班，招收彝族学生，以提高他们的彝文水平。最终马学良搜集到了两千多册彝文经典，种类有祭经、占卜、律历、谱牒、伦理、古诗歌、历史、神话等。这批彝文典籍内容丰富，广泛涉及西南地区的社会历史文化，世所罕见。其中的《劝善经》（明刻本）与《彝汉教典》（清乾隆二十一年抄本），在 2008 年被确定为第一批"国家珍贵古籍名录"。可以看出，马学良的彝语研究视野已经扩展到彝族社会、历史、文化的大背景中。马学良把这段艰苦曲折的调查经历谦称为"深山治学"，后世学者则赞其是"撒尼山寨寻宝人"。

作为彝语研究的"拓荒者"，马学良最为学术界称道的是他当年在调查大量彝语方言土语后，发现彝语及其同语族的傈僳、纳西、哈尼、景颇等语言，在语音上都有松紧两套不同的元音音位，即彝语的韵母分紧喉和非紧喉两类。而在此之前，语言学家还误以为彝语中存在大量的同音词。1946 年，马学良在《六同别录》（下）发表《倮文作祭经译注》一文，最早揭示出这一特殊语音现象。在 1948 年发表的《倮文〈作祭献药供牲经〉译注》中，马学良在谈到彝语翻译的标音问题时再次指出："紧喉韵母是发音时有点紧缩（laryngral constriction），我在这类韵母下标一短横，以示紧喉。"[1]马学良的这一重大发现可谓意义深远，因为我国境内的语言主要是以汉藏语系为主的五个语系，此前李方桂已经把汉藏语系分为汉语族、苗瑶语族、侗台语族及藏缅语族四个语族。但藏缅语又是汉藏语系中语种最多的语族，在世界范围内多达数百种，国内也有三十多种，主要分布在云南、四川、西藏、青海、贵州、湖南等地。由于藏缅语的不同语言之间在语音特点上存在较大的差异，因而对语音特点的细致描写就成为深入研究语法、词汇的重要基础，尤其是在揭示它的特殊语音方面。马学良调查发现的这一特殊语音，不仅为彝语支的语言正音，而且已经成为藏缅语族语言比较研究和语系划分的科学依据。

马学良同时发现，彝文经籍作为一种超方言的古老彝文，虽然主要记载的

---

① 《历史语言研究所集刊》第 20 本（上册），1948 年，第 579 页。

只是原始宗教的内容，但许多流传在民间的口头神话、历史传说，可以与之印证，从而有助于解释经义。而且彝族的日常生活习惯、心理状态，又莫不受宗教的影响和制约，这些都足以显示彝文经籍的重要性。其实早在1936年，丁文江就将他在贵州大方县搜集到的十一种彝文经典，请毕摩翻译后汇编成《爨文丛刻》出版。但该书的彝文翻译比较随意，因此马学良在关注彝文的同时，"下决心在彝区住上几年，研读彝文经典，从日常生活中了解他们的风俗习惯、心理状态，日积月累，陆续写成有关彝族礼俗各方面的记录"[①]。收集整理、翻译注释彝文经典，是马学良彝语研究的又一卓著成绩。

返回李庄后，马学良开始运用科学方法整理、翻译、研究彝文古籍。他把搜集来的两千多册彝文典籍，分为祭经（包括作斋经、作祭经、百解经和除祟经）、占卜经（包括膀卜经、鸡骨卜经、签卜经和占梦经）、律历、谱牒、伦理、诗歌文学、历史、神话和译著九类，并在李庄陆续发表《云南土民的神话》《保文祭经的种类述要》《保译〈太上感应篇〉序》《保文作斋经译注》等一系列的彝语研究成果。马学良在翻译整理彝文时，在丁文江《爨文丛刻》对译法的基础上，创立了更为科学的翻译方法，即目前学术界通行的"四行译法"：第一行为彝文原文，第二行为国际音标注音，第三行为逐字汉译，第四行为汉文译意。这种方式既能准确记录彝语语音，读者又可以参照原文深入理解原文含义，同时研究者还可以通过记录的原始材料，对比两种语言的异同。而且马学良在研究作斋经和作祭经时，"为使读者易于了解起见，所以除了在译文中尽量附注外，并于译文之前，附一'礼俗述要'，读者若想多了解一点经义，以先读此述要为佳"[②]。所谓的"礼俗述要"，是指马学良在翻译每篇经文之前，首先详细介绍各种仪式的经过，以帮助读者了解举行仪式的目的、过程以及环境氛围。他还以"斋场图说"的形式，将祭场情况和重要名物的摆放位置加以绘图说明，使其更加通俗易懂。

在马学良对彝族宗教的历史及其现状有比较深入的了解后，他与"呗耄"张文元合作，通译了当时仅存的一部彝文木刻本《劝善经》。这部《劝善经》以道家《太上感应篇》的章句为母题，在每章之后逐字、逐句地用彝族传统文

---

① 马学良：《云南彝族礼俗研究文集·自序》，四川民族出版社，1983年，第3页。

② 马学良：《保文作斋经译注》，载历史语言研究所集刊外编第三种《六同别录》（下），1946年，第3页。

化思想和价值观念加以注释和解说，既反映了彝族积极吸收和借鉴道家思想，也充满了彝族传统文化的丰富内涵，更体现出明代彝汉文化的交流。全文约22900字，是现存彝文古籍中字数最多的一部。马学良的译本结合了彝族的风俗习惯和原始宗教，对进一步研究彝族经典和语言文字有极大的帮助。他还专门为译本写有《〈倮译太上感应篇〉序》，可惜该译稿遗失。1986年，马学良等人重译的《劝善经》，以《彝文〈劝善经〉译注》之名由中央民族学院出版社出版。

马学良彝语研究的最大特点，是把彝族典籍研究和彝族社会文化结合起来的"以俗释经"与"经俗互释"方式。而且他始终把语言研究与民间文学以及民俗学研究相互结合，为彝语语言学研究开辟出了新思路。马学良的这种比较研究方法师承李方桂，他们师徒二人从语言的角度，对各种文化要素之间的关系进行的阐述探讨，更能清晰地展现民族文化的全貌，成为中国民族学研究中不可缺少的重要部分。

表19：马学良李庄时期主要学术成果

序号	名称	首发刊物	时间	备注
1	《云南土民的神话》	《西南边疆》第12期	1941年	
2	《撒尼倮语语法》	研究生毕业论文	1941年	即《撒尼彝语研究》初稿，商务印书馆，1951年
3	《寻甸、禄劝、武定三县黑夷语文调查》	手稿	1941年	当年彝族地区调查资料的整理和总结
4	《倮文经典目录提要》	手稿	1942年	对彝族经典的分类提要说明
5	《宣威倮族白夷的丧葬制度》	《西南边疆》第16期	1942年	收录于马学良《云南彝族礼俗研究文集》，四川民族出版社，1983年
6	《云南倮族（白夷）之神话》	《西南边疆》第15、17期	1942年	收录于马学良《云南彝族礼俗研究文集》，四川民族出版社，1983年

续表

序号	名称	首发刊物	时间	备注
7	《黑夷做斋礼俗及其与祖筒之关系》	《边疆人文》第1卷第5、6期	1943年	
8	《茂莲社区的男女夜会》	《边政公论》第3卷第1期	1944年	收录于马学良《云南彝族礼俗研究文集》，改名《青年男女的夜会》，四川民族出版社，1983年
9	《黑夷风俗之——除祸祟》	《边政公论》第3卷第9期	1944年	收录于马学良《云南彝族礼俗研究文集》，四川民族出版社，1983年
10	《垦边人应多识当地的民俗与神话》	《边政公论》第4卷第1期	1945年	
11	《倮文作斋经译注》	原载李庄石印出版历史语言研究所集刊外编第三种《六同别录》（下）	1946年	收录于马学良《云南彝族礼俗研究文集》，四川民族出版社，1983年
12	《倮文祭经的种类述要》	《现代学报》第1卷第2、3期合刊	1947年	李庄时期调查成果
13	《倮译〈太上感应篇〉序》	《边疆人文》第4卷合刊	1947年	李庄时期调查成果
14	《倮族的巫师"呗耄"和"天书"》	《边政公论》第6卷第1期	1947年	李庄时期调查成果，收录于马学良《云南彝族礼俗研究文集》，四川民族出版社，1983年
15	《从倮㑩氏族名称中所见的图腾制度》	《边政公论》第6卷第4期	1947年	李庄时期调查成果

续表

序号	名称	首发刊物	时间	备注
16	《灵竹和图腾》	《边政公论》第6卷第4期	1947年	李庄时期调查成果，收录于马学良《云南彝族礼俗研究文集》，四川民族出版社，1983年
17	《倮民的祭礼研究》	《学原》第2卷第2期	1948年	李庄时期调查成果，收录于马学良《云南彝族礼俗研究文集》，四川民族出版社，1983年
18	《边疆语文研究概况》	《文讯》第8卷第6期	1948年	李庄时期调查成果
19	《倮族的招魂和放蛊》	《边政公论》第7卷第2期	1948年	李庄时期调查成果，收录于马学良《云南彝族礼俗研究文集》，四川民族出版社，1983年
20	《倮文〈作祭献药供牲经〉译注》	《历史语言研究所集刊》第20本	1948年	李庄时期调查成果，收录于马学良《云南彝族礼俗研究文集》，四川民族出版社，1983年
21	《西南寻甸黑夷作祭礼俗记》	《旅行杂志》第16卷第12期、第17卷第3期	1949年	李庄时期调查成果

来源：马学良：《云南彝族礼俗研究文集》，四川民族出版社，1983年。

第三节 李霖灿的丽江纳西族经典调查

据著名纳西族学者方国瑜考证，纳西族旧称"麽些"，系中国古代西北河湟地带古羌人的后裔，约在唐武德年间迁徙至云南丽江。东巴教是纳西族的原始宗教，该教祭司称东巴，意为"智者"。东巴文字主要用于东巴书写经书，偶作日常记事。东巴文有两套文字体系，一种在纳西语中意为"木石上的痕迹"，引申为"文字"之意，学术上称"图画象形文字""纳西象形文字""东巴文"。另一种意为"弟子的文字"，学术上称"哥巴文""标音文字""音节文字"。但在学术研究领域，东巴文是专指前者所说的象形文字。纳西象形文字保存着文字起源时期的形象，董作宾就曾形象地把东巴文比喻为婴儿，甲骨文是已经长大了的少年。东巴文对研究人类文字的创始，具有无可替代的重大价值。2003 年 8 月，联合国教科文组织将东巴古籍文献列入"世界记忆遗产名录"，历史悠久的纳西族人创造了世界共享的"大文化"。

1913 年，法国藏学家巴克出版《麽些研究》，是关于纳西族东巴经和象形文字最早的专著。早期搜集东巴古籍最多、研究最深的是美国学者约瑟夫·洛克，他从 1922 年开始，潜居丽江调查研究二十七年，其多部研究著作在西方学术界产生了巨大影响。而中国最具代表性的东巴文化研究学者是李霖灿。

李霖灿（1913～1999），1938 年毕业于国立杭州艺术专科学校（后被并入国立艺专）的"文艺青年"，在沈从文、董作宾等人的支持下，于 1939 年在昆明组织了考察纳西族图案、音乐和图画文字的"玉龙雪山下的麽些族的艺术调查计划"。李霖灿为此向董作宾保证："别的不敢说，至少我会把所见到的麽些文字，一个个都画了回来，而且一个个文字的来源都会调查得清清楚楚。"①1939 年 4 月，李霖灿按照董作宾的建议，只身一人先到大理苍洱考古工地学习，再往丽江、中甸（今香格里拉市）考察，历时四个月。1939 年 10 月，他与同学李晨岚结伴再次到丽江调查。但此次调查经费有限，主要靠李晨岚卖画，以及李霖灿在沈从文的帮助下，在《今日评论》上发表他的游记所获稿酬来维持，甚至一度依靠董作宾、曾昭燏、吴金鼎等人的接济，因而调查的学术目的性并不强。沈从文 1946 年创作的小说《虹桥》，正是以他们二人为原型，讲述了几位漫游边地的年轻人试图画出旅途奇景但最终失败的故事。李霖灿对这段经历的自我评价是："可以说是研究纳西文的预备时期，经过了这一时期的准备，对纳西文字有了一个大概的认识，使以后的工作有了一个比较稳当的基础。"②

1941 年 7 月，正陷入迷茫的李霖灿，收到李济和董作宾从李庄发来的电

---

① 李霖灿：《麽些研究论文集》，台北故宫博物院，1984 年，第 2 页。

② 李霖灿：《麽些象形文字字典·自序》，载李霖灿：《纳西族象形标音文字字典》，云南民族出版社，2001 年，第 23 页。

报："想邀请你参加我们的研究行列，愿否请电复。"①不久还给予了他充足的调查经费，支持他继续搜集东巴经典，研究东巴文化。从此李霖灿的人生轨迹得以改变："前半生玉龙观雪，后半生故宫读画。"他的前半生从研究纳西语言文字开始，步入了民族语言文字研究的学术殿堂，成为蜚声海内外的"麽些先生"，后半生在台北故宫博物院，以科学的方法研究中国古代绘画与画史，是中国美术史大家。

李济当初聘用李霖灿也绝非偶然，筹备处需要收集纳西族的民俗标本，以供将来开馆陈列。在一系列的机缘巧合之下，董作宾因为信任而不断地以各种方式支持李霖灿。曾昭燏与李霖灿虽只有一面之缘，也因为信任向李济推荐了他。李济也因正需要李霖灿这种"撒野式"的调查而选择了他。这些当年身在李庄的大师们对李霖灿的信任，是源于发掘和研究甲骨文的经历，促使他们特别关注纳西的东巴文字，这实质上是一种学术信任。

李济把中博院筹备处在丽江的调查命名为"丽江麽些经典调查与采集"，还特别指示李霖灿在调查中要"特别注意麽些经典"。因为"麽些人的象形文字是在急剧的变化中，标音字的突起，不久的将来也许会代替全部的象形文字……好像甲骨文到注音字母的3000多年的历史，来了一个撮要"②。调查文字必然关系到语言，收集经典则牵涉宗教。为此，凌纯声亲自为李霖灿量身制订调查计划，指导他分区调查。"他（凌纯声）受李济博士委托，曾为中央博物院（实在是为我）拟定了一份滇西民族调查及采集计划。这项由他亲手写成的计划书中，第一项就是麽些民族的调查，不但路线注得明明白白的，而且把调查时注意的要点一一谆谆解说，于是这本计划书就成了我调查麽些民族的启蒙课本。"③李庄的凌纯声成了李霖灿纳西民族调查研究的启蒙导师，从此，李霖灿的东巴文化研究开始以更加深入细致的科学方式展开。

1939年8月，李霖灿在丽江大东巴和士贵家中见到一册"祭署"仪式的经书，这是他首次看见东巴经书。加入筹备处后，李霖灿广交纳西朋友，拜东巴为师，并请丽江鲁甸的大东巴和文质主持搜集东巴经典之事，他侧重于纳西

①李霖灿：《怀念李济之先生》，载《艺坛师友录：西湖雪山忆故人》，浙江大学出版社，2011年，第137页。

②李济：《李霖灿〈麽些象形文字字典〉序》，载《李济文集》（卷五），上海人民出版社，2006年，第125页。

③李霖灿：《麽些族的故事》，东方文化书局，1976年，第75页。

民俗调查。李霖灿的考察重点是纳西族迁徙的路线以及纳西文字的产生、传播及分布等问题。具体调查项目有："（一）根据象形文字经典之记载，参证木氏谱系及正史，以明麽些族之历史背景。（二）考察多巴教之来源演变与内容，特注意其与佛教之关系。（三）调查麽些族情死、抢婚之习俗，祭天之仪节，男女社会之地位等。（四）调查永宁一地之母系社会及公田制度。"①1942年初，李霖灿北渡金沙江到达东巴教圣地中甸县（今香格里拉市）的北地村，调查当地的"三多节"，考察"祭天仪式"。更为重要的是，李霖灿与年轻的东巴和才在此相识，共同开启了一段东巴文化调查之旅。

李霖灿与和才首先根据纳西经典《创世纪》记载的纳西族人迁徙路线，一路向北寻访。他们调查无量河流域的象形文字、宁蒗县的永宁土司和母系社会、四川的木里土司、迁徙路线的上游之地俄亚，以及鲁甸的亲属称谓等。调查途中，李霖灿发现了象形文本的纳西经典《占卜起源的故事》，不久又寻找到这本经典的音节文字版本，他便请东巴抄录后再转译成象形文本，这是李霖灿搜集到的三本"哥巴文"经典之一。此后，李霖灿在大东巴和文质家中潜学八个多月，认真学习、整理搜集到的经典，并把搜集的全部经典作了提要式翻译。1943年9月，经过四年多的实地调查，李霖灿与和才带着他们搜集到的经典标本离开丽江，在当年11月到达李庄中博院筹备处。

李济对李霖灿四年的调查工作评价颇高："他在丽江一带游历，前后将近四年，共采集了麽些经典1231册；中间除了3册是用音标字写的外，其余都是象形文字。在这期间，他并学会了讲麽些话，读麽些文字，编辑了一部象形文字字典。"②李济所指的"象形文字字典"，是指李霖灿受董作宾的启发，于1941年11月在丽江编写的《字源考》："集字约一千上下，并收若干辞类，编辑法因字典范畴不适宜，参以辞源体例。"③《字源考》是一本纳西字典的初稿，但所用音标，全部根据方国瑜当年在收集《麽些文字汇》的资料时所定音标，因而当李霖灿将《字源考》邮寄回李庄请李方桂审阅时，李方桂认为字典应该用国际音标标音，所以需要全部重新校读各字的音。回到李庄后，李霖灿从学习语音知识开始，开启了他在纳西东巴文化上里程碑式的研究。

---

①谭旦冏：《中央博物院廿五年之经过》，台北中华书局，1960年，第141页。

②李济：《李霖灿〈麽些象形文字字典〉序》，载《李济文集》（卷五），上海人民出版社，2006年，第124页。

③谭旦冏：《中央博物院廿五年之经过》，台北中华书局，1960年，第140页。

20 世纪 40 年代，关于东巴文研究的专著仅有法国藏学家巴克的《麽些研究》，该书仅收录 370 个东巴文和近 400 个哥巴字。但巴克既不了解纳西历史，更不懂纳西语言，因而错误颇多。所以严格意义上来讲，《麽些研究》还算不上是字典或辞典。虽然当时杨仲鸿编写的《麽些文多巴字及哥巴字汉译字典》和方国瑜的《麽些象形文字谱》已经完稿，但尚未出版，因此李霖灿别无参考。他唯一可参考的两本资料，是他搜集到的两位东巴编写的《音字形字对照表》和《音字汇编》。因此李霖灿从翻译东巴经开始，再从翻译的经典中选字，请东巴和才依字发音，请史语所语言组的张琨听音和标注。他们在李庄共记录了二十多部经典的音，最后以排卡片的方法重起炉灶，历时三个月全部校订完成。1944 年，《麽些象形文字字典》作为中央博物院专刊乙种之二，以手写石印的形式在李庄出版。1945 年，《麽些标音文字字典》作为中央博物院专刊乙种之三在李庄石印出版。在编纂这两部字典的同时，李霖灿还对纳西族迁徙的路线、东巴经书的流传和分布等问题进行考证和研究。1946 年，李霖灿在李庄完成经典译注《麽些经典译注六种》（1957 年出版）。1984 年，李霖灿根据当年的实地调查资料，撰成《麽些研究论文集》。可以看出，李霖灿在纳西东巴文化研究方面的主要成就，大多是在李庄时期完成的。

《麽些象形文字字典》共分八个部分：卷首列有李济之序、董作宾之序及自序，其后为引言、字典本文、汉字索引、音标索引和曾昭燏撰写的英文提要。主体部分是"字典本文"，分天文、地理、人文、人体、鸟、兽、植物、用具、饮食、衣饰、武器、建筑数目动作等、若喀字、古宗音字、宗教、鬼怪、多（东）巴龙王和神共 18 类。李霖灿采用"以类相从"的编排方法，收录东巴字 2120 个。每个东巴文的字形之后注有国际音标，并用汉文释义，同时分析字形结构。《麽些标音文字字典》是《麽些象形文字字典》的姊妹篇，收录的是纳西族的标音文字哥巴文，共有 2334 个标音符号（另有 2423 个之说）。全书由序言、凡例、字典本文、音字索引、音字简表五个部分组成，并依音韵系统编排，按造字结构分为 15 类，从而把纷杂的字词规范化，它既是第一部哥巴文字典，又相当于一部按音序排列的辞典。李霖灿针对他们在编纂字典过程中遇到的记音问题，又以纳西族鲁甸地区的语音为例，在李庄写成《丽江鲁甸区的麽些族的语音系统》一文。1984 年，李霖灿将该文修改后以《麽些族的音韵系统》为题发表。他分析归纳出纳西语有声母 73 个、韵母 11 个、声调 4 个，并特意编制了"汉麽音值对照表"，共分出 368 个音值，从而确定了纳西语的语音系统，至今仍有十分重要的参考价值。

　　李霖灿的这两部字典收字之多，注音之准确，至今未有同类型字典能超越，是研究东巴文及东巴文化的奠基之作。当年字典一出，便在海内外学术界引起极大关注。两部字典在李庄各印两百本，"出人意料地在两个月内全部售罄。十分争气"①。李济在"序"中连续用四个"新"来肯定："材料的新、观念的新、方法的新、解释的新。"董作宾也为字典作了长篇序言，赞其"譬若积薪，真是后来居上"。而闻宥当年的评价可谓一锤定音："李君此书取材之富，实为已往所未有。每字下之音读，精确可信，亦远胜洛克不合理之拼切。自此书出，而巴歌书中文字之部分已成废纸。"②从李庄初版至今，《麽些象形文字字典》已经有五个版本问世，《麽些标音文字字典》也有三个版本出版。但再版的各版本都是依据初版影印或重抄的，或因编排不及原版周全，或因描摹没有李霖灿的神韵，故都不如李庄版本经典。

　　李霖灿为《麽些象形文字字典》撰写了上万字的引言，详细论述了"麽些族之概况""麽些族之文字"和"本字典的体例"。"引言"其实就是一篇关于纳西象形文字的学术论文，李霖灿针对纳西先民的迁徙路线、纳西文字发源地及其分布情况，以及象形字与标音文字出现的先后等问题提出了许多重要见解，并在他后续文章中得到进一步阐发，至今仍被学术界称道。

　　按照纳西族的祖灵祭拜仪式，人死后需由东巴经师按照纳西经典上所标明的"起祖"路线，对灵魂经过的路途逐一叙述，送回起源地。李霖灿认为这就是纳西族先民实际的迁徙之路。此前曾有纳西族大东巴据此北上无量河寻访，但半途而废。1942 年初，李霖灿与东巴和才从东巴圣地北地村出发，经半年的探访调查，获得大量宝贵的一手资料，基本勾画出一条较为可信的纳西先民迁徙路线，即贡噶岭→渡无量河→木里→乌角→永宁→西渡无量河→洛吉→东坝→北地→哈巴→渡金沙江→黑白水→丽江坝→南山→拉市→石鼓→鲁甸→维西。李霖灿在李庄著有《麽些族迁徙路线之寻访》一文对此详细论述，但当时并未发表。

　　李霖灿根据东巴经典中的"南"和"北"、"山"和"水"以及"房屋"等象形文字的造字用意，再分析"水"字系由北和南合成，北为水头，南为

---

①李霖灿：《怀念李济之先生》，载《艺坛师友录：西湖雪山忆故人》，浙江大学出版社，2011 年，第 139 页。

②闻宥：《评〈麽些象形文字字典〉》，载《燕京学报》，1946 年 6 月第 30 期，第 293 页。

水尾，进而推测纳西初创文字是在一条自北向南而流的大河边。他经过实地考察，结合纳西族的历史情况，进而考证出纳西象形文字的发源地就在四川木里县的无量河下游一带，并考定出纳西文字大致的分布状况：永宁以东无文字，有文字的都在永宁以西，中甸北地和丽江宝山只有象形字而无音节字，丽江坝、金沙江边、鲁甸和维西一带是形、音两种字并存。李霖灿有关纳西文字的起源及分布的研究结论，至今仍获学术界一致认可。

关于纳西族的象形字与音节字出现的先后问题，美国学者洛克认为音节字早于象形字，而闻宥则认为二者同时出现。当年在李庄，李霖灿根据实地调查资料，写成《论麽些族形字与音字之先后》一文，列举出六项依据，推断出象形字在前而音节字在后。他将该文寄给洛克探讨，但未获认可。1984年，李霖灿将该文重新整理后，以"与骆克（Joseph F. Rock）论麽些族象形字、音字之先后"为题发表，再次以翔实的论据实证了纳西文的形字要早于音字，获得学术界的普遍认同。关于东巴文的创制时间，由于没有明确的文献记载和考古发现，目前学界没有一致结论，主要有汉代说、唐代说和宋代说三种。李霖灿认为，东巴文是图形文字向象形文字过渡的一种文字，因此"我们暂时只敢说麽些形字之年代，最早当不能过唐，最晚亦在明成化之前"。[①]

在李庄时，李济嘱咐李霖灿应该注意研究纳西族的亲属称谓。李霖灿便根据原籍丽江鲁甸的和才提供的资料，整理写成《云南丽江鲁甸区麽些族的亲属称谓》一文，归纳整理出鲁甸纳西族比较有代表性的四套称谓系统，并指出在接受汉语的个别称谓后，纳西亲属称谓中开始出现变异的现象。同时李霖灿研究发现，纳西族中遗留有买卖婚姻的方式：有直接以金钱交易为目的的"买卖婚"，有男方到女方家抵债的"服务婚"，甚至还有从邻近民族中"借"来的婚姻。李霖灿的这些研究成果，填补了纳西文化研究的空白，引起了民族学界的重视。

1984年，李霖灿根据当年的丽江考察材料整理撰写了一系列文章，与李庄时期完成的论文汇编出版《麽些研究论文集》，并在扉页专门题写"纪念麽些朋友·和才"，以此纪念出版前刚去世的东巴和才。该书收录文章21篇，包括李霖灿对丽江木氏土司家族谱系碑文进行详细阐释的《释丽江木氏宗碑·麽些民族的历史长系》，考察北地村祭天典礼的《中甸县北地村的麽些族祭天大典》，根据调查永宁社会经济情况写成的《永宁土司世系》《永宁麽些

---

①李霖灿：《纳西族象形标音文字字典》，云南民族出版社，2001年，第40页。

族的母系社会》《永宁土司的公田制度》等论文，成为我们了解和研究丽江纳西族文化的珍贵材料。

　　搜集、整理与译注纳西经典，是纳西文化研究的基础工程，李霖灿为此倾注了大量的时间与精力，为抢救保护东巴经典做出了巨大贡献。目前收藏在国内外的东巴经书和文献有 1500 多种（部），共 25000 册（本）左右，国内收藏约 15000 册。[①]而经李霖灿搜集整理编目的经典就近 6000 册，其中的 1000 多册现收藏在南京博物院。

　　1945 年，在编辑完成两部字典后，李霖灿与东巴和才、张琨合作，"集中全力作经典之翻译"。1946 年，他在李庄译注完成《麽些族的洪水故事》《占卜起源的故事》《多巴什罗的故事》《都萨峨突的故事》《哥来秋招魂的故事》与《某莉亥孜的故事》六部经典，并汇辑成《麽些经典译注六种》一书。李霖灿在该书的体例编排上听从了马学良和董同龢的意见，采用了与马学良的彝语"四行译法"相似的"五对照"模式，即经书原文、东巴文、注音、对译和意译五种对照。他最大的创新点一是在国际音标上标注了相应的文字，二是一页之内形、音、义、注面面俱到。"形"指东巴经原文，"声"指国际音标记音，"义"即汉语的直译和意译，"注"指经文内容和读音的注释。同时李霖灿还在每册经书前，对搜集、翻译经过及其特点分别加以说明。与洛克此前的东巴经译文相比，李霖灿的"五对照"完全保留了原文原音，继而就保存了东巴经典的原始学术价值。但《麽些经典译注六种》直到 1957 年才出版，一经出版，便引起学术界的广泛好评。李方桂尤其欣赏他在格式和理解方面的独到之处，因为这种方式可以解决如埃及象形文字翻译处理中难以解决的问题。李霖灿当年在李庄创造的这种方法，已经成为中国学者译注东巴经的基本模式。1977 年，李霖灿将他新译注的《麽些象形文字延寿经译注》《麽些族挽歌》《菩赤阿禄的故事》三部经典，与《麽些经典译注六种》合辑而成《麽些经典译注九种》出版。

　　作为纳西文化研究的拓荒者与奠基者，李霖灿在李庄完成的两部东巴文字字典和六种经典译注，收集材料丰富，编纂体例完善，释读译注准确，是不可再得的历史语言资料，可以更好地帮助我们认识和了解古代文字。而且李霖灿对纳西族民风异俗的记录和研究，时至今日，仍然有着特殊的价值和意义。如果我们对比李霖灿与马学良在抗战时期的人生际遇，就不得不感叹他们的经历

---

　　①李近春：《李近春纳西学论集》，民族出版社，2008 年，第 254 页。

何其相似：都有一位文学大师作为启蒙者，在人生转折的关键时刻适逢学术大师鼎力帮助；都沉潜民间数年，专注调查、搜集和研究；都在李庄终成各自的学术名著。

表20：李霖灿李庄时期主要学术成果

序号	名称	首发刊物	时间	备注
1	《麽些象形文字字典》	中央博物院专刊乙种之二	1944年	李庄手写石印200本
2	《麽些族迁徙路线之寻访》	台北《历史语言研究所集刊》第23本（上）	1951年	李庄脱稿，收录于《麽些研究论文集》，台北故宫博物院，1984年
3	《论麽些族形字与音字之先后》	李庄手稿	1944年	改名为《与骆克（Joseph F.Rock）论麽些族象形字、音字之先后》收录于《麽些研究论文集》，台北故宫博物院，1984年
4	《麽些音标文字字典》	中央博物院专刊乙种之三	1945年	李庄手写石印200本
5	《丽江鲁甸区的麽些族的语音系统》	李庄手稿	1945年	改名为《麽些族的音韵系统》收录于《麽些研究论文集》，台北故宫博物院，1984年
6	《云南丽江鲁甸区麽些族之亲属称谓》	李庄手稿	1946年	收录于《麽些研究论文集》，台北故宫博物院，1984年
7	《麽些经典译注六种》	李庄手稿	1946年	1957年首次出版，收录于麽些经典译注九种》，台北中华丛书编审委员会，1977年
8	《释丽江木氏宗谱碑·麽些民族的历史长系》		1984年	丽江调查成果，收录于《麽些研究论文集》，台北故宫博物院，1984年

续表

序号	名称	首发刊物	时间	备注
9	《中甸县北地村的麽些族祭天大典》		1984年	丽江调查成果，收录于《麽些研究论文集》，台北故宫博物院，1984年
10	《永宁土司世系》		1984年	丽江调查成果，收录于《麽些研究论文集》，台北故宫博物院，1984年
11	《永宁麽些族的母系社会》		1984年	丽江调查成果，收录于《麽些研究论文集》，台北故宫博物院，1984年
12	《永宁土司的公田制度》		1984年	丽江调查成果，收录于《麽些研究论文集》，台北故宫博物院，1984年

来源：李霖灿：《纳西族象形标音文字字典》，云南民族出版社，2001年；李霖灿：《麽些研究论文集》，台北故宫博物院，1984年。

第四节　董同龢石印出版《上古音韵表稿》

世界上的每种语言都包括语音、语法与词汇三要素，现代汉语的语音、语法和词汇都是从古代汉语中逐渐演变而来的。当我们今天用普通话朗读唐诗时，就会发现部分唐诗的韵脚和平仄并不顺口；如果再读《诗经》，还会遇到更多的不押韵，其中最主要的原因就是古今语音的变化。所以明末古音学家陈第说："时有古今，地有南北，字有更革，音有转移。"

音韵学包括古音学、今音学和等韵学三个分支，是研究汉语在各历史时期的语音系统及其演变规律的一门传统学科。古音学研究上古时期（主要指先秦两汉）的音韵系统，今音学研究中古时期（主要是隋唐）的音韵系统，等韵学近似于现代语音学，是分析汉语发音原理及其方法的一门学科。古音又称上古音，"所谓上古音，就是指周秦时代的汉语有多少个声母和多少个韵部（不说韵母，是因为不包括缺乏有关史料的介音和声调，只就主要元音和韵尾而言）"①。研究三千多年前的语音绝非凭空而论，不仅现代语音中就有部分与上古相同，而且考证上古音的主要依据，《诗经》押韵与谐声系统的文献资料保存还相当完整。

传统音韵学起源于东汉末年。清代乾嘉学派为了准确解读四书五经，继承并发扬了汉代的"声训"研究方法，以音求义，就古音求古义，在上古音研究方面取得了很大成就。20世纪初，以章炳麟、黄侃为代表的近代学者对传统音韵学作了进一步的阐释和总结。随着西方近代语音学知识和比较语言学方法的兴起，瑞典汉学家高本汉运用新的理论、工具和材料来研究中国音韵学，是全面构拟汉语中古音和上古音的第一人。1926年，高本汉出版《中国音韵学研究》，运用历史比较法，全面构拟出以北宋官修韵书《广韵》为代表的中古音的声母和韵母系统。赵元任、李方桂和罗常培三人从1931年开始合作翻译该书，历时近十年于1940年出版中文译本。他们对高本汉的原著进行了大量订正和补充，中文译本的学术价值已在原书之上。1940年出版的《汉文典》，是高本汉上古音研究方面的代表作，吸引了一大批古音学家的关注和研究。他们在高本汉的研究基础之上另创体系，推动了上古音研究的不断发展。中国最早全面系统构拟上古音的学者是董同龢，其代表作是1944年在李庄石印出版的《上古音韵表稿》。

董同龢（1911～1963），1932年考入清华大学，师从王力学习音韵学，他当时的课堂笔记被王力整理成《汉语音韵学》一书出版，成为中国语言学界的佳话。1936年，董同龢加入史语所担任赵元任助手，并跟随李方桂研究音韵学。1944年12月，董同龢在李庄以历史语言研究所单刊甲种之二十一的名义出版《上古音韵表稿》，当时仅石印一百本。1948年又重刊于《历史语言研究所集刊》第18本。

董同龢的《上古音韵表稿》，是在高本汉上古音构拟基础上进行的新探索。虽然研究材料与高本汉并无差别，但他在材料运用和观察深度方面确是更胜一筹。董同龢在该书"序"中介绍，他从1942年开始写作《上古音韵表稿》，完成近一半时意识到："见于诗韵的字在数目上诚然不算是少，但是在好些地方实在还不足供观察之用。"于是董同龢果断改变计划，"以说文的九千多字为基础，再加上先秦古籍所见而说文未收的字。希望能把先秦所有的

---

① 齐冲天：《谈谈上古音》，载《文史知识》，2012年第11期，第5页。

字网罗在内，以为音韵研究的根据"[①]。

董同龢的《上古音韵表稿》分为"叙论"和"音韵表"两大部分。"叙论"部分主要是从声、韵、调方面检查修改高本汉的汉语音韵学研究成果。在具体音值的构拟方面，董同龢对高本汉的研究结论作了修正。比如以清鼻音 m- 取代了高本汉的复辅音声母 xm-。同时他吸收黄侃等人的意见，将精组和照二合并，取消了高本汉代表照二的卷舌音。将喻三和匣母合并，拟为 v。因照三有部分字与舌根音互谐，所以董同龢又专门构拟出一套舌面后音。"从总体来看，董同龢对谐声资料的考察、利用，比之高本汉严谨、深入，他纠正高本汉在构拟上的一些错误，堪称'后出转精'，他构拟的清鼻音、舌面后音也可成一家之言。我们应当高度评价董同龢在这方面所做出的贡献。"[②]

董同龢经过考证拟定了上古音系统，并将它首创成"音韵表"，将《说文》所收的 9000 多字和《说文》未收而先秦古籍常见的字纳入 36 声母、22 韵部的上古音表格中。表格竖列声母，横列韵部，韵部中分列《广韵》的 206 韵，在声、韵交汇处排列汉字。同时他为声母、韵部构拟了音值，从而形成了音值与音类俱备的完整体系。在声调处理上，董同龢表示该表的平上去入四声只作参考，因为他对"上古声韵调系统仍无较具体的认识"。但该书的"音韵表"确是当时推理最严整、列表最完备的上古音体系。即使是今天，我们仍然可以一目了然地从这张"音韵表"上理解上古汉语的声、韵、调系统，了解上古汉字的音韵地位。

董同龢的《上古音韵表稿》取材广阔，是在广泛吸取他人研究成果的基础上构拟出的更加科学完善的上古声母系统，既是对当时汉语音韵学研究成果的一次全面总结，又为古音学研究提供了极为重要的参考，并为上古声母音值的构拟补充了评判依据。董同龢的某些观点也启发了一些学者，如以李方桂为代表的音韵学家，就对上古清鼻流音展开讨论，并构拟出汉语清鼻流音的具体音值。时至今日，语言学家已经研究出包含 32 声母和 30 韵部的上古音系。

董同龢在中古音方面最重要的研究成果也是在李庄完成的。1945 年，他在《六同别录》（上）发表《广韵重纽试释》一文，解释了广韵三等部的重纽问题。所谓"重纽"，是指《切韵》或《广韵》中同一三等韵中开口或合口的

---

① 董同龢：《上古音韵表稿》，载《历史语言研究所集刊》第 18 本，1948 年，第 119 页。

② 何九盈：《中国现代语言学史》，商务印书馆，2008 年，第 252 页。

唇、牙、喉音字，同组有两组反切，在早期的韵图《韵镜》中分列在一行三、四等，前者叫重纽B类，后者叫重纽A类。董同龢认为重纽是由于元音的不同，并非无意义的相重，而是代表着两种不同韵母对立。他指出，重纽三、四等的对立代表着两种不同韵母的对立，同韵的重纽往往有不同的上古来源，三等和四等的差别主要在于元音。董同龢提出的"重纽与声母无关"的观点，引起了学术界对重纽问题的关注。1946年，董同龢发表《等韵门法通释》，详细分析了等韵书中"门法"的性质，指出这是等韵学家为了解释韵图列字与韵书反切上下字的关系而订的，除了"音和"是通例，其余各条都是针对某些字在韵图上的位置与韵书归类不一致时而设的名目，从而阐明了音韵的演变规律。

当年在李庄研究汉语音韵学的还有周法高（1915～1994）。1941年，周法高从北京大学文科研究所研究生毕业后入职李庄史语所。在学术研究方向上，周法高与董同龢非常相似，他们二人都对新疆少数民族语言开展研究，分别著有《吐火罗语略说》与《阿尔泰系语言概说》。

周法高在音韵学方面的研究成果，主要体现在李庄时期他发表在《六同别录》上的五篇论文：《广韵重纽的研究》《切韵（鱼虞）之音读及其流变》《说平仄》《颜氏家训金楼子"伐鼓"解》和《梵文td的对音》。这五篇文章是周法高在其毕业论文的基础上，经过两年多的修改扩充撰成的。特别是《广韵重纽的研究》一文，成为周法高四十余年的"重纽"研究中最为得意的论著。他在文中把韵图中列于四等的那一类重纽称为A类，列于三等的另一类重纽称为B类，并且发现了重纽A、B类唇音字不互相用作反切上字。1946年，周法高与董同龢二人因"重纽"研究同时获得中研院的杨铨奖。周法高对他在李庄时期的研究成果极为看重，他晚年曾感慨："而我在以后四十余年中竟然没有写出一篇比《广韵重纽的研究》一文更好的文章，真是使我颓丧得很。"①1973年，周法高根据他三十多年的音韵学研究成果，构拟了另一套上古音系统——《上古音韵表》。

---

①《周法高自述》，载高增德等：《世纪学人自述》（第五卷），十月文艺出版社，2000年，第196页。

表21：董同龢、周法高李庄时期有关音韵学研究的主要学术成果

序号	名称	首发刊物	时间	备注
1	董同龢《阿尔泰系语言概说》	《边政公论》第2卷第9～10期	1943年	
2	董同龢《上古音韵表稿》	李庄石印100本	1944年	1948年重刊于《历史语言研究所集刊》第18本
3	董同龢《广韵重纽试释》	李庄石印出版历史语言研究所集刊外编第三种《六同别录》（上）	1945年	1948年重刊于《历史语言研究所集刊》第13本
4	董同龢《等韵门法通释》	李庄石印出版历史语言研究所集刊外编第三种《六同别录》（下）	1946年	1949年重刊于《历史语言研究所集刊》第14本
5	周法高《吐火罗语略说》	《边政公论》第2卷第9～10期	1943年	
6	周法高《广韵重纽的研究》	李庄石印出版历史语言研究所集刊外编第三种《六同别录》（上）	1945年	1948年重刊于《历史语言研究所集刊》第13本
7	周法高《切韵（鱼虞）之音读及其流变》	李庄石印出版历史语言研究所集刊外编第三种《六同别录》（上）	1945年	1948年重刊于《历史语言研究所集刊》第13本
8	周法高《说平仄》	李庄石印出版历史语言研究所集刊外编第三种《六同别录》（上）	1945年	1948年重刊于《历史语言研究所集刊》第13本
9	周法高《颜氏家训金楼子"伐鼓"解》	李庄石印出版历史语言研究所集刊外编第三种《六同别录》（上）	1945年	1948年重刊于《历史语言研究所集刊》第13本

续表

序号	名称	首发刊物	时间	备注
10	周法高《梵文td的对音》	李庄石印出版历史语言研究所集刊外编第三种《六同别录》（下）	1946年	1949年重刊于《历史语言研究所集刊》第14本

来源：丁邦新编：《董同龢先生语言学研究论文选集》，台北食货出版社，1974年；周法高：《中国语言学论文集》，台北联经出版事业公司，1975年。

第五节　四川方言调查

《论语·述而》记载："子所雅言，《诗》《书》、执礼，皆雅言也。"文中所指的"雅言"，是指春秋时期的一种"通用语"，类似于今天的"普通话"。与"雅言"相对并存的，是各地的"方言"，这是现代学者所知的中国最早的方言记载。西汉文学家扬雄耗时二十七年调查撰写的《輶轩使者绝代语释别国方言》（后世简称《方言》），是我国最早的方言专著，即使在世界方言学史上也占有重要一席。清末民初语言学大师章炳麟所撰的《新方言》，则代表了传统方言学的最高成就。

中国现代意义上的汉语方言学，源于北京大学从1918年开始的民间歌谣的收集和研究。他们在调查记录歌谣时遇到的语音记录和词义解释等问题，促使他们关注方言的研究价值。1924年，北京大学成立方言调查会，提出"绘成方言地图""考定方言音声"等七项目标。1928年，赵元任发表他与助手杨时逢在江浙两省吴语地区的方言调查成果《现代吴语的研究》，标志着现代汉语方言学的诞生。在史语所成立之初，傅斯年就明确阐述了汉语方言研究的目的和方法："以后我们的汉语学不得不以方言的研究为成就的道路……我们要横着比较方言，纵着探索某个方言所含的事实。"[①]1935年，史语所拟订了全国性的方言调查计划，前后调查记录了江西、湖南、湖北、云南和四川等地

[①]傅斯年：《本所对于语言工作之范围及旨趣》，载《历史语言研究所集刊》第1本第1分册，1928年，第114页。

的大量方言。

关于四川境内的语言或方言，在早期的史料中只有零星记载。由于历史上的几次大移民，特别是清代的"湖广填四川"，造成四川各类方言并存与相互融合的复杂情形。明人李实的《蜀语》、清人张慎仪的《蜀方言》和近代唐枢的《蜀籁》，都搜集、整理和诠释了大量四川方言词汇。此外，清人张澍的《蜀典》和傅崇矩的《成都通览》，以及四川各地方志中的方言志，都记录和保存了大批四川方言词汇。英国传教士钟秀芝的《西蜀方言》更是汇集了上万条词语，对研究清末成都语音具有极大的参考价值。

但现代语言学意义上的首次大规模四川方言调查，则是史语所在 1941 年和 1946 年开展的。此次调查既是史语所的第八次汉语方言调查，也是史语所第二次省级区域性方言调查。参加本次四川方言调查的有丁声树、董同龢、周法高、杨时逢和刘念和五人，他们共调查了 182 个点位（含重庆市），以丁声树、董同龢、周法高三人调查的点位最多。

四川客家方言的研究起步较晚，直到 1941 年才出现有关成都客家人的报道。1946 年春，董同龢前往成都华阳的凉水井调查，凉水井属于典型的西南官话区中的客家话方言岛。1948 年，董同龢率先发表四川方言调查的专项成果《华阳凉水井客家话记音》，这是研究四川客家方言中最早记录地点方言口语的调查报告。该书分"标音说明""记音正文""词汇"三部分。"标音说明"包括声母、韵母、声调、字音的连读变化、句调和音韵表。"记音正文"的独特之处是以记录成段的客家话为主，共有 20 段。"词汇"部分按音序排列，约 3000 条。但董同龢调查时没有使用当时通用的、由赵元任早期设计的《方言调查表格》来记录。因为他认为，如果以此方法记录语料，就会"极少自成片断的真的语言记录，词汇与语法的观察无法下手"[1]。所以董同龢尝试"把汉字丢掉"，收集大量成句成段以至成篇的语言记录，而且记录的完全是口语语料。他再从记录的语料中归纳出方言的声韵调（音素），整理出词语（语素），这是不带任何学术立场，首次以纯粹描写语言学的立场写成的汉语方言调查报告。

史语所这次大型方言调查的最终研究成果《四川方言调查报告》，是由杨时逢完成的。杨时逢（1904～1989），著名语言学家。作为赵元任夫人杨步

---

① 董同龢：《华阳凉水井客家话记音》，载《历史语言研究所集刊》第 19 本，1948 年，第 82 页。

伟的侄子，他的人生轨迹和治学经历与赵元任紧密相关。1926年，杨时逢从金陵大学毕业后到清华大学担任助教，协助赵元任的教学和语言调查工作。1929年，杨时逢加入史语所语言组，一生专注于汉语方言的调查研究。在1951年、1956年和1960年，杨时逢分别发表《成都音系略记》《四川李庄方言略记》《四川方言声调分布》三篇有关四川方言调查的初步研究成果。

1942年，杨时逢在峨眉调查时，发现作为西南官话的成都方言存在新旧两种派别，城外乡村的方言发音保持旧派的入声，而城内新派入声的发音都归阳平。为记录这一差异，杨时逢特意请到四川大学的老成都人刘芨如做发音人，记录了一千多个单字的读音。由于语言材料有限，他只作了"语音分析"和"比较音韵"的研究，所以调查论文取名《成都音系略记》。《四川李庄方言略记》是杨时逢从1942年冬开始，历时五个月调查李庄方言后形成的调查报告，发音人是李庄本地人李临轩。杨时逢在谈及调查缘由时说："民国29年（1940）冬季本所迁到四川李庄，在那里整整住了五年多。我们日常所听到他们所说的方言，觉得很有兴趣，跟我们所知道的，一向所谓四川话（都是指成都话为标准的川话）颇有不同的地方。"①傅斯年也希望杨时逢多收集李庄方言词汇和其他语言材料，编成一部专刊，以纪念史语所的李庄岁月，所以杨时逢重点收集了一万多条李庄方言词汇。《四川李庄方言略记》分"语音的分析""本地音韵""比较音韵""李庄话"四部分。"语音的分析"是声韵调表和各音值的说明，"本地音韵"包括声韵调的配合关系、单字音全表、同音字汇等。"比较音韵"是杨时逢将李庄方言与国音和古音进行的比较研究。最后一部分的"李庄话"，是杨时逢按音标或词意编排的李庄方言词汇。另外，他还用李庄方言记录六篇故事："老熊家婆""报喜""齐人有一妻一妾的故事""四言八句""对对子跟对句子的故事"和"北风和太阳的故事"。1987年，杨时逢以《李庄方言记》为书名，作为台北历史语言研究所专刊之八十七出版了单行本。

1984年，杨时逢历时近八年整理的《四川方言调查报告》正式出版，这是对四川方言语音的首次全面调查与总结。《四川方言调查报告》分上下两册，仅正文部分就有1761页，另附有1幅"四川方言调查点图"和47幅"四川方言地图"。该书的主体部分是"分地报告"

---

① 杨时逢：《四川李庄方言略记》，载台北《历史语言研究所集刊》第28本（上），1956年，第283页。

和"综合报告"。"分地报告"只有 97 县，因为"据我们所记录的音韵系统，全省各乡县的方言，差异都很小，并且有些地方的方言很接近，我们调查所搜集的 134 县方言，其中有 37 县方言音韵系统，都可以合并在别的县份里"①。但《四川方言调查报告》保留了这 37 县的发音人简历，并且在"综合报告"部分还完整保留了 134 县的实地调查材料。

"分地报告"涵盖了 97 县各自的发音人履历、声韵调表、声韵调描写、与古音比较、同音字表和音韵特点六部分，既是一份完整报告，各县又可单独成篇。所以 97 个分地报告就是 97 个方言点的音系，是 97 个地方音的一次历史性总结。并且邀请的发音人绝大多数都是当时四川大学的在校生，也有中学生、年轻教师和职员，甚至有峨眉山报国寺的僧人。年龄最小 13 岁，最大 54 岁。

"综合报告"是对四川方言的总体概述，包括综合材料、四川（方言）特点及概说、四川方言地图三部分。综合材料收集了《狐假虎威故事》在 134 个调查点的读音，以及 53 条常用四川方言词汇在 134 个点位的说法对照表。在四川特点及概说部分，以成都、青神、隆昌和云阳四地方言为例，依据中古音（切韵系统），以列表形式分析并列出声、韵、调方面的若干特点，总结了四川方言演变的趋势。杨时逢根据方言特点，将四川方言划分为四个区域。宜宾的翠屏区、叙州区、高县、珙县、屏山、南溪、兴文属于第二区，这也是四川方言比较复杂的区域。在四川方言地图部分，杨时逢按照声母、韵母、声调、特字及词类，绘制出 47 幅四川方言分布图。

《四川方言调查报告》侧重于四川方言语音的全面普查，不仅审音严密，记音准确，而且对语音特点的分析和归纳精准，方言的分区标准科学，反映了四川 97 个地方音的语音系统的基本轮廓。而《华阳凉水井客家话记音》和《李庄方言记》，则立足于方言点位上的调查与研究，在兼顾语音的同时，又侧重于词汇和语法材料的全面调查。史语所当年的四川方言调查成果，点面结合，彼此补充，为四川方言的深入调查研究奠定了坚实基础。

---

① 杨时逢：《四川方言调查报告·序》，台北历史语言研究所，1984 年。

表22：史语所李庄时期四川方言调查主要学术成果

序号	名称	首发刊物	时间	备注
1	董同龢《华阳凉水井客家话记音》	《历史语言研究所集刊》第19本	1948年	1942年董同龢独立调查成果，1956年科学出版社出版单行本
2	杨时逢《成都音系略记》	台北《历史语言研究所集刊》第23本（上）	1951年	1942年杨时逢独立调查成果
3	杨时逢《四川李庄方言略记》	台北《历史语言研究所集刊》第28本（上）	1956年	1942年杨时逢独立调查成果，1987年作为台北历史语言研究所专刊之八十七，改名《李庄方言记》出版单行本
4	杨时逢《四川方言声调分布》	台北历史语言研究所集刊外编第四种《庆祝董作宾先生六十五岁论文集》（上册）	1960年	1942年杨时逢独立调查成果
5	杨时逢《四川方言调查报告》	台北历史语言研究所专刊之八十二	1984年	1941年和1946年史语所调查成果

来源：《历史语言研究所集刊》。

第五章　历史学

20 世纪 20 年代初，以胡适、沈兼士等人为代表的北京大学国学门，以及以陈寅恪、赵元任等人为代表的清华大学国学院，借鉴西方汉学家将文史研究与现代考古学、语言学紧密结合的治学路径，形成了现代文史研究的新汉学。新汉学打破了乾嘉汉学的陈旧观念，对中国现代文史研究的发展产生了极其重大的影响。傅斯年领导的历史语言研究所，继承了新汉学的治学经验，强调使用"直接史料"来建构历史，创造出中国化的"新史学"方法，并最终完成了中国文史研究的现代化。

傅斯年通过学术方向和研究领域的不断整合，在史语所最终形成了历史、语言、考古和民族学（人类学）四个重点学科。历史学作为第一组，由陈寅恪挂帅（李庄时期由陈槃代管），以研究史学问题及文籍校订为主，最具影响力的研究成果有明清档案史料整理、《明实录》的校勘和居延汉简的考释。在研究模式上，傅斯年采取"集众研究"模式开展史料整理与校勘。同时依据"集众研究"所获新材料，为"个人研究"开启新的学术之门。劳榦正是在史语所"集众研究"居延汉简的过程中发现的新材料，在李庄对汉代的政治军事、社会经济、历史地理等方面进行了多角度的考证研究，为恢复汉代历史做出了开创性贡献。同在李庄的历史组成员岑仲勉、李光涛、全汉昇、逯钦立、严耕望、王崇武等众多学者，通过"个人研究"奠定了他们在各自研究领域的学术地位。顾颉刚在 1947 年出版的《当代中国史学》中，对史语所学人的治史成就极为推崇："岑仲勉先生治唐史用力最勤，创获亦多"；"辽金史的研究，以陈槃、傅乐焕两先生的成就为最大"；"关于明史的研究，以吴晗、王崇武二先生的贡献为最大"。

第一节　李光涛以档治史

清朝内阁大库保管着中央政府和皇室宫廷的重要档案和各种文献资料，属清政府的核心机密。1912年，北洋政府成立历史博物馆筹备处，负责收藏保管内阁大库档案。1921年，因经费原因历史博物馆竟将8000麻袋的档案（重约15万斤），以4000元的价格贱卖给北京西单的同懋增纸店。近代著名学者罗振玉得知后用三倍价格将其购回，并在档案中发现了大批珍贵的明清史料。后因财力不支，罗振玉又将档案售予藏书家李盛铎。1928年12月，史语所以18000元的价格从李盛铎手中购回，成为史语所收藏的首批珍贵史料和学术研究资源。这就是中国档案史上著名的"八千麻袋"事件。鲁迅曾对此感叹道："中国公共的东西，实在不容易保存。如果当局者是外行，他便将东西糟完。倘是内行，他便将东西偷完。"①

内阁大库所存明清两代档案共900多万件，以清代档案为主，也有少量明代档案，是明清史研究的第一手资料。曾任溥仪南书房行走的王国维，对明清档案极为关注。1925年，他在清华大学作题为《最近二三十年中中国新发现之学问》的演讲时谈道："自汉以来，中国学问上之最大发见有三：一为孔子壁中书；二为汲冢书；三则今之殷虚甲骨文字，敦煌塞上及西域各处之汉晋木简，敦煌千佛洞之六朝及唐人写本书卷，内阁大库之元明以来书籍档册。此四者之一，已足当孔壁、汲冢所出。"傅斯年作为"史料学派"的领导者，对内阁大库档案的收购与整理都发挥了至关重要的作用。1929年9月，傅斯年筹划组织了历史语言研究所《明清史料》编刊会，他与陈寅恪、朱希祖、陈垣、徐中舒等人同为编刊委员。工作人员以史语所历史组成员为骨干，外加招聘人员共计20多人，分成6组，形成集众工作的模式合作整理档案。傅斯年采纳了陈垣拟定的"档案整理八法"作为整理工作的基本方法，即分类、分年、分部、分省、分人、分事、摘要和编目，最后捆扎上架。同时制定12条工作规则，严格要求工作人员按章进行，并指定李光涛负责填写工作日志。

李光涛（1902～1984），我国明清历史档案整理研究的拓荒者之一。他

① 鲁迅：《谈所谓"大内档案"》，载《语丝》，1928年第4卷第7期，第8页。

于 1929 年经徐中舒引荐加入史语所，全程参与明清档案的整理与研究。1932
年底，所有已清理的档案全部检理分类完毕，计有明末旧档 4000 册，贺表
3300 册，外藩贺表 100 册，黄册 2026 册，试卷 10000 件，总计 12000 斤。[①]
虽未编号登记，但重要档案已编有简明目录可查。而尽职尽责的李光涛也颇受
傅斯年重视，最后仅留他一人以书记员身份负责档案保管工作。史语所在整理
档案的同时，还编辑出版《明清史料》甲编 10 册，先行刊布了一批重要的档
案史料，使明清档案逐渐走向社会。1934 年，李光涛开始负责《明清史料》
的编刊校对。至 1948 年，《明清史料》已出乙编、丙编、丁编共 30 册。明清
档案的整理研究作为史语所的基础性工作，一直延续到 20 世纪 70 年代。李光
涛毕生尽瘁于明清档案的整理研究，成为全程参与明清档案整理、编辑与研究
的唯一一人。

在李庄，由于《明清史料》暂停出版，李光涛转而以档治史。他回忆说：
"我从民国十八年（1929）九月史语所开始整理这批残余档案之时起，就参与
了整理工作，此后更以管理人的身份直接负责档案之研究与保管，可说有四十
多年的时间始终与档案在一起。由于长时间的专研探讨，竟然让我发现了价值
连城的宝藏，固然是学术之盛事，亦可说是我个人的绝大幸事。"[②]1945 年，
李光涛在《历史语言研究所集刊》第 12 本（1947 年重刊），集中发表七篇研
究论文，都是他在李庄利用明清档案研究明清历史的学术成果，而且题材大多
集中于明清之际。他的《清太宗与三国演义》《清入关前之真象》《清太宗求
款始末提要》《论建州与流贼相因亡明》等论著，就以探讨明亡清兴的原因、
清兵入关统一全国的真相等史实为主。

李光涛特别关注明末清初的历史问题，并通过档案，对比研究新旧史料，
检讨明朝败亡的历史原因，为抗日战争提供资鉴，这反映了他的现实关怀。明
清之交社会矛盾异常复杂，许多重大史实的真相被歌功颂德的官书所掩盖。李
光涛在《清太宗与三国演义》一文中分析认为，清太宗立国甚至统一中国的最
大原因在于《三国演义》。因为我们视该书为牵强附会的演义，但关外金人却
因尊崇刘关张的故事而以《三国演义》为开国方略。《清太宗求款始末提要》

---

① 罗幅颐：《清内阁大库明清旧档之历史及其整理》，载《紫禁城》，2008 年第
8 期，第 60 页。

② 李光涛：《明清档案论文集·自序》，台北联经出版事业公司，1986 年，第
Ⅱ 页。

一文，是李光涛对其1937年完成的长篇论著《清太宗求款始末》一文所作的提要式简述，他考述了清太宗屡屡向明朝求和的真相，指出袁崇焕、陈新甲、洪承畴等明朝大将败于清兵，并非无能，而是"不胜文臣浮议"。他在《清入关前之真象》的研究文章中指出，清军能入关的重要因素，并非清国强大，而是明军出现叛徒。在《论建州与流贼相因亡明》一文中，李光涛在未经窜改的清廷文件中，发现顺治元年正月致诸寇帅的书稿，内容是密约李自成"协谋同力，并取中原"，推翻了清朝官修史书记载的清人入关是"除灭流贼，乃为明复仇，至谓亡明者为流贼"之说，也否定了康熙"自古得天下之正，莫如我朝"之论，从而还原了历史真相。虽然李光涛在李庄的"以档治史"重在揭露清代官修史书的不实记载，其经世致用的目的性很强。但他并没有以论代史，而是以档案来印证历史，他的每一结论都有大量档案史料作佐证，真正做到了史学求真与史学致用的统一。正如他后来所言："凡涉及清人开国史事，其在官书所隐秘不书者，皆能一一指出其真象。研究历史，当以求真为目的，盖曰明之亡也、清之兴也，其关键所在，总有一个重要的原因，这类原因，翻遍官书俱无纪（记）录，只'烂字纸'中得见其大概。"①

李光涛从李庄开始的以档治史的主要成果，集中体现在1971年出版的《明清史论集》和1986年出版的《明清档案论文集》两部专著中。虽然绝大多数文章都与明清档案有关，但真正论述明清档案本身的却是极少。李光涛提倡并运用档案专治明末清初历史的研究成果，在清史学界产生了很大影响，在此基础上，形成了清史研究学派中三分天下的"档案学派"。他们在明清史的研究中虽然起步较晚，但贡献却是卓著的。

表23：李光涛李庄时期主要学术成果

序号	名称	首发刊物	时间	备注
1	《清入关前之真象》	《历史语言研究所集刊》第12本	1945年	1947年重刊
2	《清太宗求款始末提要》	《历史语言研究所集刊》第12本	1945年	1947年重刊

①李光涛：《明清史论集·序》（上），台北商务印书馆，1971年，第1页。

续表

序号	名称	首发刊物	时间	备注
3	《论建州与流贼相因亡明》	《历史语言研究所集刊》第12本	1945年	1947年重刊
4	《记努儿哈赤之倡乱及萨尔浒之战》	《历史语言研究所集刊》第12本	1945年	1947年重刊
5	《记清太宗皇太极三字称号之由来》	《历史语言研究所集刊》第12本	1945年	1947年重刊
6	《记崇祯四年南海岛大捷》	《历史语言研究所集刊》第12本	1945年	1947年重刊
7	《清太宗与三国演义》	《历史语言研究所集刊》第12本	1945年	1947年重刊

来源：《历史语言研究所集刊》第12本，商务印书馆，1947年。

第二节　王崇武校勘《明实录》

《明实录》，又称《大明实录》或《皇明实录》，是明代历朝官修的编年体史书。全书涉15朝共13部，有3045卷，正文有28000多页，总字数超过1600万。按照明朝惯例，皆由后任君主编纂先帝《实录》，以记录先朝主政期间的大事，是记录明代朝章国政最重要的典籍。因而《明实录》在一定程度上具备了明代原始档案的性质，比《明史》更为珍贵。虽然《明实录》原本已毁，但留存在世的有近百种抄本，众多学者针对《明实录》的不同版本开展了校勘和研究。学术界公认的最全本，是1962年台北历史语言研究所采用缩微胶卷陆续影印出版的《明实录》。该版本是史语所依据当时北平图书馆收藏的红格本，从1931年开始，历经三十年校勘而成的。

史语所当初决定校勘《明实录》，是源于1930年他们在整理内阁大库档案时，发现明朝内阁进呈的《熹宗实录》，恰好弥补了北平图书馆所藏的红格本《明实录》中缺失的13卷内容。傅斯年受此启发，希望能够从内阁大库档案中查找出缺失的卷本来校对补录红格本。因此在整理内阁大库档案的同时，傅斯年又开始筹划校勘《明实录》。但史语所当时只有一部朱丝栏抄本《明实录》，而且缺失内容多。傅斯年为此广搜版本，先后搜求到北平图书馆收藏的晒蓝红格本《明实录》和上海广方言馆旧藏的《明实录》，这是当时官方收藏中最好的两个版本。1936年，史语所又新购得浙江嘉业堂天一阁明抄本与抱经楼本。史语所校点的《明实录》，是"以北平图书馆所藏内阁大库本，与本所所藏广方言馆本互校，错字漏句，逐一校补，并加标点。两本有同误处，并取正于北京大学藏本，及礼王府本"。①1937年，傅斯年聘用王崇武主持校勘《明实录》，1940年，王崇武随迁李庄后继续校勘。

王崇武（1911～1957），明史大家，1936年毕业于北京大学，大学期间师从孟森，专攻明史，曾在《禹贡》发表多篇文章，与同班同学张政烺、傅乐焕和邓广铭并称北大历史系的"四大金刚"。

王崇武的《明实录》校勘工作主要涉及两方面：一是对此前的校勘疏漏进行考证修订；二是校勘嘉业堂本《明太祖实录》和抱经楼本《明实录》中的太宗、仁宗、宣宗和英宗等朝实录，并以嘉业堂抄本配抱经楼本《英宗实录》之缺。随着参校文献材料的增多，《明实录》的校勘工作量不断增加。在李庄时，王崇武曾在工作报告中说："这一校订工作，颇费时日。每有异文，除显然错误者外，均需参考有关史传文集以求其正，故每因一字费若干日之力，因而有时发现弇州史料等书之错误，及明史依据之失。"②

王崇武校勘《明实录》，遍阅有关典籍，不为校勘而校勘，特别注重史料的搜集与比勘，因此收获极大。他将考证所得，用长纸条记录并粘在晒蓝本上。在他整理校勘的《明实录》版本中，随处可见其考证记录，也真实记录了他的学术研究过程。王崇武在李庄专攻洪武与永乐两朝的史料和史事，直至1949年，他发表的论文以及出版的专著，大多是在李庄完稿的。1945年，王崇武相继完成《明本纪校注》《奉天靖难记注》和《明靖难史事考证稿》三部专著，约60万字。这三部专著以《明实录》为基本史料，兼及有关典籍，对明初政治事件的史实加以考辨，最能体现王崇武研治明史的功力。

明初重要史籍《明本纪》，清时与《皇明纪事录》相混，《四库全书总目》甚至认为《明本纪》抄自《太祖实录》。王崇武在《明本纪校注》中指

---

①傅斯年：《历史语言研究所二十二年度工作报告》，载《傅斯年全集》（第6卷），湖南教育出版社，2003年，第426页。

②黄彰健：《校印国立北平图书馆藏红格本明实录序》，载台北历史语言研究所《明实录》（一），1962年，第8页。

出："此书与《实录》关系密切，而成书则在今本之前，可能为修史之原料，亦可能抄自《实录》初修本。要就史料价值言，远胜于今本《实录》矣。"①因此，他在校注中以《太祖实录》为例，校其异同，考见其前后改动痕迹。明永乐年间，曾有佚名文人撰有《奉天靖难记》，该书所载的靖难史实比较完整，王崇武将其与《成祖实录》的前9卷进行对比研究，以考证史料的真实性。他在《奉天靖难记注》中指出，《奉天靖难记》对建文帝"丑诋失实"，《实录》则"改动失真"。经过两书比勘，可"窥见局部的真相"，看到删改与不删改的历史背景和原委。王崇武的考证思路为明史研究中如何正确运用史料提供了一套科学的方法。

明代因建文帝"削藩"而爆发的"靖难之役"，其实质是皇位之争，这场战争不仅彻底改变了明初的政治格局，还深刻影响了明代历史的发展。考证靖难史事是王崇武在李庄的研究重点，《明靖难史事考证稿》（后文简称《考证稿》）堪称他的代表作，在学术界产生的影响也最大。《考证稿》除序言外，分为明代官书所记的靖难事变、惠帝史事的传说、史事考证、皇明祖训与成祖继统、惠帝与朝鲜、汉王高煦之变与惠帝史书之推测六章。由于靖难事变的官方资料本就不多，加之《太祖实录》与《成祖实录》的记载又多有失真，因此王崇武首先考证官书记载，指出永乐佚名《奉天靖难记》成书较《太祖实录》早，应该是永乐时期的"官书"。于是他将《奉天靖难记》《明实录》《明史》，以及朝鲜《李朝实录》和其他野史笔记中有关燕王朱棣的全部记载进行相互对比，寻找出与靖难史事不符的史料。王崇武研究认为，靖难事变是明代政治制度变化的分野，不仅关系到明代叔侄帝位继承，而且还关系到明代帝位继承制度的改革。他在《考证稿》中，还对惠帝的政绩、成祖的继统、高煦的叛变等问题，作了较为深入的论述，不乏独到之见。王崇武考证《朝鲜实录》中有关惠帝涉朝鲜的咨文诏敕，发现惠帝对待朝鲜"温文诚虔"，从而否定了明代官书中的不实记载，还原了惠帝在位奉行祖法的史实。关于汉王高煦叛变，王崇武从相关史实入手，分析比较朱棣和高煦父子两起反叛事件，推断出靖难事变对立方记载的内容。王崇武这一基于科学性的史事假设与推论颇有创见性，不仅在史料考证上有特殊贡献，而且为我们如何运用史料还原靖难事变的史实拓宽了学术视野。罗尔纲就认为王崇武的《明靖难史事考证稿》，"惟陈寅恪先生《唐代制度

---

① 王崇武：《明本纪校注·序》，商务印书馆，1948年，第10页。

渊源稿》一书足与媲美也"。这也代表了当时史学界对《考证稿》的总体评价。

王崇武还撰写了大量明史研究论文，涉及明代政治、经济、军事、文化等各个领域，提出了不少独特见解。王崇武的学术成就也被傅斯年赏识，他的《论明太祖起兵及其政策之转变》与《读高青邱威爱论》两文，就是在傅斯年的指导下完成的。关于朱棣与宗教的关系问题，王崇武在1943年写成《明成祖与佛教》和《明成祖与方士》两文，对朱棣的宗教思想作了独到论述。他从社会史的角度分析朱棣崇信佛教，又通过考证指出朱棣生前笃信道教，晚年因服方士"符药"而病死的史实，从而全面揭示出朱棣儒、释、道并施的本来面目。他同年发表的《论明太祖起兵及其政策之转变》一文，从朱棣家世及成长环境熏陶的角度，分析明太祖的政策改革，意图揭示社会发展的趋势。关于仁宣之治，王崇武在1944年发表《明仁宗宣宗事迹旁证》一文，通过考证《李朝实录》，推翻了明代史籍中有关仁、宣二帝勤政寡欲的溢美记载，揭露出恰恰相反的史实，彻底颠覆了史家的传统认知。特别是王崇武以中日、中朝关系为重点撰写的《万历征东考》《李如松征东考》与《刘𬘩征东考》三篇考证文章，对重构万历抗倭援朝这段历史具有重要价值，他对中朝联合对日作战的深刻见解，被西方汉学家推崇为"有帮助的关于战争的中文研究"。因为"这些研究作品强调一个事实，即在16世纪90年代保卫朝鲜是一次中朝的联合行动"[1]。此外，王崇武的《读明史朝鲜传》《明纪辑略》和《朝鲜辨诬》等论文，对研究明代对外关系史有开拓性的贡献。可以看出王崇武的明史研究，是在史料考证的基础上强调史料的解释，其深度和广度都超越了前人。明史专家黄彰健说："王先生的撰著，在史语所出版的，皆功力深至，为前人所不及。"[2]李庄六年，成为王崇武学术生涯的黄金时期。

---

① 崔瑞德等编：《剑桥中国明代史》（下卷），中国社会科学出版社，2006年，第958页。

② 黄彰健：《校印国立北平图书馆藏红格本明实录序》，载台北历史语言研究所《明实录》（一），1962年，第10页。

表24：王崇武李庄时期主要学术成果

序号	名称	首发刊物	时间	备注
1	《明靖难史事考证稿》	历史语言研究所专刊之二十五	1948年	1945年脱稿于李庄
2	《明本纪校注》	历史语言研究所专刊之二十七	1948年	1945年脱稿于李庄
3	《奉天靖难记注》	历史语言研究所专刊之二十八	1948年	1945年脱稿于李庄
4	《论明太祖起兵及其政策之转变》	《历史语言研究所集刊》第10本	1942年	1948年重刊
5	《查继佐与敬修堂钓业》	《历史语言研究所集刊》第10本	1942年	1948年重刊
6	《明史张春传考证》	《人文科学报》第2卷第1期	1943年	
7	《朝鲜三田渡清帝功德碑文考》	《东方杂志》第39卷第15期	1943年	
8	《明纪辑略与朝鲜辨诬》	《东方杂志》第40卷第4期	1944年	
9	《明仁宗宣宗事迹旁证》	《真理杂志》第1卷第2期	1944年	
10	《明内廷规制考》	《中国社会经济史集刊》第7卷第1期	1944年	
11	《读高青邱威爱论》	《历史语言研究所集刊》第12本	1945年	1947年重刊
12	《读明史朝鲜传》	《历史语言研究所集刊》第12本	1945年	1947年重刊
13	《刘绖征东考》	原载李庄石印出版历史语言研究所集刊外编第三种《六同别录》（中）	1945年	1949年《历史语言研究所集刊》第14本重刊
14	《李如松征东考》	《历史语言研究所集刊》第16本	1948年	1944年脱稿于李庄

续表

序号	名称	首发刊物	时间	备注
15	《论万历征东岛山之战及明清萨尔浒之战》	《历史语言研究所集刊》第17本	1948年	1944年脱稿于李庄
16	《明成祖朝鲜选妃考》	《历史语言研究所集刊》第17本	1948年	1944年脱稿于李庄
17	《朝鲜大报坛史料汇辑》	《学原》第2卷第7期	1948年	1944年脱稿于李庄
18	《董文骥与明史纪事本末》	《历史语言研究所集刊》第20本（上）	1948年	1942年脱稿于李庄
19	《明成祖与佛教》	《中国社会经济史集刊》第8卷第1期	1949年	1943年脱稿于李庄
20	《明成祖与方士》	《中国社会经济史集刊》第8卷第1期	1949年	1943年脱稿于李庄

来源：韦祖辉：《王崇武先生和他的明史研究成就——纪念王崇武先生百年诞辰》，载《明史研究论丛》，2011年第9辑。

第三节　岑仲勉研究隋唐史

在中国近百年的隋唐研究史上，唯一能与史学大师陈寅恪齐肩并论的是岑仲勉。陈寅恪长于宏观概括，岑仲勉善于微观考证。他们曾在史语所历史组共事十一年，晚年又共事于中山大学历史系，两大学者一聋一盲，又都以中古史研究而闻名，故被师生们尊称为"康乐园二老"[①]。

岑仲勉（1886～1961），大器晚成的著名历史学家。他人到中年弃政从文，虽上无师承但自学成才，在先秦史、隋唐史、文献学和中外交通史等研究领域成就卓越。岑仲勉著作等身，公开出版专著20余部，各种学术论文近200篇，合计1000多万字，创造了近现代中国学术史上的一段传奇。

1937年，经史语所特约研究员陈垣引荐，岑仲勉被史语所破格聘请为历

---

① 1952年，中山大学从广州石牌迁至珠江南岸康乐村，校园别称"康乐园"。

史组研究员，这是他人生中的第一份学术工作，也是傅斯年选人用人的一次特例。岑仲勉曾说："我半途出家，年近四十才专门从事史学研究，在五十二岁到六十二岁，则是我做学问最努力的时期。"[①]这一时期正是他在史语所刻苦治学的十年，其中在李庄就有安定的六年。岑仲勉的代表性著作，也大多是在这一时期写就的，其治学重心在隋唐史的考证与研究。他 1942 年整理《翰林学士壁记》，1944 年写成《唐史馀瀋》，1946 年完成《元和姓纂四校记》。他在李庄还发表了 45 篇研究论文，完成了《突厥集史》的主要部分。在 1945 年历史语言研究所集刊外编《史料与史学》（1948 年《历史语言研究所集刊》第 15 本重刊）刊载的八篇文章中，岑仲勉就占六篇，几乎成了他的专刊，其勤奋多产可见一斑。尤其是他的专著《元和姓纂四校记》与《突厥集史》，一直被史学界视为佳作。1945 年的中研院工作报告显示："突厥集史资料之总整理已完成三分之二，并已著成论文十九篇；《元和姓纂》四校记，已编成七卷。"[②]1946 年的史语所工作报告记录："《元和姓纂》四校记业已完成；突厥集史，又译成论文二篇。"[③]说明《元和姓纂四校记》最迟 1946 年初就已在李庄脱稿，而《突厥集史》也在李庄基本完成。

唐朝虽是门阀士族由盛及衰的转折时期，但仍讲究谱牒之学。《元和姓纂》是唐宪宗元和七年（812），太常博士林宝奉敕修撰的大型姓氏谱牒文献，记录了大量《唐书》列传人物以外的人物及其世系，并注明了其中部分人担任过的官职，以备政府封爵稽考，是唐史研究的重要文献资料。该书明初即已失传，清时将散见于《永乐大典》中有关此书的内容搜集编撰成 10 卷本，经著名藏书家和目录学家孙星衍等人校勘后两次重刻，留存至今。在岑仲勉之前，《元和姓纂》已经三次校勘，故岑仲勉校勘的《元和姓纂》被称为《元和姓纂四校记》。

岑仲勉校订《元和姓纂》始于 1936 年。傅斯年也颇为支持："日后《姓

---

① 《岑仲勉史学论文集》，中华书局，1990 年，第 5 页。

② 欧阳哲生主编：《傅斯年全集》（第 6 卷），湖南教育出版社，2003 年，第 559 页。

③ 欧阳哲生主编：《傅斯年全集》（第 6 卷），湖南教育出版社，2003 年，第 565 页。

纂》校成，必为一时之伟著，无疑也。"①岑仲勉竭力通过扩大史料范围来开展校订和增补，博采年谱和碑志典籍，征辑诸家考证，不仅纠正了前三校的诸多问题，还考证出《元和姓纂》是《新唐书·宰相世系》的史源，对唐史和谱牒学研究都极具价值。1948年7月，《元和姓纂四校记》作为史语所专刊第二十九种出版。王仲荦在《关于岑仲勉元和姓纂四校记》一文中高度评价岑仲勉的四校："广征石志，用补旧史之阙文，其为功至勤也……迄元和之季，大概本自此书，于载矜异之巨著，一朝得知其所以出，顾不大快人耶！"1994年，中华书局将岑仲勉的校勘记整理后，与《元和姓纂》原文合编为《元和姓纂（附四校记）》出版。

岑仲勉入职史语所后的另一项核心工作是编撰突厥史料。突厥族是历史上活跃于蒙古高原和中亚地区的一支北方游牧民族，兴起于6世纪中叶，先后建立东、西突厥帝国，约在8世纪初被其他民族融合。我国魏晋南北朝和隋唐时期都与突厥族密切交往，留下大量突厥汉文史料，但史料分散且错误极多。岑仲勉很早就开始搜集突厥史料，他在《突厥集史》的"引言及编例"中回顾了写作过程："我在读书时遇有关于突厥事迹，便用片纸录出；抗战入川后某一个时期（指李庄时期），更曾专心作过搜采、校订和考证的工作。"②在此期间，岑仲勉还发表《揭示中华民族与突厥族之密切关系》一文，从11个方面详细介绍两者之间的密切关系，这也是他考证研究突厥史的一大目的。1958年，岑仲勉的《突厥集史》由中华书局出版。

《突厥集史》分上下两册，共17卷，近85万字，包括编年史料、突厥本传校注、突厥属部校注、突厥部人汉文碑志及列传校注、突厥文碑译注等。其中前10卷为编年史料，按时间顺序对各种正史、文集、碑志、典籍以及各类杂记等有关突厥的史料进行编排，并且对突厥从起源到分裂再到灭亡的过程都作了详细叙述。法国汉学家沙畹1903年出版的《西突厥史料》，是最早研究突厥史的著作。但岑仲勉认为研究西突厥就应该关注东突厥，所以他的《突厥集史》几乎囊括了有关东突厥的全部汉文史料，其内容和学术价值大大超越沙畹著作。特别是岑仲勉对突厥史中涉及的时间、人物、地理以及史实等方面的探究，资料翔实，考证精审，至今仍为史学界所称道。岑仲勉考证了突厥族的

---

① 王泛森等：《傅斯年遗札》（第2卷），社会科学文献出版社，2015年，第961页。

② 岑仲勉：《突厥集史·引言及编例》（上册），中华书局，1958年，第1页。

起源，指出突厥兴起之地是在金山，史籍中有关突厥为匈奴别种或平凉杂胡的记载，是因为他们错误地把古人的"别种"含义理解成了"种族"。在同年出版的《西突厥史料补阙及考证》一书中，岑仲勉除了对沙畹《西突厥史料》的存疑之处予以商榷外，主要目的是对《西突厥史料》没有采辑的可考史料进行补充。在李庄耗费了岑仲勉大量精力的这两本突厥史专著，其学术价值举世公认。

岑仲勉在李庄还就隋唐史进行了一系列的考据研究。1960 年出版的《唐史馀瀋》，是岑仲勉 1944 年在李庄写就的。全书按照唐朝帝王顺序分别考订唐代有关史事，共 4 卷 242 条，是岑仲勉考证研究唐史的重要著作。该书的最大特色是他除了考证研究正史外，还把杂史、金石诗文以及近代发现的各种史料进行相互印证，既厘清了许多错误史实，又发掘出了史料的新价值。在岑仲勉的考据研究中，以碑证史是其突出特点。傅斯年在 1943 年的工作报告中提及："岑氏之校理唐代石刻史料，皆为国内史学界所推重。论文有关唐事者，均为数不少，均在《历史语言研究所集刊》发表。"[①]岑仲勉在校理中，首先打破了清代金石学家对碑志的绝对迷信，利用碑志考订人物的姓源、朝代、名字、世次、官历、年寿、乡里等内容，纠正了过去的一些错误说法。岑仲勉 1945 年发表的《续贞石证史》，即是其以碑证史的名篇之一。

自宋代以来，几乎没有史家重视唐代翰林史的研究。唐开元年间设置的翰林学士，本是皇帝的文学侍臣，后期却演变成朝廷的决策者，有"内相"之称。唐开成二年（837）成书的《重修翰林学士院壁记》，记载了各朝翰林学士的题名及升迁，是研究唐代后期政治史的重要史源。1943 年，岑仲勉写成《补唐氏翰林两记》，补辑了唐宣宗至哀宗五朝的翰林历史，从而使唐代的翰林史更加完整。1945 年，岑仲勉发表了 12 卷的《翰林学士壁记注补》。他通过考证，发掘出《翰林学士壁记》在研究唐代政治制度史中的重大价值。岑仲勉的这两项独创性研究，充分展现出他在史源学上的独特眼光。严耕望在《治史三书》中评价道："尤可注意者，岑仲勉先生《翰林学士壁记注补》是一部极精审的著作，对于王源中的史料已作若干纠正。"[②]

岑仲勉对唐人文集的研究是其隋唐史研究的重要部分。他在 1946 年发表

---

① 王泛森等：《傅斯年遗札》（第 3 卷），社会科学文献出版社，2015 年，第 1445 页。

② 严耕望：《治史三书》，上海人民出版社，2011 年，第 16 页。

的《陈子昂及其文集之事迹》一文中，针对苏轼称赞韩愈是"文起八代之衰"的首倡者之说，通过对陈子昂的世袭、疑年、及第年、行第以及诗篇的创作时间等层层推证，提出是陈子昂而非韩愈发起了古文运动，陈子昂才是重振唐代文风的"初杰"，对流行了九百多年的苏轼"定论"提出了疑义。

与陈寅恪从宏观历史架构出发研究隋唐历史不同，岑仲勉更侧重于从具体史料的辩证和史事的实证来研究隋唐史。有学者分析岑仲勉的这一治学特点，就源于他在李庄校订《元和姓纂》时形成的学术习惯。1944年，岑仲勉在《北平图书季刊》发表的《考据举例》一文中主张："我国往日积弊，就在脱离现实，与去其病，更不应该毁弃'注重实证'之考据方法。"因此在史学研究中，岑仲勉不仅对传世史料进行史源追索，还引用碑志、文集等多方求证，不为专题或断代所限，力求贯通，这是常人难以比肩的学术秉性。

表25：岑仲勉李庄时期主要学术成果

序号	名称	首发刊物	时间	备注
1	《唐史馀渖》	中华书局	1960年	1944年李庄脱稿
2	《元和姓纂四校记》	历史语言研究所专刊第二十九种	1948年	1946年李庄脱稿
3	《突厥集史》	中华书局	1958年	李庄完成书稿主要部分
4	《西突厥史料补阙及考证》	中华书局	1958年	李庄起稿
5	《天山南路元代设驿之今地》	《历史语言研究所集刊》第10本	1942年	1948年重刊
6	《论取鉴唐史》	《益世报》	1943年	
7	《〈登科记考〉订补》	《历史语言研究所集刊》第11本	1943年	1947年重刊
8	《补唐代翰林两记》	《历史语言研究所集刊》第11本	1943年	1947年重刊
9	《秦代已流行佛教之讨论》	《真理杂志》第1卷第1期	1944年	
10	《景教碑书人吕秀岩非吕岩》	《真理杂志》第1卷第1期	1944年	

续表

序号	名称	首发刊物	时间	备注
11	《伊兰之胡与匈奴之胡》	《真理杂志》第1卷第3期	1944年	
12	《唐代戏乐之波斯语》	《东方杂志》第40卷第17号	1944年	
13	《唐代最南大商港AI-wakin》	《东方杂志》第40卷第20号	1944年	
14	《考据举例》	《北平图书季刊》（新）第5卷第4期	1945年	
15	《从人种学看天山南北之民族》	《东方杂志》第41卷第2号	1945年	
16	《揭出中华民族与突厥族之密切关系》	《东方杂志》第41卷第3号	1945年	
17	《饕餮即图腾并推论我国青铜器之原起》	《东方杂志》第41卷第5号	1945年	
18	《周铸青铜器所用金属之种类及名称》	《东方杂志》第41卷第6号	1945年	
19	《误传的中国古王城与其水力利用》	《东方杂志》第41卷第17号	1945年	
20	《自波斯湾头至东非中部之唐人航线》	《东方杂志》第41卷第18号	1945年	
21	《三伏日纪始》》	《东方杂志》第41卷第19号	1945年	
22	《何谓生霸死霸》	《东方杂志》第41卷第21号	1945年	
23	《续贞石证史》	历史语言研究所集刊外编《史料与史学》	1945年	1948年《历史语言研究所集刊》第15本重刊
24	《〈玉谿生年谱会笺〉平质》	历史语言研究所集刊外编《史料与史学》	1945年	1948年《历史语言研究所集刊》第15本重刊
25	《唐方镇年表正补》	历史语言研究所集刊外编《史料与史学》	1945年	1948年《历史语言研究所集刊》第15本重刊

续表

序号	名称	首发刊物	时间	备注
26	《抄明李英征曲先（今库车）故事并略释》	历史语言研究所集刊外编《史料与史学》	1945年	1948年《历史语言研究所集刊》第15本重刊
27	《跋南窗纪谈》	历史语言研究所集刊外编《史料与史学》	1945年	1948年《历史语言研究所集刊》第15本重刊
28	《外语称中国的两个名词》	《新中华》（复刊）第3卷第4期	1945年	
29	《党项及於弥语原辨》	《边疆研究论丛》	1945年	
30	《卫拉特即卫律说》	《边疆研究论丛》	1945年	
31	《〈隋书〉之吐蕃——附国》	《民族学研究集刊》第5期	1946年	
32	《蜀吴之梵名》	《东方杂志》第42卷第9号	1946年	
33	《景教碑之为洛师音译》	《东方杂志》第42卷第11号	1946年	
34	《上古东迁的伊兰族——渠搜与北发》	《东方杂志》第42卷第14号	1946年	
35	《周初生民之神话解释》	南京《文史周刊》	1946年	
36	《三年之丧的问题》	《东方杂志》第42卷第15号	1946年	
37	《塔吉克噶勒察及大食三名之追溯》	《东方杂志》第42卷第17号	1946年	
38	《记张田之清廉并略论海关》	《东方杂志》第42卷第18号	1946年	
39	《浪白滘与澳门》	《东方杂志》第42卷第19号	1946年	
40	《西周初期与印度之交通》	《东方杂志》第42卷第20号	1946年	

续表

序号	名称	首发刊物	时间	备注
41	《陈子昂及其文集之事迹》	《辅仁学志》第14卷第1、2合期	1946年	
42	《〈旧唐书逸文〉辨》	《历史语言研究所集刊》第12本	1945年	1947年重刊
43	《"回回"一词之语原》	《历史语言研究所集刊》第12本	1945年	1947年重刊
44	《吐鲁番一带汉回地名对证》	《历史语言研究所集刊》第12本	1945年	1947年重刊
45	《吐鲁番木柱刻文略释》	《历史语言研究所集刊》第12本	1945年	1947年重刊
46	《理番新发见隋会州通道记跋》	《历史语言研究所集刊》第12本	1945年	1947年重刊
47	《跋历史语言研究所所藏明末谈刻及道光三让本〈太平广记〉》	《历史语言研究所集刊》第12本	1945年	1947年重刊
48	《从文苑英华中书翰林制诏两门所收白氏文论白集》	《历史语言研究所集刊》第12本	1945年	1947年重刊
49	《翰林学士壁记注补》	历史语言研究所集刊外编《史料与史学》	1945年	1948年《历史语言研究所集刊》第15本重刊

来源：岑仲勉：《隋唐史》，河北教育出版社，2000年。

第四节　罗尔纲重启太平天国史研究

罗尔纲（1901～1997），太平天国史学研究的奠基人。他毕生以考据治太平天国史，将中国传统考据学的应用推上了前所未有的高峰。1930年，罗尔纲从上海中国公学毕业后，两度到胡适家中求学问道，初入史学之门。1937年，罗尔纲加入陶孟和主持的中央研究院社会科学研究所，重点研究清代兵制史。1941年到达李庄后，罗尔纲撰成《晚清兵志》，出版《绿营兵志》，修改完成《师门五年记》。他到广西考察太平天国遗址，搜集太平天国史料，开始撰写《太平天国史稿》，再次开启太平天国史的研究历程。

1926年，还在求学的罗尔纲发表其研究太平天国史的首篇文章《石达开故居》。1937年，罗尔纲出版最早系统介绍太平天国革命的专著《太平天国史纲》，首次提出"太平天国的性质是贫农的革命"，彻底颠覆了当时学术界视太平天国为反满民族革命或宗教革命的观点。研究太平天国史必然涉及清代兵制，罗尔纲的清代兵制研究上承绿营兵制，下启晚清兵制。他编著的《湘军兵志》（1939年初版时名为"湘军新志"）、《绿营兵志》（1945年出版）与《晚清兵志》（1997年出版），是清代兵制研究领域的开创性著作。

1937年，罗尔纲提出"湘军以前，兵为国有；湘军以后，兵为将有"的观点。他在《绿营兵志》中进一步解释道："研究湘军和绿营，就主旨来说，是要探索两种不同的兵制如何造成两种不同的政局；在研究方法说，是对一个假设进行正反两面的考证。"[1]《湘军兵志》和《绿营兵志》两书就是对其观点的考证。1940年罗尔纲在昆明写成《绿营兵志》初稿，交商务印书馆后不幸遗失，在李庄重写后于1945年作为中央研究院社会研究所丛刊第十六种，由重庆商务印书馆出版。该书以研究绿营兵的国有制度为主题，罗尔纲通过考证清代各朝的《会典》《会典则例》《文献通考》《中枢政考》等文献资料，参考各朝皇帝谕旨及臣工奏章，并充分利用史语所明清档案的整理成果，全面系统地论述了绿营制度的源流、建制沿革和衰落的历史过程。他指出，清朝的绿营制度是在明朝镇戍制度的基础上发展演变而来的，是土著世业的兵制，实行"兵皆土著，将皆升转"的制度，是清朝建国的基础。曾国藩用勇营制度组织湘军镇压太平天国运动后，勇营事实上就取代了绿营地位，因而清朝也随之灭亡。

1942年，罗尔纲在李庄写成《晚清兵志》，后因保存在李庄社会所准备出版的誊抄稿件丢失而未能及时出版，直到1997年才由中华书局出版。罗尔纲写作该书的目的不是考证问题，而是分析从李鸿章建淮军，到清末建陆军36镇这几十年的晚清兵制演变过程。他原计划仿《文献通考》的体例来编纂

---

[1] 罗尔纲：《绿营兵志·原题记》，商务印书馆，2011年，第 VI 页。

此志，后在李庄根据陶孟和的意见，改为参照《湘军兵志》来写作。全书共分《淮军志》《海军志》《甲癸练兵志》《陆军志》《军事教育志》和《兵工厂志》六卷，主要论述晚清政府的兵制变迁，体现出罗尔纲已由早期的考证问题，转向了系统性的兵制研究。

在完成清代兵制研究后，罗尔纲的学术重心再次回到太平天国史的研究。1942年，罗尔纲从李庄返回广西贵县老家，整理研究保存在家的太平天国资料。其间，他还考察了太平天国金田遗址，踏访韦昌辉故居，并寻访到《韦氏族谱》，罗尔纲的《金田采访记》就记录了此次经历。当时在贵县还发现一批天地会文献，罗尔纲认为颇有价值，故将其编为专书《天地会文献录》，共收录文献五则。1943年，罗尔纲早年写就的《太平天国史丛考》和《金田起义前洪秀全年谱》（即《洪秀全年谱》）相继出版。后者是罗尔纲与夫人陈婉芬合著的，该书透露出罗尔纲已经认识到年谱体裁不能全部记录太平天国史实，因此计划重写一部《太平天国全史》。1944年4月，罗尔纲编著的《洪秀全》出版，讲述了洪秀全从出生到起义再到覆灭的重大历史史实，书末还附有石达开、李秀成二人的传略。该书与《洪秀全年谱》相互补充，完整描述了洪秀全的一生。

1944年4月，罗尔纲借调广西考证《忠王李秀成自传原稿》（即《李秀成自述》）。作为研究太平天国史的重要文献资料，自从《忠王李秀成自传原稿》的曾氏刻本问世以来，学术界对其真实性提出了种种质疑，绝大多数学者认为这是曾国藩为邀功而伪造的。罗尔纲通过考证笔迹与字体，判定系李秀成真迹。此后，罗尔纲对《忠王李秀成自传原稿》进行了持续深入的考证研究。他在1949年发表的《湘乡曾氏戴忠王李秀成原供》一文中，初步推测李秀成降清的目的，是想学蜀汉姜维伪降，以图恢复太平天国。在1951年出版的《李秀成自传原稿笺证》一书中，罗尔纲将《忠王李秀成自传原稿》与《忠王谕李昭寿书》和《忠王亲笔答辞》三种笔迹对照考证，再次确认系李秀成笔迹。同时他分析李秀成当初伪降清廷的最终目的，是争取汉族重臣曾国藩反清。罗尔纲这一"举世骇俗"的考证结论此后经历了各种政治与学术风波，直至1977年曾国藩后人公布"李秀成劝文正公（曾国藩）反清为帝，文正公不敢"的家传口碑后，才间接得到证实。1986年，罗尔纲运用"书家八法"理论，再次考证《忠王李秀成自传原稿》确系李秀成真迹，获得书法界和史学界的一致肯定。

1944年10月，罗尔纲从广西返回李庄，同时兼任广西通志馆编纂，负责撰述《太平天国广西英雄传》。在编写过程中，罗尔纲开始思考："太平天国知名人物大半是广西人，把非广西籍的补上去，再添写《天王本纪》和《幼天王本纪》，那岂不就成为一部《太平天国人物志》？陈寿《三国志》的体裁不就是这样吗？"①于是，他按此构思开始创作《太平天国史稿》，并在李庄初步完成初稿，于1951年出版。这部著作的内容比此前的《太平天国史纲》扩增一倍，在体裁上采用司马迁的纪传体，在史学界可谓独树一帜。此后，罗尔纲又三次优化纪传体，并吸收了章节体的优点，创立了以序论、纪年、表、志、传五种形式结合而成的"综合体"。1958年，罗尔纲决定以《太平天国史稿》为祖本撰写《太平天国史》。1991年，他历经三十余载编著的《太平天国史》出版。全书共88卷150多万字，分"序论""纪年""百官职爵表""志"和"传"五大部分，列入的传记人物多达169人。这部传世之作，标志着20世纪太平天国的史学研究达到顶峰。

李庄时期，罗尔纲与董作宾曾共同探讨太平天国的历法问题。1943年，罗尔纲发表的《关于太平天国历法之讨论》与《关于太平天国历法通讯之讨论之二》两篇论文，是他吸纳了董作宾的学术观点后撰写的。但在"天历"的实施上两人观点有所不同，因此在刊物上发文讨论长达两年之久。最终新发现的材料证实了罗尔纲的观点，董作宾还为此写了一副甲骨文对联上门祝贺。

罗尔纲在李庄还特别关注人口问题对太平天国革命的影响。他在查阅太平天国史料时，发现我国有关人口问题的论著大多采信外国学者的臆说，因此决定探寻清代人口问题。罗尔纲在1946年11月15日给胡适写信汇报说："乃撰《太平天国革命的背景》一稿，将清初迄道光二百年来的人口经济、政治、社会、民族各方面的背景详加分析，文成三十万字，于今夏五月脱稿（今尚未刊）。"②罗尔纲主要根据清代档案研究人口问题，同时"还翻遍我所能见到的书籍，除了社会科学研究所藏书外，还借阅同迁李庄的历史语言研究所藏书，用担子把书籍经过崎岖的山路挑回来，看完了一担又一担"③。1949年，罗尔纲将《太平天国革命的背景》一书中有关人口问题的研究成果，以"太平天国革命前的人口压迫问题"为题，发表在《中国社会经济史集刊》第8卷第1期。他系统整理出清代人口增长的过程和数据，指出清乾隆六年（1741）有

---

①罗尔纲：《生涯再忆——罗尔纲自述》，山西人民出版社，1997年，第81页。

②郭存孝：《胡适与罗尔纲经纬录》，安徽教育出版社，2015年，第84页。

③罗尔纲：《生涯再忆——罗尔纲自述》，山西人民出版社，1997年，第76页。

1.4 亿人，是雍正十二年（1734）的 5 倍，到道光三十年（1850）全国人口已达 4.2 亿。罗尔纲将清朝人口增长引起的各种社会、政治、经济变化，与太平天国起义和百姓的贫穷生活进行综合研究，指出爆发太平天国革命有"人口压迫"的原因。罗尔纲的研究结论，与马寅初的"人口理论"极其相似，因此也同他的《李秀成自传原稿笺证》一样，经历了几十年的风波后才被认可。

罗尔纲晚年曾感慨，他一生中耗时最长的学术研究并不是太平天国史，而是对《水浒传》原本和著者的探索，而李庄恰恰是给予他灵感的地方。历史上有关《水浒传》的版本争议由来已久。金圣叹自称他刻的 70 回《贯华堂水浒传》是古本，原作者是施耐庵，70 回后的内容是罗贯中后补的。但郑振铎认定《水浒传》并无 70 回的古本。罗尔纲对这两种观点都有质疑，也知道应该从书名"水浒"的辞源入手，但一时还不得要领。1944 年，他在李庄阅读《诗经》中咏周太王古亶父"率西水浒，至于岐下"开基创业的诗句时，突然联想到元代有关李逵、鲁智深的杂剧中的"寨名水浒，泊号梁山"之说，顿悟出施耐庵把梁山写成根据地，以水浒寨作为新政权，并取书名为"水浒"，显然是由"率西水浒，至于岐下"的史诗而来。他当时"欢喜得叫了起来。于是把百回本《忠义水浒传》拿来细细地看，又借了元代水浒杂剧等有关的书来翻查"[1]。只因他当时正在编写《太平天国史稿》，所以并未深入探究。直到 20 世纪 80 年代，罗尔纲经过一系列考证，提出"《水浒传》真本为 70 回本，原作者是罗贯中"的观点，在学术界引起了持续的讨论。

1944 年 6 月，罗尔纲应邀在他贵县老家写作的"命题"小书《师门辱教记》出版，该书记叙了他 1930 年至 1936 年间在胡适家中当入门弟子的经历。因战乱不断，除罗尔纲带了一本回李庄外，该书未售一册便全部损毁。1945 年 2 月，罗尔纲在李庄再作修改。1958 年，胡适将《师门辱教记》改名为《师门五年记》自费刊印，反响巨大，如同教科书一般行销。与罗尔纲一样有过李庄经历的历史学家严耕望，评价该书"实为近数十年来之一奇书"。罗尔纲也曾感慨，想不到自己这本十天内匆匆草成的"小册子"，竟然会成为他流传最广的一部作品。

---

① 罗尔纲：《生涯再忆——罗尔纲自述》，山西人民出版社，1997 年，第 97 页。

表26：罗尔纲李庄时期主要学术成果

序号	名称	首发刊物	时间	备注
1	《绿营兵制》	商务印书馆	1945年	1940年昆明初稿遗失，李庄重写出版
2	《太平天国的理想国》	商务印书馆	1950年	1941年李庄脱稿
3	《晚清兵志》	中华书局	1997年	1942年李庄脱稿
4	《天地会文献录》	正中书局	1943年	
5	《洪秀全》	胜利出版社	1944年	
6	《太平天国史稿》	开明书店	1951年	1944年李庄初稿
7	《李秀成自传原稿笺证》	开明书店	1951年	1944年李庄初稿
8	《太平天国革命的背景》	手稿	1945年	
9	《师门五年记·胡适琐记》	香港生活·读书·新知三联书店	1994年	1944年桂林建设书店印出但未发行。1945年李庄再作修改。1958年胡适改名《师门五年记》自费刊印
10	《太平天国革命与贵县赐谷村》	《贵县日报》	1942年	
11	《关于太平天国历法之讨论》	《读书通讯》第59期	1943年	
12	《关于太平天国历法之讨论之二》	《读书通讯》第81期	1943年	
13	《金田采访记》	罗尔纲《太平天国史迹调查集》，生活·读书·新知三联书店	1956年	1942年广西调查成果
14	《翼王石达开略传》	《文史杂志》第3卷第7、8期	1944年	

续表

序号	名称	首发刊物	时间	备注
15	《李鸿章评传》	《文史杂志》第4卷第3、4期	1944年	
16	《湘乡曾氏戴忠王李秀成原供》	《中国社会经济史集刊》第8卷第1期	1949年	1944年广西考证成果
17	《太平天国革命前的人口压迫问题》	《中国社会经济史集刊》第8卷第1期	1949年	1946年李庄脱稿
18	《清代乾嘉道咸同光六朝人口统计》	《中国近代经济史统计资料选辑》	1955年	1946年李庄脱稿，中国社会科学出版社出版
19	《太平天国革命的性质及其失败的原因》	《中央日报》（重庆版）	1946年	

来源：中国太平天国史研究会编：《纪念罗尔纲教授文集》，江苏文史资料编辑部，1998年。

第五节 各有所长的历史学家

作为中国第一个最具现代意义的学术机构的负责人，傅斯年"为事择人"，为史语所招揽了众多学有专长的学界精英。当年在李庄的历史组，除了劳榦、李光涛、王崇武、岑仲勉等人外，还有毛遂自荐到李庄入职的严耕望，终身任职于史语所的陈槃，以及傅斯年任贤不避亲的傅乐焕等一批年轻学者。他们都极重视史料的搜集与考辨，追求专门，崇尚精深。

严耕望（1916～1996），著名历史学家。他早年研究汉唐政治制度史，从李庄开始，以一己之力研究唐代交通史，"寂寞自守"四十年，集传统考证史学与现代社会科学之大成，被誉为20世纪"中国史学界的朴实楷模"。

1941年，严耕望毕业于武汉大学历史系（抗战时期内迁乐山），后追随国学大师钱穆在成都齐鲁国学研究所研读三年，是钱穆最为欣赏的弟子。1945年7月，严耕望致信傅斯年毛遂自荐，欲入史语所研读，并随信附寄他的四篇论文，获傅斯年赏识。傅斯年随即致信董作宾说："今年请求入所之人甚多，凡无著作者，弟皆谢绝了。其有著作者，现有三人，其中严耕望一人似是一难得之人才。"①傅斯年原本希望严耕望暂留重庆，助其处理文书工作，但严耕望选择到李庄加入史语所历史组任助理员。严耕望晚年就此感慨说："至今想来，我之能有今天这一点成就，一大半当归于史语所的优良环境——图书丰富，工作自由，并且生活安定。"②

入所之初，严耕望的主要工作是订补《秦汉地方行政制度》及附录《两汉太守刺史表》，研究范围从汉代地方制度扩展到唐代政治制度史。1946年3月，他在李庄撰成《北魏尚书制度考》，全书十余万字，是其在史语所的第一篇论著。尚书原本是皇帝的秘书机关，自东汉以后，尚书制度逐渐演变成中央王朝的行政中枢。而鲜卑拓跋氏的北魏尚书制度的演变发展，是北魏汉化进程中的重要指标，研究意义重大。严耕望详搜旧史，依据《北魏书》所记个人官历，"运用最笨拙的方法"，把他们的年世、升迁途径及其在任的工作、职位，"如拾荒货一般逐一搜录起来"，再根据时代顺序加以排列，以此考证北魏尚书组织的演变。严耕望指出，北魏早期尚书制度的演变与汉化的进程完全契合，反映了历史发展的大趋势，隋唐尚书省制度就源于北魏孝文帝时期的尚书台。《北魏尚书制度考》融考证与诠释为一体，成为制度史研究的经典之作，也深化了陈寅恪开拓的中古史研究。严耕望晚年曾说："在我的著作中，若以一篇论文为单位而言，我想三十几年前所写的《北魏尚书制度考》可谓最有贡献。"③

1946年在李庄，严耕望"决定从事唐代人文地理之研究，视野所属，除一般政区沿革外，泛及经济、社会、文化、民族各方面，凡涉区域分布发展者，皆在搜讨之列"。他开始收集各类资料，意欲从地理角度研究隋唐五代在人文方面的发展历史，这是中国史学研究的新领域，也是一项浩大的学术工程。1966年，他"所录基本资料殆逾十万件，遂开始分区逐题撰述……"④1985年，严耕望"耗时四十年文繁两百万"的巨著《唐代交通图考》出版。该书详细考证记述了唐代交通道路的走向、里程、物产地貌，以及道路途经的城市、乡村、关隘、桥梁、驿站、寺庙，等等，甚至对路旁的奇特大树也作描述。他对每篇考论结果都绘制地图，并论述与该道路有关的历史事件。构思于李庄的

---

① 林磊：《严耕望先生编年事辑》，中华书局，2015年，第64页。

② 严耕望：《治史三书》，上海人民出版社，2011年，第293页。

③ 严耕望：《治史三书》，上海人民出版社，2011年，第56页。

④ 严耕望：《唐代交通图考·序言》，台北历史语言研究所，1985年，第2页。

《唐代交通图考》，其学术价值不仅在于完整描绘了唐代交通体系，而且对唐代交通与政治、经济、军事及文化的关系都作透彻论述，堪称 20 世纪中国交通史研究的经典名著。

除严耕望在李庄专注于隋唐制度史和交通史的研究外，史语所的其他青年学者都在各自领域取得了突出成就。史语所 1944 年度的工作报告中提及，陈槃研究"古谶纬通纂集说"，傅乐焕专攻"宋辽金史研究"。

陈槃（1905 ～ 1999），著名历史学家。他 1931 年中山大学毕业后即被傅斯年招入史语所，并随所迁移，终其一生。陈槃研究领域甚广，从 1937 年开始重点研究谶纬学，1949 年后转向两周史地研究。他是我国谶纬研究领域成果最为突出的历史学家，研究成果影响至今。

"谶"是西汉初年开始流行的一种神秘的宗教性预言，而"纬"则是指汉代儒学者以神学附会和解释儒家经学。纬书多谶语，二者合称"谶纬"。谶纬文献包含了大量汉代经学内容，具有独特的文献价值。民国时期，以陈槃为代表的史学家开始关注研究"谶纬"的史学价值。陈槃的谶纬研究著述大多是在李庄完成的，共有十篇，可分两类。一类以历史资料为中心，通过文献互证，再现古谶纬的传承演变，以及由其构建的古史系统，从而揭示出谶纬文献的思想渊源和社会意识形态。如 1942 年完成的《谶纬溯原》（上）、1945 年的《秦汉间之所谓"符应"论略》、1946 年的《战国秦汉间方士考论》等。陈槃以历史的眼光考察谶纬，认为《河图》《洛书》才是早期的谶纬文献，其他谶纬文献都是由此扩增而来的，并且在不同的时期由其传承人不断"改头换面"，在战国时期经燕、齐方士之手得以发扬，最终脱胎于秦汉。陈槃的论述事实上还原了战国阴阳家邹衍的五行学说，其贡献在于奠定了谶纬的现代学术研究。谶纬文献中除《四库全书》所收《永乐大典》中的《易纬》八种较为完整外，其余皆为断章残篇，甚至谶纬之名也混搅不清。陈槃在李庄的谶纬研究著述中，还有一类就是对谶纬文献的名称、内容进行释义和辑佚。如 1942 年的《谶纬释名》，他在继承前人之说的基础上，进一步完善了"谶纬一体"论。他在李庄编著的《古谶纬书录解题》之（一）至（三），即是用训诂学来解释谶纬题目，再将其与历史文献和相关背景结合进行研究，以诠释谶纬文献中的真实历史。此后，陈槃又续写了《古谶纬书录解题》之（四）至（七）。陈槃在李庄时期的谶纬研究成果，至今仍是谶纬研究领域最重要的学术参考。

傅乐焕（1913 ～ 1966），辽金元史学家，与冯家升、陈述并称"辽史三大家"。1932 年，傅乐焕在其堂叔傅斯年的建议下考入北京大学史学系，大学期间他确立了宋辽金史的研究方向。1936 年毕业后进入史语所，长期从事辽金元史研究，特别是辽史研究。1942 年，傅乐焕将其大学期间撰写的《宋辽聘使表稿》修订完成，共十万余字，并在《历史语言研究所集刊》第 10 本发表《辽代四时捺钵考五篇》，奠定了他在宋辽金史研究领域的学术地位。傅乐焕也因辽代捺钵制度的研究而获中研院的杨铨奖。

"捺钵"是契丹语"行营"之意，辽代皇帝四季逐水草而居，形成了春、夏、秋、冬四时的捺钵制度。由于该制度与汉文化传统迥异，史籍记载简单，史学界对此并不重视，傅乐焕是少数对此进行深入研究的中国学者。他的《辽代四时捺钵考五篇》，包括辽代春水秋山考、广平淀考、四时捺钵总论、辽史游幸表补证和驳池内宏辽代混同江考。傅乐焕将辽代的捺钵制度提高到文化的角度来考察，纠正了前人和日本学者的许多错误。他通过研究《辽史》和《三朝北盟会编》中宋人对"捺钵"的释意，指出辽代捺钵是契丹语"行营""行帐""营盘"之意，意指辽代皇帝出行居住的帐幕。傅乐焕又以辽帝行迹为线索，考证出辽国君主每年的春季行猎叫春水，秋季行猎称秋山，并对具体地点详加考证，对研究辽代地理和疆域有非常重要的参考价值。傅乐焕对四时捺钵的演变过程开展综合研究，包括捺钵的产生背景、含义以及捺钵与辽金元清的关系等问题，指出辽代政治的特殊之处就在于南北面官制度，由辽国君主直接统治的北面官主要管理契丹人，派大臣担任的南面官主要管理汉人。辽代政治的中心不在以汉人为主的五京，而是游牧式的捺钵。捺钵不仅是辽国君主狩猎、避暑、游幸的地方，更是其政治中心和君臣活动场所，是契丹民族生活的本色。辽代南北面官与分治制度，都源自捺钵，金元清时期也有实行捺钵制度的痕迹。傅乐焕在考证辽国君主冬捺钵所在地"广平淀"时，充分展现了他扎实的史学功底。他起初认为，"广平淀"是指潢河和土河合流之处，原本无名，只是史官记载其音，才产生了诸如"广平淀""中会川"等多种不同的地名称呼。1945 年，他在李庄出版的《六同别录》（中）上发表《广平淀续考》一文，再次对这些名称进行了补正，并且推测这些名称可能各有其意义。

傅乐焕有关辽代捺钵的学术观点以及研究方法已被史学界继承并发扬。1943 年，邓广铭在重庆《读书通讯》发表《傅乐焕氏关于宋辽金史之巨著》一文，高度评价傅乐焕的《辽代四时捺钵考五篇》及《宋辽交聘使表稿》，指其两文"皆博极载籍，穷源竟委，对契丹的典制风俗，以及宋辽邦交礼仪，考证都极尽详瞻"，由此可见傅乐焕在近代宋辽金史研究领域的开创之功。

表27：严耕望、陈槃和傅乐焕李庄时期主要学术成果

序号	名称	首发刊物	时间	备注
1	严耕望《北魏尚书制度考》	《历史语言研究所集刊》第18本	1948年	1946年李庄脱稿
2	严耕望《唐代交通图考》（前五卷）	历史语言研究所专刊之八十三	1985年	李庄开始收集资料
3	陈槃《谶纬溯原》（上）	《历史语言研究所集刊》第11本	1943年	1947年重刊
4	陈槃《谶纬释名》	《历史语言研究所集刊》第11本	1943年	1947年重刊
5	陈槃《古谶纬全佚书存目解题》（一）	《历史语言研究所集刊》第12本	1945年	1947年重刊
6	陈槃《秦汉间之所谓"符应"论略》	《历史语言研究所集刊》第16本	1948年	1945年李庄脱稿
7	陈槃《战国秦汉间方士考论》	《历史语言研究所集刊》第17本	1948年	1946年李庄脱稿
8	陈槃《古谶纬书录解题》（一）	《历史语言研究所集刊》第10本	1942年	1948年重刊
9	陈槃《古谶纬书录解题》（二）	《历史语言研究所集刊》第12本	1945年	1947年重刊
10	陈槃《古谶纬书录解题》（三）	《历史语言研究所集刊》第17本	1948年	1946年李庄脱稿
11	陈槃《古谶纬书录解题附录》（一）	收录于专著《古谶纬研讨及其书录解题》	1991年	1946年李庄脱稿
12	陈槃《古谶纬书录解题附录》（二）	《历史语言研究所集刊》第17本	1948年	1946年李庄脱稿
13	傅乐焕《辽代四时捺钵考五篇》	《历史语言研究所集刊》第10本	1942年	1948年重刊
14	傅乐焕《宋辽聘使表稿》	《历史语言研究所集刊》第14本	1949年	1942年李庄修订完成

续表

序号	名称	首发刊物	时间	备注
15	傅乐焕《广平淀续考》	李庄石印出版历史语言研究所集刊外编第三种《六同别录》（中）	1945年	1949年《历史语言研究所集刊》第14本重刊时被其《宋辽聘使表稿》替换
16	傅乐焕《行省制度之起源》	手稿	1945年	
17	傅乐焕《〈辽史〉复文举例》	《历史语言研究所集刊》第16本	1947年	1945年李庄脱稿

来源：林磊：《严耕望先生编年事辑》，中华书局，2015年；梁秉赋：《陈槃的谶纬研究》，载《中国经学》，1994年第27辑；傅乐焕：《辽史丛考》，中华书局，1984年。

第六章　社会经济学

　　西汉司马迁《史记》中的《平准书》与《货殖列传》，是关于经济发展史的专论。东汉班固的《汉书》在此基础上创建了《食货志》，此后的正史中列有《食货志》的有十三种，它们构成了古代中国较为完整的经济史料。因此，中国传统的经济史学以"食货之学"为主要形态，其中"食"与农业、"货"与工商业大致相当，涉及各历史时期的经济典章制度、政策主张与重大事件等内容。但"食货之学"主要记述的是国家层面的经济制度和财政问题，对大众社会的经济生活涉及很少。而且只重描述无关研究，所以更无理论可言。

　　1904 年，梁启超出版《中国国债史》，被学术界公认为是中国近代经济史研究领域的开山之作。民国初期，中国近代经济史研究的中心是陶孟和主持的北平社会调查所，其宗旨是"邀专攻社会经济学之人士，用科学方法，搜求社会事实，加以析讨，其中特别注意国民生计的问题，以调查研究所得，供计划经济建设者参考"[①]。他们的调查研究，涉及经济史、工业经济、农业经济、劳动问题、对外贸易、财政金融以及人口等社会经济的各方面。

第一节　李庄时期的社会研究所

　　陶孟和（1887 ～ 1960），中国社会学的奠基者，一个把"社会"变为

---

　　① 中华教育文化基金董事会：《中华教育文化基金董事会二十年事业简述》，1946 年。

"学"的社会学家。他早年留学日本东京高等师范学习教育学，后留学英国专攻社会学和经济学，1913年获伦敦大学科学学士（经济学）学位。陶孟和1914年回国后，先在北京大学任教，"五四"前后，他与陈独秀、胡适等人成为新文化运动的积极倡导者。1926年，陶孟和基于把"中国社会的各方面全调查一番"的愿望，转而加入北平社会调查部，主要调查劳动和农业问题，开创了中国社会学研究的先河。1929年调查部改组为社会调查所，成为我国"社会调查的中心机关"。1934年，社会调查所与中央研究院下属社会科学研究所合并，组建"中央研究院社会科学研究所"，由陶孟和任所长，这是中国最早的国家级经济研究机构。1945年，社会科学研究所在李庄更名为"社会研究所"，1953年改称"中国科学院经济研究所"，1977年更名为"中国社会科学院经济研究所"，并沿用至今。

陶孟和主持的北平社会调查部（所），最初主要对劳工生活、乡村家庭进行调查研究。1926年，陶孟和首次采用记账法调查北平的生活费，研究出版《北平生活费之分析》一书，精准揭示出温饱和贫困是旧中国最突出的社会问题。1932年，社会调查所成立经济史研究组，标志着中国经济史研究步入专业化。经济史研究组投入大量精力，在汤象龙、梁方仲的带领下，开始搜集整理明清档案中有关社会生活的文献资料，抄录档案十万余件，包括钱粮、关税、盐税、厘金、耗羡、酒项、参票等十数类[①]，为研究中国近代经济史奠定了基础。同时他们还根据国内形势的需要，将调查研究逐渐扩大到经济史、工业经济、对外贸易、财政金融、人口、统计等领域。1932年，社会调查所创办中国第一份以经济史命名的刊物《中国近代经济史研究集刊》（1937年更名为《中国社会经济史集刊》），创刊时间比美国《经济史杂志》还早八年。1934年以后的社会科学研究所，基本完成了社会调查的使命，开始转为以经济研究为主。他们力图通过社会经济的调查、经济史的研究，来发现中国社会积贫积弱的深层次原因，并寻求解决对策。

1944年，陶孟和在题为"中国社会之研究"的演讲中，从理论上系统阐述了社会调查与研究的意义和方法。其核心观点是，要研究现时的中国社会，还须追溯它的过去；为了认识社会的整体性，就必须对各方面的问题进行系统研究，并且要多方面通力合作来进行。陶孟和始终认为，社会科学应该包括政

---

① 王砚峰：《清代道光至宣统间粮价资料概述：以中国社科院经济所图书馆馆藏为中心》，载《中国经济史研究》，2007年第2期，第104页。

治学、法律学、经济学、社会学等学科，但当时他所领导的社会科学研究所事实上是以经济研究为主。因此 1945 年在李庄，陶孟和将社会科学研究所更名为社会研究所。

虽然汤象龙于 1942 年 5 月因私离开，但经过李庄几年的平稳发展，截至 1945 年，社会研究所有专任研究员陶孟和、巫宝三、梁方仲、徐义生和丁文治五人，专任副研究员有张之毅、罗尔纲、严中平、姚曾荫、徐雍舜五人，助理研究员有韩启桐、李文治、姚贤镐、王永吉、汪敬虞、马黎元、杜润生、王植民等十三人。陶孟和在李庄恢复了因战乱而中断的《中国社会经济史集刊》的出版和"读书会"的举办。社会所的"读书会"每两星期一次，由研究人员轮流报告研究课题，或介绍国内外最新出版的专业书籍，或报告外出调查参观后的体会。

对比《国立中央研究院社会科学研究所概况报告表（1942～1943 年）》《国立中央研究院 1945 年工作报告（社会研究所）》以及《国立中央研究院 1946 年度工作报告（社会研究所）》①，可以非常清晰地了解到社会研究所在李庄这段稳定时期的发展情况。其中专任研究人员在 1945 年就比 1942 年增加了五人，而且 1942 年该所完成的研究课题仅有以下五类：

1. 战时经济：战时物价变动及其对策、战时货币史及其教训（上篇）、战后的世界经济与中国经济、我国战时汇价与物价的变动、我国战时的汇价变动与进出口物价。

2. 经济史：明代仓储制度、清官差汉满人充任的比例。

3. 外贸：中国埠际贸易统计（1936～1940）。

4. 粮政田赋与财政：关于田赋征实及粮食征购之意见、川省田赋征实负担之研究、南溪县粮额问题、1941 年度的广西粮政、田赋征实概论、十年来江西省财政与中央财政之关系。

5. 行政关系：对 1929 至 1941 年间广西省县行政关系的研究。

而在 1945 年，社会所已经完成的研究项目明显增多，研究领域成倍扩大，已经完成的就有九大类（不含罗尔纲研究部分）：

1. 经济理论专题研究。

2. 社会经济史研究：明代田赋史、明代银矿、明代国际贸易与银的输出

---

① 中国第二历史档案馆编：《中华民国史档案资料汇编》（第 5 辑第 3 编·教育 2），江苏古籍出版社，2001 年。

入、清代漕运制度、清代财政史资料编纂、近三百年中国重工业史（部分完成）和清代的关税与财政。

3. 工业经济研究：国营事业研究、关于棉业之研究、我国之制革工业、战时工厂迁移调查、江西钨业成本会计之研究、嘉陵江下游煤矿业之研究。

4. 农业经济研究：浙江省食粮运销、农业贷款与货币政策、抗战以来的农业金融、西北大地农业考察。

5. 贸易研究：发表《战时大后方的贸易平衡》《我国战时贸易入超与外汇》《广东省对外贸易入超与港币暴涨》三项成果，编成报告《我国关税自主后进口税率水准之变迁》，完成广东省对外贸易调查、滇缅铁路与我国战时国际贸易研究、1936 年至 1940 年中国埠际贸易统计，以及近二十年来广东对外进出口贸易物量物价指数研究。

6. 金融及物价研究：完成战时金融的研究论文《战时货币史及其有关书籍》《战争结束后通货整理问题》《战后银行组织问题》，以及通货膨胀与生产事业、粤省华侨汇款调查，中国存银之估计与战时物价变动调查。

7. 财政及粮政研究：关于地方财政研究的专书《县地方财政》《我国国省财政关系》《云南财政概况》，以及《我国田赋制度之改造》《利用土地税以稳定农民收入之条件》《资本捐问题》《各省田赋征实与粮食征购》。

8. 行政研究：四川省县临时参议会研究。

9. 一般经济问题研究：关于国民所得之研究、沦陷区经济研究、抗战以来的公私损失估计、调查新疆经济概况以及大洋洲经济研究。

可以看出，李庄时期社会研究所的各项工作已日趋正常化。曾在李庄六年的巫宝三回忆道："总之，在李庄这几年中，虽然工作和生活条件都十分恶劣（门官田的办公隔壁就是牛棚，仅有竹'墙'相隔，真可谓与牛马为伍），社会所的研究工作还是有成绩的。"[①]除罗尔纲致力于太平天国史和清代兵制史的研究外，社会所在李庄开展的调查研究主要包括经济理论、社会经济史、工业经济、农业经济、贸易、战时经济、金融、物价及财政、粮政等多个领域。在学术风格上，他们既主张深入研究中国的现实问题，又积极与国际接轨，注重基础理论和经济史的研究。他们普遍拥有良好的教育背景，能够熟练运用经济学和统计学的理论，立足于现实来研究社会经济。在李庄这片安宁和谐、

---

① 巫宝三：《纪念我国著名社会学家和社会经济研究事业的开拓者陶孟和先生》，载《近代中国》，1995 年第 5 辑，第 387 页。

兼收并蓄的学术环境中，诞生了梁方仲的"明代田赋史研究"系列论著、巫宝三主编的《中国国民所得（一九三三年）》、严中平的《中国棉业之发展（1289—1937）》，以及韩启桐的《中国对日战时损失之估计：1937—1943》等一批中国近代经济史研究中最为杰出的学术著作。

第二节　梁方仲研究明代赋税制度

梁方仲（1908～1970），我国著名经济史和明清史学家，中国社会经济史学的奠基者之一。1930 年，梁方仲从清华大学经济系毕业后考入清华研究院，主修财政学，专攻明代田赋史。1933 年，梁方仲加入社会调查所，毕生致力于中国社会经济史研究，尤以研究明代户籍、土地和赋役制度著称于世，有"明代赋役制度的世界权威"之称。

我国古代的赋税制度，从先秦时期的贡赋制，逐渐演变成以人丁为主要征收标准的汉代租赋制、魏晋南北朝的租调制和隋唐的租庸调制。从唐朝中后期开始，又发展成以土地和财产为主要征收标准的唐代两税法、明朝中后期的一条鞭法，以及清朝前期开始实行的摊丁入亩。尤其是在明代嘉靖、万历年间推行的一条鞭法，上承唐朝两税法，下接清代摊丁入亩，规定一切赋税皆纳银两，使白银成为明代国家税收货币，这在中国历史上是一次具有深远影响的社会大变革。梁方仲在整理抄录明清档案中的社会经济史料过程中，开始依托这些原始资料，对明代赋税制度进行深入研究。1936 年 5 月，他在《中国近代经济史研究集刊》第 4 卷第 1 期发表三万多字的《一条鞭法》。他根据《明实录》以及大量地方志资料，阐明了实施一条鞭法的原因，分析了一条鞭法的主要内容，考察了一条鞭法在各地的推行过程。梁方仲认为，一条鞭法是现代田赋制度的开始，它打破了两三千年的实物田赋制度，标志着中国货币经济的抬头，显示出 16 世纪中国社会历史发展的趋向。梁方仲的这些开创性论断，引起史学界巨大反响，《一条鞭法》成为梁方仲学术成就的基石。

梁方仲对一条鞭法的研究是持续深入的。在李庄四年（1944 年 9 月赴美英考察），除《"战后问题"的问题》一文是研究现实问题外，他围绕"一条鞭法"，连续发表了《明代江西一条鞭法推行之经过》《明代的户帖》《明代十段锦法》《释一条鞭法》四篇有关明代税赋制度的论著。梁方仲采取纵横探索相结合的研究方法，把学术视野扩展到与一条鞭法相关的多个领域。1942

年发表的《田赋史上起运存留的划分与道路远近的关系》，以及 1946 年发表的《明代粮长制度》，都是梁方仲在李庄时期，从不同的角度探索一条鞭法的重要论述。

在张居正推广一条鞭法之前，江西、浙江、广东等部分地区出现徭役折银向田亩转移的税赋改革，梁方仲重点关注江西推行的一条鞭法。1939 年，他在《中央日报》（昆明版）上发表《跋〈洞阳子集〉——兼论明隆万间江西一条鞭法推行之经过》。1941 年，他在李庄利用早年收集到的珍贵资料，写成《明代江西一条鞭法推行之经过》一文，论述在江西实施一条鞭法前的均徭法以及推行一条鞭法的经过。明中叶，在江苏、安徽、上海及浙江、福建等地盛行一种总称为"十段锦册法"（简称"十段锦法"）的赋役制度，但名称各异，如十段册法、十段田法、十段丁田、十段粮米，等等，并且与一条鞭法混淆不清。梁方仲为此撰写《明代十段锦法》，论述十段锦法的由来、具体内容、推行过程以及在各地的差异。梁方仲非常重视经济史的计量研究，为了"考见明代中叶以后赋役变迁的趋势"，他在该文中大量运用数据分析，对理解明代赋役制度改革具有特殊意义。明洪武初年建立的户帖制度，被认为是世界上最早的人口普查记录，但在过去几乎无人问津。梁方仲是最早研究中国古代户帖的学者，他在 1943 年发表的《明代的户帖》一文中，通过考察各种文献记录的明初户帖，指出明代户帖的作用，不只是户籍依据，还是征收赋役的根据。他认为唐宋以来就有户帖一说，明代形成了具体格式。明初的户帖包含有人口移动、土地产业分配、家庭组织等信息，从而"弥补了史籍所忽略的历史事实"。

梁方仲 1944 年发表的《释一条鞭法》，是对他《一条鞭法》的补充和深入研究，分"鸟瞰""内涵""写法及名称""征一法、一串铃法及其他"四部分。在"鸟瞰"部分，梁方仲综合分析了实施一条鞭法前的明代赋役制度，其目的是从税制本身来阐述变革的客观要求，也是对《一条鞭法》中有关明代赋法与役法崩溃论的深入探讨。在《释一条鞭法》中，梁方仲更侧重于从宏观层面对明代推行一条鞭法为主的赋税改革进行全面论述，并运用大量的史料对一条鞭法的变迁展开详尽分析。他明确指出"纲银法、征一法、十段锦、一串铃等法，它们在基本原则和主要内容上皆与一条鞭法相同，然所包括的范围大都比条鞭稍狭"①。他考证："从字面的意义解释，一条鞭就是将赋内各项正杂条款（有时赋役以外的课税杂项亦包括在内）合并地编为一条（有时或一条以上），使其化繁为简，以便征收。'鞭'字在初时原写作'编'字，后一字方是正字，前一字不过是俗体。"②1956年，哈佛大学东亚研究中心把梁方仲1936年的《一条鞭法》，与李庄时期的《释一条鞭法》合并编译成英文本，列为《哈佛东亚丛刊》第一种出版。费正清作序对其高度评价："由于这篇专著是论及明代后期赋税和劳役系统改换为以银折纳制度迄今最深入的研究，它对中国近代货币经济发展的任何研究都提供了背景作用。"③

　　一条鞭法的实施必然带来白银货币需求的增加，但中国白银严重依赖外部供给，而且白银的流通主要发生在政府财赋分配的领域，所以即使引起商品流通的发达，也不能推动工农业的同步发展。梁方仲在《明代粮长制度》中把这种现象称为"虚假繁荣"。负责催征和解运田赋的粮长制度始于明代，与里甲制度构成了明朝最基层的行政组织，是明代赋役制度的核心框架之一，与一条鞭法密切相关。梁方仲把明代粮长制度视作研究明代社会经济的突破口，持续研究二十多年。1935年，他在天津《益世报》首次发表8000余字的《明代粮长制度》，从粮长制度"设立的用意""职务的分析及其特权""制度的变迁""几个组织上的问题"等方面作了初步分析。1944年，梁方仲对粮长制度展开进一步研究，对原文进行大幅度的增补修改，写成26000多字的长文，发表在1946年的《中国社会经济史集刊》第7卷第2期。1957年，梁方仲以李庄稿本为蓝本，撰成十多万字的专著《明代粮长制度》，这是梁方仲生前唯一正式出版的一部专著。该书通过研究明代粮长制度的演变，从深入探究基层社会组织和权力结构的变动，来阐明国家历史的重大转变，为历史研究建立了一个典范。1966年，梁方仲的《明代粮长制度》和《明代十段锦法》两篇论著，作为中国新史学代表作品之一，被译成英文收入美国版的《中国社会史》一书，足见它们的学术价值。

　　梁方仲对一条鞭法与粮长制度的研究，必然涉及更多有关农村社会关系的讨论。1936年，他受西方经济学地租理论的启发，发表《田赋输纳方式与道路远近的关系——一个史的考察》。1942年在李庄，梁方仲就同一问题发表

①梁方仲：《梁方仲经济史论文集》，中华书局，1989年，第243页。
②梁方仲：《梁方仲经济史论文集》，中华书局，1989年，第235页。
③梁承邺：《梁方仲学术评价实录》，广东人民出版社，2021年，第77页。

《田赋史上起运存留的划分与道路远近的关系》一文，切入点却是田赋改革与征收的现实问题。他揭示了我国财政赋税制度一个极为关键的事实，即由空间距离引出的财富输送问题，在赋税结构以及赋税负担分派上占有重要地位。结合梁方仲认为中国赋役制度结构性质是"赋中有役，役中有赋"的观点，他的这一发现对解释中国王朝国家制度和社会结构就有特殊意义。

梁方仲在李庄把握一条鞭法的本质内容，从制度考释入手，全面论述一条鞭法在地方推行的过程、实施内容上的差别以及不同地区的社会状况。在研究手段上，他运用计量统计方法，分析历史数据反映出的经济事实。这体现出梁方仲通过研究明代社会经济的变迁，来解析中国传统社会结构的学术目的。他力图在通解历代制度演变的基础上去解读数字资料的方法，已经成为中国经济史研究计量方法的基本规则。梁方仲最具代表性的著作是20世纪50年代开始编撰的《中国历代户口、田地、田赋统计》，他对我国从两汉到清末近两千年间的历代户口、田地和田赋统计数字进行考核测算，再分门别类地综合编辑为两百多张表格，并对某些重要数字进行考订注释，为研究我国经济、土地和人口的历史提供了重要的数据支撑，具有很高的学术价值。在这部以汇集历史数据为主的著作中，就包含梁方仲在李庄时期从历代官私文献中研究整理出的大量数据。

表28：梁方仲李庄时期主要学术成果

序号	名称	首发刊物	时间	备注
1	《"战后问题"的问题》	《当代评论》第1卷第11期	1941年	
2	《明代江西一条鞭法推行之经过》	《地方建设》第2卷第1、2期	1942年	
3	《田赋史上起运存留的划分与道路远近的关系》	《人文科学学报》第1卷第1期	1942年	
4	《明代的户帖》	《人文科学学报》第2卷第1期	1943年	
5	《明代十段锦法》	《中国经济史集刊》第7卷第1期	1944年	

续表

序号	名称	首发刊物	时间	备注
6	《释一条鞭法》	《中国经济史集刊》第7卷第1期	1944年	
7	《明代粮长制度》	《中国经济史集刊》第7卷第2期	1946年	1944年李庄脱稿
8	《中国历代户口、田地、田赋统计》	上海人民出版社	1980年	包含李庄时期的研究整理成果

来源：梁承邺：《梁方仲学术评价实录》，广东人民出版社，2021年。

第三节 巫宝三编《中国国民所得（一九三三年）》

巫宝三（1905～1999），中国著名经济学理论家，中国经济思想史的开创者。1932年，巫宝三毕业于清华大学经济系，1933年加入陶孟和的北平社会调查所。1938年获哈佛大学硕士学位，1948年获哈佛大学博士学位。从20世纪30年代开始，巫宝三专注于研究中国农村经济、经济学理论和中国国民收入估算。50年代以后，他开启了中国经济思想史的研究。

巫宝三的学术活动和成就主要在经济学理论研究方面。他研究经济学理论最大的特点，就是始终立足于中国经济的实情，而且特别重视农业经济问题。1927年，刚步入大学校园的巫宝三，就针对家乡江苏句容农村的实际，研究发表《句容农民状况调查》一文，表现出他对农民与农村经济问题的关切。此后，巫宝三又相继发表一系列关于中国农村经济的调查研究文章，对农村的生产状况、成本价格、农民生活程度、城乡资金融通、农村人口与经济影响等问题开展调查分析。同时提出一系列旨在改善农民生产生活，促进农村经济发展的具体意见。

迁到李庄不久，巫宝三就对他此前撰写的《农业与经济变动》一文进行补充修改，于1941年发表在清华大学《社会科学》第3卷第1期。该文是巫宝三受社会研究所资助，在1936至1938年留美期间撰写的专著《农业国家经济发展理论》（未完稿）的一部分。巫宝三以中国和印度为样本，分析指出在农业占主导地位的国家，国民经济的盛衰虽然受农业收成好坏的影响，但还取决于该国农产品在世界贸易中的出口份额以及出口弹性。同时他通过分析工业化国家中农业在经济活动中发挥的作用，指出"农业丰收是发动经济繁荣的因素"的主流经济理论，无论是在工业化国家还是农业国家都不能成立。所以巫宝三认为，西方发达国家的农业经济理论并不适用于中国。该文从中国经济的实情出发去审视西方经济学理论，颇有创见性，还未发表即获 1940 年度中研院杨铨奖。1942 年，巫宝三发表的《论我国农业金融制度与货币政策》，是他有关旧中国农业经济问题的最后一篇文章。1943 年，他与汤佩松合著的《农业十篇》出版，该书收录了巫宝三有关农业经济问题的早期论文。陶孟和在李庄为《农业十篇》写了长序，他在序文中纵论社会科学与自然科学的异同，以及研究社会科学的重要性，并且坚信："农业有它的人事的、社会的方面，农业牵连着许许多多的人事的、社会的问题。总言之，农业政策除了技术的改良而外，还带着社会的经济的蕴义"[1]，表达出李庄社会研究所的学术追求。

巫宝三在研究农业经济时发现，在中国经济中占比较大的是自给自足的农业生产，因此中国经济的发展需要大量投资。但中国财政经济的投资，必须从每年的国民生产中减去消费部分后才能获得，所以只有对中国国民所得问题进行深入研究，才能摸清中国国民生产和消费总额，以及剩余的可投资总额，这些都是制定国民经济发展规划必需的基本情况和基础数据。这项研究不仅在中国完全是一片空白，即使是在当时的国际学术界也是一项前沿性研究。"国民所得"（国民收入），是指一个国家物质生产部门的劳动者在一定时期（通常为一年）内新创造的价值的总和，是计量一定时期一个国家经济发展形势的综合指标之一。[2]20 世纪初，欧美经济学家提出了早期的"国民所得"核算理念及框架，并基于统计资料对本国的"国民所得"进行估计。一些在华外国投资机构，也依据这一理论框架对中国的"国民所得"进行简单的估算。以巫宝三、刘大中、陈振汉为代表的中国学者，分别根据不同的材料，采用不同的方法开始对中国"国民所得"进行估算，其中以巫宝三的研究成果最具权威性。1945 年，他在李庄完成的代表作《中国国民所得（一九三三年）》，迄今仍被学术界所推崇。

1942 年，巫宝三在李庄率领汪馥荪（敬虞）、章季闳（有义）、马黎

---

①巫宝三：《纪念我国著名社会学家和社会经济研究事业的开拓者陶孟和先生》，载《近代中国》，1995 年第 5 辑，第 385 页。

②李琮：《世界经济学大辞典》，经济科学出版社，2000 年，第 330 页。

元、南钟万和贝有林四人，开始对中国国民所得开展前所未有的精密测算，以期估算出有广泛认同感的中国"国民所得"。由于我国当时还未开展各种普查，加之战事期间，访查困难，他们的测算研究缺乏大量基础数据。但当时公私各方发表的重要调查及统计数据都被吸纳，同时他们还查阅各种书刊，摘录各种统计以供参考。取书名为《中国国民所得（一九三三年）》，是因为 1933 年的资料相对丰富。"而在书中我们亦曾估计 1931—1936 年各年的国民所得，我们所以未标明 1931—1936 者，乃因我们详细的估计以 1933 年为限。"[①]

巫宝三的研究还面临着理论瓶颈与方法分歧。当时国内外学术界对"国民所得"的基本内涵和统计方法还存在较大分歧，巫宝三在分析两种主流定义后，将"国民所得"界定为一段时期内一个国家的居民的货物与劳务的净生产总额，而非各个生产组织的总所得。而且他认为，核算"国民所得"的方法与统计材料密切相关。如果统计材料齐全准确，使用当时盛行的五种统计方法得到的"国民所得"都应是一致的，因此采用哪种方法进行统计并不重要。但如果统计材料严重缺乏，采用任何一种统计方法都是无效的，所以只能采用多种统计方法进行综合研究。巫宝三采用的是所得法兼增加价值法，他将其称为混合法。而且巫宝三自始至终都以开放和科学的态度，为估算研究做理论和方法上的准备。他在 1944 年发表《中国国民所得估计方法论稿》，公开征求研究方法，以及数据收集统计方面的意见。在 1945 年出版《国民所得概论》，系统介绍和宣传国民所得的意义、估计国民所得的方法和应用。

在《中国国民所得（一九三三年）》中，巫宝三将 1933 年的中国国民经济大致划分为农业、矿冶业、制造业、营造业、运输交通业、商业、金融业、住宅、自由职业、公共行政和国际收支十一类。通过估算各业（类）所生产的货物或劳务的增加值来计算国民所得，从而分析国民收入的产业构成。他还用消费及投资法估计消费总值，进而分析国民收入的支出结构，同时也估算收入构成，分析劳动所得与财产所得的分配情况。最终巫宝三得出四点结论：一是 1933 年中国净产值减去折旧后的"国民所得"为 199.45 亿元，人均 12 美元（美国当年是 313 美元），生产力低下；二是农业占比高，而且农业所得的45% 被 10% 的地主富农占有；三是制造业比重低，而商业所得比重又高于制造

---

① 巫宝三：《中国国民所得（一九三三年）·序》，商务印书馆，2011 年，第6 页。

业，反映出中国经济活动的主角仍然是地主和商业者；四是消费品中的食物消费比重最高，反映出当时中国的生活水平较低。总体而言，在 1933 年的中国经济结构中，传统经济占有主要地位，中国社会经济发展整体上滞后于西方国家。

1945 年 12 月，在完成《中国国民所得（一九三三年）》的初稿后，巫宝三择其要点油印成《中国国民所得估计述要》分发各方参考。1946 年，他在美国发表《中国国民所得之一个新估计》与《国民所得中的国际收支》两篇文章，简略介绍了他在李庄估算中国"国民所得"的基本理论框架、统计项目、研究方法及其成果。1947 年，《中国国民所得（一九三三年）》一书，被列入社会科学研究所丛刊第二十五种出版，巫宝三将其在李庄研究国民所得的估计材料、计算方法与估算结果全部发表，产生了广泛的学术影响，被认为是当时中国国民所得最为详备的估计，其估值还被视为中国官方数据，收录在 1948 年联合国出版的《各国 1938—1947 年国民所得统计》中。巫宝三在李庄的估算研究，开创了估算中国国民收入的先河，在此后有关近代中国国民经济估算的学术研究中，采用巫宝三统计方法的研究成果占 70% 以上。《中国国民所得（一九三三年）》，成为中国现代宏观经济分析的奠基之作，至今仍是研究旧中国经济问题的基础性文献。

表29：巫宝三李庄时期主要学术成果

序号	名称	首发刊物	时间	备注
1	《战时物价之变动及其对策》	商务印书馆	1942年	社会科学研究所社会经济问题小丛书第5种
2	《农业十篇》	独立出版社	1943年	与汤佩松合著，李庄修改定稿
3	《国民所得概论》	正中书局	1945年	
4	《中国国民所得（一九三三年）》	中华书局	1947年	巫宝三主编，1945年李庄脱稿
5	《论目前的货币、物价与生产》	《时事类编》第64、65期	1941年	
6	《我国银行信用膨胀问题的商榷》	《金融知识》第1卷第3期	1942年	
7	《论我国农业金融制度与货币政策》	《金融知识》第1卷第4期	1942年	

续表

序号	名称	首发刊物	时间	备注
8	《我国战时的粮食问题》	《太平洋事务杂志》第15卷第3期	1942年	英文
9	《战时工资变动》	《人文科学学报》第1卷第2期	1942年	与桑恒康合撰
10	《平均地权与地尽其利及其实行》	《经济建设季刊》第1卷第3期	1943年	
11	《预期储蓄与灵活性偏好》	《经济研究评论》（冬季号）	1943年	英文
12	《中国国民所得估计方法论稿》	《经济学报》第1卷第1期	1944年	
13	《国民所得中的国际收支》	哈佛大学《经济学季刊》第60卷第2期	1946年	英文
14	《中国国民所得的一个新估计》	芝加哥大学《政治经济杂志》	1946年	英文

来源：中国社会科学院科研局编：《巫宝三集》，中国社会科学出版社，2003年。

第四节　严中平著《中国棉业之发展（1289—1937）》

严中平（1909～1991），杰出的马克思主义经济史学家，新中国经济史学的奠基人之一。他1932年考入清华大学经济系，1936以研究生身份加入社会科学研究所，1938年留所任助理研究员。严中平1943年在李庄完成的《中国棉业之发展（1289—1937）》，堪称中国经济史学的经典著作。从20世纪50年代中后期开始，他转向主持编辑中国近代经济史资料，为中国近代经济史的教学和研究提供了系统的基础资料。

1936年，非政府国际组织"太平洋国际关系学会"委托社会科学研究所开展有关中国棉纺织工业的调查研究，由王子建和严中平共同负责。学会出于比较太平洋地区各国棉业现状的目的，要求各会员国作同一题目和性质的研究。但因中国保存有大量的手工业，又特别要求中国的研究报告应附专章记录手工业调查。王子建为此拟定了专门计划，分原棉、纱厂、成本、劳工、贸易及手工业各章，并要求"研究取材，必以亲历调查为主，以综录他人记载为辅"①。1937 年，在严中平完成江苏南通手工织布业的调查后，因战乱再无实地调查机会，只能通过查找收集各种文献资料进行研究。在昆明时，王子建调离，严中平独自承担研究项目。1940 年 6 月，他在昆明完成初稿，待修改后提交。

严中平在整理修改初稿时，意识到当时的棉纱厂或毁于战火或沦陷于敌占区，如果按原计划进行国际性的比较研究已经毫无意义。于是他决定放弃此前对棉纺织业进行横向比较研究的计划，转向"以探求中国棉业史的演进程序与其因果关系为主旨"的研究，并力求回答"中国棉业，何以经五百余年的长期停滞然后始发生棉工业革命？此种突变的发动力量为何？其经过如何？又何以形成其今日的落后情势"②等一系列深层次问题，意图通过考察中国棉纺织工业的发展过程，来研究中国资本主义发生的历史。严中平的这一重大转变，显然受到马克思主义学说的影响。在当时的社会所，虽然主要流行西方资本主义经济学说，但陶孟和崇尚蔡元培兼容并包的精神，允许马克思主义政治经济学的研究讨论。经陶孟和同意，严中平重新查找资料，补充史料。1941 年初，他在李庄开始重写报告，并新增大量内容，历时九个月完成，取名《中国棉业之发展（1289—1937）》。

严中平把《中国棉业之发展（1289—1937）》一书的副标题，定为"中国资本主义发生过程之个案分析"，表明他是以棉业为样本，对中国工厂制度的资本主义生产的发生作个案研究。他在书中运用实证主义方法，考察了近代中国棉业发展的曲折历程，其主旨、取材和论断都远远超越前人著作。严中平旁征博引，发现了许多新史实。如此前大多认为上海织布局的创立者是李鸿章，而他广征史料，以事实证明应该归功于改良主义思想家郑观应。严中平详细客观地分析了大量历史资料，包括中国棉业在鸦片战争以前的生产组织形式和特点，中国机器棉纺织工业的建立，以及英美印日等国瓜分中国棉货市场和确立对华投资霸权的过程。他通过研究中国民族纺织先驱在上海和武汉的创业经验、成就及意义，分析中国棉业畸形繁荣和最终萧条的原因与过程，进而对中

---

①严中平：《中国棉业之发展（1289—1937）·题记》，商务印书馆，1943 年，第 1 页。

②严中平：《中国棉业之发展（1289—1937）》，商务印书馆，1943 年，第 15 页。

国工业资本主义在半殖民地半封建社会中的发展条件和现状作出了独立研判。严中平认为，洋货入侵有利有弊，它虽然破坏了旧式生产方式，但推动了新的生产力发展，影响极为深远。他形象地把中国比拟为一个小农经济体，指出"中国农民为追求自给，选择适当的手工业以填补农业活动的闲散季节。因其为闲散季节的活动，所以他们对于自己手工业产品的估价，几乎可以不去计较劳动成本，从市场的争夺上来说，这自然是一个有力的武器"[①]。鸦片战争以后，中国经济的根本变化就是资本主义的产生，但都是外力因素造成的。中国民族工业，包括棉业的发展，则时刻处于外国商品的倾销和外国资本的压迫下。严中平由此得出结论，在半殖民地半封建的中国，资本主义是不可能发展壮大的。严中平的《中国棉业之发展（1289—1937）》还未正式出版，即获得1942年中研院的杨铨奖。1943年被列入社会科学研究所丛刊第十九种出版。

《中国棉业之发展（1289—1937）》出版后，曾留学哈佛大学的经济学家陈振汉发表书评，肯定了严中平的研究是中国棉纺织研究史上的重大突破，但同时也指出在国力贫穷的清末，利用外资或是外商直接来华设厂，能够促进中国经济的发展，因而并不赞同严中平对外资竞争的担忧和抵触。严中平随即在《图书评论》上发表《论外资外厂问题并答陈振汉先生》一文予以回应。他认为中国的本土纱厂不如外籍纱厂发展顺利的根本原因，是不平等条约的束缚和外资企业在经济技术上的垄断地位，所以内资与外资是冲突的。严中平主张中国战后应该大量引入外资来发展经济，但必须是间接投资而非直接投资。他们二人对于外资的争论，真实反映出民国时期西方自由主义经济学说与马克思主义学说的对立。而《中国棉业之发展（1289—1937）》一书，在当时就已引起马克思主义理论工作者的重视。1955年，经严中平全面修订，该书改名为《中国棉纺织史稿》再版，并被列为我国高等院校政治经济学专业的指定参考书。

虽然严中平在李庄时期还没有接受过中国共产党关于中国近代社会性质，以及中国近代资本主义论述的教育，但他坚持从被压迫阶级的立场来研究历史事件。1943年，严中平发表《论江宁条约与中外通商》一文，通过细致分析"江宁条约"和"虎门条约"的签约过程，以及签约双方的目的和要求，指出鸦片战争其实是两重失败：一是清政府无力护国，二是因为屈服和毫无外交常识，导致各项条约都是不平等的。在李庄，严中平还时刻关注国际经济史学

---

①　严中平：《中国棉业之发展（1289—1937）》，商务印书馆，1943年，第2页。

界的最新动态，不断拓展新的研究领域。他在李庄发表两篇书评，介绍西方的经济思想。在评述英国史学家纳夫的《英国煤矿工业之勃兴》时，就高度赞同纳夫关于英国产业革命的起源与煤业发展的论述，并认同他的自由经济政策主张。在评述瑞典经济学家赫克歇尔的《重商主义》时，严中平则明确反对经济政策制定的重要影响是重视人的观念而非经济事实的观点。他还主动从西方经济史资料中挖掘新的史料，1944年发表的《辑录贸易史资料的两种著作》一文，就是严中平从上海海关总署的十年报告册和一本外交史书中发掘出的新史料，是研究中国贸易史的重要资料。

严中平在李庄的学术经历表明，他之所以能够独立地得出在旧中国资本主义不可能顺利发展的科学结论，除了掌握丰富的历史资料外，最重要的是他坚信历史唯物主义是最好的史学方法。严中平是通过自己的学术实践成为坚定的马克思主义学者的。

表30：严中平李庄时期主要学术成果

序号	名称	首发刊物	时间	备注
1	《中国棉工业革命的发动》	《经济建设季刊》第1卷第2期	1942年	
2	《中国棉业之发展（1289—1937）》	商务印书馆	1943年	
3	《论江宁条约与中外通商》	《经济建设季刊》第2卷第1期	1943年	
4	《海克沙尔：重商主义》	《中国社会经济史集刊》第7卷第1期	1944年	
5	《辑录贸易史资料的两部著作》	《中国社会经济史集刊》第7卷第1期	1944年	
6	《论外资外厂问题并答陈振汉先生》	《图书评论》第6卷第1、2期	1945年	
7	《纳夫：英国煤矿工业之勃兴》	《中国社会经济史集刊》第7卷第2期	1946年	
8	《清代云南铜政考》	中华书局	1948年	李庄开始收集资料

来源：中国社会科学院科研局编：《严中平集》，中国社会科学出版社，2011年。

第五节 李庄的战时经济研究

八年全民族抗战，"国难日亟，一切力量为战时军事服务"。从 1938 年开始，陶孟和就为社会所制定了战时社会经济研究的总课题，包括战时社会经济研究，搜集沦陷区经济情报，调查研究工厂迁移，编纂全民族抗战以来的经济大事记，出版沦陷区经济调查报告和经济概览，专题研究战时物价变动情况，使用国际通用的科学方法计算抗战损失，等等，为相关政府机构研判中国战时经济形势，捍卫国家利益提供基础性资料。

1938 年，受行政院委托，社会所开始对抗战损失作初步估计的研究。1941 年，潘嘉林完成《（全民族）抗战三年我国公私损失初步估计》，这是我国最早系统研究抗战损失的论著，但未公开发表，具体内容不详。1944 年，陶孟和在李庄发表《第一次世界大战的德国赔款》一文。他结合第一次世界大战各国损失估计以及巴黎和会谈判情况，论述了确定德国赔款的具体过程。认为"凡尔赛条约，特别是其中关于赔偿与经济的规定，供给我们将来议和一个有用的教训，指导我们如何避免重蹈覆辙"[1]。由于"陶老对第一次大战各国各方面损失估计以及和会谈判情形十分了解，所以提出早日进行研究，为以后抗战胜利和会谈判赔偿问题提供材料做准备，这是一项具有预见性的重要研究工作"[2]。1946 年，由韩启桐在李庄编著的《中国对日战事损失之估计（1937—1943）》一书，被列为社会科学所研究丛刊第二十四种出版，这是第一部由中国学者编制并公开发表的研究抗战损失的专著。

1934 年，韩启桐中学毕业后即入职社会所任计算员。在陶孟和的精心培养下，他很快升任统计管理员，负责管理二十余人的计算和统计工作。在李庄时期，由其负责"抗战损失估计"课题。韩启桐对编著《中国对日战事损失之估计（1937—1943）》一书的态度极为客观审慎："吾人从事损失估计，纯粹

---

① 陶孟和：《第一次世界大战的德国赔款》，载《东方杂志》，1944 年 40 卷第 12 期，第 20 页。

② 巫宝三：《纪念我国著名社会学家和社会经济研究事业的开拓者陶孟和先生》，载《近代中国》，1995 年第 5 辑，第 387 页。

基于学术立场，以探讨事实为最终目的。"①所以该书采用的史料虽然广泛，但不经查证绝不引用，同时对损失的估计力求实事求是，避免夸大。韩启桐的损失估计包括人口伤亡、财产损毁、资源丧失和其他损失等方面。由于没有详细的统计材料，都由其自行合理估算。为此，韩启桐还参考了美国南北战争和第一次世界大战对伤亡和财产损失的估计方法。他还特别把全民族抗战前后的中国经济状况进行统计比对，计算出差异，以求索赔。该书的一大特色是韩启桐利用各种史料分析、整理、归纳而成的 52 张统计表，每张都有详细说明，最终汇总各表，形成"（全民族）抗战六年来我国所受损失总数表"。韩启桐采取"战前法币币值折算法"，计算出全民族抗战六年以来我国伤亡官兵及平民 776 万人以上的生命价值、损毁的财产价值、丧失的资源价值，以及日军在占领区征税发钞造成的经济损失。如果按照 1936 年的美元计价，全部损失高达 133.59 亿美元。如果按照战前中国的总人口计算，平均每人负担 28 美元，是 1901 年《辛丑条约》庚子赔款的 64 倍以上。而且韩启桐认为这些损失还是最保守的估计，待将来调查更加全面和方法更加合理后，损失总额还可能翻倍。1944 年以后，抗战损失估计改由国民政府设置的抗战损失调查委员会调查统计，但统计结果从未公布，韩启桐的《中国对日战事损失之估计（1937—1943）》，就成为当时全面科学统计中国抗战损失唯一的一份报告。他也因此在抗战胜利后被国民政府行政院赔偿委员会特聘为专员，参与抗战损失的后续调查。据巫宝三回忆："解放后在中日复交谈判中，周总理曾派人了解过去社会所所作的抗战损失估计。虽然后来我国为表示对日本人民宽大友好，放弃赔款要求，但仍证明这项研究估计工作是有意义的。"②

在李庄社会所，除了韩启桐的战时损失研究外，还有巫宝三对战时银行信用膨胀，粮食、工资变动，以及战时货币、物价与生产等问题进行的研究。1942 年，巫宝三出版《战时物价变动及对策》一书。该书对战时各地各类物价增长的过程及现状进行观察，分析战时物价变动的原因、影响和结果，以及政府措施产生的成效等。另外，汪敬虞也对战时中国的工业状况展开研究。他当年在巫宝三担纲的国民所得估计研究中，主要负责制造业和手工业所得的估

---

① 韩启桐：《中国对日战事损失之估计（1937—1943）》，中华书局，1946 年，第 4 页。

② 巫宝三：《纪念我国著名社会学家和社会经济研究事业的开拓者陶孟和先生》，载《近代中国》，1995 年第 5 辑，第 387 页。

计。汪敬虞以此估计为基础，进一步研究中国工业的生产状况，并在巫宝三的指导下，写成《抗日战争前中国的工业生产和就业》一文，发表在 1946 年 9 月第 223 期的英国《经济学季刊》上，在国际上产生了较大影响。汪敬虞对 1931 至 1946 年间中国部分制造业的生产力状况和就业状况，作了相应的估计和测算，并与英德美三国的工业生产和分配状况进行比较分析，为探讨民国时期中国工业生产规模及其结构奠定了基础。

陶孟和在李庄领导战时经济研究的同时，又以一个社会学家敏锐的眼光关注中国战后的社会经济问题。他认为战争期间的问题与战后问题是紧密联系的，抗战措施大多需要延续到战后，所以必须考虑这些措施的战后影响。1942 年 10 月，陶孟和发表《战后问题的重要》一文，指出战后问题甚至比抗战问题更为重要。因为抗战问题是短期的，而战后的建设任务十分艰巨，更需要提早研究。他颇有预见性地指出，战后的中心问题是如何建立"最适当的最高效率的政治机关、最合理最公允的经济制度，并使它们能够切实地平滑地运用"①。为此，社会所开始对战后问题进行积极研究，重点是世界经济与中国经济、战后中国的对外贸易政策等。姚曾荫写有《战后银行组织问题》，专门探讨战后银行的整顿与改造。陶孟和则重点研究战后的工业建设。1944 年他发表《现代工业的性质》，不仅从宏观层面阐述了他对现代工业制度的认识，还从社会学的角度分析了现代工业的发展带给人类社会的巨大影响。陶孟和提出，要处理好现代文明带来的社会问题，首先必须在思想上紧跟生产方式的进步和时代的变化，依靠现代工业来改造我们古老的社会。

可以看出，李庄时期的社会研究所，在陶孟和的领导下一直引领着中国战时及战后社会经济问题的研究。1946 年，陶孟和成为唯一一位以学者身份出任国民政府行政院抗战损失赔偿调查委员会的委员。

表31：社会研究所李庄时期有关战时经济研究的主要学术成果

序号	名称	首发刊物	时间	备注
1	潘嘉林《（全民族）抗战三年我国公私损失初步估计》		1941年	已遗失
2	陶孟和《战后问题的重要》	《中央周刊》第28期	1942年	

---

①陶孟和：《战后问题的重要》，载《中央周刊》，1942 年第 28 期，第 267 页。

续表

序号	名称	首发刊物	时间	备注
3	陶孟和《中国社会之研究》	演讲稿	1944年	
4	陶孟和《第一次世界大战的德国赔款》	《东方杂志》第40卷第12期	1944年	
5	陶孟和《现代工业的性质》	《经济建设季刊》第1期	1944年	
6	姚曾荫《战后银行组织问题》		1945年	
7	韩启桐《中国对日战事损失之估计（1937—1943）》	中华书局	1946年	
8	汪敬虞《抗日战争前中国的工业生产和就业》	《经济学季刊》第223期	1946年	英文

备注：巫宝三的此类研究成果已在本章第三节作了统计。

第六节　在李庄研究社会经济史的史语所学人

目前学术界的主流观点认为，经济史研究虽然具有经济学和历史学的交叉属性，但经济史在本质上属于历史学范畴，经济学的理论与方法只是研究经济史的一种方式。由于经济史学科的交叉性质，以及中国早期经济史研究者的不同学养与经历，必然产生研究方法上的差异。陶孟和领导的社会所开展的经济史研究，就偏重于理论和经济学，有明显的经济学研究特征，如前文所述的梁方仲、巫宝三、严中平、韩启桐等学者。他们大多拥有系统的经济学理论知识，擅长运用数据分析，属于纯粹的经济史研究，但其经济史论著，理论与实证兼备，即使理论色彩浓厚，也有史有据。

20世纪30年代的中国经济史研究，除了陶孟和的社会所，还有马克思主义派和"食货派"两种不同的研究范式。前者以郭沫若为代表，以政治经济学为理论指导。后者以陶希圣为核心，包括全汉昇和何兹全等学者。"食货派"得名于陶希圣在1934年创办的《食货》半月刊，该杂志是与社会所《中国近代经济史研究集刊》齐名的经济史研究专业刊物。创刊之初，陶希圣就在《编辑的话》中明确指出，《食货》研究的范围，只限于纯粹的中国社会经济史，更注重史料的搜集。"食货派"学者大都属于历史学家，研究范式属历史学中的经济史研究，偏重于实证与历史学，主要致力于中国古代经济史和社会形态的研究。

傅斯年认为史语所与社会所无论在研究方向，还是工作性质上都存在较大差异，所以在中研院筹划将社会所并入史语所时十分抵触，但他对专业化的经济史研究则是全力支持和包容的。早期的陈寅恪、徐中舒、胡厚宣等史语所学者，就曾涉及社会经济史研究。劳榦在李庄时，就运用汉简史料研究河西四郡的社会经济面貌。但史语所在中国社会经济史研究领域成就最大的学人，当属出身于"食货派"的全汉昇与何兹全。他们的"食货派"实证风格，与史语所注重史料的学风非常契合，从而推动了中国社会经济史研究的史学化。全汉昇与何兹全有关社会经济史研究的最重要成果，大多数是在李庄完成的。他们以探求历史事实而非证明或阐释某种理论为目的，成为民国学术谱系中的一个分支。

全汉昇（1912～2001），20世纪享誉中外的中国社会经济史学家。1931年，全汉昇考入北京大学史学系，深受陶希圣和傅斯年治学理念的影响，专注于中国经济史研究，曾在《食货》杂志发表多篇有关宋代社会经济的研究论文。1935年毕业后进入史语所，与梁方仲一道成为继陶希圣之后治中国经济史的先锋。李庄时期，他们两人交谊至深，全汉昇每有新作，梁方仲必细加校阅，提出见解。他们又各有所长，梁方仲考证精细，全汉昇视野宽广。全汉昇治学半世纪，专题著述甚多。但他最具代表性的著作，是在李庄著成的《唐宋帝国与运河》一书和《中古自然经济》一文。

全汉昇初到史语所时，傅斯年即嘱咐他专门研究中国经济史，期盼他能拓垦"这尚未有人耕耘的园地"。他从研究宋代商业入手，"只闭门读书，专心找资料"。迁居李庄后，除继续探索宋代经济外，全汉昇的研究兴趣上溯到唐代，并兼及魏晋南北朝和元代。受到好友严耕望唐代人文地理研究方面的启示，他开始关注商业发展与杭州、汴梁（开封）、扬州和广州四城都市化进程中的内在关系，尤其是交通运输与国际贸易对都市发展的影响。而"陈寅恪先生在他的《唐代政治史述论稿》中对于运河与大唐帝国的关系有一个很敏锐的观察……由于陈先生这种重要的指示，作者（全汉昇）深感运河与唐宋帝国关系的密切"[①]。于是全汉昇开始探究唐宋时期，连接经济重心的南方和军事政治重心的北方的大运河的重要性，并在1944年出版《唐宋帝国与运河》，该

---

①全汉昇：《唐宋帝国与运河·自序》，商务印书馆，1944年，第1页。

书被誉为中国经济史领域的"千古不刊之作"。

作为研究大运河与唐宋帝国兴衰关系的经济史名著，《唐宋帝国与运河》的论述主线是交通对经济的作用和影响。全汉昇从《旧唐书》《新唐书》《旧五代史》《新五代史》《宋史》《资治通鉴》等大量历史典籍中，收集整理有关大运河的史料，并将自隋代以来运河畅通与否和国运兴衰的因果关系作理性叙述和科学分析。全汉昇认为，中国自商周到秦汉，政治经济和文化的重心都在北方的黄河流域，而南方大多未开发。大约在汉末至南北朝时期，北方战乱频发，汉人大规模南移，导致北方经济衰退，南方不断发展。到隋唐中国再度统一时，南方已经取代北方成为全国经济中心，但北方的中央政权需要把南方的大量物资北运，这便是隋炀帝开凿大运河的主要原因。这条贯通南北的大运河，把北方的军事政治中心和南方的经济中心紧密联系起来，形成了强大而昌盛的帝国。在此后的六百多年间，大运河成为与唐宋帝国的国运息息相关的大动脉。安史之乱导致运河中断，大唐帝国开始走向衰落。宋金对峙，运河水道荒废，都因此而国力衰退，最后陷于崩溃。而且大运河在很大程度上改变了中古时期的经济地理，它把中国气候、物产、文化和风俗不同的地区连接起来，不仅促进了商品交换、经济发展和文化传播，而且催生了一批繁荣的历史名城。全汉昇由此而提出"运河通，则国运兴；运河塞，则国运衰"的创造性论断。全汉昇的《唐宋帝国与运河》，从经济史的角度论证了中华民族在经济上逐渐发展成为统一的整体，与陈寅恪的相关研究相互印证，极大地丰富了唐宋历史研究的框架。全汉昇对大运河的研究论断，在今天已经成为历史常识。就我们现代人而言，《唐宋帝国与运河》一书给我们最大的启示，或许就在于大国基建的功过兴衰是千百年之事，研判的眼光也需千百年之久。

全汉昇 1942 年在李庄撰作的长篇论著《中古自然经济》，至今仍被学术界视为研究魏晋至唐中叶中国货币演变最重要的论著。全汉昇在文中引用大量实物货币、租税、工资等史料，来探讨自然经济与货币经济的此消彼长。他指出，汉代货币经济已有相当发展，但在汉末到中唐时期，由于战乱影响，商业衰退，货币经济逆转为自然经济。安史之乱前后，因为商业发展和钱币数量的增加，货币经济开始复兴，因此总体而言，我国中古时期是货币经济与自然经济的混合形态。而且中古时期某些种类的实物交易，如丝帛，既是货品又充当交易媒介。全汉昇指出，自然经济的形成有战争和铜的缺乏两个重要原因，所以货币经济的兴衰可以直接反映出整个社会经济的进退。全汉昇对中古自然经济的探讨，是以德国历史学派的经济史分期学说为基本的理论框架。但他认为，中国社会因其自身的历史渊源，商业发展的顺序并不完全对应这种分期学说。因此全汉昇修正了该学说的分期，以物物交换、货币和信用三者比重的大小来判断经济属性。他还引用马克思《资本论》的理论，来阐释商业兴衰与货币流通的密切关系。

中国先秦至两汉时期，金属货币逐渐推广，在宋代进入信用货币阶段。北宋初年，中国出现世界上最早的纸币交子，这比欧洲最先使用纸币的瑞典还要早六百年。元朝时纸币成为唯一的通用货币，但宋元时期的纸币流通都以失败而告终。全汉昇在李庄发表《宋末的通货膨胀及其对于物价的影响》和《元代的纸币》两篇论文，对宋元纸币流通失败的原因进行探讨。他认为，不论南宋或元代，纸币的发行与流通都大致经历了价值稳定、温和通货膨胀和恶性通货膨胀三个阶段，直接影响到纸币币值的稳定与流通。物价变动本是货币经济研究的重要对象，但因史料缺乏以及历史上币制与度量衡的不统一，研究中国20世纪以前的物价历史非常困难，而全汉昇则是这一研究领域的开路先锋。他在李庄发表《唐代物价的变动》《北宋物价的变动》《南宋初年的物价大变动》三篇论文，论述了唐代三百多年间出现的三个低物价和四个高物价时期，以及北宋一百六十多年间的四个物价变动时期，使我们对唐宋时期的物价变动有一概略认识。

基于对唐宋经济发展的研究，全汉昇针对当时史学界流行的"秦汉以后中国社会是停滞不前"的观点，在1942年以笔名"皮伦"发表《秦汉以后的社会是停滞不进的吗？》，他在该文中以唐宋时期的商业发展和货币流通等史实为例证，说明唐中叶之前与之后的社会已经发生巨大变化，而且在中唐前后，中国社会已经从自然经济演变到货币经济，绝非停滞不进。全汉昇还发表一系列书评，指出社会停滞论在学术上的最大弊病是公式主义和轻下论断，主张研究经济史应从史料的搜集与整理开始。

全汉昇是史语所在中国社会经济史研究领域用力最勤、成就最大者。他的社会经济史研究兼容了"食货派"与史语所的特质，代表着史语所自成一体的实证化风格。他的北大同班同学何兹全评价说，全汉昇"最有成就、有贡献的文章是《历史语言研究所集刊》第十本（1942年出版）刊载的《中古自然经济》"①。

---

① 何兹全：《我所经历的20世纪中国社会史研究》，载《史学理论研究》，2003年第2期，第35页。

何兹全（1911～2011），著名历史学家，研究魏晋封建论的第一人。在长达八十余年的学术生涯中，他重点研究历史上有关国计民生和反映时代面貌的三大课题，即隋唐以前的中国社会史、汉唐佛教寺院经济和汉唐兵制。与全汉昇的学术经历不同，何兹全大学期间虽然也深受陶希圣"食货派"的影响，并且发表了七篇论文，但1935年北大毕业后，他没有接受史语所的聘请，而是选择留学日本。直到1944年，何兹全才选择到李庄加入史语所，开始踏入严谨治史的学术之门，他把这次决定视为一次命运攸关的重大决策。何兹全在李庄撰有三篇论文：研究经济史的《东晋南朝的钱币使用和钱币问题》、关于兵制的《魏晋南朝的兵制》和《魏晋的中军》。

何兹全作《东晋南朝的钱币使用和钱币问题》，是源于全汉昇的《中古自然经济》。他回忆说："（全汉昇）这篇文章写得好，很受傅斯年先生的称赞。似乎还得了国民党教育部的什么奖金。"但在他看来，"这篇文章的不足处是没有把东晋南朝和十六国北朝区别开来"[①]。《东晋南朝的钱币使用和钱币问题》一文，被他视为是弥补全汉昇论述不足的文章。何兹全从东晋南朝钱币的沿革、钱的使用、钱与社会经济生活、钱与国家财政、钱币问题与政府的对策五方面，论述了东晋南朝的钱币流通使用，以及由此引起的社会经济问题。他研究分析后指出，魏晋北朝和东晋南朝是南北两个情形迥异的区域。北方受战乱破坏，由货币经济倒退回自然经济，而南方随着中国经济重心的南移，经济逐步得到繁荣发展，货币经济占主导地位。何兹全把这一时期南北两大区域的经济发展的差异性进行中外比较，指出："中国东汉以下的中古社会经济，大体上可与罗马末年日耳曼人入侵后的欧洲中古社会相比，但因彼此所承继的前代遗产不同，在内容上是必然有差异的。"[②]即他认为，欧洲罗马帝国后的东罗马和西罗马，与东汉后的魏晋北朝和东晋南朝极为相似，东晋南朝的历史地位就像东罗马帝国。何兹全的观点不仅被后学史家所接受，而且由于他明确了魏晋南北朝时期货币经济衰落的区域范围，还被后世学者称为"区域货币论"的萌芽。

"二十四史"中，自欧阳修主修的《新唐书》才开始撰写《兵志》，并为

---

① 何兹全：《爱国一书生·八十五自述》，华东师范大学出版社，1997年，第198页。

② 何兹全：《东晋南朝的钱币使用和钱币问题》，载《历史语言研究所集刊》第14本，1949年，第56页。

后人所仿效，但都只论用兵之道而不记制度。1937年，陈寅恪发表《府兵制前期史料试释》，率先提出研究府兵制以前的兵制问题，启发了何兹全研究魏晋南北朝时期的兵制问题，他的研究成果在学术史上具有填补历史空白的重大意义。在《魏晋南朝的兵制》一文中，何兹全首次提出了"世兵制"问题。所谓世兵制：一是指兵民分离，二是指兵家世代为兵。何兹全对世兵制的形成、制度和破坏都作了详细的论述。他指出，世兵制形成于汉末三国时期，两晋时达到兴盛，宋齐以后走向衰败，直至隋朝才再度复苏。而魏晋南北朝的兵制，主要是由秦汉兵制发展而来的，但也有拓跋鲜卑入主中原带来的鲜卑部落旧制的因素。在《魏晋的中军》一文中，何兹全论述了魏晋中军的组织及其变化。他认为，魏晋的中军源自两汉的南北军与禁兵，中军是魏晋武装的中坚力量，战斗力最强。何兹全始于李庄的魏晋南北朝兵制史研究，一直延续到了20世纪80年代，是中国兵制史研究的权威之作。

表32：全汉昇、何兹全李庄时期主要学术成果

序号	名称	首发刊物	时间	备注
1	全汉昇《中古自然经济》	《历史语言研究所集刊》第10本	1942年	1948年重刊
2	全汉昇《宋末的通货膨胀及其对于物价的影响》	《历史语言研究所集刊》第10本	1942年	1939年昆明初稿，李庄修改发表，1948年重刊
3	全汉昇《南宋稻米的生产与运销》	《历史语言研究所集刊》第10本	1942年	1941年昆明初稿，李庄修改发表，1948年重刊
4	全汉昇《秦汉以后的社会是停滞不进的吗？》	《文史杂志》第2卷第5、6期合刊	1942年	笔名"皮伦"
5	全汉昇《新书介绍：近代中国史第二册》	《图书月刊》第2卷第6期	1943年	笔名"皮伦"
6	全汉昇《书籍评论：中国货币问题》	《中国社会经济史集刊》第7卷第1期	1944年	
7	全汉昇《评陶希圣武仙卿著南北朝经济史》	《文史杂志》第4卷第5、6期合刊	1944年	笔名"皮伦"

续表

序号	名称	首发刊物	时间	备注
8	全汉昇《唐代物价的变动》	《历史语言研究所集刊》第11本	1943年	1939年昆明初稿，李庄修改发表，1947年重刊
9	全汉昇《唐宋时代扬州经济景况的繁荣与衰落》	《历史语言研究所集刊》第11本	1943年	1939年昆明初稿，李庄修改发表，1947年重刊
10	全汉昇《北宋物价的变动》	《历史语言研究所集刊》第11本	1943年	1940年昆明初稿，李庄修改发表，1947年重刊
11	全汉昇《南宋初年物价的大变动》	《历史语言研究所集刊》第11本	1943年	1939年昆明初稿，李庄修改发表，1947年重刊
12	全汉昇《宋金间的走私贸易》	《历史语言研究所集刊》第11本	1943年	1939年昆明初稿，李庄修改发表，1947年重刊
13	全汉昇《元代的纸币》	历史语言研究所集刊外编《史料与史学》	1945年	1948年重刊于《历史语言研究所集刊》第15本
14	全汉昇《唐宋帝国与运河》	历史语言研究所专刊之二十四，商务印书馆	1944年	
15	何兹全《东晋南朝的钱币使用和钱币问题》	李庄石印出版历史语言研究所集刊外编第三种《六同别录》（中）	1945年	1949年重刊于《历史语言研究所集刊》第14本
16	何兹全《魏晋南朝的兵制》	《历史语言研究所集刊》第16本	1947年	李庄脱稿
17	何兹全《魏晋的中军》	《历史语言研究所集刊》第17本	1948年	李庄脱稿

来源：全汉昇：《中国经济史论丛》（一），中华书局，2012年；何兹全：《爱国一书生·八十五自述》，华东师范大学出版社，1997年。

第七章　教育学

　　广义上的"教育学"，是指包括教育史在内的各门教育学科构成的学科群，而非研究教育现象、教育规律、教育本质的一门学科。本章记述的正是抗战时期李庄六年的教育史实。这里有开始向综合性大学发展的同济大学，有现代与传统教育方式相结合的北京大学文科研究所，有抗战时期中国最好的文科图书馆，有一群朝夕相处、仰取俯拾皆学问的学术大师，作为抗战文化中心之一的李庄，足不出镇，就可完成从幼儿园到小学、初中、高中、大学和研究生的教育，这是李庄教育历史上最辉煌的时期。

第一节　同济大学开始向综合性大学发展

　　我国近现代大学产生于19世纪后半期，以中国官办新式大学天津中西学堂（1895）、南洋公学（1896）及京师大学堂（1897）的诞生为标志。同济大学的前身是1907年由德国医生宝隆在上海创办的德文医学堂，系中国早期开展西医教育的私立大学之一。次年更名为"同济德文医学堂"，"同济"意蕴和衷共济。1923年，经民国教育部批准更名为"私立同济大学"。1927年，因其先进的办学理念，同济大学成为国民政府第一所私立改国立的大学。1937年，国立同济大学已发展成为具有医、工、理三个学院的纯实科大学。但抗日战争的全面爆发，彻底改变了同济大学的发展节奏和轨迹。

受抗战影响而迁移的中国高校在一百所上下①，这在世界战争史和教育史上都是极为罕见的。上海先后有八所大专院校内迁，而同济大学几度搬迁却难以安身，更显曲折和动荡。1937年8月，同济大学率先由吴淞迁往上海公租界，9月再迁浙江金华，11月三迁江西赣州和吉安。1938年7月，四迁广西贺县八步镇，12月五迁昆明，频繁的流离颠沛造成同济师生大量流失。直到1940年10月，同济大学第六次迁至李庄，才除却了迁徙之苦，开始开展正常的教学活动。同济大学"总办公室设在禹王宫，工学院在东岳庙，理学院在南华宫，医学院前期在祖师殿（原李庄小学），图书馆在紫云宫，大地测量组在文昌官，体育组在曾家院子，实习工厂在官山，工学院男生宿舍在东岳庙东侧和羊街，女生宿舍在慧光寺，教师宿舍在大夫第、羊街、可颐园、肖家院等处，教授新村及门诊部在官山"②。李庄的寺庙变成了教室，茶馆成为自修课堂，培养了大批急需人才。我们以同济大学在浙江金华（1937）、昆明（1939～1940）和李庄（1945）三个时期的在职教师、在校学生及毕业人数作如下对比③：

表33：同济大学三个时期相关人员数量对比

时间地点	在职教师	在校学生	毕业生	备注
浙江金华（1937）	50人	704人		其中医学院有师生125人留在上海参加抗战
昆明（1939～1940）	77人	798人	196人	
李庄（1945）	224人	1995人	680人	李庄时期的毕业生包括1941年至1945年（医学院189人、工学院433人、理学院58人，法学院1945年开始招生，无毕业生）

①侯德础：《抗日战争时期中国高校内迁史略》，四川教育出版社，2001年，第71页。

②翁智远：《同济大学史》（第一卷），同济大学出版社，1987年，第85页。

③西南地区文史资料协作会议编：《抗战时期内迁西南的高等院校》，贵州人民出版社，1988年；同济大学志编委会编：《同济大学志》，同济大学出版社，2002年。

通过对比可以看出，李庄同济大学的教师人数是金华的 4.5 倍，昆明的近 3 倍；在校学生是金华的近 3 倍，昆明的 2.5 倍；毕业人数是昆明的近 3.5 倍。而且源于德国教育模式的同济大学，非常重视与社会实际需求相结合，重在培养抗战所需的技术人才。如机械系 1941 年至 1943 年在李庄毕业的 153 名毕业生中，就有 105 人到兵工厂大显身手。更令人难忘的是，同济这所在李庄小镇上的大学，6 年时光就先后为新中国培养了 8 位两院院士。

在大学学科与师资队伍建设方面，同济大学在李庄增设法学院（1945）；工学院电机系造船组扩增为造船系（1945），增办机械专修科（1945）；理学院的数理系扩大为数学和物理两系（1945）；医学院成立高级护士职业学校（1942）和高级医事检验职业科（1945），后者是国内第一所正规化的医事检验学校。在李庄，同济大学尤其注重聘请学术大师任教。如当时国内造船界权威叶在馥，生物学家童第周，测量学家王之卓、陈永龄、方俊等。还邀请傅斯年、梁思成、李约瑟等到校作专题讲演，进行学术交流。

在科研方面，以同济大学生物系和测量系的研究成果最为突出。1941 年，同济大学从重庆中央大学医学院聘请童第周教授到李庄任教。童第周在李庄一家旧货店中购得一架显微镜，开始了实验工作，完成《两栖类动物纤毛诱导之研究》，取得了令人瞩目的研究成果。李约瑟在李庄拜访童第周后深有感触："在同济大学，我们见到了童第周。他与夫人叶毓芬博士携手，设法在拥挤不堪、极不舒适的环境里创造了佳绩。这些成绩的取得，不但依靠每一步骤临时想办法，还由于童博士选择了一个能够尽量少使用染色剂、蜡和切片机等的重要课题：即确定胚胎的纤毛极性。英国访华使团非常荣幸地将童氏夫妇的科研报告交由西方科学杂志发表。"[1]童第周的科研成果随即在国外引起极大轰动。李庄时期的同济大学生物系，也是其建系以来的黄金时期。虽然全系学生不到 20 人，但最多时有教授 6 人、副教授 2 人、讲师 1 人、助教 4 人。而且教学设备完整，拥有大量图书、试验仪器、药品标本，还组织师生在附近各县进行系统的植物调查，到峨眉山开展大规模的生物调查和标本采集。

1932 年 11 月设立的同济大学工学院测量系，是在近代中国创办并传承发展下来的唯一的中国高等测绘教育学系。1938 年，留德归来的叶雪安，接任同济大学测量系主任。1939 年，获德国柏林工业大学博士学位的夏坚白加入同济测量系。1943 年，叶雪安促成同济测量系与中国地理研究所大地测量组

---

① 黄昌勇等：《老同济的故事》，江苏文艺出版社，2012 年，第 86 页。

在李庄的合作。1940年成立的中国地理研究所，是我国第一个地理学专门研究机构，分自然地理、人生（人文）地理、大地测量和海洋学四组。其中的大地测量组是中国测量学界的第一个专设组织，"其意在谋高深测量学术之研讨，并与国内测量事业机关，共策技术上之改进"。大地测量组迁到李庄后，该组研究员王之卓、陈永龄、方俊等中国测绘精英齐聚同济，兼任测量系教授，讲授测量平差法、实用天文学、地球形状学、矿山测量、空中摄影测量及几何光学等课程，在研究方面侧重于理论及教学。夏鼐在参加西北考察之前，曾特意跟随大地测量组学习测量技术。1943年，由陈永龄、夏坚白及王之卓合著的新编教材《测量平差法》在李庄定稿，同时在同济大学和中央测量学校讲授，并于1947年出版。叶雪安教学之余，还在李庄研究大地测量的新理论和技术，撰有《韬佩氏舆地位置算式之探讨》《配适于任一地域最佳之正形投影法》《大地测量地图投影》《方著兰勃氏投影新公式之探讨》等论著；写成《十年来之测量系》一文，对初步发展的中国测绘高等教育事业进行总结，同时探索新的发展途径。方俊在李庄完成的《重力异常与垂直偏差》论文，于1946年在《美国地球物理学会会刊》上发表。该文以他自己设计的模板来推算喜马拉雅山脉南侧两个大地点之间的相对垂线偏差，并与大地测量联测结果作比较，引起国际学术界的关注。1966年，中国珠峰科考队根据方俊的测量理论和陈永龄制定的技术方案，测定珠峰海拔高程为8849.75米（当年未公布），为此后精确测定珠峰高程建立了可靠基础。同济测量系与大地测量组还在李庄紧密合作，"先后计出版测量杂志二十期，专刊十一号"，"并由测量学会经常举办学术讲演，测量学术研究之空气盛行一时"[1]。李庄时期的同济测绘系，师资强大，设备精良，几乎囊括了当时中国勘测和制图专业技术人才的培养，成为开拓中国测绘事业的重要阶段。

1947年8月，大地测量组归并同济大学，成立大地测量研究所。1956年，在夏坚白、叶雪安等人的创议下，同济大学测量系迁至武汉，组建武汉测量制图学院。2000年，该学院合并到武汉大学。虽然物是人非，但当年齐聚李庄的中国测绘学领域的开拓者，以及他们的学生的学生，为培养更多的测绘人才，在武汉大学开设的一门"测绘学概论"的通识课，被霸气地称为"院士课"。因为这门坚持了二十多年的"最奢侈的基础课"，最多时有六位院士和四位教授共同讲授。

---

① 黄昌勇等：《老同济的故事》，江苏文艺出版社，2012年，第41、43页。

对于李庄同济大学的办学水平，李约瑟在 1943 年 6 月到访后有过高度评价："同济大学是中德合办大学，人人都讲德语。其水平很高，我认为与昆明的西南联大和嘉定（今乐山）的武汉大学水平相当。"[1]综合来看，这一时期的同济大学已经开始向综合性大学发展。而且同济在李庄办教育、兴科学的努力，亦得到了广大民众的好评和支持，赞其"成绩斐然，人民受益匪浅，颂声载道，令誉日隆"[2]。

表34：曾就读于李庄同济的八位院士简表

序号	姓名	毕业（入学）时间	在李庄就读院系	学术成就	备注
1	王守武（1919～2014）	1941年毕业	工学院机械系	中国半导体科学技术的开拓者与奠基人之一，1980年当选中国科学院学部委员（院士）	
2	唐有祺（1920～2022）	1942年毕业	理学院化学系	中国著名物理化学家，1980年当选中国科学院学部委员（院士）	
3	吴式枢（1923～2009）	1944年毕业	工学院机械系	中国著名的理论物理学家，1980年当选中国科学院学部委员（院士）	
4	卢佩章（1925～2017）	1942年入学	理学院化学系	中国著名分析化学与色谱学家，1980年当选中国科学院学部委员（院士）	

①李约瑟：《李约瑟游记》，贵州人民出版社，1999 年，第 34 页。

②侯德础：《抗日战争时期中国高校内迁史略》，四川教育出版社，2001 年，第 358 页。

续表

序号	姓名	毕业（入学）时间	在李庄就读院系	学术成就	备注
5	王守觉（1925～2016）	1942年入学	工学院电机系	中国著名半导体与信息科学家，1980年当选中国科学院学部委员（院士）	1944年在李庄参军抗战，1949年毕业
6	吴孟超（1922～2021）	1943年入学	医学院	中国肝脏外科的开拓者和主要创始人之一，1991年当选中国科学院学部委员（院士），2005年获国家最高科学技术奖	李庄同济医院终身名誉院长
7	吴旻（1925～2017）	1943年入学	医学院	中国医学遗传学的奠基人之一，1980年当选中国科学院学部委员（院士）	
8	涂铭旌（1928～2019）	1944年入学	同济大学附中	中国著名材料学家，1995年当选为中国工程院院士	1947年工学院机械系就读

表35：同济大学在李庄时期的主要学术成果

序号	名称	院系	时间	备注
1	梁伯强《如何在抗战中研究病理学》	医学院	1942年	发表于《同济大学医学季刊》第八卷第二、三期合刊（35周年校庆）
2	黄榕增《创口治疗与伤兵救护》	医学院	1942年	发表于《同济大学医学季刊》第八卷第二、三期合刊（35周年校庆）
3	章元瑾《肝脏脓疡外科手术治疗》	医学院	1942年	发表于《同济大学医学季刊》第八卷第二、三期合刊（35周年校庆）

续表

序号	名称	院系	时间	备注
4	创办《医讯》	医学院	1942年	与宜宾《商报》合办，每周一出刊
5	创办《医影》	医学院	1942年	与宜宾《金岷日报》合办，每周六出版
6	唐哲《李庄所见之痹病》	医学院	1943年	
7	李化民《痹病》	医学院	1943年	
8	杜公振、邓瑞麟研究查明痹病原因是乐山五通桥的食盐含有毒的氯化钡并提出预防和治疗方案	医学院	1943年	获教育部1943年（第三届）全国应用科学类学术发明一等奖
9	杜公振、邓瑞麟《试从自然界中寻求有害病菌能力之微生物》	医学院	1944年	
10	杜公振、邓瑞麟《鸡与人类传染病之关系》	医学院	1945年	
11	童第周《两栖类动物纤毛诱导之研究》	理学院	1943年	
12	张象贤《钢球轴承原理》	工学院机械系	1945年	获教育部1945年（第五届）全国应用科学类学术发明三等奖
13	张景贤《机构之数量及其形态变化之理论基础》	工学院机械系	1945年	获全国应用科学类学术发明奖励
14	黄席棒《负荷电缆上之瞬变现象及瞬变久暂之计算》	工学院电机系	1945年	《国立同济大学电机工程学会年刊》（创刊号）
15	黄席棒《三极管音频电力扩大器之失真及其设计》	工学院电机系	1945年	《国立同济大学电机工程学会年刊》（创刊号）
16	朱木美《高压电之产生》	工学院电机系	1945年	《国立同济大学电机工程学会年刊》（创刊号）
17	白金元《容电量的电动机》	工学院电机系	1945年	《国立同济大学电机工程学会年刊》（创刊号）

续表

序号	名称	院系	时间	备注
18	黄厚锡《交流电机之并行工作》	工学院电机系	1945年	《国立同济大学电机工程学会年刊》（创刊号）
19	田康《电学中之度量制》	工学院电机系	1945年	《国立同济大学电机工程学会年刊》（创刊号）
20	张徽五《延长真空管寿命之方法》	工学院电机系	1945年	《国立同济大学电机工程学会年刊》（创刊号）
21	吴硕麟《直流电动机用起动开关之计算》	工学院电机系	1945年	《国立同济大学电机工程学会年刊》（创刊号）
22	1946届读书会《四极线网》	工学院电机系	1945年	《国立同济大学电机工程学会年刊》（创刊号）
23	陈怡桂《超外差式接收机内混波线路之计算》	工学院电机系	1945年	《国立同济大学电机工程学会年刊》（创刊号）
24	王恒守《浮游选矿剂两种》	工学院土木系	1942年	获教育部1942年全国应用科学类学术发明二等奖
25	余家洵《水利与近代水利工程》	工学院土木系	1942年	土木系建系31周年纪念刊
26	倪超《海洋交通与第二次世界大战》	工学院土木系	1942年	土木系建系31周年纪念刊
27	罗云平《新时代的道路是诞生滋长在中国》	工学院土木系	1942年	土木系建系31周年纪念刊
28	朱振德《定式折梁影响线之另一作图法》	工学院土木系	1942年	土木系建系31周年纪念刊
29	房广猷《矩形河槽中之水》	工学院土木系	1942年	土木系建系31周年纪念刊
30	王志鹊《荆峪沟土壤之性状与水土保持》	工学院土木系	1945年	获教育部1945年全国应用科学类学术发明三等奖
31	陈永龄、夏坚白、王之卓《测量平差法》	工学院测量系	1943年	1947年由商务印书馆出版
32	方俊《重力异常与垂直偏差》	工学院测量系	1944年	1946年发表于《美国地球物理学会会刊》

续表

序号	名称	院系	时间	备注
33	叶雪安《韬佩氏舆地位置算式之探讨》	工学院测量系	李庄时期	
34	叶雪安《配适于任一地域最佳之正形投影法》	工学院测量系	李庄时期	
35	叶雪安《大地测量地图投影》	工学院测量系	李庄时期	
36	叶雪安《方著兰勃氏投影新公式之探讨》	工学院测量系	李庄时期	
37	叶雪安《十年来之测量系》	工学院测量系	李庄时期	
38	《测量》	工学院测量系	李庄时期	与大地测量组合作出版20期，专刊11号

来源：翁智远：《同济大学史》（第一卷），同济大学出版社，1987年。

第二节　李庄的北京大学文科研究所

1902年，清政府正式颁行《钦定学堂章程》（又称"壬寅学制"），将大学分为"大学院、大学专门分科、大学预备科"三级，大学院相似于现在的研究生院。1904年，大学院改称通儒院。虽然都没有实质性的招生，但至少在学制意义上标示着中国研究生教育的开始。民国初年，教育总长蔡元培革新教育内容，主持制定了《大学令》《大学规程》等一系列法令法规，规定大学设置大学院，分别授予大学毕业生学士、硕士和博士学位，形成了中国现代学位制的基本思路。

1917年11月，在时任校长蔡元培的大力倡导下，北京大学正式成立文科、理科和法科三个研究所，共聘导师六十余人，文科研究所暂分为国文门、英文门和哲学门。但当时就读的绝大多数为高年级本科生和"特别研究者"，并非现代意义上继续深造的研究生。1922年初，北京大学研究所国学门正式成立，因其强大的师资力量、丰富的藏书而被视为中国第一个具有现代意义的大学研究生教育机构。国学门的首批研究生中有魏建功、容庚、董作宾、郑天挺等数十人，研究范围包括哲学、文字学、文学、史学、考古学五大类。1934 年，国学门更名为北京大学文科研究所，由文学院院长胡适兼任研究所主任。导师有胡适、钱穆、陶希圣、罗常培、汤用彤、傅斯年等三十余人，直到 1937 年北大南迁时才停办。

1938 年 4 月，由国立北京大学、国立清华大学与私立南开大学组建的长沙临时大学迁至昆明，成立"国立西南联合大学"。作为中国乃至世界教育史上最为成功的联合大学，其"联而不合"的管理模式是其成功整合的关键。其中，三校就可独立招收研究生，学籍属于各校而不属于联大。1938 年 3 月，史语所从长沙迁至昆明。1939 年 5 月，北大校长蒋梦麟与傅斯年等人商议，决定在昆明恢复北京大学文科研究所，招收研究生，设立工作室，成立编辑委员会。

研究所的恢复事宜由傅斯年负责筹办，并代胡适任主任（即所长，后期改聘汤用彤），全权负责研究所事务。因其公务繁忙，真正负责研究所日常事务的是副主任郑天挺。傅斯年极为重视研究生的招考培养，研究生多为双导师，甚至是三导师。除聘请西南联大的汤用彤、罗常培、唐兰、姚从吾、郑天挺等人担任导师外，又增聘史语所的陈寅恪、傅斯年、李济、董作宾、李方桂、丁声树等人为导师，还特意选聘向达为专职导师。傅斯年在致信向达时表明了研究所专职导师的职责："适北大有恢复其'文史研究所'之议，其中设专任导师，不教书，事务极少，不过指导二、三研究生。"[①]此外，傅斯年还特意把滞留北平的邓广铭召至昆明，专职管理研究生（即助教）。研究生的招考科目分哲学、史学、文学和语言四科，招生考试的程序既严格又不拘泥于形式，重在考查考生的学术功底和专业潜质。考生报考时须事先提交一篇专业论文，由专家委员会审查。论文通过后到指定地点参加笔试（包括英语），笔试内容各不相同，几乎一人一卷。笔试通过后组织导师进行口试（面试），最后择优录取。

傅斯年在昆明力促恢复北京大学文科研究所的缘由，不仅仅是他个人及史语所与北大的历史渊源，最重要的目的是为史语所培养和选拔人才。早在 1928 年，傅斯年就在《国立中央研究院历史语言研究所暂行组织大纲》中特别规定："历史语言研究所任用助理员若干人，助理各组及组外之研究工作，

---

① 王汎森等：《傅斯年遗札》（第 2 卷），社会科学文献出版社，2015 年，第 965 页。

以训练其在后来独立自作研究"，"历史语言研究所得以需要随时设置额外学生"。但史语所单独培养研究生的模式并不成功，傅斯年因此认为："故在研究所中训练研究生，不如在一个好大学中，教师较多，有课可上，不必做机械事，空气比较自由。"①史语所藏书丰厚，北大名师云集，由史语所与北大合办文科研究所，两者相得益彰。

　　研究生最初集中在史语所在昆明的驻地青靛花巷三号楼，师生共聚一楼。而且均"由所按月发给助学金，在所寄宿用膳，可以节省日常生活自己照顾之劳。所中借用历史语言研究所和清华图书馆图书，益以各导师自藏，公开陈列架上，可以任意取读。研究科目分哲学、史学、文学、语言四部分，可以各就意之所近，深入探研，无所限制"②。罗常培因此戏称这是一种古代书院式的生活，而郑天挺就是书院的"山长"。罗常培当时的研究生刘念和还戏编一副对联："郑所长，副所长，傅所长，正所长，正副所长；甄宝玉，假宝玉，贾宝玉，真宝玉，真假宝玉。"傅斯年对当年的招生质量和培养模式极为满意，给胡适写信说："北大文科研究所去年（1939）恢复……除教授兼导师外，请了向觉明（向达）作专任导师，邓广铭做助教，考了十个学生，皆极用功，有绝佳者，以学生论，前无如此之盛。"③

　　可惜这种师生皆满意的书院式教育在 1940 年底发生变故。由于史语所图书馆收藏有西南大后方当时最多的人文社科类的书籍善本，是研究生们研读的依靠，因此部分学生不得不随史语所迁往李庄。郑天挺当时致信傅斯年直言："北大无一本书，联大无一本书，若与史语所分离，其结果必致养成一班浅陋的学者。"④为保证研究生有书可读，傅斯年决定文科研究所所址仍留昆明，由郑天挺等人负责，史语所留部分图书资料供学生使用。北大文科研究所在李庄设立办事处，愿随史语所迁李庄的研究生，与史语所人员共同生活和学习，由邓广铭负责。李庄事实上成了抗战时期北大文科研究所的分校。

① 王汎森等编：《傅斯年遗札》（第 2 卷），北京社会科学文献出版社，2015 年，第 970 页。

② 郑天挺：《自传》，载吴廷璆等：《郑天挺纪念论文集》，中华书局，1990 年，第 699 页。

③ 欧阳哲生主编：《傅斯年全集》（第 7 卷），湖南教育出版社，2003 年，第 222 页。

④ 布占祥等：《傅斯年与中国文化》，天津古籍出版社，2006 年，第 29 页。

据有关资料统计，"从北京大学文科研究所重建起到三校北返前的 1945 年，共录取了 35 名研究生，毕业人数为 22 人"①。在这 22 名毕业生中，就有 12 人到过李庄学习或工作。在被陈寅恪戏称为"宝台山十翰林"的 10 名首届研究生中，有 8 人到李庄或学习或工作。其中的任继愈、马学良与刘念和，1940 年直接随史语所同迁李庄，马学良与刘念和，以及在昆明就读的周法高和王明，1941 年毕业后都加入了李庄史语所。逯钦立亦于 1941 年 9 月从昆明到李庄借读，并在 1942 年完成学业后进入史语所。阎文儒随导师向达参加史语所 1944 年的第二次西北考察。杨志玖在昆明毕业后，曾在 1944 年至 1946 年间，被傅斯年从昆明南开大学借调到李庄史语所工作。1941 年第三届的李孝定、王利器和王叔岷，以及 1942 年第四届的胡庆钧 4 人，则直接到李庄报到入学，完成学业。

1941 年 6 月，罗常培和郑天挺陪同清华大学校长梅贻琦，专程从昆明辗转到李庄考察，罗常培特意审查了任继愈、马学良及刘念和三位毕业生的论文。当时在李庄就读的马学良及刘念和的导师是史语所语言组的李方桂和丁声树。对马学良的论文初稿《撒尼倮语语法》，罗常培是既佩服他的刻苦钻研，又欣赏李方桂的指导方式。刘念和的毕业论文是《史记汉书文选旧音辑证》，作为一个全新的研究课题，罗常培认为刘念和的研究结果还是成功的。任继愈在李庄虽无导师，但史语所收藏的《大藏经》及其良好的治学风气都使他受益匪浅，他的毕业论文《理学探源》当时虽未完成，但罗常培对其研究思路很是满意。总体而言，罗常培觉得李庄虽然闷热，还时常有空袭警报，"但是史语所同人仍然照常工作并没受影响，专从这一点来说，就比住在都市里强得多"②。

当年史语所租住在李庄板栗坳张家大院的六座清代四合院内，北大文科研究所与史语所图书馆，以及历史、语言、民族组的几间研究室，就设在其中一座叫"田边（塥）上"的四合院内。1941 年到李庄北大文科研究所就读的王利器回忆说："（研究生们与）向达、丁声树、岑仲勉、张政烺、王崇武以及董作宾、李方桂、陈槃、劳榦、石璋如、董同龢、高去寻、凌纯声、芮逸夫、全汉昇、杨时逢以及寄寓的王献唐、屈万里诸先生在那里，朝夕相处，左右采

---

① 西南联合大学北京校友会：《国立西南联合大学校史：一九三七至一九四六的北大、清华、南开》，北京大学出版社，2006 年，第 508 页。

② 罗常培：《沧洱之间》，辽宁教育出版社，1996 年，第 20 页。

获、获益良多。"①著名作家林语堂曾构想过理想的大学应该是思想家和科学家的荟萃之处，"是这里可以碰见一位牛顿，那里可以碰见一位佛罗特，东屋住了一位罗素，西屋住了一位拉思基"。师生朝夕与共，起坐谈笑间，领悟大师的意境。这种在现实社会中难以实现的理想大学，在抗战时期的李庄却成为现实。正是因为有了史语所和北大文科研究所这六年的入驻历史，板栗坳的张家大院此后便有了"栗峰山庄""栗峰书院"的雅称。

表36：在李庄就读或工作过的北大文科研究所研究生的基本情况

序号	姓名	入学时间	就读地点	导师	毕业时间	毕业论文	毕业去向
1	马学良	1939年	昆明李庄	罗常培 李方桂	1941年	《撒尼保语语法》	李庄史语所助理研究员
2	刘念和	1939年	昆明李庄	罗常培 丁声树	1941年	《史记汉书文选旧音辑证》	李庄史语所助理研究员
3	周法高	1939年	昆明	罗常培 丁声树	1941年	《中古音三篇》	李庄史语所助理研究员
4	王 明	1939年	昆明	汤用彤 陈寅恪	1941年	《合校太平经导言》	李庄史语所助理研究员
5	杨志玖	1939年	昆明	姚从吾 向 达	1941年	《元世祖时代汉法与回回法之冲突》	南开大学，1944~1946年借调到李庄史语所工作
6	任继愈	1939年	昆明李庄	汤用彤 贺 麟	1941年	《理学探源》	西南联大
7	逯钦立	1939年	昆明李庄	傅斯年 杨振声 罗 庸	1942年	《诗纪补正》	李庄史语所助理研究员

①王利器：《六同求学——前后回忆导师傅孟真先生》，载王富仁等编：《谔谔之士——名人笔下的傅斯年　傅斯年笔下的名人》，东方出版中心，1999年，第184页。

续表

序号	姓名	入学时间	就读地点	导师	毕业时间	毕业论文	毕业去向
8	阎文儒	1939年	昆明	向 达	1944年	《唐代西京考》	1944年参加史语所第二次西北考察
9	王利器	1941年	李庄	傅斯年 汤用彤	1944年	《吕氏春秋比义》	四川大学
10	王叔岷	1941年	李庄	傅斯年 汤用彤	1943年	《读庄论丛》	李庄史语所助理研究员
11	李孝定	1941年	李庄	傅斯年 董作宾 唐 兰	1944年	《甲骨文字集释》	李庄史语所助理研究员
12	胡庆钧	1942年	李庄	凌纯声	1944年	《叙永苗族调查报告》	李庄史语所助理研究员

来源：王学珍等：《北京大学史料（1937—1945）》（第三卷），北京大学出版社，2000年；西南联合大学北京校友会：《国立西南联合大学校史：一九三七至一九四六的北大、清华、南开》，北京大学出版社，2006年。

第三节　张政烺与战时中国最好的文科图书馆

"发现"李庄的岱峻①把李庄史语所的图书馆称为抗战时期中国最好的文科图书馆，这绝非哗众取宠。自1937年抗日战争全面爆发以来，"我国一年来损失的图书馆计共二千一百六十六所"。高校图书馆更是损失惨重，"此次各学校图书馆随学校迁出的以清华大学迁出图书的数量最大，其他学校有的简

_____

① 本名陈代俊，著名文化学者，著有《发现李庄》《消失的学术城》《李济传》等。

直一本书未带出来"①。这是一场文化大劫难，即使是三校合一的西南联大图书馆，收藏的中日文图书也仅有 34000 多册，西文图书 13000 多册。可见郑天挺说"北大无一本书，联大无一本书"绝非虚言。

而当年史语所的图书管理员张政烺和那廉君，与图书颠沛西迁，先长沙，再重庆，又迁昆明，最后到达李庄，几乎将史语所全部的图书资料运到了大后方。"计有中文书籍十二万六千二百九十九册，西文八千三百四十二册，中外杂志全份二百余种，拓片一万余份，装三百八十箱。另有档案一百箱。"②在昆明时，傅斯年将史语所收藏的图书典籍尽可能地向学术界开放。1939 年 8 月，史语所与西南联大订立《中央研究院历史语言研究所与西南联合大学订立图书阅览及借书办法》。9 月，西南联大又单独制定了《本校教员向中央研究院历史语言研究所（下文简称史语所）阅读及借用图书办法》。西南联大三位校长梅贻琦（清华）、蒋梦麟（北大）和张伯苓（南开），还为此写信感谢傅斯年的慷慨之举。

傅斯年一直致力于学术藏书，注重经史要籍与档案资料的保存和整理。在史语所初创时期，他就拟定了《历史语言研究所图书备置大纲》。史语所图书馆除收藏历史、语言、考古、人类学等图书外，还收藏有大量的善本、拓片、地方志、民间契约及史语所研究人员采集的大量俗曲、考古学、民族学、语言学（包括灌制的唱片）等方面的原始资料。在李庄，史语所的藏书依然有增无减。1942 年 10 月，史语所在汇报材料中提及："本所藏书，计汉籍十三万册，西籍万册，现均在工作地点上架可用。采集及购求之科学材料，无论属于史学、语言、考古及人类学者，均甚丰富。"③史语所图书馆被安置在板栗坳的"田边（塂）上"和"茶花院"两座大院内，由三位管理员负责。中文书库及阅览室与西文书库及阅览室分别设在"田边（塂）上"的前、后院，善本书库（当时称别存书库）在"茶花院"，主要存放善本书、金石拓片、明清档案

---

① 夏颂明：《抗战一年来图书馆的损失》（1938 年 8 月 6 日），载中国第二历史档案馆：《中华民国史档案资料汇编》第 5 辑第 2 编·教育 1，江苏古籍出版社，1997 年，第 368 页。

② 徐高阮：《图书室》，载台北历史语言研究所《傅所长纪念特刊》，1951 年，第 41 页。

③ 中国第二历史档案馆：《中华民国史档案资料汇编》第 5 辑第 2 编·教育 2，江苏古籍出版社，1997 年，第 641 页。

及《明实录》等。图书馆阅览室和工作室全部对外开放。图书馆的管理制度极为严格，规定只有史语所的研究人员才能入库找书，归还时放错位置者"须公函劝告之"。1942 年 12 月，中国营造学社就曾收到过史语所"请贵同人惠予爱护"书籍的警告。李庄的史语所图书馆成了战时中国最好的一座人文图书馆，大后方的教育和学术机构对史语所藏书的依赖越发明显。王献唐曾寄住在图书馆，查阅资料撰写《国史金石志稿》，任继愈依靠史语所藏的《大藏经》撰写毕业论文，严耕望因史语所丰富的图书和优越的学术环境而认定李庄是当时"国内唯一读书处"，王叔岷甚至因此认定"北大文科研究所附属于史语所"①。李庄六年间，众多向往学术研究的年轻学子纷纷加入，史语所图书馆成为西南大后方知识传播的中心。

史语所图书馆不仅藏书宏富，还有被誉为"活字典""懂得书"的管理员张政烺。张政烺（1912～2005），著名历史学家，在中国古代史、古文字学、版本目录学、通俗小说史等多个学术领域均有重要创获。在北大史学系就读时，他与郭沫若、胡适、傅斯年等名家就有学术交往，傅斯年甚至夸赞他是"小王国维"。1936 年，张政烺北大毕业即被傅斯年选中加入史语所，一直担任图书馆管理员，他因此自称"取书手"。当年转运图书到李庄，被张政烺视为"到史语所后完成的最重要一件工作"。

张政烺遍读馆藏书籍，熟悉史语所的十多万册藏书，很好地完成了傅斯年要求采购图书"不重复、不遗漏"的严格规定。他记忆力惊人，图书馆的十年工作经历助其积累了丰富的学识，尤其是版本目录学知识。1943 年，张政烺在李庄升任史语所副研究员。1946 年，34 岁的张政烺被北大史学系破格聘请为最年轻的教授。他在回忆史语所十年工作经历时说："我在完成本职工作的同时，进一步充实和完善自己的知识结构，深刻体会到博与精的结合、旧文献与新史料的结合，是新时代治史者成长的最佳途径。只有这样前进才能接近傅先生提出的扩张史料来源、研究新问题的主张。这一时期我发表在《中央研究院历史语言研究所集刊》和《六同别录》上的文章，如《〈说文〉燕召公〈史篇〉名丑解》《'奭'字说》《六书古义》《邵王之鼎及簋铭考证》《讲史与咏史诗》《〈问答录〉与〈说参请〉》《一枝花话》等，都是在这样的治史思

---

①王叔岷：《慕庐忆往——王叔岷回忆录》，中华书局，2007 年，第 48 页。

想影响下写成的。"①上述论著中的大部分都是他在李庄完成的，那时的张政烺30出头，已显示出深厚的学术功力。

1941年，张政烺发表《宋四川安抚制置副使知重庆府彭大雅事辑》，这是一篇关于南宋守蜀名将、重庆知府彭大雅修筑重庆城，抵抗蒙军侵略的考证文章。他开篇即写道："有宋鄱阳彭大雅，英雄豪杰之士也，智周兵略，洞察鞑情，刚毅坚忍，果敢有为。而事业不谅于生前，声名无闻于后世，岂不惜哉！"②在抗战之际，这实寓张政烺的爱国情意。元灭宋以后，南宋抗蒙的战绩被大量删削，《宋史》中的彭大雅只有点滴记录。张政烺在李庄编方志目录时，发现几份江西方志中的彭大雅传，他以此为线索，广泛搜集从宋代到元明清三朝的各种记载，考证出彭大雅的家世、出使蒙古、守蜀及其著述，重点考述彭大雅"城渝，为蜀根本"的功绩，体现了张政烺融会贯通的治史特点。

1943年，张政烺撰成《读〈相台书塾刊正九经三传沿革例〉》，这是一篇研讨版本目录源流和讨论岳飞后裔的重要论文，是他在版本目录学方面的代表作。虽然迟至1991年才公开发表，但此前早已在版本目录学界引起震动。历史上，岳飞故乡相州又称"相台"（今河南安阳汤阴县）。岳飞曾有名言："余发愤河朔，起自相台。"此后，岳飞之孙岳珂在其所著的书名前常冠以"相台"二字。《九经三传沿革例》始录于万历三十三年（1605）的《文渊阁目》中，被考订为"宋相台岳珂家塾刊本，与《九经总例》相同"。因此自明万历以来，《相台书塾刊正九经三传沿革例》一书都被公认为岳珂私家刻本。张政烺在该文中广引此书的各种版本，考订出相台本的九经三传，是元初义兴（今江苏宜兴）岳浚根据廖莹中世彩堂本校正重刻的，而且该书所附的《沿革例》也是廖书所附《九经总例》的翻版，与岳珂无关。张政烺还考证了岳飞的后裔，指出相台岳氏的后人一直定居江州（今江西九江），宋亡后"渐以衰微"，不得不与宜兴的岳飞"宗人"唐门岳氏"通谱"。岳浚出自唐门岳氏，并非江州岳飞嫡系。张政烺的准确考证，不仅使此前被公认的一批宋版善本恢复了元代重刻的真相，也使佚失三百多年的《九经总例》重现人世，对文献学和版本目录学的贡献是不言而喻的。

1942年，张政烺在李庄写成《六书古义》一文，通过研究历代文献记载

---

① 张政烺：《我在史语所的十年》，载杜正胜、王汎森编：《新学术之路》（下），台北历史语言研究所，1998年，第535页。

② 张政烺：《张政烺文史论集》，中华书局，2004年，第92页。

及相关考古资料，专门考证"六书"的词义。中国古代"六书"一词，最早见于西周时期《周礼·保氏》教国子以"六艺"："五曰六书，六曰九数"，但未见阐释。西汉刘歆在《七略》中首次将《周礼》的"六书"解释为汉字的造字之本，即象形、象事、象意、象声、转注与假借。东汉许慎在《说文解字序》中，把"六书"定名为：指事、象形、形声、会意、转注和假借。他们对"六书"的定义，形成了中国汉字构造的系统理论和造字源流。但张政烺的考证结论可谓"石破天惊"，他认为《周礼》中把"六书"和"九数"并列，应该都是儿童学习科目，其本意与解释字形无关。刘歆与许慎把"六书"解释为造字之本和造字原理，是汉代古文经学派的"托古改制"。

张政烺认为，《周礼》之"六书"实为《六甲》，即六十干支表，是汉代学童识字书写的篇章。学生每旬首日的天干为甲，学习所用的课本以每甲为一篇，故有"六书"之名。并且在汉简和甲骨文中均有例证，"汉人学书之法，沿袭甚古，盖自有中国文字记录以来，即有学僮摹习《六甲》之制也"[1]。所谓象形、指事等六书，是刘歆为了提高小学启蒙课程的地位，抽换《周礼》中《六甲》之实而冠以"六书"之名，而且刘歆之说亦源于《易》。许慎《说文解字》的造字"六书"之说，是阐发刘歆之说，都与古代"六书"的本意无关。不过张政烺认为，虽然刘歆混淆"六书"古义，掩盖了后世对汉代教育制度的认识，但就文字学而言，"刘歆创立六书，使说字之术有统纪，化占验法戒之说，为纯文字学上之研究，实为一大进步"[2]。他进而阐释了"六书"条例的产生发展与我国古代哲学思想的关系。1945年，张政烺再作《〈说文解字序〉引〈附律〉解》一文，进一步指出，汉承秦弊，学法令者以吏为师，刘歆乘机假借律文以附会其一家之言，托古改制。同时他指出，自刘歆撰《七略》开始，专以书学为小学，于是小学便成为文字学的代称。张政烺对"六书"古义的考证，以及对汉代小学教学的阐述，已经得到了越来越多的考古印证，在文字学界产生了巨大影响。

1942年的《"奭"字说》与1945年的《〈说文〉燕召公〈史篇〉名丑解》两篇论著，体现出张政烺考释文字不仅有形、音、义的根据，而且坚持通过实践来检验的特点。在甲骨文和金文中，有一个像正立的人的两腋下各挟一物的字，在殷墟卜辞中大多表示"匹配""配偶"之意，但此字的考释各说不

---

① 张政烺：《张政烺文史论集》，中华书局，2004年，第224页。
② 张政烺：《张政烺文史论集》，中华书局，2004年，第235页。

一。张政烺在《"甈"字说》中指出，此字应该是《说文》中的"甈"字。从"甈"声的字古有"仇"音，"甈""仇"本义为两相匹配，后来才由匹配、匹敌引申为仇敌之义。他还列出数十条甲骨文和金文，除西周的班簋铭文外，其余读作"仇"都能讲通；而班簋应该读为"簋"，"簋"与"仇"古音很近，也可相通。张政烺还将"甈"字的用法分为三类：一是祭祀先妣之辞，意先祖之妃匹；二是卜辞黄甈、伊甈，意指黄尹、伊尹等国之重臣与王相匹偶；三是周初铜器方彝、朱尊，意指士大夫与寮友相匹偶。张政烺的考释，形、音、义有据，且贯穿甲骨、金文，在有关"甈"字的各种解释中，结论最为合理，堪称经典之作。

《史篇》也称《史籀篇》，是中国最早的识字教材，其成书年代未有定论。一般认为在先秦时期广泛流传，西晋时全书散佚，辑佚的书籍以王国维的《史籀篇疏证》为最佳。张政烺在《〈说文〉燕召公〈史篇〉名丑解》一文中，考证出《史篇》记载燕召公名为丑有误，应为召公寿，在《论衡》《风俗通》等文献中都曾出现，由于丑、寿二字同声，易将召公寿误为召公丑。该文原本已被编入 1943 年出版的《历史语言研究所集刊》第 11 本，但因古文字较多，不易排印，故被抽换编入 1945 年李庄石印出版的《六同别录》。

张政烺的古文字学知识，贯通中华古史。他与曾经在李庄共事的马长寿和游寿一道，接力完成了北魏鲜卑族发祥地的考古发现。1980 年，在马长寿和游寿的研究指导下，文物部门在大兴安岭的嘎仙洞，发现了可以证实鲜卑族发祥地的北魏祭文石刻，但有两个关键的石刻文字无人能辨，最终由张政烺识读出是"柔毛"二字，为这一新中国考古的重大发现画上了完美的句号。

张政烺 1942 年在李庄写作的长文《讲史与咏史诗》，是他研究中国古典文学的代表作。讲史，也称平话，专讲历代兴亡的历史故事。讲史与咏史诗有密切关系，讲史就经常引用文人的咏史诗为证，宋代还有文人模仿讲史而撰写以诗论史的咏史诗。张政烺认为，讲史起源于晚唐时的咏史诗，最初只是童蒙讽诵，既而宫廷进讲，最后在民间大众中流行。"平话即由咏史诗演变而来"，而"通俗演义始于罗贯中，乃仿平话而作之大众读物"。[1]张政烺在该文中利用从唐到清的各种典籍，对中国古代的讲史与咏史诗这两种文学体裁的源流及其相互关系都作了透彻论述。张政烺对各种文献史料信手拈来，其学问之广，鉴识之高，使顾颉刚在 1947 年作中国史学回顾总结时，也不由地赞

---

[1]张政烺：《张政烺文史论集》，中华书局，2004 年，第 165 页。

叹："张政烺先生学问极为广博，即在小说史研究上亦有很高的成就……《讲史与咏史诗》（《历史语言研究所集刊》），其见解均精确不易。"[1]一代宗师杨向奎就曾教导学生说，在中国，听过张政烺先生的古文献课，别人的文献课就不必听了。

表37：张政烺李庄时期主要学术成果

序号	名称	首发刊物	时间	备注
1	《关于伪皇族案及〈长沙古物闻见记〉》	《责善半月刊》第2卷第8期	1941年	
2	《六书古义》	《历史语言研究所集刊》第10本	1942年	1948年重刊
3	《讲史与咏史诗》	《历史语言研究所集刊》第10本	1942年	1948年重刊
4	《汉故郎中赵菿残碑跋》	《史学集刊》第4期	1944年	
5	《关于殷代卜龟之来源》	《学史丛刊》创刊号	1944年	
6	《关于"奭"字说》	《学史丛刊》创刊号	1944年	
7	《〈说文〉燕召公〈史篇〉名丑解》	李庄石印出版历史语言研究所集刊外编第三种《六同别录》（上）	1945年	1948年重刊于《历史语言研究所集刊》第13本
8	《"奭"字说》	李庄石印出版历史语言研究所集刊外编第三种《六同别录》（上）	1945年	1948年重刊于《历史语言研究所集刊》第13本
9	《王逸集牙签考证》	李庄石印出版历史语言研究所集刊外编第三种《六同别录》（上）	1946年	1949年重刊于《历史语言研究所集刊》第14本
10	《宋四川安抚制置副使知重庆府彭大雅事辑》	《国学季刊》第6卷第4号	1946年	1941年李庄脱稿

---

①顾颉刚：《当代中国史学》，上海古籍出版社，2006年，第115页。

续表

序号	名称	首发刊物	时间	备注
11	《说文序引尉律解》	《历史语言研究所集刊》第17本	1948年	1945年李庄脱稿
12	《读〈相台书塾刊正九经三传沿革例〉》	《中国与日本文化研究》	1991年	1943年李庄脱稿

来源：陈绍棣：《张政烺先生年谱》，中国社会科学出版社，2019年。

第四节　助教邓广铭开启宋史研究

邓广铭（1907～1998），中国宋代史学的开创者，"二十世纪海内外宋史研究第一人"，其学术贡献影响了后世几代宋史学者。1936年，邓广铭在北大史学系一毕业即被胡适留在北大文科研究所任高级助教。他的学术成长深受多位前辈学者教诲，属"大师无师"的学者，但对他一生的学术选择具有决定性意义的则是胡适和傅斯年。

1936年，邓广铭的毕业论文《陈龙川传》深得指导老师胡适好评。受胡适影响，邓广铭开始把谱传史学作为学术重点。1937年2月，邓广铭在上海《国闻周报》发表成名作《〈辛稼轩年谱〉及〈稼轩词疏证〉总辨证》。此后两年，他又相继完成《辛稼轩年谱》（1947年出版）、《稼轩词编年笺注》（1957年出版）两部书稿。但在邓广铭学术成长过程中，付出更多心力的则是傅斯年。邓广铭在北大就读时即深受傅斯年教诲，他在撰写关于辛稼轩的书稿时也深得傅斯年指导。1939年，邓广铭被傅斯年亲点回到昆明文科研究所任高级助教，并特意安排他与陈寅恪朝夕相处，其间"收获之大确实是胜读十年书的"。而"傅先生总是千方百计要我（邓广铭）把研治宋史的专业思想巩固下来"①。1940年，邓广铭随史语所来到李庄，"除了想求得他（傅斯年）指导外……（因为）只有史语所带了个图书馆，大家都要利用它的图书资料。

---

①邓广铭：《自传》，载《邓广铭学术论著自选集》，首都师范大学出版社，1994年，第722页。

有了这个便利条件，我就在那里完成了一系列关于宋史的论文、著作"①。
1942年2月，邓广铭离开李庄到重庆主编《读书通讯》期间，还协助史语所
在重庆出版《历史语言研究所集刊》第10本和11本。1943年7月，经傅斯
年举荐，邓广铭到重庆复旦大学史地系任副教授。

1944年，邓广铭决心立足于"考索之功"，以学术研究的标准来撰写《岳
飞》一书，将岳飞从民间传说提升到学术高度。为此，他在1944年暑期返回
李庄，沉潜在史语所图书馆，广泛收集宋人的多种史籍，在对岳珂所作的《鄂
王行实编年》等史料通体考订后，才起笔撰著，实事求是地塑造了岳飞形象，
并在1945年抗战胜利后出版，书名为《岳飞》。在此后的四十年间，邓广铭
对该书进行过两次大幅修改。1954年，他订正书中的旧史错误，改书名为《岳
飞传》后再版。在1983年出版增订本《岳飞传》时，修改幅度超过90%，真
正做到了以学术研究的标准来写岳飞的谱传。几十年来，邓广铭坚持从岳飞写
诗作词的才能和忠君爱国的思想等角度出发，以辩证和纠驳的学术态度，对待
有关岳飞《满江红》真伪问题的几次大讨论，并且始终坚持《满江红》作者是
岳飞的观点。

在李庄时期，邓广铭开始转向《宋史》的考订研究。《宋史》共496卷
约500万字，篇幅"居廿四史之首位"。清代将《宋史》收录于《四库全书》
史部正史类，认为"盖其书以宋人国史为稿本"。但此书是元人在元末乱世仅
用两年半时间仓促修成的，错误甚多。因此，研究宋朝就必须从《宋史》的注
疏和考证开始。邓广铭在李庄确立了他一生的学术方向："欲萃其精力，广征
天水一代之史册，取与元修《宋史》相校雠，勘正其谬误，补苴其疏脱，考论
其得失，疏通其晦涩，探索其源流，汇为《宋史校正》一书。"②他原本计划
先从校读255卷的《宋史》列传部分开始，但因勘对书籍不齐，改为校读162
卷的各类"志"，并着重考订该书的史源。邓广铭在李庄完成了《职官志》和
王钦若、刘恕等数十人的考证，以及《刑法志》的考校初稿。同时他对《食
货志》《河渠志》《兵志》也作了部分考订，但未成稿。刊布于世的《〈宋
史·职官志〉考正》《〈宋史·职官志〉抉原匡谬》《〈宋史·刑法志〉考
正》《〈宋史·刘恕传〉辨正》等几篇论著，成为民国宋史研究的开山之作。

---

① 邓广铭：《回忆我的老师傅斯年先生》，载王富仁等编：《谔谔之士——名人
笔下的傅斯年　傅斯年笔下的名人》，东方出版中心，1999年，第192页。

② 《邓广铭全集》（第九卷），河北教育出版社，2005年，第20页。

《宋史》行世的版本较多，邓广铭以民国时期较为标准的涵芬楼影印"百衲本"为底本，并与《宋会要辑稿》《文献通考》《朝野杂记》等17种史籍作对比点校，逐卷考证《宋史》12卷的职官志。他先批注异同，再抄录相关条文详加考订，进而成文。邓广铭对《宋史·职官志》的补正成果，在后世学者整理点校《宋史》时多被采纳。他在追溯史源时，首次提出《宋史·职官志》系抄袭宋末元初《文献通考》的"职官考"。邓广铭在《〈宋史·职官志〉考正》的"凡例"中说："《宋史·职官志》中条目之不出于《通考》者，亦必出于另一成书，其书为何，今未能明。"他还专门撰文《〈宋史·职官志〉抉原匡谬》，就其观点详加说明。邓广铭在该文中主要列举《职官志》的序言、尚书省左右司、观文殿学士、御史台检法官、镇抚使及府州军监等条目进行对比研究，得出"《职官志》也并非出于元人之撰作"，"乃知《宋史》此志必系七拼八凑而成"，而"今所抄乃至远在《通考》原文之下，且更多因毫厘之差而致千里之谬"。①他在考证《刑法志》时也得出相同结论。邓广铭从探源入手，将《宋志》各卷正文的源与流两相比勘，堪称最佳的校勘之法。1947年，顾颉刚在回顾宋史研究时说："邓广铭先生年来取两宋各家类书、史乘、文集、笔记等，将《宋史》各志详校一遍，所费的力量不小，所成就亦极大……宋史的研究，邓先生实有筚路蓝缕之功。"②邓广铭也因《〈宋史·职官志〉考正》一文，在1943年获第三届教育部社会科学类的学术三等奖。

邓广铭在李庄对《职官志》与《刑法志》的考证，被国学大师陈寅恪称为《宋史》"成书六百年来的第一次认真清理"，在中国宋史研究学术史上是一件标志性事件。陈寅恪还特此为《〈宋史·职官志〉考正》作序③，他的序文极富预见性和哲理性，主要表达三层含义。一是"华夏民族之文化，历数千载之演进，造极于赵宋之世。后渐衰微，终必复振"。二是他首次提出并阐释了"新宋学"的概念。三是对邓广铭学术地位的认可和鼓励，并且希望邓广铭的"全书（《宋史校正》）遂可早日写定欤"。时至今日，陈寅恪"新宋学"的提法，我们早已耳熟能详。清代学者曾将重考据的汉儒经学称为"汉学"，把重义理的宋儒经学称为"宋学"，以致造成两宋"经外无史"的荒谬不经。而

---

①《邓广铭全集》（第九卷），河北教育出版社，2005年，第17页。

②顾颉刚：《当代中国史学》，上海古籍出版社，2006年，第91页。

③《邓广铭全集》（第九卷），河北教育出版社，2005年，第226页。

陈寅恪、傅斯年等人特别推崇宋代史学，傅斯年更是不遗余力地引导邓广铭专治宋史。邓广铭在李庄开启宋史研究，陈寅恪借此提出了"新宋学"的概念。而且陈寅恪当年的预言也果然成真，邓广铭与蒙文通等一众学者，将宋史研究引入了现代科学的轨道，他亦成为 20 世纪宋史研究领域的学术泰斗。

表38：邓广铭李庄时期主要学术成果

序号	名称	首发刊物	时间	备注
1	《书诸家跋四卷本〈稼轩词〉后》	《责善半月刊》第2卷第14期	1941年	
2	《读〈宋史·王钦若传〉札记》	《责善半月刊》第2卷第20期	1942年	李庄脱稿
3	《〈宋史·刘恕传〉辨正》	《责善半月刊》第2卷第21期	1942年	李庄脱稿
4	《〈宋史·职官志〉抉原匡谬》	《文史杂志》第2卷第4期	1942年	1941年李庄脱稿
5	《评周谷城著〈中国通史〉》	《中国青年》第7卷第2、3期合刊	1942年	李庄脱稿
6	《〈宋史·职官志〉考正自序》	《读书通讯》第62期	1943年	1941年李庄脱稿
7	《〈宋史·职官志〉考正》	《历史语言研究所集刊》第10本	1942年	1941年李庄脱稿
8	《〈宋史·刑法志〉考正》	《历史语言研究所集刊》第20本（下）	1949年	李庄初稿
9	《岳飞传》	胜利出版社	1945年	1944年李庄史语所图书馆起笔撰著，1954年和1983年修订再版

来源：《邓广铭自选集》，首都师范大学出版社，1994年。

第五节　李庄史语所的研究生

1939 年 8 月，史语所所务会议通过《历史语言研究所与北大文科研究所合作办法》，由史语所代为指导研究生，并予以图书及宿舍使用之便利。史语所成立之初，傅斯年便以"狼狈为善"的说辞四处网罗人才，而且素以"拔尖主义"选拔人才而著称，他把各大学高才生"网罗而去，监督甚严"。这些学术新锐的选拔途径：一是由傅斯年拔尖录用，如 1936 年北大史学系毕业的"四大金刚"张政烺、邓广铭、傅乐焕和王崇武。董作宾就曾赞许傅斯年有知人之明，见过一面就可决定去留；二是由专家推荐，如徐中舒推荐的毕业于普通师范学校的李光涛；三是通过考试选优，如北大文科研究所的研究生。

无论是练习助理员还是研究生，初入史语所，傅斯年都给他们"先来一个下马威，每人关在图书室里读三年书，到第四年才许发表文章。因此一些在室内工作，研究专史或语言文字学的青年们都借此打下扎实的基础"[①]。他们在协助学术大师们完成重大课题的过程中逐渐成长，再经过多年的沉潜和积淀，最终成长为某一领域新一代的学术领军人物。这种大师培养学生的教育模式，在抗战时期的李庄已经成为常态。比如前文记述的社会所的中学毕业生韩启桐，经过陶孟和的多年培养，在李庄完成"抗战损失估计"的重点课题后，晋升为副研究员。中国营造学社在李庄招收的练习生罗哲文，在梁思成的言传身教下成长为新中国的文物保护大家。

李庄史语所的年青一代，大部分是傅斯年一手选拔培养起来的，他对青年学者的呵护更是一片赤诚，为年轻人的培养和成长提供了极好的途径。在李庄时期出版的史语所刊物上，常常是连篇累牍地刊载年轻学者的文章，有时甚至一位作者几乎"包圆"了整期。1941 年才到李庄参加工作的夏鼐，1947 年仅 37 岁就接替去美国看病的傅斯年，担任史语所代所长，一个敢交，一个也敢接。即使是在今天，这种情景也令人不可想象。张政烺在史语所十年间能够从普通的图书管理员升任北大史学系最年轻的教授，和史语所这种大师培养学生

[①]董作宾：《历史语言研究所在学术上的贡献（节录）》，载王富仁等编：《谔谔之士——名人笔下的傅斯年　傅斯年笔下的名人》，东方出版中心，1999 年，第 74 页。

的人才教育机制密不可分。他说："当时的史语所为每个青年人创造了优越的学术环境和充足的实物和文献资料，只要能坐下来，钻进去，都会在或长或短的时期内收到成效，这是我在史语所十年间的亲身体会。"①

直接选择到李庄北大文科研究所就读的青年学子王叔岷和王利器，他们两人的考试录取过程看似有些随意，却最能体现北大文科研究所招生考试的灵活性，以及傅斯年识人选人的过人之处。王叔岷是在1939年初审通过后，直到1940年才通过当时的成都教育厅代考而获录取。而王利器初审通过后，本已错过1940年在重庆的笔试环节，但他仍坚持去重庆请求傅斯年单独补考。笔试期间，因七次躲避空袭浪费了大量时间，王利器试题没答几行就被傅斯年招待吃午饭。席上还有王利器认识的大学母校（四川大学）前任校长任鸿隽，以及王利器只在报上见过的中研院院长朱家骅。席间他即被傅斯年定为研究生，还被告知有奖学金。

王叔岷和王利器在1941年9月先后到达李庄，与稍早到达李庄就读的李孝定为同一导师傅斯年，王利器和王叔岷的副导师是西南联大教授汤用彤，李孝定的副导师是董作宾。逯钦立在昆明就读时的导师是罗庸和杨振声，到李庄就读时的导师改为傅斯年和罗庸。他们在学风上沿袭了傅斯年的治学旨趣，即一切从史料入手，注重史料的搜集，重考证与训诂。

王叔岷（1914～2008），1939年毕业于四川大学中文系，他听从史语所原研究员徐中舒的建议，报考了北大文科研究所。王叔岷报考的初审材料除了大学毕业论文《庄子内篇补注》，还有平时所写的诗文，最后他也是抱琴吟诗赴李庄就读的。就是这样一位颇具"诗心"和"乐理"的才子，在李庄开启了他的"庄学人生"。王叔岷被导师傅斯年首先要求洗掉才子气，三年不发表文章，这条规矩遂成为史语所的金科玉律。王叔岷从校勘训诂入手研究《庄子》，读研两年，他完成有关《庄子》的考校及思想论文十余篇，集成《读庄论丛》而获毕业，这也是王叔岷研究《庄子》的起点。在留聘史语所助理研究员后，他继续校释《庄子》。1944年8月，王叔岷完成二十余万字的《庄子校释》及附录六册。此后王叔岷一生笔耕不辍，终成海内外广受推崇的历史语言学家和校雠名家。

与王叔岷在李庄同过学的任继愈回忆："傅斯年对我说过，王叔岷'有才

---

① 张政烺：《我在史语所的十年》，载杜正胜、王汎森等：《新学术之路》（下），台北历史语言研究所，1998年，第538页。

性'。傅先生说的'才性'，是《世说新语》用的词汇，指有史才，有史识，悟性好。"①对有"才性"的王叔岷，傅斯年更是爱才若渴，着意培养。史语所用金条买了一部《庄子》给王叔岷专用。傅斯年还赠他《四部丛刊》影印明世德堂本《南华真经》一部五册，卷末还附有孙毓修的《庄子札记》（校勘记）。王叔岷在李庄研究《庄子》主要靠自学，在史语所学风熏陶下，他深入史料考据，渐入学术之门。由此我们可以想见，王叔岷之所以成为王叔岷，实拜他在李庄与傅斯年的这段际遇。

今本《庄子》分《内篇》《外篇》和《杂篇》，其中的七篇《内篇》普遍被视为庄子本人所著，其余则是由庄子的弟子及其后学根据庄子思想阐发的。庄子既是哲学家，也是文学家。虽然《庄子》全书不及七万字，但庄子思想难懂，《庄子》的文本就更难懂。而且《庄子》流传两千多年，必然存在讹误。民国时期的马叙伦、刘文典、钱穆等国学大师都曾校释过《庄子》。王叔岷遵守三年不发表文章的师训，因而他在李庄完成的《庄子校释》《庄子通论》《庄子向郭注异同考》《茆泮林庄子司马彪注考逸补正》四篇庄子论著，都是在返回南京后才发表的。他此后发表的《吕氏春秋校补》《史记斠证》《老子通论》等著作，也是他在李庄时期开始构思并收集资料的。

尽管历代校勘训释《庄子》的著作层出不穷，但他们或偏重校勘，或偏重义理。而王叔岷选择从考订字义、校勘版本的角度，将校勘训诂和义理阐发结合起来研究《庄子》，历时三载，于1944年8月在李庄完成他的第一部庄子研究专著《庄子校释》。王叔岷的校勘底本是《续古逸丛书》的宋刊本，这是现存最早最完善的《庄子》版本。同时他又参考引用了自魏晋以来的50多部古籍，如郭象《庄子注》、成玄英《庄子注疏》、陈碧虚《庄子阙误》以及《昭明文选》《太平御览》《群书治要》等涉及训诂校勘、诗赋文学、佛学经典的古籍，最后王叔岷以条举的方式进行校勘、考证及补遗，共校释1569条。《庄子校释》原本分5卷，后王叔岷发现刘文典的《庄子补正》错误明显，随即又增加1卷，用以批评修正《庄子补正》的不足。《庄子校释》既汇诸家之长，又能突破局限，以庄解庄，为《庄子》研究提供了新的视角和方法。

傅斯年对王叔岷的《庄子校释》大为欣赏。在1947年准备以历史语言研

---

① 任继愈：《才性超逸，校雠大家——任继愈谈王叔岷》，载《中华读书报》，2007-8-22，第005版。

究所专刊之二十六的名义出版时，他两次主动提出为该书写序推荐，均遭王叔岷拒绝。"最难得的是，我两次拒绝傅先生，傅先生不以为忤，并即推荐《庄子校释》给上海商务印书馆出版。"《庄子校释》一出版即广受好评，校释条目被同期或后世学者大量认可引用，成为庄子研究的权威著作。王叔岷也凭借此作在学术界崭露头角，对此他深有感触："是时岷满廿八岁。这部书虽不成熟，为岷由爱好文学投入朴学以进探义理之第一步，本此旁通，来日著述遂源源不绝，实深感当初傅先生之启示与鼓励也。"①其实，《庄子校释》作为王叔岷初入朴学的第一部著作，他本人并不满意，一直在根据新发现的材料，进行补充修订。1986年，王叔岷将其毕生的《庄子》研究成果汇集成《庄子校诠》一书出版，这是四十多年前他在李庄完成的《庄子校释》的继承与升华。

王利器（1912～1998），与王叔岷一同就学于四川大学中文系向宗鲁门下。1939年，他以约三十万字的大学毕业论文《风俗通义校注》参加重庆第一届全国大学生毕业会考，竟得满分，获"荣誉学生"称号。表明王利器在名师指导下业已熟识校勘之法，而且具有很丰富的典籍知识，这也是傅斯年当年能够在重庆饭桌上录取王利器的最主要原因。王利器在李庄专攻《吕氏春秋》，他半天读书自学，半天撰写论文。因为论文题目太大，王利器还将读研时间由两年延展为三年，"于1943年8月27日，把论文《吕氏春秋比义》写成，约莫二百万言"②。王利器的毕业论文是《吕氏春秋比义》，"比义"之意，取自《吕氏春秋》最早的注本东汉高诱所著《吕氏春秋注》的序意："若有纰缪不经，后之君子断而裁之，比其义焉。"傅斯年对王利器的论文选题、写作进展很是重视，不仅随时询问，还亲自在他的论文底稿上用红笔作批语。《吕氏春秋比义》共20册，200多万字，可惜当年在送民国教育主管部门进行毕业审查时遗失。1987年，王利器决定重写，"因高诱为汉人，学有师承，注有家法，因而加以疏证。重写后的题目定为《吕氏春秋注疏》"③。王利器历时近十年，在1996年重写完成，于2002年由巴蜀书社出版。

据《史记》记载，诞生于战国末年的《吕氏春秋》，是秦相吕不韦"招养门客三千"，"人人著所闻"而编纂成书的。吕不韦在该书序中，直言不讳地表明他著书的动机是出于治国需要，故后世又称《吕氏春秋》为帝王教科书。

---

① 王叔岷：《慕庐忆往——王叔岷回忆录》，中华书局，2007年，第54、64页。

② 王利器：《往日心痕——王利器自述》，山西人民出版社，1997年，第74页。

③ 王利器：《王利器学述》，浙江人民出版社，1999年，第52页。

《吕氏春秋》分"十二纪""八览"和"六论"三部分，共计 26 卷 160 篇，约 20 万字，既有天文地理、医药卫生、物理化学、音乐艺术、占卜相术等内容，又博采道家、儒家、法家等当时各个学派的思想精华。历代注释研究《吕氏春秋》者不乏其人，对后世影响较大的除了东汉高诱注本，还有清代毕沅的《吕氏春秋新校正》（1789），近代许维遹的《吕氏春秋集释》（1935），现代陈奇猷的《吕氏春秋校释》（1984 和 2002），以及王利器的《吕氏春秋注疏》（2002）。

就《吕氏春秋》而言，无论是该书三部分的编排次序，还是经典性质，历来都有不同的看法。《汉书》将《吕氏春秋》视为杂家著作，而《史记》则将其定为史书。《史记》以八览、六论、十二纪为序，东汉高诱则以十二纪、八览、六论为序。任继愈认为这种顺序变化，与东汉阴阳灾异之说的兴起有关。史学界有注书难于著书之说。王利器的《吕氏春秋注疏》以毕沅《吕氏春秋新校正》为底本，采用注疏体撰写。不仅注解《吕氏春秋》原文，还对毕沅的旧注疏义，以订正其错误。王利器在《吕氏春秋注疏·序》中，开篇即用较大篇幅论述三部分的次第问题，提出："《六论》《十二纪》为吕氏原书，故《序意》篇在十二纪之末，若《八览》则由吕氏宾客所著之续书也。"同时他认为："《六论》《十二纪》，吕不韦之帝秦策也。"①即王利器认为《吕氏春秋》编书顺序为先《六论》《十二纪》，最后才是《八览》。而吕不韦编《吕氏春秋》的目的只有两个，一是为秦国一统天下制造舆论，二是制定治国纲领。王利器之说颇为学界重视。

在注解的行文方式上，王利器放弃了前人在各篇章后加注解的惯例，改在每小段后注释。他引经据典数百种，对《吕氏春秋》有关材料的来源，以及它们与诸子文献之间的关联都作了详细说明和举证，把凡是与诸子书籍相互印证或其意相近的文献都一一列出，为后学者对比研究提供了便利。综上而言，王利器在李庄毕业论文基础上重新写就的《吕氏春秋注疏》，截至目前仍然是《吕氏春秋》的最佳注本，甚至在相当长的时间内都难以被取代。

与王利器在李庄读研经历极为相似的是李孝定。他们同年到李庄，同样因研究课题大而延期一年毕业，同样丢失了当初在李庄完成的毕业论文，同样在多年以后又执笔重写，并且书成即成名著。

李孝定（1918～1997），中国著名文字学家，1939 年毕业于中央大学中

---

① 王利器：《吕氏春秋注疏·序》（第一册），巴蜀书社，2002 年，第 8、18 页。

文系，大学期间跟随国学大师黄侃学习文字学，又深受文字学家胡小石（曾昭燏、游寿之师）的影响，开始接触甲骨文。李孝定在李庄的副导师（论文导师）董作宾认为，研究中国文字和古代历史的基础是甲骨文，因此他建议李孝定作甲骨文字方面的研究。于是李孝定便选定《甲骨文字集释》作为毕业论文，这个题目虽然对初学者而言偏大，但却有助于掌握众多考释甲骨文字的材料，对以后的研究大有益处。李孝定在李庄以自习为主，第一年从《说文解字》的圈点断句和释义入手，强化文字学的基础。第二年研读有关甲骨文字考释方面的著作，并批注整理。第三年才开始动笔写毕业论文。可谓师承正宗，用功实在。1941 年 6 月，罗常培来李庄了解到李孝定的研究后，对他将来的成就大胆预言："李君孝定今年春天才到李庄，他的研究范围是古文字学。彦堂（董作宾）教他先把甲骨文现有的材料编成一部字典，等完成后，再定论文题目。他能够跟着董先生看到外边罕见的材料，受到踏实谨严的训练，将来的成就应该很有可观的。"[①]李孝定也是北大文科研究所唯一经傅斯年同意只写论文不作毕业笔试的毕业生。

董作宾与李孝定在李庄板栗坳的戏楼院分别写就的《殷历谱》和《甲骨文字集释》，都对其后的甲骨学研究产生了深远影响。1944 年，李孝定完成毕业论文《甲骨文字集释》，约 60 万字。1947 年，他到北京大学找校长胡适，希望找回论文再作增订，可惜稿本已遗失。1959 年，他听从同学周法高的建议，开始重撰《甲骨文字集释》，耗时近六年，于 1965 年以台北历史语言研究所专刊之五十的名义出版。全书共 8 册 150 多万字，汇集了自 1904 年孙诒让的《契文举例》到 20 世纪 60 年代初期的甲骨文考释成果，是对甲骨文研究的一次系统科学的总结。该书按《说文解字》的分部排列，对各家考释详注出处，进而附以按语，对众多的考释进行评析定论，这也是全书的精华部分。李孝定在研究方法上既融合前人经验，又强调卜辞辞例对考释甲骨文字的重要性，他把甲骨文的考释重点由以前注重"字形"过渡到了"字用"。李孝定自我评价说："我这拙著，唯一的优点，就是一个'诚'字。"[②]这部汇集了半个世纪甲骨文考释成果的大型工具书，一出版即成为研究甲骨文字的必备书。虽然于省吾在该书的基础上，又广泛收集甲骨学研究的最新成果，在 1996 年主编出版《甲骨文字诂林》，"但是却无法取代李先生三十多年前出版的《甲

---

① 罗常培：《沧洱之间》，辽宁教育出版社，1996 年，第 27 页。

② 李孝定：《逝者如斯》，东大图书股份有限公司，1996 年，第 100 页。

骨文字集释》。在古文字研究这个行道上，这一套书是功成身不能退"①。时至今日，《甲骨文字集释》仍然是使用频率最高的甲骨文工具书之一。

李孝定在李庄时，除了跟随董作宾研习甲骨文外，还参与李济的殷墟陶器研究。1944 年，李孝定撰成《小屯陶文考释》一文，他发现陶文与甲骨文形体结构几乎一致，认为陶文与日用文字应该有密切的关系。董作宾对他的考证结论也给予了肯定，因此在 1956 年的《殷墟器物：陶器（上辑）》中，李济将该文收录。李孝定在李庄的陶文研究，成为他日后从陶器刻划符号探索汉字起源研究的开端。1977 年，李孝定出版《汉字史话》，该书从早期陶文入手，通过全面观察汉字的发生与演变过程，从宏观上对汉字的起源与演变作了简明叙述。

同样读研 3 年的还有逯钦立（1910～1973），1939 年他从西南联大毕业后考入北大文科研究所，先在昆明就读两年，研究课题是"校辑全汉魏晋南北朝诗"。但因昆明缺少必要的研究书籍，他特向傅斯年申请延长一年毕业，到李庄继续学习，准备利用史语所图书馆丰富的藏书完成五项研究任务，即"《文苑英华》须付比勘；各家之别集须付比勘；版本之考订；《佛藏》及其他先唐各子集有待翻检；方志亦有待检查"②。

1941 年 9 月逯钦立到达李庄就读，1942 毕业后留任史语所助理研究员，毕业论文是《诗纪补正》。在李庄，逯钦立撰写发表了六篇有关汉魏六朝文学思想的研究文章，即《古诗纪补正叙例》《汉诗别录》《说文笔》《形影神诗与东晋之佛道思想》《述酒诗题注释疑》《陶渊明年谱稿》。特别是经过三年的探索与思考，逯钦立决定将他原本只校辑汉魏六朝古诗的计划，扩展到先秦时期，在李庄开始撰写鸿篇巨制《先秦两汉三国两晋南北朝诗》。这是一项浩大的学术工程，他在 1947 年完成初稿，1964 年和 1966 年两次修改，1983 年由中华书局出版。全书分 3 册，共 250 多万字。这不仅是逯钦立一生中最重要的著作，也是 20 世纪中国古代文学研究的标志性成果。

唐宋以来的诗歌发展源头是先秦汉魏六朝的诗歌。唐《隋书·经籍志》记载，梁朝时著录的诗歌别集和总集多达 1135 部，隋时著录也有约 544 部，自

①陈昭容：《李孝定先生与古文字学》，载《缅怀与传承：东海中文系五十年学术传承研讨会论文集》，台北文津出版社，2007 年，第 431 页。

②王汎森：《逯钦立与〈先秦两汉三国两晋南北朝诗〉》，载杜正胜等：《新学术之路》（下），台北历史语言研究所，1998 年，第 778 页。

唐宋以后，古诗逐渐失落，到明代更是百无一存。但明人喜好辑录诗歌总集或个人别集，尤以明嘉靖年间冯惟讷辑录的《古诗纪》最为丰富，但缺少考订辨伪，谬误甚多。虽然清代杨守敬针对《古诗纪》的失误写有《古诗存目》，但只是索引目录。民国初年，丁福保根据《古诗纪》和《诗纪匡谬》编成《全汉三国晋南北朝诗》，但他删除了先秦歌谣佚诗，也无考订之举。此外，冯惟讷与丁福保都没有注明他们辑录的诗歌来源。

逯钦立1942年的毕业论文《诗纪补正》，正是对冯、丁二人的纠偏补正。他以冯惟讷的《古诗纪》为基础，对汉至隋朝11代的古诗进行辑补、校订与整理。其主要参考书是杨守敬的《古诗存目》，由于该书大致是以《古诗纪》为基础编目的，并且标明了各诗在历代典籍中的引录情况，因而对逯钦立的补正研究极有帮助。逯钦立1943年写成的《古诗纪补正叙例》一文，是其撰作《诗纪补正》的学术思考，他对校订过程中依据的文献、校勘方法和辑佚成绩都作了举例说明。逯钦立在文末所附的"凡例"36条，是其校辑的基本准则，也是他学术研究的指导纲领。他为此感谢说："钦立从事斯业，前后凡三年……吾师傅孟真先生，不弃固陋，时与教正，举凡编订等事，恒得资其卓识，为我指南。又荣城张政烺先生，于版本目录方面，惠我者亦复良多。"[1]

《先秦汉魏晋南北朝诗》的初稿原名《全汉晋六朝隋诗》，是逯钦立在《诗纪补正》的基础上，重新搜集除《诗经》《楚辞》之外从先秦到隋末的歌诗谣谚扩展新著的。1943年在李庄，逯钦立已经"重辑《全汉晋六朝隋诗》百卷，用力之勤，考订之密，近日不易得之巨篇也"[2]。1983年正式出版的《先秦汉魏晋南北朝诗》共辑135卷，可见这部迄今为止最为完备的唐前诗歌总集，绝大部分是逯钦立在李庄完成的。《先秦汉魏晋南北朝诗》集群书之大成，内容博大精到，已经远远超越前人纂辑的同类总集，中华书局在"出版说明"中列举了《先秦汉魏晋南北朝诗》的五大优点：取材广博、资料翔实、异文齐备、考订精审、编排得宜。

1945年12月，逯钦立在《六同别录》发表长文《汉诗别录》，收集到了当时他所能见到的汉代全部诗歌资料，并分门别类，排比勘对。该文分三篇，

①逯钦立：《古诗纪补正叙例》，载《历史语言研究所集刊》第12本，1947年重刊，第79页。

②王汎森：《逯钦立与〈先秦两汉三国两晋南北朝诗〉》，载杜正胜等：《新学术之路》（下），台北历史语言研究所，1998年，第780页。

即"辨伪"第一，包括苏李诗、班氏诗、古诗、《柏梁台诗》等。逯钦立还明确指出，苏武、李陵赠答诗和班婕妤的《怨歌行》皆属"不可据信之诸作"，并考证出苏李赠答诗的准确年代。"考源"第二，即对五言、七言诗产生的年代，作了大量令人信服的考证。"明体"第三，主要论及各类杂言体与声词合写的歌诗，并论述了两汉乐府章法和乐谱。《汉诗别录》表明，逯钦立试图通过深入的专题研究，以求对汉魏六朝诗的校订更为精当。同时也反映出他校辑研究的心得，即"辨伪第一""考源第二""明体第三"。

逯钦立还对陶渊明的《形影神》诗和《述酒》诗进行考证研究。《形影神》是陶渊明创作的一组三首五言诗。清人马璞最早提出"渊明一生之心寓于《形影神》三诗之内"。学界就此对陶渊明《形影神》的三诗主题形成了三种观点：一是反佛教或反道教；二是陶渊明自身思想的多重性；三是陶渊明关于自然与生命的新哲学。1946年，逯钦立特此撰写《〈形影神〉诗与东晋之佛道思想》一文，从东晋盛行佛教、道教和玄学思想的角度，论述《形影神》在反佛教和道教方面的意义，体现了逯钦立对古代各种哲学思想的深刻见解。

杨志玖（1915～2002）和王明（1911～1992）与史语所的缘分也很深。杨志玖1938年从北京大学史学系毕业后，被推荐到史语所当研究生（练习生），因史语所当年暂不招生，傅斯年便资助他在昆明自学一年，于1939年考入北大文科研究所。而王明早在1937年北大毕业后就考取了史语所研究生，但一直未能就学。1939年，史语所通知王明重新报考北大文科研究所而获录取。两人都在昆明就读毕业。

逯钦立1941年到达李庄后，给重庆的傅斯年写信，提及他"离滇之时，曾与杨志玖、周法高二兄深谈一次……杨兄念吾师擢掖之心，极愿来此继续所业"[1]。此前傅斯年也曾建议杨志玖毕业后最好留在北大或史语所，但他却阴差阳错地选择到昆明南开大学就职。极为看重杨志玖的傅斯年，在1944年3月至1946年9月间，设法将其借调到李庄，参加史语所《中国民族史及疆域史》一书的编纂工作，杨志玖主要负责清代部分。此外，他还写有《穆克登碑与中韩界务纠纷》的考证手稿。

非常巧合的是，杨志玖在李庄时，他关于马可·波罗到过中国的研究文章，被傅斯年等人从国内推广到了国际学术界，从此开始了"马可·波罗是否

---

[1] 王汎森：《逯钦立与〈先秦两汉三国两晋南北朝诗〉》，载杜正胜等：《新学术之路》（下），台北历史语言研究所，1998年，第777页。

到过中国"的世纪论战。1941 年，杨志玖在撰写毕业论文搜集史料时，在明《永乐大典》所引元朝《经世大典·站赤门》的一条奏事中，发现记载有元代至元二十七年（1290）八月，坐船护送蒙古阔阔真公主远嫁伊利汗国的三位波斯使臣兀鲁解、阿必失呵和火者，这与《马可·波罗游记》中所记载的马可·波罗一家伴随蒙古公主回国时的使臣姓名和行程完全一致，从而首次从文献上间接证实了马可·波罗确实在元朝初年到过中国。

马可·波罗来华及其口述成书的《马可·波罗游记》，是元代中西交通史上的重大事件，但马可·波罗是否真的到过中国一直是个存在争议的学术问题。1871 年，英国学者亨利·玉尔在其翻译的《马可·波罗游记》的导言中，对马可·波罗到过中国提出疑问，因为书中遗漏了长城、茶叶、汉字、印刷术等古代中国的标志性事物。1929 年，该书被翻译成中文，译名《马哥孛罗游记》。其实早在 1874 年，就有署名"映堂居士"的中国学者，在《元代西人入中国述》一文中介绍马可·波罗。1935 年，岑仲勉提出马可·波罗即是元朝枢密副使孛罗之说，但不被学界认同。在此之前，中外史学界都没有发现马可·波罗来华的史籍记载，杨志玖的发现是迄今所知的汉文史料中唯一的记载。他当年据此写成《关于马可·波罗离华的一段汉文记载》的考证文章，先是刊载于 1941 年 12 月的重庆《文史杂志》，得到学术界的高度评价，后经傅斯年推荐，获得中研院杨铨奖的名誉奖。傅斯年认为，该文破解了国际学术界长期争论的一个疑案，值得向国际学术界公布。于是他请人把该文译为英文，分别发表在 1944 年的《英国亚洲皇家学会学报》和 1945 年的哈佛大学《亚洲学报》。至此，杨志玖开始扛起了马可·波罗来华肯定说的国际"大旗"，这也是他倾力最多、成就最为卓越的学术贡献。经过杨志玖等学者的长期论证，马可·波罗的来华史事在中国学术界基本已成定论。

王明在昆明北大文科研究所就读时师从汤用彤，攻读《道藏》，编纂《太平经合校》。1941 年毕业后加入李庄史语所，1944 年离开李庄回乡省亲。他在李庄"读了不少道书，写了《〈周易参同契〉考证》《〈老子河上公章句〉考》等长篇论文"①。1948 年，王明在李庄完成的《论〈太平经钞〉甲部之伪》《〈黄庭经〉考》等多篇学术论文，在《历史语言研究所集刊》陆续发表，从此奠定了他在中国道教文化研究领域的学术地位，王明把李庄这段学术生涯视为他人生最为重要的四个时期之一。

---

①王明：《王明学术自传》，巴蜀书社，1993 年，第 103 页。

　　道教是中国最为悠久、影响最为深远的传统文化之一。从初唐开始编撰的《道藏》，收集了大量的道教经典和论集，以及科仪戒律、法术符图、宫观山志等，是一部难得的文化宝典。但因卷帙浩繁，真伪难辨，一直无人整理研究。王明是我国近现代道教研究领域的拓荒者，1939 年在昆明读研时，他就开始校勘研究有"道教第一经"之称的《太平经》。他在李庄时期的学术重点也是对重要道经进行训诂考据，主要通过校对《太平经》残本和《太平经钞》以及其他引书，来恢复残缺不全的《太平经》原貌。经过持续多年的校勘考证，最终在 1960 年出版《太平经合校》，这是一部具有拓荒性质的力作。自此以后，中外学者凡涉研究《太平经》，必以王明的合校本为基础。王明在李庄整理《太平经》时，发现《太平经钞》之甲部，"除用晚起之道家名辞外，又采佛教之名辞"，系"晋以后之撰述"。①王明非常认同清人董德宁所言："道书之古者，《道德》《参同》《黄庭》也。"《参同》论外丹，《黄庭》说内丹。他在李庄就从这三部最重要的道教经典入手，逐一进行考证。

　　《老子河上公章句》是《道德经》的一个重要注本，王明在《〈老子河上公章句〉考》一文中，考证出《老子河上公章句》是东汉时期伪托河上公而作。而且他发现，《老子河上公章句》是哲学性道家向宗教性道教转变的重要标志，是道教形成时期的重要文献。《周易参同契》号称"丹经之祖"，王明 1943 年写成《〈周易参同契〉考证》，指出"参同契"不是金木火，而是大易、黄老和炉火之意。他在考察汉代学术流变时，认为"《周易参同契》者，其于《易》多资焦京易纬之说，并假诸黄老之辞以论金液还丹之旨也"②。其意在修大丹、服大丹而已，与汉人学《易》占候吉凶不同，这对后世内外丹派的影响极大。《黄庭经》分内外《玉景经》，但其源流与作者均无准确记载，王明在《〈黄庭经〉考》中，指出《黄庭经》与老子无涉，而与魏夫人有关。"黄庭思想，魏晋之际，已渐流行，修道之士，或有秘藏七言韵语之黄庭草篇，夫人得之，详加研审，撰为定本，并予著述；或有道士口授，夫人记录，

---

　　① 王明：《论〈太平经钞〉甲部之伪》，载《历史语言研究所集刊》第 18 本，1948 年，第 384 页。

　　② 王明：《〈周易参同契〉考证》，载《历史语言研究所集刊》第 19 本，1948 年，第 348 页。

详加诠次。"①而且王明认为，《黄庭经》作为内丹派的养生之书，是在对中医脏腑理论进行神化后，成为道教内修经典的。王明的这一研究成果，为现代道教研究立下了开山之功。

　　傅斯年创办史语所的初衷之一，即是"成就若干能使用近代西洋人所使用之工具之少年学者"，并认定"此实后来历史语言学在中国发达命脉所系，亦即此研究所设置之最要目的"②。史语所与北大文科研究所合作培养研究生，是为了培养和储备更多具有现代学术意识的"少年学者"。傅斯年本着"高标准要求，自由式发展"的原则，使马学良、逯钦立、李孝定、王叔岷、王利器等一群从未进过大学校门的北大研究生，在李庄这座名师汇聚、学风纯正的学术小镇，接受了严格而科学的教育。其结果也正如傅斯年所愿，后来的他们无一不是学术大师。

表39：王叔岷、王利器、李孝定、逯钦立、杨志玖及王明李庄时期主要学术成果

序号	名称	首发刊物	时间	备注
1	王叔岷《钟嵘诗品疏证》	《学原》第3卷第3、4期	1943年	
2	王叔岷《书鹖冠子后》	《文史周刊》第38期	1945年	
3	王叔岷《文中子中后》	《说文报》	1946年	
4	王叔岷《庄子向郭注异同考》	《国立中央图书馆馆刊》	1947年	1942年李庄脱稿
5	王叔岷《庄子校释》	历史语言研究所专刊之二十六	1947年	1944年李庄脱稿
6	王叔岷《茆泮林庄子司马彪注考逸补正》	《历史语言研究所集刊》第16本	1947年	1943年李庄脱稿
7	王叔岷《庄子通论》（上）	《学原》第1卷第9期	1948年	1942年李庄脱稿
8	王叔岷《庄子通论》（下）	《学原》第1卷第10期	1948年	1942年李庄脱稿

---

　　① 王明：《〈黄庭经〉考》，载《历史语言研究所集刊》第20本（上），1948年，第545页。

　　②《傅斯年全集》（第6卷），湖南教育出版社，2003年，第30页。

续表

序号	名称	首发刊物	时间	备注
9	王利器《"家""人"对文解》	《辽海引年集》	1947年	1943年李庄讲稿
10	王利器《吕氏春秋注疏》	巴蜀书社	2002年	以1943年李庄毕业论文《吕氏春秋比义》为底稿
11	李孝定《小屯陶文考释》	收录于李济《殷墟器物·陶器（上辑）》	1956年	1944年李庄脱稿
12	李孝定《甲骨文字集释》	台北历史语言研究所专刊之五十	1965年	以1944年李庄毕业论文为底稿重撰
13	逯钦立《陶渊明行年简考》	《读书通讯》第50、51期	1943年	
14	逯钦立《古诗纪补正叙例》	《历史语言研究所集刊》第12本	1945年	1947年重刊
15	逯钦立《汉诗别录》	李庄石印出版历史语言研究所集刊外编第三种《六同别录》（中）	1945年	1948年《历史语言研究所集刊》第13本重刊
16	逯钦立《说文笔》	《历史语言研究所集刊》第16本	1947年	1945年李庄脱稿
17	逯钦立《形影神诗与东晋之佛道思想》	《历史语言研究所集刊》第16本	1947年	1946年李庄脱稿
18	逯钦立《述酒诗题注释疑》	《历史语言研究所集刊》第18本	1948年	1944年李庄脱稿
19	逯钦立《陶渊明年谱稿》	《历史语言研究所集刊》第20本（上）	1948年	1945年李庄脱稿
20	逯钦立《先秦汉魏晋南北朝诗》	中华书局	1983年	李庄时期基本完成初稿
21	逯钦立《陶潜里居史料评述》	收录于逯钦立《汉魏六朝文学论集》	1984年	1944年李庄手稿
22	杨志玖《中国民族史及疆域史》	史语所集体编著		杨志玖负责清代部分

续表

序号	名称	首发刊物	时间	备注
23	杨志玖《穆克登碑与中韩界务纠纷》	手稿		
24	王明《〈周易参同契〉考证》	《历史语言研究所集刊》第19本	1948年	李庄脱稿
25	王明《论〈太平经钞〉甲部之伪》	《历史语言研究所集刊》第18本	1948年	李庄脱稿
26	王明《〈老子河上公章句〉考》	《国立北京大学五十周年纪念论文集》	1948年	李庄脱稿
27	王明《〈黄庭经〉考》	《历史语言研究所集刊》第20本（上）	1948年	李庄脱稿
28	王明《太平经合校》	中华书局	1960年	李庄校勘整理

来源：台北《历史语言研究所集刊》第74本（4分册），2013年；《王利器学述》，浙江人民出版社，1999年；李孝定：《汉字史话》，海豚出版社，2011年；逯钦立：《汉魏六朝文学论集》，陕西人民出版社，1984年；《王明集》，中国社会科学出版社，2007年。

第六节　史语所在李庄的学术讲论会

史语所是跨越了历史、语言、考古、民族学等多种人文学科的学术重镇，汇聚了众多杰出的学术领军人物。为了探究人才培养的规律，傅斯年采取了当时最为先进的教育理念：拔尖选人，用人唯才；严格管理，督促学问；研究指导实行"师徒制"。此外，为了提高研究水平，史语所还经常举行学术报告会和学术讲论会，学术报告会是邀请前辈学者或所外专家进行相关学术报告，而学术讲论会的报告人则以史语所青年学者为主。史语所年轻的学者们事先拟定好题目，精心准备，作完报告后再讨论切磋，以达到相互学习、共同提高的目的。但学术讲论会的举办时间和会议形式比较松散，没有固定。从1941年11月开始，中研院要求院属各研究所"每月举行学术会议一次"。在李庄的史语所便将此前不定期的学术讲论会固定为每月一次，而且会议模式和程序也基本固定。讲论会地点在李庄板栗坳牌坊头大院的"史语所大礼堂"，会议主题的选择与研究人员的研究成果密切相关。一般由傅斯年或董作宾主持会议，议程是先介绍会议主题及讨论动机，再由报告人作主题报告，最后是参会人员提出意见并加以讨论。李庄时期的学术讲论会，不只是研究成果的汇报展示，其最重要的目的是通过这种自由平等的学术交流，提高青年学者的研究能力，促进人才的成长。讲论会主要有以下四个特点。

其一是不论资排辈。1943 年 8 月 14 日的八月学术讲论会的报告人，是北大文科研究所在读研究生王利器。会议由傅斯年主持，他先介绍会议主题："古书中'家''人'二字之互用"，及讨论动机："古书中'家''人'二字对文之例，可见不鲜，此两字在古时颇有同义之可能，故常以之互用，兹欲证此说之可信，故提出讨论。"[1]再由报告人王利器主讲，最后是与会人员讨论。参会人员没有高低主次排名，依到场时间签到，有周天健、高去寻、王利器、张琨、逯钦立、芮逸夫、丁声树、杨时逢、傅斯年、王明、屈万里、夏鼐、周法高、王铃、董作宾、劳榦、李方桂、吴定良、凌纯声、张政烺二十人。

其二是以会代训。学术导师结合自己的研究心得和治学方法，对青年学者进行教育培训。傅斯年作为报告人在讲论会上讲过"性命古训"。董作宾在1943 年 9 月 4 日作"古代囷囵的年月日说"的报告。他结合正在撰写的《殷历谱》，对上古时期太阴历、太阳历等历法概念的形成、变化，闰月的推算方法，日夜时辰与干支的关系等进行讲解。董作宾作报告的主要目的，还是在学术思维和研究方法上对青年学者进行培训，以提升他们的学术研究能力。王叔岷回忆，讲论会"有他（傅斯年）参加，演讲者都有些紧张。他一发问，便抓着要害，往往几年才得到的结论，被他一问，就发生动摇，甚至推翻。他思想的锐敏，的确惊人"[2]。

其三是以讨论青年学者的研究进展和收获为主。在李庄的学术讲论会上，石璋如、王崇武、董同龢分别作过两次报告，劳榦、高去寻各自作过四次报告。其他的报告人还有李光涛、王明、屈万里、杨志玖、周法高、逯钦立和全汉昇等人。劳榦四次报告的主题，都与其 1942 年考察玉门关和阳关遗址的研

---

① 马亮宽等：《历史语言研究所与中国现代学术体制的建构》，社会科学文献出版社，2021 年，第 264 页。

② 王叔岷：《慕庐忆往——王叔岷回忆录》，中华书局，2007 年，第 56 页。

究进展，以及在李庄研究居延汉简和秦汉史的新发现相关，是对他居延汉简阶段性研究成果的集体讨论。高去寻的四次报告，涉及丧葬礼俗、宗教和古器物的研究。石璋如根据考古组在李庄开展的研究情况，作安阳小屯文化层和墓葬的讨论。李光涛报告了他在李庄整理明清档案过程中的新发现，以及继续整理档案和出版明清史料的计划。王崇武根据他在李庄校勘《明实录》发现的新史料，分别作了"明史朝鲜传"和"靖难问题"研究的报告。事实上，李庄学术讲论会的机会大多留给了年轻学者，使他们有机会公布自己的研究心得和成果，也让导师对他们的研究能力和水平有一个清晰的了解。同时所有参会人员进行平等讨论，也有助于年轻学者查漏补缺，促进专业研究。

其四是体现出史语所集众式研究的特点。董同龢的报告关注的是中古音和上古音，因为他发现瑞典汉学家高本汉对中古音"喻""匣"两声母的来源考证有误，故提出公开讨论。李方桂、丁声树、周法高等都对董同龢的发现和结论提出了疑问。而且李方桂认为，除了董同龢的结论外，还应该有若干种可能性。傅斯年及其他研究人员也积极参与讨论，最后形成了一致意见。事实证明，董同龢对高本汉《分析字典》中的"喻""匣"两声母来源的纠正是正确的，并且很快在汉语文字语音改革中推行应用，反响很大。

史语所在李庄进行的讲论会，重点不在讲而在辩。论辩不仅弥补了年轻学人在观点、方法和材料上的不足，而且开阔了他们的视野，激发出更多新的观点，从而促进他们的快速成长。李济就认为良好的学术氛围对年轻人的成长至关重要，讲论会就是集体学习和学术辩难，益处多多。他说："近代的学术工作大半都是集体的，每一件有益思想的发展，固然靠天才的领悟和推动，更要紧的是集体合作的实验、找证据，以及复勘。只有在这类的气氛中，现代学术才有扎根生苗的希望。"①曾在李庄参加过史语所讲论会的何兹全，从1950年开始任教于北京师范大学。他认为，史语所当年在李庄"轮流作学术报告这制度很好，这个制度，直到今天我还把它带到北师大历史系魏晋南北朝史研究室来，每月轮流一人作学术报告。已经多年，坚持未断"②。

史语所在李庄形成的每月至少一次的讲论会，从1947年底改为隔周举办

---

① 李济：《南阳董作宾先生与近代考古学》，载《李济文集》（卷五），上海人民出版社，2006年，第214页。

② 何兹全：《忆傅孟真师》，载王富仁等编：《谔谔之士——名人笔下的傅斯年　傅斯年笔下的名人》，东方出版中心，1999年，第200页。

一次，并延续至今。曾担任过台北史语所所长的黄进兴谈过，讲论会是史语所的老规矩、老惯例，其目的是培养年轻人平等交流、不畏权威的精神。讲论会现场没有论资排辈，大家的确是畅所欲言，彼此攻错。毫无疑问，当年在李庄开展的学术讲论会，不仅是史语所集众式学术研究方法的一大实践，即使是在今天，对我们的高校和研究机构的人才培养仍具有重要的借鉴意义。

表40：历史语言研究所在李庄举办的部分学术讲论会概况

序号	时间	报告人	讨论主题	讨论动机	备注
1	1942.11	董同龢	中古音喻匣两母的来源问题	瑞典汉学家高本汉（Bernhard Karlgren）所著分析字典序中对此两声母来源之解说尚有待商榷者，故提出公开讨论	
2	1944.7	董同龢	上古音的复声母问题	本问题久经语言学者讨论，但待补正之处尚多。又一般人于此尚多误解，往往比附牵引，有失真相，故特提出讨论，以明其缘由，确定其结果	1944年以历史语言研究所单刊甲种之二十一，在李庄石印出版《上古音韵表稿》

续表

序号	时间	报告人	讨论主题	讨论动机	备注
3	1942.12	李光涛	清代内阁大库档案中沈阳旧档的价值与今后整理档案及续印明清史料之计划	清代内阁，原由沈阳文馆内三院沿袭而来，现在所存档案中之沈阳旧档，大约即系顺治元年移入者。现存之沈阳旧档，数量虽不多，但均系重要史料，本所出版之明清史料，甲编首本及丙编第一本即系汇印此项档案之一部分。但此种史料均为清代官书所不采，致当时事实多失其真。兹公开讨论此项档案之价值，并讨论今后整理档案之续印明清史料之计划	
4	1943.1.16	全汉昇	唐宋时代的战争与物价	当前战时物价问题，日益严重，朝野上下讨论此问题之文字虽所在多有，但对于我国历史上之战时物价问题，尚未见提及。兹特以唐宋史料为根据，研讨唐宋两代六百年中战时物价变动之原因、情形、影响，以及当日之平价方法，以供当前研究物价问题者之参考	《唐代物价的变动》《北宋物价的变动》，载1943年《历史语言研究所集刊》第11本
5	1943.2	王崇武	明史朝鲜传	朝鲜李氏实录一书，据本所近年研究之结果，知其颇可补充及订正明史朝鲜传，故提出讨论	《李如松征东考》，载1948年《历史语言研究所集刊》第16本

续表

序号	时间	报告人	讨论主题	讨论动机	备注
6	1944.2	王崇武	靖难问题	关于明成祖靖难问题，曾于民国三十三年二月份国民月会中由副研究员王崇武作简略之报告，本次会议仍就此问题提出讨论，以便求得一结论	《明靖难史事考证稿》《奉天靖难记注》，1948年分别以历史语言研究所专刊之二十五、二十八出版
7	1943.4	屈万里	"九"有"高"义	周易"跻于九陵"及诗"鹤鸣于九皋"，两"九"字以数目字之义解之，扞隔难通，以"高"义解之，则文从字顺，故提出讨论	
8	1943.5.22	王明	《周易参同契》之中心思想	魏伯阳作参同契，概括焦京易说，图纬之学，黄老之辞，以明炼丹之意，其中以易说掺杂天文历数，故卒读之有艰深之感。其辞又多取譬喻，使人难晓。然参同文章甚美，多骈俪谐偶，诵之顺口而过，容或忽其大意。兹对此书提出讨论，以明其中心思想	《〈周易参同契〉考证》，载1948年《历史语言研究所集刊》第19本
9	1943.8.14	王利器	古书中"家""人"二字之互用	古书中"家""人"二字对文之例，可见不鲜，此两字在古时颇有同义之可能，故常以之互用，兹欲证此说之可信，故提出讨论	王利器以北大文科研究所在读研究生身份主讲

续表

序号	时间	报告人	讨论主题	讨论动机	备注
10	1943.9.4	董作宾	古代囵囵的年月日说	治古史者首重年代问题，而年代之考定，必须应用现代科学方法，由天文历法上证明之，兹特提出此题讨论，以明中国古代历法之轮廓，俾治史者知古人对于年、月、日之观察，由浑朴逐渐进步之概念	本主题是董作宾所撰《殷历谱》中的一个重要概念
11	1943.11	高去寻	殷礼的含贝握贝	（民国）二十五年本所发掘安阳大司空村时，由其第一期古墓内"贝"出见之部位知殷代末年有人死后口内含贝手内握贝之丧葬礼俗。兹就此种礼俗之意义及其影响于后世之情形加以讨论	1954年发表于"中研院"院刊第1期
12	1944.5	高去寻	匈奴的宗教	关于匈奴宗教问题，过去虽不乏提及者，但无详细之研究，故特出讨论，以明汉代匈奴之宗教情形	2009年以《〈匈奴的宗教〉讲演稿》为名，收录于《潜德幽光——高去寻院士百岁冥诞纪念集》

续表

序号	时间	报告人	讨论主题	讨论动机	备注
13	1944.1	高去寻	汉以前古镜之研究	日本人梅原末治于1932年至1934年在日本东方文化学院提出一研究题目……并著成《汉以前古镜之研究》一书，即其研究之报告。兹就此书加以评论，并就淮式的时代问题加以讨论	1945年以《评汉以前的古镜之研究并论淮式之时代问题》为名发表于《六同别录》（中）
14	1944.12	高去寻	休屠王祭天金人问题	本所1944年5月学术会议中讨论匈奴的宗教时，因时间关系，未能对此一问题作详细之讨论，故本次学术会议特再提出讨论之	
15	1943.6	劳榦	玉门关及阳关之遗址	西北主要之门户，在古时为阳关与玉门关，而此两关之确实所在地，则异说纷纭，无从详悉。因本所副研究员劳榦君新从西北归来，就其实地考察结果，提出讨论	1942年劳榦参加中研院"西北史地考察团"回李庄后，就其两关遗址考察情况所作的报告

续表

序号	时间	报告人	讨论主题	讨论动机	备注
16	1944.4	劳　榦	汉代的长安城	长安城位置及布置对于历史及考古上之关系颇重，而历来对汉长安城所知者，有城圈及未央宫位置数事，远不如唐代长安之明了，故特提出讨论，以明汉代长安之位置及布置	劳榦在李庄研究居延汉简时，拓展研究两汉史的成果之一
17	1944.8	劳　榦	汉代的记时法	汉代每日分若干时，其起讫如何，又汉代每日分若干刻，其分配如何，迄无定论，故特提出讨论，以求获得一结论	劳榦在李庄研究居延汉简时，拓展研究两汉史的成果之一
18	1944.3.11下午	劳　榦	居延汉简中的问题	此项问题，过去在本所学术讲论会中已讨论数次，本次学术会议再提出两简加以讨论开会后，由副研究员劳榦就本次会议所提出讨论之两简，分别报告其意见	
19	1944.6	杨志玖	"也里可温"一词之语原	关于也里可温一词之语原，说者虽多，尚无一致之结论，兹特提出讨论，以明此一名词之所从出	
20	1944.9	周法高	平仄问题	平上去入四声，分为平仄二类，以平仄声之交互使用，构成中国美文中之韵律，然此系利用何种原则？其于语言学上有无根据？均系亟待解决之问题，故特提出讨论	1945年在《六同别录》（上）发表《说平仄》

续表

序号	时间	报告人	讨论主题	讨论动机	备注
21	1944.10	逯钦立	骈体文起源时代问题	四六骈文，为我国所独有，而发展最久，应用最广之文体，故无论作世界文学之比较研究，或国文流变之史迹探讨，均莫得舍此不问。近年外国学者颇多注意此体者，然其所含问题甚多，短时间不易得其全象，剖其细微，是以至今尚少惬心之专论。兹先就其起源一项讨论之，以为研究此一问题之开始	

来源：马亮宽等：《历史语言研究所与中国现代学术体制的建构》，社会科学文献出版社，2021年。

第八章　中国建筑史学

　　中国历代都设工官，掌管百工之事。在周代称"司空"，秦时称"将作少府"，汉代叫"将作大匠"，宋代名"将作监"，明清则属工部。中国古代建筑的营造技术早已有之，但因被视为工匠之事，所以仅师徒相传。因而对中国古代建筑的研究几乎无人问津，只有几部供当时管理者使用的官书涉及中国古代建筑技术。如战国《考工记》、北宋《营造法式》和《清工部工程做法则例》等。此外，明代午荣汇编《鲁班经》，专论家具制作，在木工匠师间广泛流传。计成编著的《园冶》，专论古代园林建造技术。

　　19世纪英国著名建筑史学家弗莱彻，在他有关世界建筑史的经典著作《比较法建筑史》（今译《弗莱彻建筑史》）中，首次把中国建筑史纳入世界建筑史的体系。但在他那幅著名的"建筑之树"的图示中，西方建筑是树干，右边的三根旁枝分别代表亚洲建筑的三个分支：中国建筑、印度建筑与亚述建筑。由于西方学者认定中国传统建筑是早期建筑文明的一个次要的东方分支，因而他们关注的重点只是中国建筑的景观、风水等旁枝末节。因日本建筑源于中国，真正试图建构中国建筑历史框架的是伊东忠太1931年成书，并在1937年经陈清泉翻译补充和梁思成校订后出版的《中国建筑史》。该书虽然建立起了中国建筑史的大框架，但时代截至六朝，而且相关实例几乎全是石窟寺及早期石构建筑。更重要的是，伊东忠太基本忽略了中国古代建筑史的重要典籍《营造法式》，反而重点关注中国历代都城，尤其是北京城。加之文化隔阂和调查材料所限，伊东忠太建构的并非真正意义上的中国建筑史。1933年，近代学者乐嘉藻所著的《中国建筑史》出版，这是中国历史上首次突破轻视匠作传统意识而作的第一部建筑史书，其历史贡献不可否认。但乐嘉藻的著述仅限于文献梳理和文字描述，没有建筑学上的论述和建筑实例。1934 年，梁思成在评价上述两本具有先行意义的中国建筑史著作时指出："（伊东忠太）还未讲到真正中国建筑实物的研究，可以说精彩部分还未出来……（乐嘉藻）既不知建筑，又不知史，著成多篇无系统的散文而名之曰'建筑史'。"①梁思成的历史贡献在于，将西方现代建筑的表现方法与中国建筑史学完美结合，重新阐释中国建筑，科学创立并发展了中国建筑史学。因此，从学科发展史的角度，完全有理由说，在梁思成之前，中国建筑是没有历史的。

　　梁思成（1901～1972），中国建筑学科的开拓者和奠基者，我国历史文化遗产保护的先驱。他是国徽、人民英雄纪念碑的设计领导者，清华大学建筑系的创办人。1927 年，梁思成与林徽因分别毕业于美国宾夕法尼亚大学建筑系和美术系。1928 年 9 月，梁思成在沈阳筹建并主持东北大学建筑系。梁思成对中国建筑史的学术探究，始于 1930 年至 1946 年间的中国营造学社。作为中国第一个建筑史学研究机构创始人的朱启钤，在营造学社创立之初即已表明学社的宗旨，不仅是全方位地探究建筑本身，还包括隐藏于建筑背后有形或无形的文化学意义。所以"一切考工之事，皆本社所有之事，惟而极之，凡信仰传说仪文乐歌，一切无形之思想背景属于民俗学家之事，亦皆本社所应旁搜远绍者"②。梁思成与刘敦桢分别于 1931 和 1932 年入职营造学社，分任法式组和文献组主任。法式组主要对中国古代建筑实例进行调查测绘和研究，文献组的主要任务是从事文献资料的搜集整理和研究。林徽因在学社成立之初就是社员③，全盛时期的营造学社有职员 17 人，社员 69 人。

　　抗战全面爆发后，营造学社南迁，1938 年 2 月在昆明恢复工作。1940 年11 月再次迁至李庄，1946 年梁思成在李庄决定将营造学社并入清华大学。至此，作为独立学术研究机构的中国营造学社，结束了历史使命。短短 17 年间，被誉为中国建筑史学摇篮的营造学社，不仅造就了梁思成、刘敦桢、林徽因、刘致平、陈明达、莫宗江等中国第一代建筑史学家，还出版了中国第一本建筑史学刊物《中国营造学社汇刊》。总共 7 卷 23 期 22 册的《中国营造学社

---

　　① 梁思成：《读乐嘉藻〈中国建筑史〉辟谬》，载《梁思成全集》（第二卷），中国建筑工业出版社，2001 年，第 291、296 页。

　　② 朱启钤：《中国营造学社开会演词》，载《中国营造学社汇刊》（第一卷第一册），知识产权出版社，2006 年，第 9 页。

　　③ 营造学社成员分任职领取工资的"职员"和支持学社工作的"社员"两种。

汇刊》，包含了从汉晋到明清时期中国古代建筑的营造信息。李约瑟曾评价道："中国建筑历史学家的翘楚梁思成曾著有建筑概论，中国建筑研究会汇刊内有大量知识，任何人欲深入研究这学科者，此种资料必不可少。"[①]不过更具历史意义的，是营造学社竟然奇迹般地完成了中国建筑史的史学建构，奠定了中国古代建筑两个基本体系的科学阐释与术语解释的基础和框架。其中最重要的学术成果，是梁思成1934年出版的《清式营造则例》和抗战期间在李庄完成的《中国建筑史》与《图像中国建筑史》（英文版），以及在李庄开始研究注释的《营造法式》。在李庄，中国营造学社的其他主要成员除继续集体合作开展田野调查外，每个人都逐渐形成了自己的研究方向。刘敦桢除继续研究中国建筑通史外，开始关注中国民居建筑。刘致平在李庄开启了以四川民居为主的四川古代建筑研究。林徽因开始思考战后中国现代住宅的设计。陈明达、莫宗江和卢绳在梁思成的指导下，共同开创了中国建筑考古学的先河。

第一节　梁思成编著《中国建筑史》

梁思成在李庄几乎同时编著完成两部中国建筑史著作，即编年体的《中国建筑史》和英文版的《图像中国建筑史》。不同于伊东忠太和乐嘉藻的单枪匹马，梁思成1942年在李庄着手撰写的《中国建筑史》，是基于营造学社早期积累的大量调查测绘报告和文献整理成果。1937年之前，营造学社主要在华北等地系统考察古建筑。梁思成、刘敦桢、林徽因、莫宗江等人首先调查清代建筑，在总结完成《清式营造则例》后，开始将调查研究范围上溯到辽金古建筑，在山西五台山发现了当时中国最早的唐代木构建筑佛光寺。[②]同时他们开始研究宋代《营造法式》，初步了解唐代中期至辽宋金时期的建筑，进而基本厘清了中国建筑结构演变的规律。对编著《中国建筑史》的路径和缘由，梁思成1941年在李庄有过简要说明："过去九年，我所在的中国营造学社每年两次派出由研究员率领的实地调查小组，遍访各地以搜寻古建遗构，每次二至三个月不等。其最终目标，是为了编写一部中国建筑史。这一课题，向为学者们

---

①李约瑟：《中国之科学与文明》（第十册），台北商务印书馆，1980年，第107页。

②目前我国发现最早的木构建筑是佛光寺附近的唐代南禅寺，比佛光寺早75年。

所未及，可资利用的文献甚少，只能求诸实例。迄今，我们已踏勘十五省二百余县，考察过的建筑物已逾两千。作为法式部主任，我曾对其中的大多数亲自探访。目前，虽然距我们的目标尚远，但所获资料却具有极重要的意义。"①因此，梁思成的《中国建筑史》是最能体现营造学社治学观点和研究方法的代表作，是真正意义上的中国建筑通史。

梁思成1944年在李庄完成的《中国建筑史》，原名为《中国艺术史·建筑篇》，因为他在李庄还计划撰写《中国艺术史·雕塑篇》，但只拟定了详细提纲，未能成稿。林徽因是该书的重要功臣，她执笔撰写了《中国建筑史》第六章的宋辽金建筑及都城等四节内容，约一万五千字。并且论述了宋辽金时代中国宫室建筑的特点和制式，以及宗教建筑艺术、中国塔的建筑风格、辽金的桥梁，乃至城市布局和民居考证等。林徽因还负责全书的校阅补充，编写了卷首目录和插图目录，并手写仿宋美术字体的封面题签。今保存在清华大学档案馆的该书原稿，还留存着或许是林徽因的最后一批毛笔楷书真迹。莫宗江绘制了全书的插图，卢绳搜集并初步整理元明清部分的文献资料。罗哲文负责誉抄书稿，他也因此成为"最早读到（读书）的人之一"。

梁思成的《中国建筑史》约十六万字，按传统编年体来构建全书的历史框架。他把中国古代建筑从上古到民国按时代序列排列，再从建筑类型、实物与细部入手，先横向分析，再逐项对比，由此推论出中国古代各历史时期的建筑特征。第一章为绪论，梁思成首先概括阐明中国建筑的特征，以便"治建筑史者先事把握，加以理解，始不至淆乱一系建筑自身优劣之准绳，不惑于他时他族建筑与我之异同"②。第二至八章分别对上古时期、两汉、魏晋南北朝、隋唐、五代宋辽金和元明清，以及清末及民国以后之建筑进行系统探讨。各章主要包括文献、实物和特征三部分：首先从历史文献中梳理各朝各代的主要建筑；再依据考古发掘成果（早期建筑）及营造学社调查测绘的重要古建筑实例，来介绍各时代的建筑实物；最后从建筑类型和细节特征两方面，总结出各历史时期的中国建筑成就，从而将中国古代建筑艺术的历史画卷完整地展现在读者眼前。梁思成"以时代王朝为经，以类型、实物、细部为纬。其用意就在于指明何朝何代界标为何物，有何特征，显示出了何种技术和艺术，以及何种

①费慰梅：《图像中国建筑史·梁思成传略》，载《梁思成全集》（第八卷），中国建筑工业出版社，2001年，第8页。

②梁思成：《中国建筑史》，生活·读书·新知三联书店，2018年，第2页。

社会意义，'界'和'标'一目了然"①。同时，为了证明中国建筑也是高度发达的建筑体系，梁思成在书中经常有意将中国建筑与西方古典建筑进行对比。例如他把中国古代建筑的权衡比例以斗拱的"材"为度量单位，比作罗马建筑中的柱式以柱径为度量单位，进而说明中国建筑与西方建筑体系在原则上有许多相似之处。

梁思成把中国古代建筑分为六个时期加以分章论述，并以第八章"结尾·清末及民国以后之建筑"作收尾。第八章是梁思成对中国近代建筑的首次总体评述，体现出梁思成将历史建筑研究和现实意义相结合的学术思路，并期待创造出中国特色的新建筑。1938年以后，营造学社开始调查西南地区古建筑，他们在李庄时期的部分调查成果也被梁思成纳入书中。在第三章介绍了陈明达测绘的彭山崖墓的汉代建筑图案，以及刘敦桢调查的宜宾黄沙溪崖墓（黄伞崖墓）。在第六章介绍了莫宗江调查勘察的宜宾宋代旧州塔和宋代墓葬的建筑结构。在第七章，梁思成以李庄旋螺殿的藻井结构来体现复杂的如意斗拱，并以史语所图书馆所在地板栗坳的"田边（塝）上"民居为例，来总结中国江南住宅的建筑特征。梁思成《中国建筑史》的研究重点，是中国古代木构架体系的发展演变，因而更侧重于调查研究代表我国不同历史时期最高建筑水平的宫殿建筑、寺庙建筑，以及官衙府第等建筑类型，不可避免地忽视了中国极富特色的传统民居和古典园林，这也是中国建筑史学初创时期的一种遗憾。

限于当时的条件，梁思成的这部建筑史在1944年完成后并未立即出版。新中国成立后，中国科学院编译局曾建议付印，但梁思成认为该书"缺点严重，没有同意"。直到1954年才由清华大学营建学系（建筑系）作为讲义，油印五十本公布于世。梁思成生前曾计划重新编写这部《中国建筑史》，以体现他所倡导的"建筑是文化的记录"和"建筑史并非史料的堆砌"的建筑史观，可惜未能实现。1985年3月，梁思成的这部遗稿被收入《梁思成文集》第三卷，由中国建筑工业出版社出版。1998年，天津百花文艺出版社正式出版单行本。梁思成在李庄编著的《中国建筑史》，是首次以建筑实例的调查测绘来研究中国古代建筑的发展过程和规律，从结构体系、造型特点、装饰雕刻手法和色彩处理等方面总结中国建筑的基本特征。梁思成不仅开创了中国人自己研究中国建筑史的先河，而且在学术上首次搭建完成了中国建筑史

---

①王世仁：《历史界标与地方色彩——评梁思成著〈中国建筑史〉》，载《全国新书目》，1999年第11期，第36页。

的整体框架。

1930 年，英国学者席尔柯在《东方学研究学报》上，首次向西方学术界介绍并探讨了《中国营造学社汇刊》。梁思成写《中国建筑史》的目的之一，也是希望将中国传统建筑艺术嵌入世界建筑史之林。因此他很早就有意识地向西方学术界介绍中国古代建筑，传递营造学社的研究成果。1932 年，梁思成在发表他的第一篇古建筑调查报告《蓟县独乐寺观音阁山门考》时，就同时写出英文稿。他发表的第一篇国际论文，是 1938 年在美国世界权威建筑杂志《笔尖》上刊载的《中国古代的敞肩式拱桥》（即赵州桥），这也是最早向世界展示中国建筑史研究成果的论文。1941 年，梁思成在美国《亚洲杂志》上发表《中国最古老的木构建筑》和《五座中国古塔》，分别介绍了山西佛光寺和早期中国古塔的研究情况。1943 年，李约瑟在访问李庄时结识了梁思成，收集到了大批中国建筑史资料，并且通过他向世界传递了营造学社的贡献，营造学社也因此在国际上拥有了权威性。

梁思成在李庄撰写《中国建筑史》时，受国立编译馆委托，在 1944 年用英文写成《图像中国建筑史》，与他的《中国建筑史》一样，在中国现代学术史上同样具有里程碑式的意义。梁思成写作《图像中国建筑史》的目的，就是想把中国古代建筑的历史演变，向西方读者作通俗的解说。这也是梁思成希望通过介绍优秀的中国古代建筑，让全世界认识中国文化的初步尝试。作为简明英文版的中国建筑史著作，《图像中国建筑史》的基本特点是深入浅出，以"图像"为主。梁思成 1946 年在李庄补写的前言中说："这本书全然不是一部完备的中国建筑史，而仅仅是试图借助于若干典型实例的照片和图解来说明中国建筑结构体系的发展及其形制的演变。"[①]该书的文字虽然简约，内容却十分丰富。梁思成以宋代《营造法式》和《清工部工程做法则例》为重点，对中国建筑的结构体系进行分析，把中国建筑的历史发展，形象地分为豪劲、醇和与羁直三个时期，对中国建筑的主要类型，如宫殿、寺庙、佛塔、陵墓和桥梁等都作了简要的分析介绍。书中的殷墟平面图，就是同在李庄的石璋如提供的。当年营造学社参加过的彭山崖墓的发掘资料，也被梁思成采用。

《图像中国建筑史》在体例、材料以及叙述方式上，均与《中国建筑史》有所不同。最大的区别是该书以视觉方式为主，呈现了大量的照片和图版，包

---

① 梁思成：《图像中国建筑史·前言》，载《梁思成全集》（第八卷），中国建筑工业出版社，2001 年，第 17 页。

括摄影、测绘图、速写、模型和渲染图，共 220 余幅；文字为辅，主要在图中加入中英文双语图注。全书插图由梁思成和莫宗江亲手绘制，他们既秉承了西方建筑学的制图手法，又创造性地融入了中国传统工笔和白描技巧，展现出他们对中国建筑美感的特殊感受。读者即便不看文字，单是欣赏插图，也能直观了解中国的古代建筑。

而且《图像中国建筑史》的出版本身就是一个传奇。1946 年，梁思成赴美讲学时，将书稿带到美国寻求出版。1947 年 6 月，因林徽因病重做手术，梁思成不得不回国。于是他将该书的手绘图和照片交给了他们夫妇一生的挚友，同时也是中国营造学社社员的著名汉学家费慰梅女士保管，梁思成只带走文稿以便修改。1957 年，费慰梅女士按照梁思成的要求，将她保存的图纸和照片邮寄给英国的一位华裔学生，再由其转交梁思成。1978 年，当费慰梅女士获知梁思成当时并未收到时，便几经周折，于 1980 年在新加坡追回手绘图和照片，并送回清华大学与梁思成的文稿重新合璧。但从 20 世纪 60 年代开始，该书的画稿已在欧洲被大量盗用出版。1984 年，清华大学委托费慰梅女士编辑的英文版《图像中国建筑史》，由麻省理工学院正式出版。鉴于国内园林专著已陆续出版，该版便删去了原著中的"中国园林"一节。此书一出版，即获当年"全美最优秀出版物"的荣誉。1991 年，梁思成之子梁从诫将该书译成中文，由中国建筑工业出版社出版。2001 年被收入《梁思成全集》第八卷。

从中国建筑史学史的研究历程来看，正是梁思成在李庄完成的这两部已经体系化的中国建筑史著，为 20 世纪 50 年代以来，由梁思成与刘敦桢领导主编的《中国古代建筑史》的建构与著述，以及 20 世纪 80 年代以来，由傅熹年等编著的更为系统完善的 5 卷本《中国古代建筑史》，奠定了一个框架性的学术基础。我们从更广阔的学术视野观察，正是梁思成领导的营造学社，把中国古代建筑的工匠之作，提升到了建筑艺术，并且走上了科学化的发展道路。

第二节　梁思成开始注释营造天书

梁思成在李庄的学术贡献不只是两部建筑史著，他还在建筑理论上作了一番深入思考。1944 年他发表《为什么研究中国建筑》，通俗易懂地阐释了建筑史研究的社会功能和价值。在 1945 年发表的《中国建筑的两部"文法课本"》中，梁思成把语言学与建筑学结合起来，意在探索总结中国建筑的内在规律。这是对中国建筑史的史学建构，以及中国古代建筑体系的科学阐释最具前瞻性的两篇论著。时至今日，我们仍然在这两条学术道路上不断深化和拓展。

两篇论著分别发表在李庄复刊的《中国营造学社汇刊》第七卷的第一期和第二期，第七卷也是营造学社出版的最后一卷《汇刊》。从1930年北平开始的第一卷，到李庄结束的第七卷，《汇刊》汇集了中国营造学社的主要研究成果，代表了当时中国古代建筑最高的研究水平。《中国营造学社汇刊》第七卷，是在李庄用草纸石印的，因为不能刊印照片，他们便将照片描成线图刊印。梁思成与林徽因分别主编了第七卷的第一期和第二期。林徽因还亲自设计封面，中间是刊名，左右两侧是其手绘线描的牡丹图案。因原《汇刊》编撰瞿兑之做了汉奸，林徽因便去掉了封面上一直沿用的瞿字姓章和婉漪书名，只留隶书刊名"中国营造学社汇刊"，以示坚守营造学社的学术传统。战乱时期在李庄出版的最后一卷《中国营造学社汇刊》，所承载的不只是唏嘘与感怀，两期刊载的十余篇学术文章，显示出营造学社探讨思考的问题，已经完全超越了时代。

梁思成的《为什么研究中国建筑》一文，本是为他的《中国建筑史》一书所作的序。梁思成在该文中，明确表达出他把中国古代建筑视为中国传统文化的一部分来研究的建筑史学理念，并且创造性地提出研究中国建筑的目的，一是保护中国古代的建筑遗产，二是"将中国建筑之固有精神应用于中国当代建筑"，这也是中国建筑史学研究的核心价值。梁思成强调，研究中国建筑除了"多多采访实例"，还要对"中国现存仅有的几部术书，如宋李诫《营造法式》《清工部工程做法则例》，乃至坊间通行的《鲁班经》，等等，都必须有人能明晰地用现代图解译释内中工程的要素及名称，给许多研究者以方便"[1]。梁思成对历史建筑的观察与思考，时至今日，尤显深刻。

《营造法式》和《清工部工程做法则例》，分别蕴含着我国唐宋（包括辽金）与明清两个历史时期建筑体系的"营造密码"，包括建筑结构与装饰的基本营造体系，特别是大木作、小木作、石作、瓦作、砖作及彩画装饰等一系列制度做法及其术语体系。梁思成是第一个用现代科学方法研究中国古代建筑的

---

[1] 梁思成：《中国建筑史·代序》，生活·读书·新知三联书店，2018年，第11页。

学者，在《中国建筑的两部"文法课本"》中，他生动地把中国建筑的"小木作""彩画"等建筑构件和装饰的各种名称与做法，比作建筑上的"词汇"，还把斗拱作为重点词汇进行深入阐述。与此相对，他把建筑的大木构架及整个梁架结构的规定称为建筑上的"文法"。《营造法式》和《清工部工程做法则例》就被梁思成形象地称为中国建筑的两部"文法课本"。他指出，"不知道一种语言的文法而要研究那种语言的文学，当然此路不通。不知道中国建筑的'文法'而研究中国建筑，也是一样的不可能，所以要研究中国建筑之先只有先学习中国建筑的'文法'然后求明了其规矩则例之配合与演变"①。

但普通人是极难读懂这两部"文法课本"的，因为"当时编书者，并不是编教科书，《则例》《法式》虽至为详尽，专门名词却无定义，亦无解释。其中极通常的名词，如'柱''梁''门''窗'之类；但也有不可思议的，如'铺作''卷杀''襻间''雀替''採步金'之类，在字典辞书中都无法查到的。且中国书素无标点，这种书中的语句有时也非常之特殊，读时很难知道在哪里断句"②。1925年，当梁思成在美国收到其父梁启超寄来的《营造法式》时，他虽然视该书为无人能懂的"天书"，但却产生了研究中国古代建筑历史的强烈愿望。

为了弄懂中国建筑的"词汇"和"文法"，梁思成选择从时间较近的《清工部工程做法则例》入手。他以故宫为研究标本，拜曾在故宫营造过的老工匠为师，收集整理了大量民间做法的抄本，最先弄通了清代建筑的营造方法及其则例，并在1934年出版研究成果《清式营造则例》。这是我国第一部以现代科学技术的观点和方法，研究总结中国古代建筑构造和做法的专著，为进一步追溯研究《营造法式》奠定了基础。

但要读懂并注释《营造法式》，却是一项更难的学术研究。《营造法式》是北宋崇宁二年（1103），"将作监"李诫主编的带有建筑法规性质的一部建筑典籍，其目的是用于北宋的建筑工程管理，涉及建筑技术做法的法式制

---

①梁思成：《中国建筑的两部"文法课本"》，载《梁思成全集》（第四卷），中国建筑工业出版社，2001年，第295页。原载《中国营造学社汇刊》，1945年10月第七卷第二期。

②梁思成：《中国建筑的两部"文法课本"》，载《梁思成全集》（第四卷），中国建筑工业出版社，2001年，第295页。原载《中国营造学社汇刊》，1945年10月第七卷第二期。

度、劳动力定额、建筑材料使用限额，等等。1919 年，营造学社创始人朱启钤，在南京江南图书馆发现清道光年间的《营造法式》抄本，立刻成为学界关注的焦点。此后，陆续在内阁大库档案和故宫中发现《营造法式》的早期版本。从 1931 年开始，梁思成和刘敦桢主要针对《营造法式》的各种版本进行校勘。随着营造学社田野调查的不断发现，梁思成对《营造法式》的理解逐步加深。1941 年在李庄，他将《营造法式》的研究重心从实物调查测绘转到了文本解读，开始集中精力研究注释《营造法式》。而且他认为，《营造法式》的研究注释，"必须进入到诸作制度的具体理解；而这种理解，不能停留在文字上，必须体现在对从个别构件到建筑整体的结构方法和形象上，必须用现代科学的投影几何的画法，用准确的比例尺，并附加等角投影或透视的画法表现出来"①。梁思成注释《营造法式》的最终目的，是要把该书难懂的词句、术语、名词"翻译"成易懂的语句，把古代的图样"翻译"成现代通用的"工程图"。

梁思成的《营造法式》注释工作直到 1945 年底才停止，并且已经完成了"壕寨制度"（类似于今天的土石方工程）、"石作制度"（包括台基踏步和柱础石栏杆）和"大木作制度"的部分图样，这些也是他最为关注的重点。为了更加直观准确地揭示《营造法式》的详细信息，梁思成决定先作图解再注释文字。在李庄为注释《营造法式》而作的插图有 36 版，其中的 35 版都是梁思成亲手绘制的。尤其是他对《营造法式》"大木作制度"的图解，表明其已经破译了《营造法式》"以材为祖"的材份制营造密码，基本完成《营造法式》的研读与探究。正如《营造法式·序》中所言："凡构屋之制皆以材为祖，材有八等，度屋之大小因而用之……凡屋宇之高深，名物之短长，曲直举折之势，规矩绳墨之宜，皆以所用材之分，以为制度焉。"这段话清楚表明，宋代建筑事实上已经形成了以斗拱为基础的、高度标准化的设计模式，类似于我们现代建筑工程中的模数制度。至此，梁思成已经把中国最难读懂的中国建筑的两部"文法课本"基本读懂。1947 年，梁思成在给友人的通信中提及"《〈营造法式〉今释》即将出版"②的计划，说明梁思成从李庄开始的研究注释已

①梁思成：《〈营造法式〉注释序》，载《梁思成全集》（第七卷），中国建筑工业出版社，2001 年，第 11 页。

②《梁思成致 Alfred Bendiner 的三封信》，载《梁思成全集》（第五卷），中国建筑工业出版社，2001 年，第 12 页。

基本完稿。1950年，清华大学将梁思成在李庄研究注释《营造法式》时所绘的图样，以《宋〈营造法式〉图注》之名在内部刊行。1963年，梁思成修改完成《营造法式注释》上卷。后经梁思成助手团队的整理补充，这部遗稿于1983年由中国建筑工业出版社出版。2001年，该书的上下两卷合辑于《梁思成全集》（第七卷）。梁思成对《营造法式》这部在中国建筑发展史上最具理论意义和实践价值的"天书"的破解与注释，为后学者探明了通往"中国古代建筑之门"的道路。

梁思成一生最伟大的学术贡献，第一是建构了《中国建筑史》，第二是厘清了中国建筑最难懂的两个体系。而这些开创性成果，是梁思成经过包括李庄六年在内的长期不懈努力而取得的。

就梁思成的中国古代建筑调查而言，其一生中最重大的发现，无疑是1937年6月，他与林徽因、莫宗江三人在山西五台山发现了当时中国最早的唐代木构建筑佛光寺（857），这也是目前我国发现的仅有的四座唐代木结构建筑之一。时值"卢沟桥事变"爆发，佛光寺的发现在当时并未引起学术界太大反响。营造学社在李庄稳定后，梁思成首先用英文以新闻报道的形式公布了这次重大发现，证实了佛光寺同时"拥有唐代绘画、唐代书法、唐代雕塑和唐代建筑。从每项来说，它们已属难得，何况集中一起，则更是罕见"[①]。这篇短文震惊了国内外学术界。此后梁思成在李庄整理撰写了佛光寺的正式调查报告《记山西五台山佛光寺建筑》，并以连载的方式发表在1944和1945年的《中国营造学社汇刊》第七卷。该文以翔实的测绘数据和图画资料，以及大量文献资料，准确考证并反映了佛光寺的建造年代和建造特点。在报告编写上，梁思成通篇采用与宋《营造法式》各种名词术语相符的学术语言，表明他对唐宋时期的建筑体系与做法已经相当熟悉。而且他将佛光寺大殿的立面与剖面同图排版，将平面与仰视同图表达，并以以文示图的表现方法，为后学者建立了编写古建筑勘察报告的典范。遗憾的是当年在李庄只能手工刻板印制，因而无法刊载图片。

佛光寺的发现首先要归功于林徽因，正是她最早发现大殿一根梁底上的模糊字迹："佛殿主上都送供女弟子宁公遇。"梁思成为此而调侃道："佛殿是

---

①梁思成：《中国最古老的木构建筑》（译文），载《梁思成全集》（第三卷），中国建筑工业出版社，2001年，第367页。原载美国《亚洲杂志》，1941年7月号。

由一位妇女捐献的！而我们这个年轻建筑师，一位妇女，却是第一个发现这座中国最难得古庙的捐献者也曾是一位妇女，这似乎未必是巧合吧。"[①]

林徽因（1904～1955），诗文、绘画、戏剧、建筑无所不精的一代才女。费慰梅女士评价她"是梁思成在建筑学方面的助手"。但事实上，林徽因却是对中国建筑历史和理论都做出过独立贡献的建筑师。林徽因不仅随梁思成多次参加野外调查活动，还在《中国营造学社汇刊》发表过五篇论文。1932年，林徽因在《中国营造学社汇刊》第三卷第一期发表的《论中国建筑之几个特征》，被学术界公认是现代中国第一篇有关中国建筑的理论性文章。同年，梁思成与林徽因还在《中国营造学社汇刊》第三卷第四期合署发表《平郊建筑杂录》。他们根据调查发现的中国建筑的"场所意境"，首次提出了"建筑意"的概念，这比西方学者1979年提出的"场所精神"还早近五十年。1934年，林徽因在梁思成的《清式营造则例》"绪论"中，更为全面系统地阐述了中国建筑的历史和理论。在李庄，林徽因极为关心战后重建。她阅读大量西方报纸杂志，收集各国建设经验，为改善战后中国百姓的居住情况，提供他国取得的经验与教训。1945年10月，林徽因在《中国营造学社汇刊》第七卷第二期发表《现代住宅设计的参考》。她在文中分别选取美国和英国的贫民住宅与普通住宅作为研究对象，详尽介绍了他们的消费需求、房屋形式、成本预算、资金筹措、社区规划以及公共设施等综合情况。林徽因通过对比分析，指出中国的现实情况与众不同，国家和社会为人民解决健康的住宅是负有责任的，并首次提出针对低收入阶层，国家应该提供廉租房，这也是旧城改造和经济适用房等先进理念在中国的最早传播。

新中国成立后，林徽因参与了国徽的设计和中国建筑史的编纂，领导传统工艺的创新，为培养更多的人才而四季耕耘。1987年，清华大学《中国古代建筑理论及文物建筑保护的研究》项目，获得国家自然科学奖一等奖。该奖是我国科研领域的最高奖项，华罗庚、钱学森等著名科学家此前就曾获此殊荣。清华大学的项目完成人是：梁思成、林徽因、莫宗江、徐伯安、楼庆西和郭黛姣。林徽因排名第二，这是国家对其学术贡献的肯定。林徽因的留美母校宾夕法尼亚大学为了纠正历史遗留的错误，在2024年5月18日正式追授其建筑学

[①] 梁思成：《中国最古老的木构建筑》（译文），载《梁思成全集》（第三卷），中国建筑工业出版社，2001年，第366页。原载美国《亚洲杂志》，1941年7月号。

学士学位，以表彰她作为中国现代建筑先驱的卓越贡献。这才是真实的林徽因。

第三节　刘敦桢与营造学社的西南古建筑调查

1944 年 10 月，梁思成在《中国营造学社汇刊》的"复刊词"中写道："在抗战期间，我们在物质方面日见困苦，仅在捉襟见肘的情形下，于西南后方作了一点实地调查……在我们调查范围者，多反映时代及地方艺术之水准及手法，亦颇多有趣味之实例，值得搜集研究。"[1]抗战时期营造学社在西南地区的古建筑调查，从 1938 年 10 月的昆明开始，结束于 1946 年 11 月的宜宾，这也是营造学社历史上的最后一次田野调查测绘。营造学社在西南地区的调查大致分三个阶段。第一阶段由刘敦桢率陈明达和莫宗江，在昆明和云南西北部的大理、丽江、镇南、楚雄和安宁等地调查，于 1939 年 1 月底结束。在大理时，刘敦桢曾与"苍洱古迹考察团"的吴金鼎合作开展调查。第二阶段是 1939 年 8 月到 1940 年 2 月的"川康古建调查"。由梁思成、刘敦桢率陈明达和莫宗江，历时半年调查了大半个四川。这也是自营造学社成立以来，调查人员最强、调查时间最长的一次。他们调查了重庆大足石刻、乐山大佛、彭山江口汉代崖墓、都江堰、成都清真寺、广汉和阆中县城、雅安汉代高颐阙等，调查重点是汉阙、崖墓和摩崖石刻。第三阶段的调查分两部分：一是中博院筹备处委托营造学社，并由刘敦桢主持开展的"西南建筑调查"，时间是 1940 年 7 月至 1941 年 12 月，目的是"调查西南诸省古建筑与附属艺术，供中博院制造模型与陈列展览之用"[2]；二是营造学社以李庄为基地开展的多次调查。李庄时期的梁思成已经把他的工作重点由野外调查转向室内研究著述，因而营造学社在西南地区的调查大多是由刘敦桢和刘致平主持完成的。

刘敦桢（1897～1968），中国建筑史研究的重要奠基人。他 1921 年毕业于东京高等工业学校（今东京工业大学）建筑科，1927 年任教于中央大学工学院建筑系。1932 年，刘敦桢正式入职中国营造学社，并与梁思成在此共事十一年，于 1943 年 8 月离开李庄营造学社到重庆中央大学建筑系任教。在建

---

[1]《中国营造学社汇刊》第七卷第一期，1944 年 10 月，第 3 页。

[2] 谭旦同：《中央博物院廿五年之经过》，台北中华书局，1960 年，第 170 页。

筑史学界，刘敦桢与梁思成被誉为20世纪中国建筑研究的绝代双骄，有"南刘北梁"之说。刘敦桢在李庄三年，工作重点是调查、整理和研究西南古建筑。

因为汉代木结构的建筑实例已无一例，文献记载又简略，所以梁思成和刘敦桢两人都格外关注汉阙和汉代崖墓。梁思成在《中国建筑史》第三章的汉代建筑部分，采用的就是佐证研究的方式。他把汉代崖墓、汉阙、石室称为汉代建筑遗物的实物，墓葬中出土的画像石、画像砖和明器称为间接资料。而刘敦桢早在1932年，就从文献史籍中梳理总结出两汉建筑的宅第、官署及都城的建筑特征。在1939年的"川康古建调查"中，正是先行出发的刘敦桢基于他沿途的所见所闻，果断决定将调查重点与思路从木构建筑转向石质建筑，并且调整了考察路线，把雅安、宜宾、乐山及彭山等地纳入调查范围。营造学社此行调查发现的雅安高颐阙、乐山白崖（岩）崖墓、宜宾黄沙溪崖墓（黄伞崖墓）等有关汉代建筑的佐证材料，对梁思成《中国建筑史》中的汉代建筑史的搭建起着明显的支撑作用。梁思成在李庄时，曾经从营造学社在西南地区的古建筑调查成果中，筛选出重要的古建筑、石刻及其他文物共107项，整理成图文并茂的《图说》①，其中就包括李庄的旋螺殿和民居，宜宾真武山古建筑群的元祖殿（玄祖殿）、旧州白塔与宋墓，以及黄伞崖墓。

刘敦桢几乎全程参与了营造学社在西南地区的所有调查工作，他对调查情况的记述更为全面，研究更加透彻。他除了写有《昆明附近古建筑调查日记》《云南西北部古建筑调查日记》《川、康古建筑调查日记》《川、康之汉阙》《川、康地区汉代石阙实测资料》及《丽江县志稿》之外，还在李庄写成《西南古建筑调查概况》、《云南古建筑调查记》（未完稿）以及《四川宜宾旧州坝白塔》和《〈营造法原〉跋》等手稿，并在1945年的《中国营造学社汇刊》第七卷第二期发表《云南之塔幢》一文，对云南的佛塔和经幢进行分类研究。上述文章后被收入《刘敦桢全集》第三、第四卷，于2007年由中国建筑工业出版社出版。此外，营造学社的刘致平、陈明达、莫宗江等人，分别就他们各自的调查发现，写有专题性质的研究论文，共同开创了我国西南建筑调查研究的先河。

1939年，中博院筹备处聘请梁思成、刘敦桢、刘致平担任中国建筑史料

---

① 梁思成：《西南建筑图说》（一、二），载《梁思成全集》（第三卷），中国建筑工业出版社，2001年。

编纂委员会委员，莫宗江、陈明达任编纂助理员，营造学社的主要成员全部纳入中博院筹备处编制。李济的这一举措既解决了营造学社主要人员的基本生活保障，又为中博院收集更多的中国建筑史资料以便制作展览模型提供了便利。刘敦桢负责的西南古建筑调查正是李济计划的一部分，调查范围涉及云南的 13 县和四川（含重庆）的 31 县。"所调查之实物，分民居、庭园、商店、会馆、衙署、寺观、祠庙、塔幢、牌坊、城堡、桥梁、闸坝、坟墓、碑阙及壁画、雕刻、塑像、家具、金属物等多种。在时间上，上自汉墓、阙、碑，下逮近代之民居、桥梁，凡于中国建筑学与附属艺术，有独具之特征及价值者，靡不兼收并蓄，以数量计，共百八十余单位。"①刘敦桢把营造学社在西南地区的调查发现，依其重要程度分为三类：普通建筑及附属艺术，除照片外，仅附以说明；比较重要的，除照片与说明外，另加平面图；最重要的，再加立面图、剖面图和比例较大的局部详图，以供今后制作展览模型。调查共收集照片资料 620 多张，实测图 120 余幅。1944 年 8 月，中博院与营造学社在李庄的张家祠，举办了"中国历代建筑图像展览"，展出历代建筑图 108 张，介绍了他们收集研究中国建筑史料的初步成果。

1942 年 4 月，刘敦桢在李庄写成《西南古建筑调查概况》，并由莫宗江绘制插图（插图现已遗失）。这虽然只是一份营造学社总结西南古建筑调查情况的工作报告，但已经非常明显地反映出刘敦桢对中国古代建筑进行分类研究的思考和对民居建筑的关注。刘敦桢认为，四川、云南的地方性建筑均属于汉式建筑系统，由于地理气候、材料风俗及其他因素的区别，就会产生各种大同小异的建筑风格，而且又会随着时代变迁产生若干变化。

就云南而言，刘敦桢认为佛教建筑艺术是一大特色。他在《调查概况》中对云南自南诏以来的寺庙遗迹作了简要介绍。因为高原气候的缘故，云南民居结构与黄河流域非常相似，在西南地区可谓独树一帜。所以刘敦桢早在 1938 年 12 月，就对云南民居中唯一保持原始居住状态的井干式建筑"马鞍山民居"进行过实地测绘。在云南众多的四合院（当地俗称"一颗印"）建筑中，刘敦桢尤为欣赏丽江民居的美观和富于变化。他甚至提出："我国将来之住宅建筑，苟欲其式样结构，犹保存其传统之风格，并使之发皇恢廓，适应时代之

---

① 刘敦桢：《西南古建筑调查概况》，载《刘敦桢全集》（第四卷），中国建筑工业出版社，2007 年，第 1 页。

新需求，则丽江民居，不失为重要参考资料之一也。"①

　　在调查梳理四川古建筑时，刘敦桢首先从文献史料着手，分析了四川木建筑不易保存的原因：一是自两汉到明末，四川"皆遭逢世乱"；二是潮湿气候的影响。因此他把营造学社在四川的调查成果分为汉阙、崖墓、明代木建筑、附属艺术、民居概况与桥梁六部分来概括，重点介绍汉阙、崖墓和唐宋摩崖造像石刻。刘敦桢把四川民居建筑与北方民居作对比研究，总结出四川民居在木结构、墙体、出檐长度、屋顶步架、屋面做法等八大方面的差异。但他认为，四川民居的这些差异性，与湖北、湖南、江西和浙江等省类似，体现出四川建筑的移民文化特征。刘敦桢重点研究了四川民居中的挑梁（即四川俗称的"撑拱"），称其不仅是"四川特有之结构法"，而且"就其形状及结构机能言，与出跳之拱几无差别，故疑拱之起源或基于此"②。学术界一般认为，斗拱早在先秦时期就已经萌芽，经持续演变发展成为清代繁复的装饰性和等级构件，是中国传统建筑的标志性特征之一。斗拱的起源问题一直是学术界关注的重点，刘敦桢首次提出斗拱可能起源于四川民居中的"反曲之挑梁"结构，这一大胆推测值得深入探讨研究。

　　梁思成与刘敦桢，都是中国建筑史研究的集大成者。梁思成以古代建筑法式为研究核心，重视建筑结构和风格的发展脉络。刘敦桢则以传统的营造方法为关注对象，更关心不同建筑的类型与形制。刘敦桢除了关注建筑通史外，在民居和园林等领域均有开创性贡献。刘敦桢在回忆他研究民居建筑的缘由时说："在西南诸省看见许多住宅的平面布置很灵活自由，外观和内部装修也没有固定格局，感觉已往只注意宫殿陵寝庙宇而忘却广大人民的住宅建筑是一件错误事情。"③他对民居建筑的关注，是从1938年调查测绘云南的"马鞍山民居"开始的。当他在李庄整理研究西南古建筑调查材料时，就更为重视民居建筑的系统性探讨。经过十多年的资料收集和深入研究，刘敦桢在1957年出版中国传统民居研究的开山之作《中国住宅概说》，首次把民居作为一种建筑类型来研讨，推动了我国传统民居研究的进程。该书后被译为日、英、法文传

　　①刘敦桢：《西南古建筑调查概况》，载《刘敦桢全集》（第四卷），中国建筑工业出版社，2007年，第12页。

　　②刘敦桢：《西南古建筑调查概况》，载《刘敦桢全集》（第四卷），中国建筑工业出版社，2007年，第23页。

　　③刘敦桢：《中国住宅概说·前言》，百花文艺出版社，2004年，第001页。

播到了国际学术界，为宣传介绍中国传统民居的历史与特色做出了特殊贡献。

第四节　刘致平调查研究四川古建筑

刘敦桢的《中国住宅概说》，是对中国传统住宅的总体性概述，而最早对中国区域性民居进行系统性调查研究的则是刘致平。刘致平在回忆李庄六年时光时说："当时我也调查了李庄一带的住宅，以及岷江流域的古建筑及各种住宅建筑，也写了几十万字及数百张图片的关于寺庙、住宅等方面的调查报告，并在成都发现了一座作风特殊而精美的清真寺建筑。"①这些调查成果体现在了刘致平的代表性著作《中国居住建筑简史：城市、住宅、园林（附四川住宅建筑）》和《中国建筑类型与结构》两部专著中。刘致平在李庄时期的调查研究，不但开启了西南地区传统民居研究的先河，而且拓展了中国建筑史的研究领域。

刘致平（1909～1995），中国著名建筑史学家。他曾先后就读于东北大学和中央大学的建筑系，受教于梁思成、童寯、陈植和林徽因等诸师门下，是我国自己培养的第一代建筑师。刘致平1934年加入中国营造学社后，主要在法式组辅助梁思成开展研究。他的学术研究成就，被公认为是营造学社继梁思成与刘敦桢之后最杰出的。

刘致平的治学特点是从建筑设计的角度来研究中国古代建筑及其演变规律。他1944年在李庄发表的《云南一颗印》，是我国最早研究民居建筑的经典调查报告。该文虽然篇幅不长，但却从建筑设计的角度，对云南一颗印式住宅的总体布局、平面形式、构造式样及施工做法作了大量翔实的记录和建筑实测。他还分析了一颗印住宅形成的缘由、与古制比较表现出的特点，以及屋檐与天井关系的地区比较等。正是刘致平在李庄把云南一颗印民居公布于世，才引起了学术界的持续关注，对推动我国传统民居研究具有开创之功。

刘致平是系统研究中国建筑类型的拓荒者，他的研究起步于李庄时期对四川民居和成都伊斯兰清真寺的系统探索。刘致平尤为关注四川民居住宅，因为在他看来，"民间住宅建筑最值得注意的是它用最少的钱造出很合用又很美观

---

① 刘致平：《我学习建筑的经历》，载《中国科技史料》，1981年第1期，第82页。

的富有地方性的建筑艺术……而且是各地不同，花样百出、美不胜收的"①。
从 1941 年开始，刘致平在李庄利用各种机会对四川传统民居建筑进行详细调查。他先后参观了 200 余所四川各阶层人士的住宅，并实地调查测绘单体建筑，包括宜宾（主要是老城区和李庄镇）27 座、成都（含都江堰市）10 座、广汉 7 座、乐山（含夹江）6 座、自贡（含荣县）6 座、内江（威远县）2 座、眉山（彭山）1 座，总共有 57 座传统民居和 2 座祠堂建筑（李庄和广汉），广泛收集到了大量的学术资料，为他以后的长篇学术专著奠定了基础。

　　刘致平在李庄的调查重点是板栗坳的张家大院，包括桂花坳、田边（墒）上、下老房、老房子、上老房、财门口、牌坊头、新房子（今名茶花院）、家塾、文昌帝君阁及字库共 11 座单体建筑。其他重要建筑还有当时营造学社租住在月亮田的张家大院，刘致平和王世襄利用房屋翻修机会，对大院的尺寸榫卯详加测绘，并绘制穿斗式构架详图。他还重点讨论了大院围墙的结构和功能，指出围墙采用木骨桩土墙的目的，并非通常以为的是用木骨来加强土墙的应力，而是防备盗贼挖洞。因为只要盗贼挖到木骨就会挖不动，还会因响动大而惊醒主人。主人卧房光线设计较暗，其目的也是防备贼盗。他的这些观点非常独特。在调查李庄张家祠堂时，刘致平认为祠堂虽小，但三间敞口厅式的正房（"孝友堂"）的立柱很高大壮观，正厅及左右房屋格扇门的雕刻很精美。他还与罗哲文一同调查测绘李庄造船厂的木船修造过程，因为在刘致平看来，修造木船的木工技艺与房屋建筑结构中的榫卯拼镶是一样的工艺。

　　刘致平调查过宜宾老城内的五座传统民宅，其中的西城角"蔡宅"民居（今吴家大院）调查，更显特殊的纪念意义，因为是"学社复员的前三天笔者（刘致平）前往调查，时是一九四六年十一月一日"②。这应该是中国营造学社实地调查的最后一座古代建筑。刘致平还记录了该院包含劝勉箴诫的十副对联，例如"群居守口，独坐防心"以及"事理通达心平气和，品节贤明德性坚定"等。因为他认为，这些"标语"能够体现蔡家的生活情趣和治家处世之道，是建筑文化的一部分。

　　刘致平根据这几年的四川民居调查材料，在李庄著成《四川住宅建筑》一

---

　　①刘致平：《中国居住建筑简史：城市、住宅、园林（附四川住宅建筑）》，中国建筑工业出版社，1990 年，第 124 页。

　　②刘致平：《中国居住建筑简史：城市、住宅、园林（附四川住宅建筑）》，中国建筑工业出版社，1990 年，第 186 页。

书。著名建筑史学家吴良镛回忆说："（是刘致平）在抗战时写的，但书没出来，书交给出版社，已经排版了……他自己能画图，画得非常好。"①这本当年未能出版的《四川住宅建筑》，既是一部四川民居建筑的简史，也是中国近代建筑史上的第一部民居研究专著，为营造学社开创了一种新的研究范式。20世纪50年代中期，刘致平以当年调查四川民居时的研究思路，不断拓宽视野，写成专著《中国居住建筑简史：城市、住宅、园林》，但未及时出版。该书最大的学术贡献，是刘致平首次对中国古代建筑做出了准确的分类。

1990年10月，适逢中国营造学社创建60周年之际，经补充整理后的《中国居住建筑简史：城市、住宅、园林（附四川住宅建筑）》一书出版，把《四川住宅建筑》作为单独部分附于书后。可惜刘致平当年在李庄写就的原稿仅存文字部分，原书所附的大量照片和图纸均已遗失。此次出版所用照片，还是原营造学社资料卡片上遗留的，是刘致平当年选剩下的，而且我们再也无缘见到刘致平当年亲手绘制的徒手画了。

刘致平在《四川住宅建筑》中，充分利用各类地方志提供的直接资料来研究建筑历史。他在"总论"部分，引用《四川通志》《华阳国志》等历史文献来阐述四川的自然和社会历史概况。在"名作做法"部分，以《乐山县志》《南溪县志》等地方志列出的大量建筑名词作为参考。在"调查实例"部分，每记述一村一县，便首先利用地方志文献，或述其建制沿革，或述其环境变迁。刘致平还从自然地理和历史文化的大背景出发，科学分析四川住宅的产生及其发展。他非常注重四川特有的历史文脉，分析了清初大量移民入川对四川民居建筑文化的影响，如各籍同乡会馆。他还从社会学的角度分析了移民聚族而居的望族大姓建筑，如李庄"板栗坳张宅"。从成都"犀浦陈举人府"离经叛道的布置中，他发现了四川人普遍不遵奉儒家正统的地方文化特点。

刘致平从营造技术的角度，系统归纳出四川传统民居的木作、石作、泥瓦作与油漆彩画等做法，并通过调查实例详细勘证了四川地方建筑中的营造名词和术词。他总结出四川民居在施工及布置上的标准化、制度上的礼制化，以及使用上的灵活性。他还对竹编夹泥墙作了考证："在四川出土的汉明器上或画像砖上就可以看到用夹泥墙的建筑物"，"此墙产生的主要原因即是四川天气

---

① 刘敦桢：《中国住宅概说·吴良镛访谈》，百花文艺出版社，2004年，第001页。

冬天不太冷，当地产竹又多，所以正好加以利用"。①刘致平特别看重这种在唐代彩画上经常使用的夹泥墙，还能够在四川住宅建筑中得以延续。因为这些因地制宜、就地取材的乡土特色，以及使用经济实用的材料与结构而产生的特有的地方风格和艺术形式，会"充分地告诉我们许许多多的事情"。

刘致平是一个善于思考并长于创见的学者。1941年5月，他在成都参观调查了三座大小不等的清代伊斯兰清真寺建筑，并以成都鼓楼南街的清真寺为例，写成《成都清真寺并论战后建筑一原则》，于1945年10月发表在《中国营造学社汇刊》第七卷第二期。刘致平在文中不仅详细介绍了清真寺的建筑结构和特色，考证其历史沿革，而且通过比较中外建筑史上的实例和史实，认为在中国，无论何种风格的西式建筑都必须融入中国元素才能免遭淘汰。因为"建筑式样是由环境造成的"，并且"建筑不同的形态好比语言文字"，"某一地方的建筑是某一地方的人所能欣赏的"②。刘致平还将这种建筑应该中国化的理念，推论为"战后新中国建筑设计一原则"。在此后的二十多年时间里，刘致平前后调查了我国两百多座伊斯兰建筑，并在1966年写成专著《中国伊斯兰建筑》，于1985年由新疆人民出版社出版。

在李庄，梁思成和刘致平都曾为同济大学工学院土木系的学生讲授建筑学。刘致平在授课时特别注重中外建筑的对比，还特意绘制了九张"中外建筑比较说明图"，以图文对照和比较分析的方法，概括总结出中外历史上的重要建筑和建造体系，为学生们提供了直观形象的学习方法和研究思路。1957年，刘致平以这份同济大学讲义手稿，以及他在清华大学的"中国建筑技术"讲稿为基础，撰写出版了《中国建筑类型及结构》。该书分析了中国建筑的发展演变和结构特征，描述了不同时期中国建筑的形制和做法特点，为鉴别古建筑的年代提供了依据，并对中国建筑技术在发展变化过程中的成败得失予以客观分析评价，李约瑟评价该书是"一部有价值有系统的中国建筑及其发展的著作"③。刘致平在编写该书时，就利用李庄手绘的"中外建筑比较说明图"，来叙述不同年代建筑的演变和中外建筑的比较，从而展示出中国建筑的特点和

---

① 刘致平：《中国居住建筑简史：城市、住宅、园林（附四川住宅建筑）》，中国建筑工业出版社，1990年，第196页。

②《中国营造学社汇刊》第七卷第二期，1945年10月，第27、28页。

③ 李约瑟：《中国之科学与文明》（第十册），台北商务印书馆，1980年，第107页。

优点，以及在今后的建筑设计中的应用等问题。比如，他把故宫太和殿及河北定县的宋代料敌塔，与国外建筑作建筑尺度方面的比较。他将罗马式廊与中国式廊的立面进行比较，从而显示出罗马式廊的严谨与中国式廊的开放。他还描述了印度建筑对中国石窟寺和砖塔的影响。刘致平这种着眼于不同国家与民族文化相互交流的史学观，在他那个年代是难能可贵的。1945 年，刘致平在《论战后新中国建筑》一文中，就坚决主张新中国建筑应有自己的形式，但绝不能复古，而是一种新的中国建筑。

1939 年 11 月，营造学社在开展"川康古建调查"时曾到过广汉，仅用半天时间就调查了文庙、开元寺、广东会馆、文昌宫及张家花园。1941 年 6 月，营造学社受邀参加广汉县志建筑卷的重修工作。梁思成率刘致平再次来到广汉，他们拍摄了 560 张照片，调查了广汉的城池街道、文庙会馆、民居宗祠、牌坊桥梁和寺院祠庙等诸多类型的 70 余处古建筑，而这些建筑几乎就是中国古代城池的标准配置。

重修广汉县志建筑卷的工作主要由刘致平负责。编修方志是我国古代的一种历史传统，而刘致平首次运用现代测绘与制图方法来编修，不仅具有开创性意义，而且他从历史文化的角度，几乎拍下了这座古代城池的所有古建筑，是国内第一次运用科学的方法对一座城池的建筑进行全面的调查与记录。他对广汉的城市布局、城垣、重要公共建筑、民居等，均作了系统的调查与说明，最后绘制成完整的图册。1943 年 4 月，刘致平在李庄完成了 3 万多字的调查报告，包括 80 张测绘图版和 180 多张照片。1945 年初夏，吴良镛在重庆拜见梁思成时曾见过刘致平的这套图稿，他还"反复琢磨、印象深刻"，并且认为这份报告"实是现代建筑图技法用于我国县志编写之创举"。可惜这本报告已经遗失，直到 2007 年，才在清华大学建筑学院资料室，发现刘致平与梁思成当年在广汉拍摄的 500 多张照片。2018 年，这批原始照片经萧易整理后，以《影子之城：梁思成与 1939/1941 年的广汉》之名由广西师范大学出版社出版，使我们今天既能目睹广汉古城的全貌，又能感受到那时的世俗民情和城市生活。刘致平用建筑的形象来记载和体现区域人文地理和历史，这在社会学方面的价值，已远超建筑本身。

第五节 营造学社的建筑考古实践

就建筑史学而言，凡是考古发现的古代遗址、墓葬等均属于记载人类活动的建筑遗迹。建筑考古学是用考古学方法和建筑测绘等手段来调查研究建筑遗产的一门学科，是建筑史学与考古学的一个交叉学科。中国建筑考古学发端于中国营造学社，梁思成早年就曾参与殷墟小屯夯土遗迹的保护以及侯家庄大墓的研究，他在《中国营造学社汇刊》上发表的独乐寺观音阁山门、赵州桥等考证文章，都是建筑考古学的开山力作。1938 年，刘敦桢与"田野考古第一人"吴金鼎合作，调查云南西北部的建筑古迹。在昆明时，营造学社的陈明达和莫宗江，曾协助梁思永开展建筑遗址考古方面的绘图工作。

营造学社在建筑考古学方面开展的最大规模的探索与实践，是在李庄时期，与中博院筹备处和史语所合作进行的彭山汉代崖墓的考古发掘，以及成都永陵王建墓的清理，陈明达和莫宗江是这两次实践的主要参与者。李庄时期的这两次实践，凸显了墓葬的建筑空间、结构与装饰的考古学意义，拓宽了近代考古学对墓葬建筑的认知。营造学社也通过墓葬建筑的测绘与研究，构建起中国建筑史学的学科体系。

1941 年，由吴金鼎主持的"川康古迹考察团"之所以选择首先发掘彭山汉代崖墓，就与 1939 年营造学社"川康古建调查"的发现有关。我国汉代普遍崇尚"事死如事生"的观念，因而汉代崖墓就能在一定程度上再现汉代社会的日常生活场景，这就为研究汉代木构建筑提供了可能。为此，营造学社专门委派陈明达加入考察团，全程参与了彭山崖墓的考古发掘，专作墓葬建筑研究。

陈明达（1914 ～ 1997），毕生致力于重新发现中国古代的建筑学体系，是以《营造法式》的专题研究享誉中外的建筑史学家。1932 年，年仅 18 岁的陈明达经小学同学莫宗江介绍加入营造学社，被指定为刘敦桢助手。陈明达跟随刘敦桢参与了营造学社在西南地区几乎全部的古建筑调查与测绘，撰成《略述西南区的古建筑及研究方向》一文，对他在调查中的重要发现，如汉阙、崖墓、木建筑、塔和石窟等作了简要记述。他还记录了当时在李庄对岸发现的"古戎州的界碑"（今藏宜宾市博物院），认为其对今后的地理研究具有重要参考价值。陈明达在文末对西南地区今后的研究方向提出五点建议，认为西南地区的研究重点应该是整体木构件，而不是斗拱；还应对四川竹编夹泥墙未能大规模、标准化生产的原因进行深入探讨；要纠正过去"把北方建筑认为是全中国的准绳，而忽视了北方建筑形式以外的建筑"①的研究误区。很显然，这是陈明达在反思营造学社过去调查研究的不足。

陈明达在李庄时期最重要的学术成就，是他在彭山汉代崖墓的考古发掘过程中，用建筑学的绘图技法与认知，填补了中国现代考古学的空白。从1941年5月开始，陈明达就对彭山汉代崖墓的墓葬结构、型制和建筑装饰进行调查测绘和拍照记录。受拍摄条件和成本限制，他还采用水粉效果图来替代部分现场照片。现场测绘工作完成后，他在彭山考古工作站，协助曾昭燏整理崖墓出土器物。1942年6月返回李庄后，陈明达立即着手整理调查测绘资料，并对出土的建筑类器物进行归纳与复原研究，再结合大量的文献资料，在梁思成的指导下，于年底完成《崖墓建筑——彭山发掘报告之一》的专题研究报告。这是我国早期以现代方法研究汉代建筑的主要成果之一。

陈明达的这篇研究论著共分6章，约6万字，涉及68座崖墓的建筑测绘。该文沿用了营造学社地面木构建筑调查报告的体例，以建筑学的方法，从考古发掘中收集了大量的汉代仿木构信息。陈明达通过平面、立面或剖面实测图来反映崖墓建筑的总体布置与建筑空间，其中的崖墓分布地形图是中国现代考古史上的首次运用。陈明达研究的重点，是最能够代表汉代建筑特征的崖墓仿木构装饰，因此对其测绘尤为详细，绘制了大量崖墓各部位所雕的梁、枋、柱和拱等大、小木作详图；并对汉代大木作与后世材份制的关系，斗拱、梁架的做法细部，以及梁枋等木结构交接方式进行了初步探讨；对崖墓反映出的汉代瓦作部分进行讨论，包括墙体屋面的砖瓦两类构件的大小种类和铺砌方式，并分析了砖和瓦当的主要题材纹样；对崖墓出土的建筑类陶器的结构和装饰细部，作了细致描述与记录，如瓦屋（陶楼房）、水池田园（陶田）和瓦灶瓦案（陶灶陶案）等。经过对比研究，陈明达总结出新发现的五点"汉代建筑之重要知识"：汉代喜用两开间式的建筑；汉代已经使用"人"字形支柱来承拱；汉代已有器板；曲拱、方拱在四川崖墓和汉阙中大量使用，是否为地方特有，尚待后证；考古证实古代的"内"为"室"的通称，说明墓葬布置及名称沿用了阳宅的做法。陈明达的原稿中共附录有178张图版和插图，完整表达出了彭

---

① 陈明达：《略述西南区的古建筑及研究方向》，载《陈明达古建筑与雕塑史论》，文物出版社，1998年，第12页。原载《文物参考资料》，1951年第11期。

山崖墓的建筑细节与出土器物。其中的 52 张图版为墨线图或水粉效果图，64 张图版为照片，62 张插图均为墨线图，所有图版和插图全部在李庄制成。

陈明达的这本报告，原本在李庄时就已列入中博院的出版计划，而且他以此为基础扩充撰写的《四川崖墓》一书，也被列入营造学社的出版计划，但都因经费原因未能出版。乱世中，《四川崖墓》书稿全部遗失。而《崖墓建筑——彭山发掘报告之一》的文稿与相关附图，六十年后于 2003 年才得以发表。

从陈明达的学术生涯来看，李庄就是其学术研究的转折点。他在这里完成了首篇学术论文《崖墓建筑——彭山发掘报告之一》。他从彭山崖墓的仿木构建筑元素以及他在李庄绘制的 62 张应县木塔模型图中，开始探寻斗拱的材份制度，试图发现中国古代建筑的设计规律。此后陈明达一直从事中国建筑历史理论研究，其学术思想与他在李庄时期的研究一脉相承。在陈明达的代表作《应县木塔》（1966）和《营造法式大木作研究》（1981）中，他论证出中国古代木构建筑的设计规律和科学性，而且推算出北宋"以材为祖"的模数制设计方法，在国际建筑学界产生了巨大影响。

营造学社在李庄进行的第二次大型建筑考古实践，是 1943 年 11 月至 12 月间，梁思成派莫宗江和卢绳对成都前蜀王建墓（永陵）考古发现的墓葬建筑和石刻艺术开展的调查测绘。这也是我国首次多学科合作开展的帝陵考古。

莫宗江（1916 ~ 1999），我国著名古建筑史学家，建筑教育学家。他于 1931 年加入营造学社，一生自甘于"述而不作"，仅留下少数几篇研究论文，其中就包括他在李庄发表的《宜宾旧州坝白塔宋墓》和《山西榆次永寿寺雨华宫》。1945 年，莫宗江在李庄撰著了足以奠定其学术地位的长篇专著《王建墓调查报告》，该《报告》原本是王建墓考古发掘总报告的一部分，当时还未出版就在学术界引起轰动。可惜书稿后来遗失，只在清华大学发现原《报告》的插图和研究草图，使后世学者能够了解到莫宗江这一专著的部分内容。[①]

莫宗江的《王建墓调查报告》约十万字，对王建墓的建筑形式与结构、墓室棺座及雕刻等都作了详细测绘。在绘图表达方式上，莫宗江绘制的"前蜀永陵玄堂内部透视图"，将建筑学的空间表达成功运用于考古报告，准确而全面地表现出永陵的整体结构和空间组织。这是继乐山白崖（岩）崖墓之

---

① 莫宗江：《四川成都前蜀永陵研究图录》，载吴焕加等：《建筑史研究论文集》，中国建筑工业出版社，1996 年。

后，莫宗江第二次把西方教堂轴测剖视图的先进方法，运用到中国墓葬建筑的测绘中，开启了在墓葬考古报告中使用透视图来表现墓室空间和墓葬结构的先河。

莫宗江对王建墓的空间划分、结构做法及保存现状都作了完整记录。他依据出土构件和总体做法复原了玄堂木门，参考隋唐两代棺椁资料复原出木棺椁。但莫宗江最为关注的还是墓葬建筑的装饰，他以王建石像为重点，对照唐宋石窟寺、写经、绢画上的人物形象，对我国唐宋时期男性幞头的演变进行对比研究。莫宗江尤其看重王建墓中的24座乐伎浮雕像，认为它们是研究唐代音乐难得的考古材料。为了追溯它们的源流，莫宗江搜集考证了大量资料，包括各种乐器的形式与起源、乐伎的服装头饰等，并将它们与印度、波斯的古乐器进行对比。由于无法与王建墓的其他出土文物进行比较研究和相互佐证，书稿最后并未定稿，直至遗失。但我们从现存图纸中仍然可以看出，莫宗江的永陵研究，已经从建筑史学扩展到了考古学范畴。尤其是他对乐伎石雕像的临摹与研究，更是展现出其惊人的艺术天赋。莫宗江也凭此专著在李庄升任副研究员，后随梁思成到清华大学创办建筑系，与国学大师王国维一道，成为清华大学历史上仅有的两位未受过正规大学教育的教授。

1943年3月，莫宗江率卢绳和叶仲玑调查宜宾旧州塔和附近的宋墓，以及真武山古建筑群的元祖殿（玄祖殿）。莫宗江对旧州塔和宋墓进行了测绘，测绘重点是宋墓墓室内的仿木构石雕。他绘制了墓室平、剖面图及墓室内部透视图，撰写了调查报告。他以李庄"张氏琴庄"附近发现的南宋乾道八年（1172）宋墓为参考标准，根据旧州坝宋墓的结构及仿木构石雕装饰的时代特征，确定该墓的年代为"入宋后至乾道之前"。此后，刘致平又专门对李庄的南宋乾道墓进行调查测绘。由于该墓破坏严重，刘致平着重研究墓葬主龛的石雕图像，分析它们与其他宋墓的区别，并在1945年的《中国营造学社汇刊》第七卷第二期发表调查报告《乾道辛卯墓》。

1944年，刚加入营造学社不久的王世襄，在罗哲文的协助下对李庄唐家湾的一座宋墓开展调查。王世襄参照莫宗江的报告体例，从平面布局、结构和雕饰三方面撰写了调查报告。王世襄特别注重将该墓中的仿木构建筑装饰与《营造法式》进行对比，他还使用《营造法式》中的专门术语，来描述记录墓葬的格子门、绰幕、驼峰、月梁等仿木构雕饰的特征。

卢绳作为莫宗江的助手参与了调查测绘王建墓，以及宜宾旧州塔和宋墓。卢绳（1918～1977），天津大学建筑系创建人之一，长期从事建筑历史的研究和教学。1942 年，他与叶仲玑从重庆中央大学建筑工程系毕业后到李庄营造学社进修实习，叶仲玑在李庄主要负责绘制教学挂图，而卢绳除了协助梁思成编撰《中国建筑史》和绘制"清工部工程做法图"外，还根据他协助莫宗江调查时的发现，写成并发表《宜宾旧州坝墓塔实测记》和《建筑与地理》两文。1943 年，卢绳按照林徽因的实习要求，在莫宗江和罗哲文的配合下调查测绘了李庄旋螺殿（又名文昌宫），其测绘报告《旋螺殿》发表在 1944 年《中国营造学社汇刊》第七卷第一期。卢绳从建修沿革、殿宇现状、结构述略、形制特征等方面对旋螺殿进行测绘记录，将旋螺殿的建筑形制特征，与同时代的四川古建筑，以及清代官式做法和《营造法式》的相关记载进行比较研究。他推测旋螺殿是"因其八面之顶统系向右侧转上，状如旋螺，或殿之得名即由此也"，认为"其柱梁结构之优，颇足傲于当世之作也"[1]。

　　1944 年，卢绳离开李庄营造学社回到重庆母校任教。李庄这两年的建筑考古经历，促使他不断思考。1948 年，卢绳发表《漫谈建筑考古》一文，首次提出建筑考古的概念和意义。他还特别指出，中国营造学社是"在有计划的建筑考古工作中，此实为最理想、最有价值的组织"[2]。20 世纪 50 年代初期，在南京博物院的南唐二陵、山东沂南古画像石墓及河南禹县白沙宋墓的考古发掘中，刘敦桢、刘致平、陈明达和罗哲文等原营造学社成员，曾从建筑学的专业视角提供协助，莫宗江还亲自为白沙一号宋墓绘制了透视图。1973 年，曾担任梁思成助手的杨鸿勋，被夏鼐调入考古研究所，专门从事建筑考古学研究。1987 年，杨鸿勋在其专著《建筑考古学论文集》中，进一步明确了"建筑考古学"的概念与基本内涵，将古建筑、古聚落和古城市遗址的考古学研究纳入科学的轨道。至此，肇始于营造学社的中国建筑考古学，在经历了李庄时期的实践与成长，由卢绳最早提出"建筑考古"概念后，经过众多建筑学者的学术传承与协力推动，已经成为考古学与建筑史学重要的分支学科。

---

① 卢绳：《旋螺殿》，载《中国营造学社汇刊》1944 年第七卷第一期，第 111 页。

② 卢绳：《中国古建筑研究》，知识产权出版社，2007 年，第 260 页。

第六节　梁思成在李庄的文物建筑保护实践

梁思成是中国文物建筑保护学的开创者。回顾其学术之路，我们可以明显地观察到他在李庄时期，赋予了文物建筑保护与研究同等重要的地位，对古代建筑的保护提出了许多前瞻性的理论。"这里或许可以看出梁思成由其早期专心致力于建筑历史研究向后来的充分关注古建筑遗存保护是有一个转变过程的。"[①]为了宣传文物建筑的历史价值，动员更多的社会力量参与保护中国传统建筑，1940年底，刚迁李庄的梁思成就到重庆中央大学，作了题为"中国传统建筑的发展及特点"的系列讲座，培养和激发青年学生的保护意识。在1942年12月的重庆第三次全国美术展览会上，中国营造学社展出了26张建筑图像。吴良镛回忆说："为了借此机会在'大后方'宣传中国古代建筑成就，梁先生尽管身体如此羸弱，仍与中国营造学社当时仅有的几位成员一道奋力赶图，最终这项专题展览取得极大的成功。当时我是中大将毕业的学生，参观后激动的心情至今不忘。"[②]梁思成还为这次展览特此撰写《说建筑品格精神之所在》一文，向全社会普及古代建筑的艺术属性、评判方法与标准，即建筑的审美。他指出，建筑在满足实际居住功能的同时，应该着重于以更经济的手段来实现需求与现实条件之间的平衡。这既是梁思成致力于古建筑的保护，向普通民众普及建筑艺术，也是他对战后重建工作的前瞻性思考。

面对战争年代"破坏旧建的狂潮"，梁思成在1944年的《为什么研究中国建筑》一文中，开篇即指出"研究中国建筑可以说是逆时代的工作"，但我们"以客观的学术调查与研究唤醒社会，助长保存趋势，即使破坏不能完全制止，亦可逐渐减杀。这工作即使为逆时代的力量，它却与在大火之中抢救宝器名画同样有急不容缓的性质。这是珍护我国可贵文物的一种神圣义务"[③]。梁思成在这里明确提出了保护文物建筑的思路，就是通过深入的研究来唤醒全社会对古代建筑的关注，让全社会一起来保护。

---

①王贵祥：《中国营造学社的学术之路》，载《建筑学报》，2010年第1期，第83页。

②《梁思成全集·前言》（第一卷），中国建筑工业出版社，2001年，第18页。

③梁思成：《中国建筑史》，生活·读书·新知三联书店，2018年，第7页。

1941 年 3 月，梁思成被聘为"重庆陪都建设计划委员会"专门委员，负责指导重庆文庙的修缮工作。重庆文庙始建于南宋绍兴（1131 ～ 1162）年间，明洪武四年（1371）重建，明清两代不断培修，建筑规模宏大。梁思成初步勘察文庙后，发现其不仅自然毁损严重，而且因多家军事单位的入驻，造成随意搭建拆除，扰乱性建筑随处可见。因此梁思成建议请专业的勘察公司对文庙进行进一步的查勘，重点在于文庙的梁架结构、斗拱残损及屋面损毁情况，并要求将勘测实测图寄回李庄，他再以此为根据设计维修方案。8 月 27 日，梁思成在李庄完成《重庆文庙修葺计划》①。该计划书共 12 页，依文庙各单体建筑先后排列顺序，详述了各部分的现状、修复方法及原因。落款为"梁思成敬拟卅年圣诞日"，梁思成这里所指的"圣诞日"，系指孔子诞辰日（8 月 27 日），以示其对孔子的尊重。计划书附有施工图，是梁思成在勘察单位绘制的文庙现状图上直接标注的施工做法，包括文庙总平面和总剖面图，以及文庙大成殿的剖面、立面图，戟门立面图等。

梁思成在 1931 年至 1937 年间，曾先后主持或参与制定北京故宫、应县木塔、杭州六和塔和曲阜孔庙等古建筑的修缮设计。特别是他在 1935 年的《曲阜孔庙建筑及其修葺计划》中，首次提出了古建筑维修的基本原则和方法，即以"保护现状"为最佳之策，而"复原部分，非有绝对把握，不宜轻易施行"。非常特别的是梁思成在重庆文庙的维修计划中，考虑到战时特殊情况，把维修保护过程设计成两期：第一期称为"暂时计划"，以"在简单朴素情形之下仍保圣庙之整洁庄严为原则"，即以保持原状为主，其主要目的是尽量利用原有材料简单维修，以防止文庙进一步恶化，类似于现在的抢险加固方案。第二期为"永久计划"，以恢复原状为目的，即现在的总体修缮方案。这两种保护方式一直沿用至今。1964 年，梁思成在《闲话文物建筑的重修与维护》一文中，更加明确地提出了"整旧如旧"的文物维修原则，即《文物保护法》制定的"不改变文物原状的原则"。可惜梁思成的这两套文庙维修方案当年都未能实施，重庆文庙也因损毁严重而不得不拆除。但留存下来的这本维修计划，不仅为我们保存了重庆文庙完整的建筑资料，也对我们了解梁思成的古建筑保护思想的形成提供了宝贵的实物例证。

1944 年，国民政府教育部成立"战区文物保存委员会"（后改为"清理战时文物损失委员会"），其主要目的，是为在即将开始的大反攻中保护敌占

---

①现藏重庆市档案馆。

区的文物建筑免遭误炸提供指导和帮助。例如制定需要保护的文物建筑名单，以及它们确切的地理位置，甚至最简单的鉴别知识。李济和梁思成被任命为委员会的副主任委员。梁思成先是在李庄编制中文版的《战区文物保存委员会文物目录》，随后再译成英文。其中部分英文校对由王世襄负责，他把书名简译成《战区文物目录》。梁思成从 1944 年秋开始在地图上标注目录，因是在五万分之一的军用地图上标注，为保密需要，他便调罗哲文到重庆共同工作。梁思成先是在军用地图上用铅笔画出需要保护的文物建筑，再由罗哲文用绘图墨水描绘，最后晒成蓝图。梁思成还特意标注应该保护日本的历史文化名城京都和奈良，这与 1964 年的《威尼斯宪章》将文物建筑视为人类共同遗产和历史见证，全人类应该共同保护的国际原则和精神不谋而合。

1945 年 5 月，梁思成编制完成《战区文物保存委员会文物目录》。该《目录》涵盖了当时属敌占区的 15 个省市，共有 400 多处，每处都标注名称、年代和所在地。《目录》最后被印成中英文对照的小册子交由盟军总部，汉学家费慰梅女士还将目录送给重庆的周恩来。[①]小册子按省市分成 8 册，共有 87 页。每册前都附有 3 篇鉴别总原则，即"木建筑鉴别总原则""砖石建筑（砖石塔以外）鉴定总原则""砖石塔鉴别总原则"。这三个"总原则"，简明扼要地说明了各历史时期这三类古建筑的特点及鉴别方法。梁思成还用星数来表示保护等级，最重要的标为四星，并附照片。但他也特意说明，没有星号的仍需保护。王世襄对此颇为感慨："纵观全目录，深感梁先生能把这一繁重而急迫的任务完成得如此出色，全仗他思想缜密、考虑周详，方法科学、语言简明，非常适合对文物接触不多甚至从未接触过的人员使用，真是用心良苦！"[②]

1949 年 3 月，梁思成接受解放军委托，在清华大学再次组织营建系（即建筑系）的林徽因、莫宗江、罗哲文等人，在一个月内编制油印出三百本《全国重要建筑文物简目》，列举出应当在解放战争中重点保护的文物建筑。林徽因还在该书上标记了营造学社曾经调查过的建筑。因此也有学者据此认为，1949 年 3 月才是中国营造学社最后结束的时间。1949 年的这本《全国重要建筑文物简目》，就是以 1945 年梁思成在李庄编著的《战区文物保存委员会文

---

① 林洙：《梁思成与〈全国重要建筑文物简目〉》，载《建筑史论文集》，2000 年第 12 辑，第 8 页。

② 王世襄：《梁思成和"战区文物目录"》，载王世襄《锦灰堆》（合编本），生活·读书·新知三联书店，2019 年，第 964 页。

物目录》为蓝本编制的。这两本文物保护目录，不仅是梁思成在特殊时期的文物保护研究成果，而且成为全国文物普查和古建筑修缮保护的基础名录。在1961年公布的我国第一批全国重点文物保护单位中，绝大部分就出自这两本保护目录。

第七节　梁思成在李庄的师徒相授

中国古代的营建者称"匠人"，他们通过师徒相授来传承技艺，并没有现代意义上的建筑师和建筑教育。梁思成的一生始终凝聚着浓厚的教育情结，1928年，他从美国宾夕法尼亚大学留学归来，与林徽因临时受邀创办了东北大学建筑系，匆忙中他们几乎照搬了美国学院派的建筑教育模式，此时的梁思成还未形成自己独立的建筑教育思想。加入中国营造学社后，他在学社内部推动建立了极富特色的研究生选拔机制和师徒相授的培养模式。1936年，营造学社就有六名研究生。

莫宗江作为营造学社的第一批研究生，师从梁思成，可以说接受的是那个时代国内最好的建筑教育。莫宗江初到营造学社时，是在学社创始人朱启钤家中上班，朱家的藏图及图籍使其大开眼界，大量的阅读为他日后的研究奠定了广博的基础。梁思成在培养莫宗江的绘图技能时，往往先示范，再手把手地教，并以国际最高标准的绘画水平来要求莫宗江，也希望日后能为他写的建筑史画一套插图。为了培养莫宗江的艺术感，梁思成还把他们夫妇收藏的精品速写、素描、渲染等作品作为教材供其观赏学习。而林徽因往往结合一张画，就从建筑学、美学、哲学、文学等方面给莫宗江讲解中西建筑的特点、东西文化的比较等。莫宗江就说他"自己是十分幸运的，可以同时与几位大师共同工作、学习了数十年"[1]。莫宗江也不辱师命，他的建筑制图和建筑画融科学与艺术为一体，代表着当时中国建筑绘图的顶级水平。在李庄，他不仅为梁思成的《中国建筑史》绘制了几乎全部的建筑图，为《营造法式注释》补图，其至梁思成在李庄撰写五台山佛光寺调查报告时，莫宗江只需根据梁思成的构思就能完成制图。特别是《图像中国建筑史》，其精美的插图"出自莫宗江手笔者

---

[1]杨永生：《建筑史解码人》，中国建筑工业出版社，2006年，第76页。

在 80% 以上（含原绘、重绘和摹绘）"①。梁思成还特此在"前言"部分致谢莫宗江说："我的各次实地考察几乎都有他同行；他还为本书绘制了大部分图版。"

在李庄六年，营造学社除接收重庆中央大学建筑系毕业生卢绳和叶仲玑两人的进修培训外，还先后招收了罗哲文和王世襄两名"学徒工"，并且仍然按照师徒相授的形式培养教育。

罗哲文（1924～2012），在李庄营造学社的熏陶下成长起来的我国第二代建筑学家，在长城学和古建筑保护方面都有很高的造诣，也是营造学社最后的见证者。罗哲文从小就喜欢工艺和绘画，1940 年毕业于宜宾"私立立达初级中学"（今叙州区第二中学，原校址在宜宾走马街云南会馆）。时年底，在宜宾合江门附近的一家小旅馆内，他在众多的考生中以第一名的成绩被中国营造学社录取为唯一的练习生，同时成为中国营造学社最后一名学徒。当时的考官正好是刘致平，他先让罗哲文画合江门对面的东山白塔，再考他的书写技能。后来刘致平在李庄调查民居时，还经常带着罗哲文一起调查，不仅指导他测绘知识，还教会他摄影技术。

罗哲文在营造学社的第一位老师是文献组的刘敦桢。他在协助刘敦桢撰写《西南古建筑调查概况》的过程中，学到了许多受益终身的古建筑基础知识，还学画一些小插图。特别是在有关文献的查找、推敲和引用方面，刘敦桢教导罗哲文在研究古建筑时，一定要引用原书和原始资料，并考证其真伪。半年后，罗哲文被调到法式组，跟随梁思成学习绘图技术。梁思成从绘图板、丁字尺、三角板、鸭嘴笔和圆规等最基本的绘图工具的使用，到削铅笔、擦橡皮、蘸墨拭墨的小技巧，都一一详细示范，手把手地教他，还特别注重培养罗哲文在建筑绘图中的艺术感。罗哲文也从誊抄梁思成的《中国建筑史》和五台山佛光寺调查报告中，开始领悟中国建筑的艺术魅力。梁思成还特意安排刘致平和莫宗江"以老带新"，指导罗哲文学摄影、学测量，带他参加李庄民居、旋螺殿和宋墓的调查测绘。而林徽因对罗哲文的培养更是多方面的，不仅亲自教他英语、文学、艺术、绘图，还安排卢绳教他诗文。在李庄营造学社这种"集众培养"模式下成长起来的罗哲文，很快便掌握了古建筑的调查测绘和整理研究

---

① 殷力欣等：《莫宗江先生古建筑测绘图考》（上），载金磊：《中国古代建筑学体系之复兴：莫宗江先生百年诞辰纪念/中国建筑文化遗产 20》，天津大学出版社，2017 年，第 69 页。

的基础知识与技能。他也因此在 1946 年跟随梁思成去到北京，继续从事古建筑的研究保护工作。罗哲文先后著有《长城史话》《中国古塔》《中国园林》《中国古代建筑》等论著十余种。诚如他自己所说："若不是因为抗战期间中国营造学社搬迁到四川李庄，是不可能有机缘师从梁思成和刘敦桢两位大师学习古建筑的。"[①]而对悟性极高的王世襄而言，李庄营造学社良好的学术氛围和梁思成等人的治学态度，促成了其学术人生的转折。

王世襄（1914～2009），著名文物学家，举世公认的玩出"世纪绝学"的"京城第一大玩家"。1941 年，他从燕京大学文学院硕士毕业。1943 年底，王世襄离京南下，一心想到李庄工作，因为他认为李庄当时"是学者、图书资料最集中的地方"，可以就近求教。王世襄先求职于李庄史语所，被傅斯年拒绝。而梁思成认为，王世襄有深厚的家学渊源和广泛的技艺，正是营造学社所需之人，便邀请他到李庄边工作边学习。王世襄也因此成为中国营造学社招录的最后一名正式职员。王世襄 1944 年 1 月到李庄，1945 年 9 月，经梁思成和时任故宫博物院院长马衡推荐，先回北京任"清理战时文物损失委员会"平津区助理代表，并受梁思成委托向社长朱启钤汇报李庄营造学社的情况。

在李庄，王世襄虽被营造学社聘为助理研究员，但他仍然自谦是学徒工。梁思成原本想按照罗哲文的培养模式教他绘图，后发现他并不擅长此道，故改让他先阅读学习古代建筑典籍，这对王世襄后来研究髹漆及明代家具都有很大帮助。王世襄在李庄期间，除协助梁思成编著《战区文物保存委员会文物目录》外，还学会了石印，自费将其母亲、画家金章的手稿《濠梁知乐集》石印一百册，分赠各图书馆和好友。故后来营造学社在李庄石印《中国营造学社汇刊》时，王世襄自感"已驾轻就熟"。王世襄在《中国营造学社汇刊》第七卷的第一、二期上，分别发表了《四川南溪李庄宋墓》的调查报告和《汉武梁祠原形考》（费慰梅著）的译文。而王世襄的"大玩家"思想，在李庄时就已显现：他既为李庄元宵舞龙的盛况而兴奋，又会研究火把照明的学问和李庄石印馆的印刷技术；他给罗哲文讲述玩鹰、玩狗、玩鸟和玩蝈蝈的趣事，却不敢跟他学玩蛇；他既好奇李庄的豌豆苗，也馋李庄留芬饭馆的鱼香肉丝；他甚至还将当年在李庄长江边捡到的两块鹅卵石，一直摆放在自家案头。

李庄宋墓是梁思成安排王世襄和罗哲文两人共同调查测绘的，发表的报告

①崔勇：《中国营造学社部分成员的学术研究活动及其发展》，载《古建园林技术》，2003 年第 1 期，第 62 页。

虽然简要，但与王世襄相交近七十年的罗哲文，却从该文中观察到了王世襄学术人生的转变。他认为："在这篇文章上最重的是他的后记，说明了他一生的学问在营造学社梁思成林徽因先生的指导下产生了很大的影响，原来他只是从事狭小的画学图籍艺术的研究，而扩展成了多方面的学术领域研究，特别是古建筑的广阔领域，室内室外装修、家具、门窗、油饰彩绘，等等。"①王世襄的后记主要表达了两层意思：一是在李庄期间，他顿悟出艺术中各学科都是密切联系的，而治学基础不可不广；二是在与营造学社先生们的朝夕相处中，明白了做学问需要积岁月之功而始能有所收获。正是在李庄受到梁思成等人潜移默化的教导，王世襄开始独辟蹊径，走向更广博的研究领域。他一生编著专著近四十部，其中关于明式家具的研究，既有匠艺，又有匠心，被誉为明式家具的"圣经"。晚年王世襄在他的自选集中就坦诚写道："1943年我离京南下，没有在成都、重庆就职而一心去李庄，果然得到前辈的教导，令日后的工作和研究获益匪浅；同时可以说明，我从开始工作就把求知放在第一位。当年在李庄的工作及生活也值得一记。"②王世襄的这"一记"，不仅仅是普通人的情感纪念，还有许多学术感恩的情怀。

从营造学社对罗哲文和王世襄两人的培养过程中，可以看出在李庄这段特殊时期，梁思成采取传统的师徒相授模式，通过言传身教，授以治学态度和方法，再在工作实践中传授知识与技能。但在李庄，梁思成从教育观到建筑观都开始转变，为他此后创建清华大学建筑系奠定了思想基础。

首先是梁思成认为，像营造学社这种师徒相授的方式，是无法满足古建筑的人才需求的，还是应该以学校培养为主。所以即使在经费拮据的情况下，梁思成仍然在1942年与重庆中央大学建筑系合作，设立"桂辛奖学金"，举办建筑设计竞赛。当年的竞赛题目是要求以传统建筑的形式来设计国民大会堂，其目的是鼓励学生关注中国传统建筑。当年的第一名是郑孝燮，他与罗哲文和单士元，在20世纪80年代被誉为文物界的"三套马车"。而在抗战胜利在望的1944年，竞赛题目改为在后方设计农场，中选方案还作为压轴作品刊载于《中国营造学社汇刊》最后一期的结尾。这也预示着梁思成的建筑观念，从传统建筑的研究保护转向了战后的恢复重建。1944年设计竞赛的第一名是朱畅

---

①罗哲文：《文博名家鸿儒哲匠——追思王世襄同志与我在四川李庄中国营造学社时期的一段往事和情谊》，载《古建园林技术》，2010年第1期，第5页。

②王世襄：《锦灰不成堆》，生活·读书·新知三联书店，2007年，第3页。

中，1947 年他受聘到清华大学协助梁思成创办建筑系，新中国成立后，与梁思成、林徽因等人一道参与了国徽的设计工作。

其次，在完成两部中国建筑史的编写后，梁思成的学术焦点从历史问题转向了现实问题，这也促进了梁思成建筑教育思想的转变。1945 年 3 月 9 日，梁思成从一个建筑学者的历史责任感出发，基于对战后中国重建的认识和现代建筑教育发展趋势的了解，特此致信清华大学校长梅贻琦，其核心观点有两条，其一是强调战后重建规划的重要性："举凡住宅、分区、交通、防空等等问题，皆可予以通盘筹划，预为百年大计，其影响于国计民生者巨。"[①]其二是建议母校清华大学顺应战后中国重建的需要，创立建筑系，并且实行现代建筑教育模式。这表明，梁思成在李庄时已经意识到了中国建筑教育的不足，在开始不断学习和思考现代建筑教育的思想理念。

梁思成认为，战后重建的基本路径就是规划建立我国市镇的体系秩序。1945 年 8 月，梁思成在重庆《大公报》上发表《市镇的体系秩序》一文，指出"安居乐业"才是城市规划的最高目标；提倡"住者有其房""一人一床"的设计理念，并且希望中国的大学能够增设更多的建筑与市镇规划专业，以满足战后重建的人才需求。这也应该是梁思成 1946 年解散营造学社，创办清华大学建筑系的主要原因之一。

1946 年夏，梅贻琦聘请梁思成为清华大学建筑系主任。办系之初，梁思成即明确了与国际同步的办学思想，他的国际视野为清华大学建筑学科的高起点奠定了基础。对于中国营造学社，梁思成坚持将其并入清华大学，成立中国建筑研究所，继续研究中国古代建筑。除王世襄加入故宫博物院之外，林徽因、刘致平、莫宗江和罗哲文等李庄营造学社人员全部列入清华大学编制。由于各种因素的影响，中国营造学社虽然名义上还存在至 1949 年，但在刘致平 1946 年 11 月 1 日调查宜宾西城角的"蔡宅"民居后已无实际活动[②]，事实上已无声地解散。李庄六年，成为中国营造学社最后的时光。

---

① 梁思成：《致梅贻琦信》，载《梁思成全集》（第五卷），中国建筑工业出版社，2001 年，第 1 页。

② 刘致平：《中国居住建筑简史：城市、住宅、园林（附四川住宅建筑）》，中国建筑工业出版社，1990 年，第 186 页。

表41：中国营造学社李庄时期主要学术成果

序号	名称	首发刊物	时间	备注
1	梁思成《中国最古老的木构建筑》（英文）	《亚洲杂志》	1941年	2001年收入《梁思成全集》第三卷
2	梁思成《重庆文庙修葺计划》	现藏重庆市档案馆，档案号0075-0001-00025	1941年	维修设计方案
3	梁思成《五座中国古塔》（英文）	《亚洲杂志》	1941年	2001年收入《梁思成全集》第三卷
4	梁思成《说建筑品格精神之所在》	重庆《社会教育季刊》（第三届全国美展专号）	1943年	
5	梁思成《中国建筑史》	《梁思成全集》第三卷	1985年	1944年李庄脱稿，1998年天津百花文艺出版社出版单行本，2001年收入《梁思成全集》第四卷
6	梁思成《图像中国建筑史》	麻省理工学院出版英文版	1984年	1944年李庄脱稿，1991年中国建筑工业出版社出版中文版。2001年收入《梁思成全集》第八卷
7	梁思成《为什么研究中国建筑》	《中国营造学社汇刊》第七卷第一期	1944年	
8	梁思成《中国建筑的两部"文法课本"》	《中国营造学社汇刊》第七卷第二期	1945年	
9	梁思成《记山西五台山佛光寺建筑》	《中国营造学社汇刊》第七卷第一、二期连载	1945年	
10	梁思成《市镇的体系秩序》	重庆《大公报》	1945年	1945年10月重刊于《公共工程专刊》第一集

续表

序号	名称	首发刊物	时间	备注
11	梁思成《战区文物保存委员会文物目录》	内部刊印	1945年	
12	梁思成《西南建筑图说》（一、二）	《梁思成全集》（第三卷）	2001年	李庄脱稿
13	林徽因《现代住宅设计的参考》	《中国营造学社汇刊》第七卷第二期	1945年	
14	刘敦桢《西南古建筑调查概况》	《刘敦桢全集》（第四卷）	2007年	1942年李庄脱稿
15	刘敦桢《云南之塔幢》	《中国营造学社汇刊》第七卷第二期	1945年	
16	刘敦桢《云南古建筑调查记》（未完）	《刘敦桢全集》（第四卷）	2007年	1942年李庄脱稿
17	刘敦桢《四川宜宾旧州坝白塔》	《刘敦桢全集》（第四卷）	2007年	1942年李庄脱稿
18	刘敦桢《营造法原跋》	《刘敦桢全集》（第四卷）	2007年	1942年李庄脱稿
19	刘致平《成都清真寺并论战后建筑一原则》	《中国营造学社汇刊》第七卷第二期	1945年	
20	刘致平《乾道辛卯墓》	《中国营造学社汇刊》第七卷第二期	1945年	
21	刘致平《论战后新中国建筑》	《公共工程专刊》第一集	1945年	
22	刘致平《中国建筑类型及结构》	中国建筑工程出版社	1957年	该书部分内容系刘致平当年在李庄同济大学的讲义稿
23	刘致平《四川住宅建筑》	中国建筑工业出版社	1990年	李庄脱稿

续表

序号	名称	首发刊物	时间	备注
24	刘致平《中国居住建筑简史——城市、住宅、园林》	中国建筑工业出版社	1990年	刘致平在李庄起笔，完稿于20世纪50年代中期。1990年首版时附《四川住宅建筑》
25	萧易著，梁思成、刘致平摄《影子之城：梁思成与1939/1941年的广汉》	广西师范大学出版社	2018年	该书照片系梁思成、刘致平拍摄
26	陈明达《略述西南区的古建筑及研究方向》	《文物参考资料》1951年第11期	1951年	西南地区古建筑调查成果
27	陈明达《四川崖墓》	遗失		李庄手稿
28	陈明达《崖墓建筑——彭山发掘报告之一》	《建筑史论文集》第17、18辑	2003年	手稿现藏重庆三峡博物馆
29	陈明达《汉代的石阙》	《文物》1961年第12期	1961年	西南地区古建筑调查成果
30	莫宗江《王建墓调查报告》	部分图稿以《四川成都前蜀永陵研究图录》之名发表	1996年	李庄手稿遗失，原报告的插图和研究草图现藏于清华大学，已发表部分图稿
31	莫宗江《宜宾旧州白塔宋墓》	《中国营造学社汇刊》第七卷第一期	1944年	
32	莫宗江《山西榆次永寿寺雨华宫》	《中国营造学社汇刊》第七卷第二期	1945年	
33	王世襄《四川南溪李庄宋墓》	《中国营造学社汇刊》第七卷第一期	1944年	
34	卢绳《建筑与地理》	《宜宾日报》	1942年	
35	卢绳《旋螺殿》	《中国营造学社汇刊》第七卷第一期	1944年	

续表

序号	名称	首发刊物	时间	备注
36	卢绳《宜宾旧州坝墓塔实测记》	《中央日报》（重庆版）	1946年	根据李庄实习进修经历而写
37	卢绳《漫谈建筑考古》	《中央日报》（重庆版）	1948年	根据李庄实习进修经历而写
38	王世襄《四川南溪李庄宋墓》	《中国营造学社汇刊》第七卷第一期	1944年	
39	王世襄《汉武梁祠原形考》	《中国营造学社汇刊》第七卷第二期	1945年	费慰梅著，王世襄译
40	金章《濠梁知乐集》	王世襄自费在李庄石印出版	1945年	金章系王世襄母亲

来源：《梁思成全集》，中国建筑工业出版社，2001 年；《刘敦桢全集》，中国建筑工业出版社，2007 年；《中国营造学社汇刊》第七卷第一、二期（1944、1945）；刘致平：《中国居住建筑简史：城市、住宅、园林（四川住宅建筑）》，中国建筑工业出版社，1990 年；陈明达：《古建筑与雕塑史论》，文物出版社，1998 年；《卢绳中国古建筑研究》，知识产权出版社，2007 年；王世襄：《锦灰堆》，生活·读书·新知三联书店，2019 年。

附　录

附录1：抗战时期李庄学术教育机构出版刊物及著作目录一览表

序号	作者	名称	刊物（专著）	时间	地点	备注
1	史语所	历史语言研究所集刊外编第三种《六同别录》（上）	刊物	1945年1月	李庄	1948年《历史语言研究所集刊》第13本重刊
2	史语所	历史语言研究所集刊外编第三种《六同别录》（中）	刊物	1945年12月	李庄	1948年《历史语言研究所集刊》第13本与1949年《历史语言研究所集刊》第14本重刊
3	史语所	历史语言研究所集刊外编第三种《六同别录》（下）	刊物	1946年1月	李庄	1949年《历史语言研究所集刊》第14本重刊

续表

序号	作者	名称	刊物（专著）	时间	地点	备注
4	史语所	《历史语言研究所集刊》第10本（分四册，中央文化驿站承印）	刊物	1942年	重庆	1948年重刊
5	史语所	《历史语言研究所集刊》第11本（两册，重庆商务印书馆承印）	刊物	1943年	重庆	1947年重刊
6	史语所	《历史语言研究所集刊》第12本（两册，重庆商务印书馆承印）	刊物	1945年	重庆	1947年重刊
7	史语所	历史语言研究所集刊外编《史料与史学》（上册）（重庆独立出版社承印）	刊物	1945年	重庆	1948年《历史语言研究所集刊》第15本重刊
8	史语所	历史语言研究所集刊外编《史料与史学》（下册）（重庆独立出版社承印）	刊物	1945年	重庆	1948年《历史语言研究所集刊》第15本重刊
9	史语所	《人类学集刊》第2卷	刊物	1941年	成都	
10	董作宾（史语所）	历史语言研究所专刊《殷历谱》	专著	1945年	李庄	
11	李方桂（史语所）	历史语言研究所单刊甲种之二十《莫话记略》	专著	1943年	重庆	

续表

序号	作者	名称	刊物（专著）	时间	地点	备注
12	董同龢（史语所）	历史语言研究所单刊甲种之二十一《上古音韵表稿》	专著	1944年	李庄	
13	劳榦（史语所）	历史语言研究所专刊《居延汉简考释·释文之部》	专著	1943年	李庄	
14	劳榦（史语所）	历史语言研究所专刊《居延汉简考释·考证之部》	专著	1944年	李庄	
15	全汉昇（史语所）	历史语言研究所专刊之二十四《唐宋帝国与运河》	专著	1944年	重庆	
16	吴金鼎、曾昭燏、王介忱（中博院筹备处）	中央博物院专刊乙种之一《云南苍洱境考古报告》	专著	1942年	重庆	
17	曾昭燏（中博院筹备处）	中央博物院专刊乙种《云南苍洱境考古报告乙编·点苍山下所处古代有字残瓦》	专著	1942年	重庆	
18	李济、曾昭燏（中博院筹备处）	《博物馆》	专著	1943年	重庆	

续表

序号	作者	名称	刊物（专著）	时间	地点	备注
19	李济（中博院筹备处）	《远古石器浅说》	专著	1942年	李庄	内部刊印
20	李霖灿（中博院筹备处）	中央博物院专刊乙种之二《麽些象形文字字典》	专著	1944年	李庄	
21	李霖灿（中博院筹备处）	国立中央博物院专刊乙种之三《麽些音标文字字典》	专著	1945年	李庄	
22	社会所	《中国经济史集刊》第7卷	刊物	1944年	重庆	
23	罗尔纲（社会所）	中央研究院社会研究所丛刊第十六种《绿营兵制》	专著	1945年	重庆	
24	罗尔纲（社会所）	《天地会文献录》	专著	1943年	重庆	
25	罗尔纲（社会所）	《洪秀全》	专著	1944年	重庆	
26	罗尔纲（社会所）	《师门辱教记》	专著	1944年	桂林	1944年广西桂林建设书店印出但未发行。1945年李庄修改，1958年胡适改名《师门五年记》出版
27	罗尔纲（社会所）	《太平天国史丛考》	专著	1943年	重庆	罗尔纲早期撰写的著作
28	罗尔纲、陈婉芬（社会所）	《洪秀全年谱》	专著	1943年	重庆	罗尔纲早期撰写的著作

续表

序号	作者	名称	刊物（专著）	时间	地点	备注
29	巫宝三（社会所）	《战时物价之变动及其对策》	专著	1942年	重庆	
30	巫宝三（社会所）	《农业十篇》	专著	1943年	重庆	与汤佩松合著，李庄修改出版
31	巫宝三（社会所）	《国民所得概论》	专著	1945年	重庆	
32	严中平（社会所）	《中国棉业之发展（1289—1937）》	专著	1943年	重庆	
33	韩启桐（社会所）	《中国对日战事损失之估计（1937—1943）》	专著	1946年	重庆	
34	同济大学（医学院）	《医讯》	报纸	1942年	宜宾	与宜宾《商报》合办，每周一刊出
35	同济大学（医学院）	《医影》	报纸	1942年	宜宾	与宜宾《金岷日报》合办，每周六刊出
36	同济大学（医学院）	《同济大学医学季刊》第八卷（35周年校庆）	刊物	1942年	宜宾	
37	同济大学（工学院）	《国立同济大学电机工程学会年刊》（创刊号）	刊物	1945年	宜宾	
38	同济大学（工学院）	《国立同济大学土木系建系31周年纪念刊》	刊物	1942年	宜宾	
39	同济大学（工学院）	《测量》	刊物	不详	不详	与大地测量组合作出版20期，专刊11号
40	中国营造学社	《中国营造学社汇刊》第七卷第一期	刊物	1944年	李庄	

续表

序号	作者	名称	刊物（专著）	时间	地点	备注
41	中国营造学社	《中国营造学社汇刊》第七卷第二期	刊物	1945年	李庄	
42	王世襄自费石印	《濠梁知乐集》	专著	1945年	李庄	王世襄母亲金章遗著

附录2：李庄石印出版《六同别录》目录一览表

序号	名称	作者	学科	册数	时间
1	《广韵重组试释》	董同龢	语言学	上册	1945年1月
2	《小屯后五次发掘的重要发现》	石璋如	考古学	上册	1945年1月
3	《小屯的文化层》	石璋如	考古学	上册	1945年1月
4	《河南安阳后冈的殷墓》	石璋如	考古学	上册	1945年1月
5	《广韵重组的研究》	周法高	语言学	上册	1945年1月
6	《切韵（鱼虞）之音读及其流变》	周法高	语言学	上册	1945年1月
7	《说平仄》	周法高	语言学	上册	1945年1月
8	《乘字说》	张政烺	古文字	上册	1945年1月
9	《〈说文〉燕召公〈史篇〉名丑解》	张政烺	古文字	上册	1945年1月
10	《研究中国古玉问题的新资料》	李济	考古学	中册	1945年12月
11	《殷历谱后记》	董作宾	考古学	中册	1945年12月
12	《自不跟解》	屈万里	古文字	中册	1945年12月
13	《甲骨文从比二字辨》	屈万里	古文字	中册	1945年12月
14	《谥法滥觞于殷代论》	屈万里	历史学	中册	1945年12月
15	《评汉以前的古镜之研究并论淮式之时代问题》	高去寻	考古学	中册	1945年12月
16	《论汉代的内朝与外朝》	劳榦	历史学	中册	1945年12月
17	《汉诗别录》	逯钦立	历史学	中册	1945年12月
18	《东晋南朝的钱币使用和钱币问题》	何兹全	经济史	中册	1945年12月

续表

序号	名称	作者	学科	册数	时间
19	《广平淀续考》	傅乐焕	历史学	中册	1945年12月
20	《刘继征东考》	王崇武	历史学	中册	1945年12月
21	《伯叔姨舅姑考》	芮逸夫	民族学	下册	1946年1月
22	《象郡牂牁和夜郎的关系》	劳 榦	历史学	下册	1946年1月
23	《居延汉简考证补正》	劳 榦	历史学	下册	1946年1月
24	《王逸集牙签考证》	张政烺	历史学	下册	1946年1月
25	《梵文td的对音》	周法高	语言学	下册	1946年1月
26	《等韵门法通释》	董同龢	语言学	下册	1946年1月
27	《苗语释亲》	芮逸夫	民族学	下册	1946年1月
28	《保文作斋经译注》	马学良	民族学	下册	1946年1月

附录3：李庄石印出版《中国营造学社汇刊》第七卷目录一览表

序号	名称	作者	期号	时间
1	《复刊辞》	梁思成	一期	1944年10月
2	《为什么研究中国建筑》	梁思成（编者）	一期	1944年10月
3	《记五台山佛光寺建筑》	梁思成	一期	1944年10月
4	《云南一颗印》	刘致平	一期	1944年10月
5	《宜宾旧州坝白塔宋墓》	莫宗江	一期	1944年10月
6	《旋螺殿》	卢 绳	一期	1944年10月
7	《四川南溪李庄宋墓》	王世襄	一期	1944年10月
8	《云南之塔幢》	刘敦桢	二期	1945年10月
9	《成都清真寺》	刘致平	二期	1945年10月
10	《山西榆次永寿寺雨华宫》	莫宗江	二期	1945年10月
11	《记五台山佛光寺建筑（续）》	梁思成	二期	1945年10月
12	《汉武梁祠建筑原形考》	费慰梅著 王世襄译	二期	1945年10月
13	《乾道辛卯墓》	刘致平	二期	1945年10月
14	《现代住宅设计的参考》	林徽因	二期	1945年10月
15	《中国建筑之两部"文法课本"》	梁思成	二期	1945年10月

续表

序号	名称	作者	期号	时间
16	《中国营造学社桂辛奖学金——民国33年度中选方案》		二期	1945年10月
17	《编辑后语》	林徽因	二期	1945年10月

参考文献

张光直等编：《李济考古学论文选集》，北京：文物出版社，1990 年。

李济：《李济文集》，上海：上海人民出版社，2006 年。

李济：《安阳》，北京：商务印书馆，2019 年。

董作宾：《董作宾先生全集》（甲编），台北：艺文印书馆，1978 年。

董作宾：《殷历谱》，北京：中国书店，1992 年。

南京博物院编：《四川彭山汉代崖墓》，北京：文物出版社，1991 年。

曾昭燏：《曾昭燏文集》，北京：文物出版社，1999 年。

杜正胜、王汎森：《新学术之路》，台北：历史语言研究所，1998 年。

杜正胜、王汎森：《历史语言研究所七十年大事记》，台北：历史语言研究所，1998 年。

《历史语言研究所集刊》，台北：历史语言研究所。

徐坚：《暗流 1949 年之前安阳之外的中国考古学传统》，北京：科学出版社，2017 年。

沙知编：《向达学记》，北京：生活·读书·新知三联书店，2010 年。

向达：《唐代长安与西域文明》，北京：商务印书馆，2017 年。

荣新江编：《向达先生敦煌遗墨》，北京：中华书局，2010 年。

王汎森等编：《傅斯年遗札》，台北：历史语言研究所，2011 年。

陈存恭等：《石璋如先生口述历史》，北京：九州出版社，2013 年。

劳榦：《劳榦先生著作集》，福州：福建教育出版社，2019 年。

邢义田：《地不爱宝：汉代的简牍》，北京：中华书局，2011 年。

顾颉刚：《当代中国史学》，上海：上海古籍出版社，2006 年。

夏鼐：《夏鼐文集》，北京：社会科学出版社，2016年。

夏鼐：《夏鼐日记》，上海：华东师范大学出版社，2011年。

夏鼐：《夏鼐西北考察日记》，北京：社会科学文献出版社，2018年。

夏鼐：《敦煌考古漫记》，天津：百花文艺出版社，2002年。

王献唐：《中国古代货币通考》，济南：齐鲁书社，1979年。

屈万里：《屈万里先生文存》，台北：联经出版事业公司，1985年。

徐坚：《名山：作为思想史的早期中国博物馆史》，北京：科学出版社，2016年。

王振铎遗著，李强补著：《东汉车制复原研究》，北京：科学出版社，1997年。

王振铎：《科技考古论丛》，北京：文物出版社，1989年。

黄兴：《指南新证》，济南：山东教育出版社，2020年。

李淑萍编：《博物馆历史文选》，西安：陕西人民出版社，2000年。

岱峻：《发现李庄》，成都：四川文艺出版社，2009年。

岱峻：《消失的学术城》，天津：百花文艺出版社，2009年。

谭旦冏：《中央博物院廿五年之经过》，台北：中华书局，1960年。

李在中：《朵云封事》，北京：北京出版社，2018年。

李约瑟：《中国科学技术史》，北京：科学出版社，1975年。

马学良：《云南彝族礼俗研究文集》，成都：四川民族出版社，1983年。

林在勇主编：《马学良学述》，杭州：浙江人民出版社，2000年。

马长寿：《凉山罗彝考察报告》，成都：巴蜀书社，2006年。

马长寿：《马长寿民族学论集》，北京：人民出版社，2003年。

马长寿：《氐与羌》，桂林：广西师范大学出版社，2006年。

凌纯声：《中国边疆民族与环太平洋文化》，台北：联经出版事业公司，1979年。

芮逸夫：《川南苗族调查日志1942～1943》，台北：历史语言研究所，2010年。

芮逸夫：《中国民族及其文化论稿》，台北：台湾大学人类学系，1972年。

芮逸夫、管东贵：《川南鸦雀苗的婚丧礼俗·资料之部》，台北：历史语言研究所，1962年。

石钟健：《民族研究文集》，北京：民族出版社，1996年。

李绍明编：《葛维汉民族学考古学论著》，成都：巴蜀书社，2004年。

黄兴涛：《重塑中华近代中国"中华民族"观念研究》，北京：北京师范大学出版社，2017年。

吴定良：《吴定良院士文集》，北京：知识产权出版社，2014年。

高增德等：《世纪学人自述》，北京：十月文艺出版社，2000年。

罗常培：《苍洱之间》，沈阳：辽宁教育出版社，1996年。

罗常培：《蜀道难》，郑州：河南人民出版社，2008年。

丁邦新主编：《李方桂全集》，北京：清华大学出版社，2005年。

李方桂：《李方桂先生口述史》，北京：清华大学出版社，2008年。

李霖灿：《麽些研究论文集》，台北：台北故宫博物院，1984年。

李霖灿：《神游玉龙雪山》，昆明：云南人民出版社，1994年。

董同龢：《汉语音韵学》，北京：中华书局，2001年。

周法高：《中国语言学论文集》，台北：联经出版事业公司，1975年。

杨时逢：《四川方言调查报告》，台北：历史语言研究所，1984年。

李光涛：《明清档案论文集》，台北：联经出版事业公司，1986年。

李光涛：《明清史论集》，台北：商务印书馆，1917年。

岑仲勉：《突厥集史》，北京：中华书局，2005年。

向群等编：《岑仲勉文集》，广州：中山大学出版社，2004年。

岑仲勉：《唐史馀瀋》，上海：上海古籍出版社，1960年。

傅乐焕：《辽史丛考》，北京：中华书局，1984年。

王崇武：《明靖难史事考证稿》，上海：商务印书馆，1948年。

王崇武：《奉天靖难记注》，上海：商务印书馆，1948年。

王崇武：《明本纪校注》，上海：商务印书馆，1948年。

严耕望：《唐代交通图考》，台北：历史语言研究所，1986年。

严耕望：《严耕望史学论文选集》，北京：中华书局，2006年。

罗尔纲：《罗尔纲文选》，桂林：广西师范大学出版社，1999年。

罗尔纲：《生涯再忆罗尔纲自述》，太原：山西人民出版社，1997年。

罗尔纲：《罗尔纲全集》，北京：社会科学文献出版社，2011年。

罗尔纲：《师门五年记胡适琐记》，北京：生活·读书·新知三联书店，2014年。

罗尔纲：《晚清兵志》，北京：中华书局，1997年。

罗尔纲：《绿营兵志》，北京：商务印书馆，2017年。

罗尔纲：《太平天国史稿》，北京：中华书局，1957年。

邓广铭：《邓广铭全集》，石家庄：河北教育出版社，2005年。

中国第二历史档案馆编：《中华民国史档案资料汇编》（第5辑第1编"教育"），南京：江苏古籍出版社，1994年。

梁方仲：《梁方仲经济史论文集》，北京：中华书局，1989年。

梁承邺：《梁方仲学术评价实录》，广州：广东人民出版社，2019年。

巫宝三：《巫宝三经济文选》，北京：中国时代经济出版社，2011年。

巫宝三：《巫宝三集》，北京：中国社会科学出版社，2003年。

严中平：《中国棉业之发展》，重庆：商务印书馆，1943年。

韩启桐：《中国对日战事损失之估计（1937—1943）》，重庆：中华书局，1946年。

汪敬虞：《汪敬虞集》，北京：中国社会科学出版社，2001年。

何兹全：《何兹全文集》，北京：中华书局，2006年。

翁智远等：《同济大学史》（第1卷1907～1949），上海：同济大学出版社，2007年。

杨东援等：《同济大学志1907～2000》，上海：同济大学出版社，2002年。

李约瑟、李大斐编著，余廷明等译：《李约瑟游记》，贵阳：贵州人民出版社，1999年。

李华兴主编：《民国教育史》，上海：上海教育出版社，1997年。

欧阳哲生主编：《傅斯年全集》，长沙：湖南教育出版社，2003年。

王富仁等编：《谔谔之士——名人笔下的傅斯年 傅斯年笔下的名人》，北京：东方出版中心，1999年。

聊城师范学院历史系等编：《傅斯年》，济南：山东人民出版社，1991年。

王叔岷：《慕庐忆往：王叔岷回忆录》，北京：中华书局，2007年。

张政烺：《张政烺文史论集》，北京：中华书局，2004年。

李孝定：《汉字史话》，北京：海豚出版社，2011年。

逯钦立：《汉魏六朝文学论集》，西安：陕西人民出版社，1984年。

王利器：《吕氏春秋注疏》，成都：巴蜀书社，2002年。

王利器：《往日心痕：王利器自述》，太原：山西人民出版社，1997年。

王明：《王明自传》，成都：巴蜀书社，1993年。

梁思成：《中国建筑史》，北京：生活·读书·新知三联书店，2018年。

梁思成：《图像中国建筑史》，北京：生活·读书·新知三联书店，

2011 年。

　　梁思成：《梁思成全集》，北京：中国建筑工业出版社，2001 年。

　　梁思成等：《未完成的测绘图》，北京：清华大学出版社，2007 年。

　　梁思成：《梁思成西南建筑图说》，北京：人民文学出版社，2014 年。

　　萧易著，梁思成、刘致平摄影：《影子之城：梁思成与 1939/1941 年的广汉》，桂林：广西师范大学出版社，2018 年。

　　杨永生编：《建筑百家回忆录》，北京：中国建筑工业出版社，2000 年。

　　刘敦桢：《中国住宅概说》，天津：百花文艺出版社，2004 年。

　　刘敦桢：《刘敦桢全集》，北京：中国建筑工业出版社，2007 年。

　　刘致平：《中国居住建筑简史：城市、住宅、园林（附四川住宅建筑）》，北京：中国建筑工业出版社，1990 年。

　　陈明达：《陈明达古建筑与雕塑史论》，北京：文物出版社，1998 年。

　　卢绳：《卢绳中国古建筑研究》，北京：知识产权出版社，2007 年。

　　杨永生：《建筑史解码人》，北京：中国建筑工业出版社，2006 年。

　　王世襄：《锦灰不成堆》，北京：生活·读书·新知三联书店，2007 年。

后 记

说来惭愧，作为土生土长的四川人，第一次听说李庄却是在数千里之外的吉林长春。1986 年，我考入吉林大学考古学系，入学不久适逢吉林大学 40 周年校庆，我有幸聆听了哈佛大学人类学系主任张光直先生的讲座，题目是有关中国青铜文化的发展演变。说实话，作为一名新生，张先生的讲座我几乎一句也没听懂。只记得他在讲座时提到了四川有个叫李庄的小村庄，他的业师李济先生和师兄夏鼐抗战时期曾在那里完成了极富预见性的学术成果，这是我第一次听说李庄。也许是机缘巧合吧，我 1990 年大学毕业又被分配到宜宾博物馆工作。第一次出差到李庄还是搭船去的，见到了许多颇有沧桑感的古建筑，依稀听说了抗战时期李庄发生的一些故事。2006 年，我在负责李庄旋螺殿和中国营造学社旧址申报全国重点文物保护单位时，开始有意识地搜集李庄在抗战时期的学术史实。随着累积资料的增多，这段学术传奇在我心灵深处产生了极大的震撼。

2020 年，作为一个在宜宾从事文博工作三十多年的"老宜宾人"，我尝试对李庄当年的这段学术经历进行系统性的搜集整理，再结合当时的学科背景进行横向与纵向的比较研究，力图从现代学科发展的角度，以学术成果和学术史实来分析他们在各学科发展史上的历史贡献和引领作用。因此本书的关注重点是抗战时期的李庄在中国学科发展史，尤其是人文学科方面的历史影响，因为那个年代正是传统学术向现代学术转变非常活跃的时期。

本书的编写，得到了四川省文物局的鼎力支持。西南民族大学乔栋教授在写作框架上给予了很好的指导。宜宾市文化广播电视和旅游局及宜宾市博物院的领导，为本书的写作与出版提供了帮助。我还要特别感谢宜宾市博物院的几位年轻人代文迪、李楠和吴缘，他们虽出校门不久，但无论是在本书的编写体例，还是有关史实的核对方面都为我提供了极大的帮助。尤其是吴缘，刚踏入工作岗位就协助我校改书稿，为我带来了许多新的学术观点。在此，一并致谢！

　　本书资料全部基于公开发表或出版的论文专著，所以我把拙作视为一本读书笔记，本意是把当年李庄那些先生的全部学术成果收齐了，读懂它们，最后再讲明白。如果能够为李庄建设"博物馆小镇"提供全面专业的基础性资料，就更值得欣慰了。经过三年的搜集、编写和修改，终成此书，但限于作者对各学科研究领域的不够熟悉，因而无论是在研究的深度还是广度上，都存在诸多不足之处，敬请指正。

　　虽然我们景仰和追溯的那个学术李庄已成过去，但当我们今天回顾李庄学术史，依然可以肯定地说，作为四大抗战文化中心之一的李庄，是当之无愧的中国文化的折射点和民族精神的涵养地，至今还惠泽着无数的后学者。

2023年7月20日于宜宾市博物院